AI 시대의
지역사회복지론

이준우 정준구 이세형 공저

 # 일러두기

1. 이 책에서는 전통적인 '클라이언트'라는 용어 대신 '서비스 이용자' 또는 '당사자'로 사용하였음을 밝힌다.
2. 이 책에서는 '지역조직화'와 '주민조직화'는 혼용하기도 하나, 엄밀하게는 '지역조직화' 속의 한 유형으로 '주민조직화'를 이해한다.
3. 세 사람이 함께 집필하는 과정에서 부득이하게 네트워크 개념이 혼란스럽게 제시되는 것처럼 느껴질 가능성이 있다. 이는 아직 한국에서 네트워크로 명명되는 용어적 개념의 표준화가 되어 있지 않은 데에 따른 불가피한 측면이다. 그러나 네트워크를 폭넓게 이해하면 큰 문제가 되지는 않을 것으로 본다.

서문

인공지능(AI) 기술은 기존의 공간적 지역사회를 해체하고, 새로운 공동체의 형성을 촉진하고 있다. AI 시대에는 더 이상 지리적 영역이 공동체 존립을 위한 필요조건이 아니다. 온라인 기반의 가상세계가 전통적인 지역사회와 병존하고, 메타버스 세계가 일상화되었다. 가상세계에서 사람들은 공동체를 만들고, 윤리적 행위를 토론한다. 자신들의 정체성을 형성하고, 사람들과의 소통을 새롭게 재발명한다. 신화적인 이야기들에 동참하고, 심지어 기존의 종교가 제공했던 개인의 초월까지도 추구할 수 있다. 사이버공간과 메타버스(the Metaverse)는 새로운 세상의 영역을 컴퓨터라는 도구를 통해 현실세계로 옮긴 결과로 발명되었다. AI는 지리적이며 기능적인 기존의 현실세계와 가상세계를 자유자재로 연결한다. AI로 인해 디지털 과학기술의 발전은 경이롭고 성스럽기까지 한 신비한 경험을 일상의 생활 장면으로 몰아가고 있다.

특히 가상세계는 가상적 초월(virtual transcendence) 경험을 사람들이 누리도록 함으로써 지역사회복지실천이 전통적으로 추구해 왔던 지역주민들의 역량을 강화하는 작업의 개념까지도 변화시켜야 함을 제기한다. 심리적 · 사회적 변화의 수준과 범위는 어디까지 봐야 하는가? 경제적 · 교육적 · 의료적 변화도 마찬가지의 질문을 제기할 수밖에 없는 시점이 된 것이다. 정치적 · 행정적 변화도 거스를 수 없는 현실로 다가왔다. 지역사회복지가 개입하는 삶의 전 영역이 변화되었고 계속 변화하고 있다. 그야말로, 지역사회복지의 재개념화와 재구조화가 요구되는 것이다. 전면적인 변화가 필요하다.

정말 그렇게까지 해야 하는가? 그렇다고 인정할 수밖에 없다. 세상의 판 자체가 바뀌었음을 받아들여야 한다. 변해야 살 수 있기 때문이다. 변화는 모든 존재의 실증적 현상이다. 변화는 사람과 세상을 바꾸는 존재 양식이자 '존재됨'의 과정이다. 변하지 않으면 살 수 없는 시대의 흐름 속에서 변화는 당연한 삶의 존재 양식이다. 변화는 인간과 세상, 즉 지구라는 이 행성에 존재하는 모든 생명체의 자기 존재의 반영이며 '존재됨'의 과정이다.

가상세계에서는 기존의 현실세계에서 전혀 불가능한 일들도 충분히 이루어지게 한다. 변화의 실증적 현실 중 하나이다. 가상세계에서는 어떻게 프로그래밍 되었는지에 따라서 마법 주문에서 레이저 총까지 무한한 수의 불가능한 힘을 얻게 된다. 가상세계에서 죽음을 정복하기도 한다. 가상세계에서는 죽음이 전혀 존재하지 않거나, 아니면 죽은 후에 부활할 능력까지도 가질 수 있다. 사람들은 늙지 않고, 죽지도 않으며, 영웅적인 공적들을 가상세계에서 성취하고 구현할 수 있다. 또한 메타버스에서 영웅이 된다는 것은 가상세계가 사람들로 하여금 자신을 초월할 수 있도록 해주는 방식들의 한 측면일 뿐이다. 가상세계에서는 얼마든지 다른 사람이 될 수 있다. 가령 온라인 게임 플레이어가 어떻게 우주의 한 행성을 정복하거나 한 민족의 구세주가 되는지를 생각해 볼 때 명백하다.

더욱이 가상세계가 새로운 형태의 정체성으로 전환할 수 있는 방법들도 충분하다. 예를 들어, 생물학적 성을 바꾸어, 생물학적 몸이 용납하지 않는 어떤 다른 모습으로 인간 자신을 제시하고, 정체성을 수행하도록 선택할 수 있다. 어떤 사람들은 가상세계에서 자신들이 사교적인 존재로 인식되고 있음을 발견하기도 한다. 결국 이는 사람들이 자신의 정체성을 변화시킬 수 있는 방식으로 이해하게 된다. 만약 어떤 한 사람이 자신을 로봇이나 특정 아바타로 설정하고 가상세계에 접속해 들어간다면, 그 사람은 그 과정에서 자신의 자아 전체를 다시 생각해야 할 것이다. 그렇게 가상세계는 사람들이 자신의 몸과 정체성을 초월할 수 있게 한다. 초인적인 능력을 획득하고, 외모를 바꾸고, 다른 삶의 양식과 동일시하는 것이 충분히 가능해진다.

새로운 정체성, 새로운 신체, 엄청난 힘 등을 향한 인간의 욕망은 가상세계를 무한한 수의 시뮬레이션 실재들로 구축한다. 아울러 가상세계를 통해 현실의 역사를 재구성하고 새로운 환경을 창조할 수도 있을 것이다. 만약 인간 정신의 정보 콘텐츠를 AI 기술을 활용해 복사하는 일까지 허락된다면, 인간은 정신을 인간이 상상할 수 있는 모든 종류의 가상세계로 '업로드'할 수 있을 것이다. 사실상 모든 것이 가능하다. 그러한 가상세계를 만들고, 인간의 정신을 그 세계로 전송함으로써, 인간은 인간됨의 조건을 완전하게 초월하는 목표를 이룰 것이다. 인간은 가상세계의 불멸의 거주자가 되어, 아마도 한 세계에서 다음 세계로 넘나들게 될 것이다.

어떤가? 세상이 바뀌었다는 말이 실감(實感)나는가! 지금 이 세상의 변화는 단지 사회의 일부 구조가 변화되었다는 의미가 아니다. AI 기술은 세상의 구조와 내용 전체를 송두리째 탈바꿈시켰고, 그 바뀐 세상을 또다시 새로운 형태로 바꿔 간다. 이렇게 세상이 바뀌었으니, 세상을 무대로 사회복지실천을 수행하는 지역사회복지도 전면적인 변화가 있어야 하는 것은 당연하다.

또한 사람들의 생활 방식과 내용도 크게 변화되었다. 저출산 고령화로 인해 1인 가구가 급증하였다. 자연히 의료, 돌봄 수요의 급증과 시설 중심의 서비스에 따른 삶의 저하를 개선하고 시설보호에 따른 가족의 경제적 부담을 경감하려는 지역사회복지서비스 구축이 숨 가쁘게 이루어지고 있다. 1인 가구 맞춤형 서비스 지원을 확대하려는 노력과 돌봄을 통합하여 지역사회 중심의 사회서비스로 사회적 돌봄의 내실화와 고도화를 추진하려는 일 등을 대표적인 예로 들 수 있다. 전통적인 한국의 가족구조는 이미 허물어졌다. 결혼과 출산, 양육의 형태도 과거와는 확연히 달라졌다. AI는 달라진 일상이 자연스러운 삶으로 뒷받침하는 핵심 기제로 작용하고 있다.

생태계 오염과 이상기후현상도 커다란 사회 문제로 대두되었다. 특히 생활폐기물 발생량의 급증은 폐기물 관리를 둘러싼 사회적, 제도적 여건을 고려하게 했다. 그 결과 매립을 최소화하고, 재활용률을 증대하는 등 순환자원 이용의 촉진을 위한 대책이 시급하게 마련되고 있다. 아울러 도시의 전력 사용량 연평균 증가율이 가파른 가운데서 에너지 절약 및 신재생에너지 확대 등을 위한 제도 개선도 이루어지고 있다. 이에 자원을 순환할 수 있는 지역사회복지사업을 개발함으로써 기존 자원의 획기적 리모델링과 발전적 확대를 모색하게 되었다. 실제로 여러 지자체에서 관내 기업들과 사회복지 시설 간의 ESG 사업 연계 모형을 개발하고 있다. 가령 지역 내 재활용품 처리를 효율적으로 작동시키기 위해 민 · 관 · 기업이 상호 협력체계를 구축하여 시민들에게 올바른 재활용품 분리배출 방법을 지원하여 쓰레기를 줄일 뿐만 아니라 자원 재생을 통하여 생태적 접근에 대한 시민 이해를 높이는 사업 등을 들 수 있다. 이와 같은 ESG 사업 관련 업무들을 성공적으로 이끄는 동력도 AI 기술이 함께 하고 있다. AI 기술은 인류의 생활에서 보편적인 토대가 되었고, 날로 확장되는 추세이다.

이 책은 바로 이런 심각한 문제 인식에서부터 출발하였다. 이준우, 정준구, 이세형, 우리 세 사람은 예비 사회복지사를 양성하는 일을 꽤 오랫동안 감당하고 있다. 〈지역사회복지론〉이라는 교과목은 우리 세 사람에게는 대단히 소중한 교육의 공간이자 사회복지사 양성의 핵심 사명의 실행 작업이기도 하다. 제대로 잘 가르쳐야 한다는 소명 의식이 강하게 작용할 수밖에 없다.

그래서 기존의 교재들로는 급변하는 오늘날 지역사회에 대응하는 사회복지 실천을 가르칠 수가 없었다. 세상은 완전히 바뀌었는데 〈지역사회복지론〉 교재는 아직도 20세기 관점으로 그 내용이 채워져 있다. 물론 그렇다고 해서 우리 세 사람이 집필한 새로운 책이 기존 교재의 한계를 전면적으로 해결할 수 있느냐는 솔직히 자신이 없다. 그럼에도, 이 책을 집필하여 세상에 내놓는 것은 AI 시대를 맞이한 이때, 부족하다 해도 선생으로서 뭔가 고민하고 연구한 성과를 사회복지학 전공 학생들과 현장의 사회복지사들에게 제시해야만 한다는 강박관념이 있었기 때문이다.

사실, 사회복지실천현장은 발 빠르게 세상의 변화에 대응하고 있다. 문제는 학교다. 대학의 선생들은 우리 세 사람을 포함하여 대체로 그동안 알고 가르쳐 왔던 내용을 고수하려는 경향이 크다. 이제는 안 된다. AI 시대에 맞춰 사회복지 교육의 재구성이 필요하다. 특히 〈지역사회복지론〉은 변화가 필수적이다. AI가 지역사회의 각종 데이터와 정보를 신속하게 효과적으로 분석해 줄 수 있다. 사정과 서비스 계획 및 결과 보고서 작업도 AI가 충실하게 지원할 수 있다. 당연히 지역사회를 대상으로 사회복지실천을 수행하는 사회복지사는 AI의 산출물을 최대한 활용할 수 있어야 한다.

지금까지 사회복지사는 사회복지 시설에서 지역사회주민들을 대상으로 다양한 사회적 서비스를 제공하는 것이 주된 업무라고 인식해 왔다. 이때, 중요한 역량은 서비스 대상자에 대한 사정 정보와 서비스 계획 수립, 서비스 개입 이후 평가 등을 행정업무로 잘 뒷받침하는 데에 집중되었다. 그러나 이와 같은 일을 AI가 대부분 감당할 수 있게 되었다. 이제는 지역사회와 지역주민들, 그리고 지역의 난제를 어떻게 해결할 수 있을지 종합적으로 파악하고 판단할 수 있는 독창적 사고, 비판적 분석, 독립적 탐구 능력이 매우 중요하게 대두되고 있다. 그러면서도 AI가 제공할 수 있는 장점을 최대한 활용할 수 있는 역량을 동시에 갖춰야 하는 것이다. 지역사회복지실천의 본질, 수행 방식, 독창적 서비스 기여의 기준을 재정의하면서 혁신적인 실천 개입을 수행할 수 있는 사회복지사가 필요한 것이다.

이런 현실적 인식 안에서, 이 책은 지역사회복지의 개념과 실천 과정 및 방법, 실제적인 실천기술 등을 AI 시대에 대응하여 재개념화하고 재구조화한 일종의 성과물이라 할 수 있다. 저자들은 빈번하게 소통하며 이 책을 집필하였다. 총 3개의 부로 구성된 이 책은, 세부적으로는 총 13개의 장으로 정리하였다. 이준우는 서문과 제1부 지역사회복지의 재개념화(제1장~제3장), 에필로그를 담당하였으며 아울러 원고 전체를 취합하여 편집하였다. 이세형은 제2부 지역사회복지실천의 재구조화(제4장~제7장)를 작성하였다. 정준구는 제3부 지역사회복지실천의 재문화화(제8장~제13장)를 맡았다. 이 책은 기존 지역사회복지의 개념과 실천 과정 및 방법과 기술 등을 재개념화하고 재구조화하여 궁극적으로는 지역사회복지실천의 재문화화를 지향하였다. 이때, 제3부의 내용은 한국의 지역사회복지실천과 관련된 대부분의 서비스 개입 접근을 최대한 많이 다루려고 노력하였다.

저자들은 이 책이 대학의 사회복지 학부 과정과 대학원 석사 과정에 개설된 〈지역사회복지론〉 교과목의 교재로 널리 사용되기를 소망한다. 이 책은 사회복지학 교과목 지침서에서 제시한 기본 내용들을 모두 담았고, AI 시대에서 우리 세 사람이 추구하는 창의적이며 혁신적인 지역사회복지의 내용을 매 장마다 부가적으로 추가하여 '재개념화, 재구조화, 재문화화'했다. 또한 이 책은 급변하는 사회에서 지역을 무대로 삼아 사회복지 업무를 치열하게 수행하고 있는 현직 사회복지사들의 재보수 교육 교재로도 활용되었으면 한다. AI 기술의 엄청난 발전과 소셜 네트워크의 급속한 확대, 나아가 코로나19 사태와 같은 감염병 재난 등은 지역사회복지실천현장 자체를 크게 바꿨다. 행정업무는 전산화되었고, 복지기술을 활용한 지역사회복지서비스 및 프로그램들이 다방면에서 개발 실행되었다. 비대면 활동들도 개입 실천에 적극적으로 활용되고 있다. 이 책이 이런 오늘날의 현실을 반영하려고 애썼기에 현장의 사회복지사들에게도 유용할 것으로 기대한다.

차례

PART 02 지역사회복지실천의 재구조화 / 127

PART 01

지역사회복지의 재개념화

COMMUNITY WELFARE

CHAPTER 01

AI 시대 지역사회와 지역사회복지실천

COMMUNITY WELFARE

01

CHAPTER 01

AI 시대 지역사회와 지역사회복지실천

지식과 정보처리 전 과정에서 파괴적 혁신을 현실세계에 펼쳐내는 AI(인공지능)가 세상을 전면적으로 바꾸고 있다. 그야말로 AI 시대라고 해도 과언이 아니다. 지금 바로 이 AI 시대에서 수행해야 할 지역사회복지실천의 특성을 이번 장에서 고찰한다. 이를 위해 기존의 지역사회에 대한 개념 정의와 이론적 관점을 AI 시대에 맞춰 재개념화한다. 아울러 오늘날 급변하는 지역사회의 특수한 상황에 대응할 수 있는 지역사회복지를 정리한다.

지역사회복지는 이미 고착된 고정불변한 사회정책의 목표나 방법을 의미하는 것이 아니라 변화무쌍한 지역을 현장으로 해서 펼쳐지는 사회복지서비스의 체계, 기능, 방법 등을 포함한 현실적인 지역사회 문제에 대응하는 실질적이고 구체적인 내용을 지닌다. 그래서 지역사회복지는 시대와 환경의 변화에 따라 다양하게 표출된 주민의 복지 욕구를 충족하는 과정이다. 이는 주민의 자발적인 활동과 공공과 민간의 사회복지실천에 대한 주민 협력과 주민의 서비스 수용 및 연대 등에 의해 뒷받침된다. 핵심은 지역주민에 의해 주민 주도적으로 이뤄진다는 것이다. 그 결과, 지역사회복지실천은 지역주민이 안고 있는 생활상의 곤란에 대해서 주민 주체의 관점에서 경감, 제거, 예방 등을 도모하며 주민의 생활권 · 복지권을 보장, 보완, 확충하려는 사회적 방책(防策)과 수단의 총체(總體)라고 할 수 있다.

특히 지역사회복지는 주민의 참가에 의한 복지사회를 형성하는 방향으로 전개되고 있다. 그에 따라 제도로서의 사회복지 정책이 현실세계에서 구현되는 전달체계가 지역사회복지실천을 통해 가동된다. 당연히 지역사회복지는 주민이 지역에 산재하는 복지 문제나 생활 과제에 관심을 보이고 주민 참가에 기초하여 다양한 서비스의 공급 주체에 의한 공사 협동을 통해 각 지역의 특성에 맞는, 불안이 없는 '사람 살기 좋은 지역공동체'를 창조하는 것에 초점을 둔다.

1. AI 시대 지역사회의 이해

1) AI 시대 지역사회의 개념

오늘날 과도하리만큼 '지역사회'라고 하는 단어가 여기저기에서 사용된다(이준우, 2021; 지은구, 2010). '지역사회'란 용어는 대중화되었다. 일반시민은 물론이고, 기업들조차도 기업의 이윤 추구 활동이 지역사회 지향적임을 천명할 정도다. 자연히 정부 산하 기관들의 국책 보고서와 시민단체, 여러 NGO 등의 각종 자료에서 지역사회 참여와 협력, 발전의 제 원칙들에 대한 논의와 설명이 제시되는 경우는 일반적이다. 이렇게 지역사회에 관한 넘치는 관심과 다각적으로 유통되는 여러 '말'은 지역사회를 매개로 전개되는 사회복지실천의 중요성이 엄청나게 커졌음을 뜻한다.

그러나 다른 한편으로 지역사회에 관한 담론의 무차별적 생산과 소비, 유통은 지역사회를 병리적 문제를 안고 있는 존재로 삼고, 문제 해결을 모색해야 하는 사회적 접근을 당연시하는 의미로 단정 짓는다. 자본주의 체제의 영향을 받을 수밖에 없는 오늘의 현실에서 발생하는 빈곤, 실업, 사회적 불평등과 같은 사회 문제를 해결하려는 지역 차원의 사회적 대응은 필수적이다. 더욱이 스스로 자립할 수 없는 신체적 · 정신적 장애가 있는 사람들과 노인, 교통 · 비행 · 주택 · 환경 등과 같은 다차원적인 사회 문제에 대한 국가적 차원의 대처는 제도화된 사회복지의 실천을 강력하게 요구한다. 이에 정부는 이러한 사회 문제와 욕구 결핍을 사회복지 정책으로 해결해야 한다는 책임을 갖고 노력한다(최성균 · 이준우, 2017). 하지만 이것을 해결할 수 있는 재원이나 인력 등이 부족하고, 이에 대한 전문적 이해도 미흡할 때가 많다. 실례로, 지방자치가 일상화되면서 이러한 문제는 지역 간 갈등의 격차가 심화(深化)되는 모습으로 노정(露呈)되기도 한다. 이를 원만하게 해결하려면 지역주민의 자조적인 노력이 절실히 요구된다(황성철 외, 2020).

한편, 최근 환경 및 기후 문제에 대한 사회 전반적인 환기에 대처해야 할 필요도 커지고 있다. 환경 문제는 환경보존, 에너지, 기후, 건강한 먹거리 등의 위기를 포괄하는 광의적 개념으로 이해할 수 있다. 기후 변화에 따른 영향 평가제도 시행, 탄소중립지원센터 운영, 기후 예산제 시행 등 정부와 지자체 차원에서 환경 이슈에 대해 적극적으로 관심을 가지고 정책화하는 상황이 도래하였다. 기업 또한 ESG 경영[1)]을 중심으로 환경친화적 경영을 강력히 추진하고

---

1) ESG는 Environment(환경), Society(사회), Governance(지배구조)의 첫 알파벳을 조합한 단어로

있다.

또한 저출산 고령화 경향으로 인한 지방 소멸 현상도 심각한 지역사회 문제로 대두되고 있다. 지방 소멸은 "과거에는 주민이 거주했으나 현재는 완전히 거주자가 없는 상태로, 지역 혹은 마을이 완전히 소멸된 상태"라고 정의된다. 지역은 있으나 사람이 없는 기이한 현실을 직면하게 된 것이다.

그런데 그 무엇보다도 지역사회의 변화에 가장 큰 도전은 AI로 인한 사회 체계의 전면적인 탈바꿈 현상이 일반화된 것이다. AI는 가상세계로 일컬어지는 사이버공간이 지리적이며 물리적 차원의 지역사회와 역동적으로 공존하게끔 한다. 사이버공간은 만져지지 않아도, 물리적 실체가 없어도 실제 존재하는 듯한 환각과 환희를 일상적으로 경험할 수 있는 합의된 생활 장면이라 할 수 있다. 사이버공간은 몰입적인 가상현실인 것이다. 무엇이든지 가능한 마법과도 같은 현장이 바로 가상세계이다. 인간의 두뇌와 컴퓨터 인터페이스를 사용하여 인간들로 하여금 가상세계에 접속하게 함으로써 현대 생활의 실패, 불만, 소외를 극복할 수 있는 계기를 창출하려는 또 다른 세상이다.

관습화된 기존의 현실세계가 구현되는 지역사회만이 아닌 증강현실(AR) 기술에 기반한 가상현실 세상이 AI 기술을 등에 업고 점점 더 사람들을 몰입적인 경험의 세계로 이끈다. 가상세계의 급부상과 일상화는 온라인 게임과 가상세계로 현실세계가 자유자재로 연결되고 연장되게끔 한다. 인간의 기술적 인터페이스는 계속 개선되고 있고 안전성과 효과성이 입증된다는 것을 전제로, 인간의 신경을 네트워크에 직접 접속하는 방식인 뉴로링크(neurolink)와 같은 혁신적 개발들까지 추진하게 한다. 조만간 미디어 도구 없이도 인간의 두뇌와 가상세

친환경, 사회적 책임, 투명한 지배구조 등을 의미하며, 2004년 UN 보고서에서 처음 사용되었다. ESG 경영은 장기적인 관점에서 친환경 및 사회적 책임경영과 투명경영을 통해 지속가능한 발전을 추구하는 것으로, 전 세계적으로 기업의 지속적인 성장 및 생존과 직결되는 핵심 가치로 여겨지고 있다.

계가 연결될 날이 도래할 것이다.

가상세계는 주로 인터넷을 활용하여 사회적 경험을 만들어 내는 디지털 게임과 환경을 의미한다. 어떤 가상세계는 한 번에 몇 명의 플레이어만 허용하고, 다른 가상세계는 수천 명의 플레이어들이 공유 서버에서 상호작용할 수 있도록 허용한다. 어떤 가상세계는 게임 목표, 승리 조건, 그리고 물리칠 상대가 있는 게임이다. 다른 가상세계는 사회적 환경이다. 즉, 함께 모여 가상세계의 다른 주민과 대화하는 장소를 구성한다. 오늘날의 가상세계는 다크 소울(Dark Souls), 이브 온라인(Eve Online)을 포함하며, 심지어 리그 오브 레전드(League of Legends) 등과 같은 게임에서의 짧은 만남을 포함한다. 그래서 기술은 멀티플레이어 가상현실을, 때로는 대규모 멀티플레이어 가상현실을 만들어 가상세계와 접속하는 사람들에게는 일상이 되게 했다. AI에 의해 이미 가상공간은 일종의 메타버스로 현실세계와 병행하고 있다. 그에 따라 지역사회에 대한 개념은 여전히 복잡하고 학자들에 따라 그 관점과 시각이 다양하게 나타난다.

하지만 지역사회에 대한 공통적인 개념은 여전히 존재한다. 힐러리(Hillery)에 의하면, 지역사회는 첫째, 경계 지어진 지역, 둘째, 공동의 결속체, 셋째, 사회적 상호작용 등이 내포된다(Hillery, 1955: 20). 지역사회를 형성하는 구조와 문화가 시대적 변천에 따라 달라진다 해도, 그러니까 가상세계를 포함한 전혀 다른 개념의 지역 형태가 존재함에도 지역사회의 개념은 이상의 3가지 조건을 충족해야 한다. 이를 정리하면 다음과 같다.

> 지역사회 = 경계 지어진 지역(지리적 영역 + 가상공간)
> + 공동의 결속체
> + 사회적 상호작용

지역사회를 실천 개입의 현장으로 보고, 역동적으로 활동하는 사회복지사들에게 지역사회에 대한 이해는 이론적 · 전략적 모호성을 걷어내고 구체적이고 명료한 사회복지실천의 현실 지향적인 푯대를 제공하는 데에 유용해야 한다. 이때, 푯대란 과거의 경험에서 얻은 교훈과 현 상황에 대한 이해를 토대로 향후 예측되는 변화들에 효과적으로 대처하는 데에 필수적인 사항(事項)이다. 이렇게 푯대가 될 정도의 지역사회에 대한 개념을 정리하기 위해서는 일반적으로 지역사회가 어떻게 정의되어 왔는지부터 살펴볼 필요가 있다.

원래, 지역사회란 말은 공동소유, 공동체, 공동운명체 등의 뜻을 지니고 있다. 이에 따라 지역사회는 사람들이 가정을 유지하고, 생계비를 벌고 자녀를 양육하는 등의 활동을 하는 특정 지역을 의미하며, 그 속에 생존하고 있는 구성원 간에는 인격적 관계가 형성되어야 한다. 아울러 지역사회는 하나의 '공동생활권'이라 할 수 있다. 이는 '지역성(locality)'과 '지역사회 의식(community sentiment)'에 기초한다.

'지역성'의 하위 구성 요소로는 첫째, 사회적 유사성, 둘째, 공통된 사회적 관심, 셋째, 공통된 전통, 넷째, 공통된 관습, 다섯째, 공동 소속감 등을 들 수 있다. '지역사회 의식'의 구성 요소로는 첫째, 동료 의식, 둘째, 역할 의식, 셋째 상호 의존 의식 등을 의미한다(Fellin, 2001; Warren, 1983).

이에 따라 지역사회는 상호 접촉이 가능한 물리적, 지역적, 가상적 영역을 모두 포괄한 지역 내에 거주하는 일단의 사람들로 구성되어, 이들은 상호 보호와 복지를 위해서 그 지역 내에 여러 가지 형태의 사회조직을 형성한다. 이는 사실상 힐러리(Hillery, 1955)의 지역사회 개념과 거의 부합한다. 앞서 언급한 바와 같이 '경계 지어진 지역, 공동의 결속체, 사회적 상호작용'이 지역사회 개념의 핵심 조건이 된다. 결국 지역사회는 어떤 지리적 영역 또는 가상공간 안에서 사회적 상호작용을 하며 한 가지 이상의 공동유대를 가지는 사람들로 구성된 인간 집단으로 형성된 세계라고 할 수 있다(이준우, 2021).

2) AI 시대 지역사회의 유형과 기능

(1) 지역사회의 유형

지역사회를 유형화하는 전통적인 방법에는 인구의 크기, 경제적 기반, 행정 구역, 그리고 인구 구성의 사회적 특수성 등이 있다(엄태영, 2020). 그런데 AI가 일반화되고 있는 오늘날에는 가상공간을 비롯하여 새로운 형태의 지역사회가 출현하였고, 이는 기존 지역사회의 특성과 함께 혼재하는 양상을 띤다. 특히 AI 시대에 대두된 지역사회 유형은 디지털 과학기술의 접근성과 활용 수준, 인간 중심의 가치 구현 정도에 따라 새롭게 분류될 수 있다. 이는 기존의 지리적, 행정적 구분을 넘어 기능적이며 사회적 특성을 반영한다(서상목 외, 2025; 이기완, 2021; 이준우, 2021). 여기서는 전통적인 구분 방식과 AI로 인해 새롭게 출현한 지역사회 형태를 모두 정리한다. 다만, 유의해야 할 점은 유형화된 지역사회의 특성은 개념적으로 설명한 것이지, 두부 모 자르듯 구분될 수 있는 것은 아니라는 것이다. 현실적으로는 하나의 지역사회 특성이 여러 가지 유형을 모두 담고 있거나 혼종(混種)된다.

① 인구분포에 따른 유형

인구의 크기에 따라서 대도시, 중소도시, 읍 지역, 작은 부락 등으로 구분한다. 사회조사를 수행할 때, 인구 크기에 따른 지역사회의 유형화는 유용하다. 실제로 응답자의 성장지를 파악하는 데 인구 크기를 기준으로 하는 구분 방법이 많이 이용된다.

② 경제적 기반에 따른 유형

경제적 기반에 따른 지역사회의 구분이 있다. 이때, 광산촌, 어촌, 산촌 등

주민의 경제생활뿐 아니라 경제적 기반에 따른 사회문화적 특성도 함께 고려될 수 있다. 가령 농업지역의 경우 농산물과 농촌 주민이 부각되는 것을 들 수 있다. 산업지역이라고 할 때는 다양한 산업(광업, 목재, 자동차, 제철)으로 구성된 지역이 특화된다.

③ 행정구역에 따른 유형

정부의 행정구역에 따른 구분이다. 이는 특별시, 광역시, 도, 시, 군, 구, 읍, 면, 동으로 지역사회를 구획하는 것을 의미한다. 이때, 정부 행정기관을 중심으로 구분되는 경우가 많다.

④ 사회적 특수성에 따른 유형

인구 구성의 사회적 특수성을 기준으로 지역사회를 구분하기도 한다. 이는 도시의 저소득층 지역, 장애인 밀집지역(예: 특정 임대 아파트 단지 등), 특정 외국인 집중거주지역(예: 차이나타운 등) 등 일반적으로 지역사회 구성원 대다수의 경제적, 인종적, 문화적 특성을 중심으로 지역을 유형화하는 것이다.

⑤ 가상공간의 특성에 따른 유형

가상공간의 특성에 따른 구분이다. AI 도구로 실현되는 가상공간은 말할 것도 없고 이미 보편화된 구글을 비롯한 다양한 온라인 플랫폼은 사람들이 이 세상을 살아가는 동안 가상공간에 접속할 수 있는 가상세계를 제공하고 있다. 사람들이 가상공간에 들어설 때, 그들은 새로운 영역에 있는 자신들을 보게 된다. 이는 가상공간이 어떻게 인간이 세상과 전혀 다른 가상현실을 경험할 수 있는 여건을 창출하는지를 보여주는 하나의 예에 불과하다. 발전되는 디지털 환경은 가상공간을 크게 확장한다. 동시에 가상공간은 공간의 특성에 따라 분화된다. 어떤 온라인 플랫폼과 AI 도구를 사용하는지에 따라 제각각 차별화된 가상공간과 연결된다.

최근 가상공간의 혁신적인 발전은 '원격 및 가상 연계 지역사회(Remotely Linked Community)'를 일반적인 현상으로 자리 잡게 한다. 지리적으로 분산되어 있지만, 고도화된 AI 및 통신기술(IoT, VR/AR)을 통해 긴밀하게 연결된 지역사회를 형성한다. 재택근무, 원격의료, 온라인 교육 등이 활발하며 시공간 제약이 완화되고 있다.

⑥ 디지털 기술 포용 수준에 따른 유형

디지털 기술 포용적인 지역사회가 있다. 디지털 기술 도입과 사용 역량에 의해 발생할 수 있는 정보 격차를 최소화하기 위해 노력하는 유형이다. 모든 주민이 디지털 기술 혜택을 누릴 수 있도록 교육 및 지원 체계를 적극적으로 마련한다. 빠른 과학기술 도입에 따른 사회적 불평등 및 기술 소외 문제에 대해 적극적인 대응을 모색한다. 예를 들면, '시민 참여형 디지털 기술 협력 커뮤니티'와 같은 이상적인 지역사회를 지향하는 것을 들 수 있다. 디지털 기술 도입 과정에서 시민 참여와 사회적 합의를 강조한다. 디지털 기술 자체보다는 기술을 활용한 사회 문제 해결에 초점을 맞추는 것이다. 자연스럽게 시민형 디지털 기술과 같은 개념이 적용된다. 시민들이 직접 지역의 문제(예: 환경 문제, 복지 욕구와 수요 등)를 정의하고 디지털 기술 솔루션을 제안하는 리빙랩(Living Lab) 프로젝트가 활성화된다.

이때, 전제되는 것은 지역사회 내의 다양한 이해관계자들의 의견을 수렴하고 절차적 정의를 구현하기 위한 민주적 거버넌스 체계 구축이다. 나아가 고령화와 저출산, 지방 인구의 감소와 소멸 위기 등 지역사회의 구조적 문제 해결을 위해 디지털 기술을 적극 활용한다. 돌봄 로봇, 건강 상태 모니터링 시스템, 취약계층을 위한 맞춤형 복지서비스 등이 제공된다. 또한 디지털 기술에 대한 접근성이 낮은 계층을 위한 디지털 문해력 교육과 인간적인 상호작용의 보완을 필수적으로 수행한다.

⑦ AI 활용 정도에 따른 유형

AI 활용 정도에 따른 지역사회 구분이다. 일명 AI 기반의 스마트 도시들을 예로 들 수 있다. 이들 도시는 AI 기술의 도입과 확산이 가장 활발한 지역이다. 공공 주도의 AI 인프라가 잘 구축되어 있으며, 행정 서비스 효율화, 시민 편의 증진, 지역 문제 해결을 위해 AI가 적극적으로 활용된다. 아울러 AI 기반 에너지 관리, 재난 예측 및 대응 시스템 등도 상용화되어 있다. 나아가 'AI 혁신 허브(AI Innovation Hub)'의 기능을 하기도 한다. 연구기관, 기업, 인재가 모여 AI 기술 개발과 상용화를 주도하는 지역이다. 이곳은 고부가가치 일자리를 창출하며, 국가 경쟁력의 핵심 전략 자산으로 기능한다. 대표적으로 AI와 신기술을 자유롭게 실증하는 세종특별자치시와 부산광역시를 비롯하여 광주광역시, 대구광역시, 인천광역시 등을 예로 들 수 있다.

또한 AI를 기반으로 데이터가 이끄는(data-driven) 지역사회에 대한 인식이 있다. 모든 공공 서비스와 의사결정이 방대한 데이터 분석에 기반하여 이루어지는 유형이다. 행정 효율화, 맞춤형 복지서비스 제공 등 AI 기술을 적극적으로 활용한다. 서울을 비롯한 수도권 도시들이 선도적인 역할을 하고 있다. 반면 AI 기술 소외 및 격차 발생 지역(AI Divide Areas)도 있다. 이들 지역은 디지털 AI 기술 인프라 부족, 재정적 압박, 인력난 등으로 인해 AI 도입이 지연되거나 배제된 지역이다.

(2) 지역사회의 기능

지역사회가 공통적으로 수행하는 주요 기능에 대해서 길버트와 스펙트는 다섯 가지로 설명한다(Gilbert & Specht, 1974; 김두환, 2018; 박도현, 2025; 서상목 외, 2025; 최일섭, 1996: 10-13 재인용; 엄태영, 2020; 이준우, 2021; 이호은, 2024).

① 생산 · 분배 · 소비의 기능

생산 · 분배 · 소비의 기능은 지역사회주민들이 일상생활을 영위하는 데에 필요한 재화와 서비스를 생산하고 분배하고 소비하는 과정과 관련된다. 오늘날 생산, 분배, 소비의 기능은 기업을 비롯하여 지역 내의 여러 사회적 조직과 교육기관, 종교단체 등에서 발휘된다. 지역사회복지를 실천하는 차원에서 주목할 만한 사례는 로컬푸드 시스템(local food system)과 지역화폐(local currency) 등을 들 수 있다.

로컬푸드 시스템은 지역 농산물을 생산자가 직접 소비자에게 판매하는 방식으로서 생산, 분배, 소비의 순환을 명확하게 보여준다. 지역 농부들이 해당 지역 기후와 토양에 맞는 신선한 농산물(채소, 과일, 쌀 등)을 재배하고 수확하여 생산물을 산출한다. 아울러 복잡한 유통 단계를 거치지 않고, 생산자가 로컬푸드 직매장이나 정기 배송 서비스를 통해 소비자에게 직접 제품을 전달한다. 이를 통해 유통 비용이 줄어들어 생산자는 정당한 가격을 받고, 소비자는 합리적인 가격에 구매할 수 있다. 결과적으로 지역주민들이 직접 농산물을 구매하고 소비함으로써 지역 경제 활성화에 기여하고, 신선하고 안전한 먹거리를 확보한다.

또한 특정 지역 내에서만 통용되는 지역화폐(예: 온누리상품권, 각 지자체의 지역사랑상품권 등)는 자본의 역외 유출을 막고, 지역 내 경제 순환을 촉진한다. 지역 소상공인과 자영업자들이 재화와 서비스(음식점, 미용실, 전통시장 물품 등)를 생산하고 제공한다. 지방자치단체는 정책적 목적으로 지역화폐를 발행하여 주민들에게 배분하거나(예: 재난 지원금 등), 주민들이 할인된 가격으로 구매한다. 이 화폐가 지역 내 가맹점에서 사용될 수 있도록 유통된다. 주민들은 지역화폐를 사용하여 지역 상점에서 물건을 구매하거나 서비스를 이용한다. 그 결과, 돈이 지역 내에서 계속 순환하며 지역 경제를 활성화하고 일자리 창출에 기여한다.

② 사회화의 기능

사회화의 기능은 사회가 향유하고 있는 일반적인 지식, 사회적 가치, 행동양태를 사회구성원들에게 전달시키는 과정이다. 특히 개인의 어린 시절이 중요한데, 이 과정은 일생을 통해서 계속 진행된다. 그 결과, 사회구성원들은 사회화 과정을 통해 다른 사회의 구성원들과 구별되는 생활양식을 터득하게 된다. 지역사회에서 사회화 기능이 적용되는 구체적인 사례들로는 학교와 연계한 문화예술 교육 활동, 지역주민 참여형 환경 보호 및 공동체 활동, 지역 축제 및 행사 참여, 주민 자치 조직 및 복지 네트워크 참여 등이 있다.

한편, AI 시대에서 지역사회복지 차원의 주목할 만한 사회화 기능 적용 사례들은 주로 디지털 격차 해소, 사회적 고립 완화, 맞춤형 교육 및 정보 제공 등을 들 수 있다. 이는 전통적인 대면 상호작용을 보완하거나 새로운 형태의 공동체 참여 방식을 도입하는 방식으로 나타난다. 고령층을 대상으로 AI 돌봄 로봇 및 챗봇이 활용되는 것을 예로 들 수 있다. 구체적으로 '효돌'이나 '다솜'과 같은 AI 돌봄 로봇은 노인들의 말벗이 되어줄 뿐만 아니라, 응급상황을 감지하고, 건강 상태를 모니터링하며 복약 시간을 알려주는 등 종합적인 돌봄 서비스를 제공한다. 이렇게 로봇과의 정서적 교류를 통해 노인들의 사회적 상호작용의 공백을 채우고, 필요시 실제 사람과의 연결을 유도하여 사회안전망의 역할을 한다.

또한 메타버스 기반의 지역사회 활동 및 교육 분야에서도 사회화 기능이 수행된다. 물리적 제약을 넘어선 가상공간에서 지역주민들이 교류하고 사회화되는 기회가 생긴다. 이미 여러 사회복지시설에서 메타버스를 활용한 서비스를 제공하고 있다. 지역주민들이 가상공간에서 유튜브 콘텐츠 시청, 악기 수업, 작품 전시회 등에 참여한다. 아울러 디지털 기기 사용에 익숙하지 않은 사람들의 디지털 접근성을 높여서 디지털 격차를 해소하고, 시공간의 제약 없이 다양한 사회 활동에 참여하며 새로운 관계를 형성하도록 지원한다.

③ 사회통제의 기능

사회통제의 기능은 지역사회 구성원들이 사회의 규범(법, 도덕, 규칙 등)을 준수하도록 일정한 강제력을 행사하는 것을 말한다. 사회통제의 기능이 결여되거나 부족한 지역사회는 사회질서가 파괴되어 비행과 범죄가 만연되는 사회해체 현상이 대두되기도 한다. 사회통제를 담당하는 일차적 기관은 정부로서, 정부는 경찰력과 사법권을 통해 강제력을 동원한다. 그러나 가정, 학교, 종교기관, 사회기관들도 이 기능을 부분적으로 수행한다.

그런데 최근의 사회통제 기능은 AI 기술을 활발하게 적용하여 시민의 안전과 도시 관리부터 사람들의 행동 패턴 감시 및 규제에 이르기까지 광범위하게 이뤄진다. 특히 공공 안전과 치안 분야에서 예측 치안(predictive policing) 같은 접근의 경우 AI가 과거 범죄 데이터를 분석하여 범죄 발생 가능성이 높은 지역이나 시간대를 예측하고 경찰 인력을 효율적으로 배치하는 데 사용된다. 실제로 AI 기반 예측 치안 시스템을 통해 강력 범죄를 줄이는 사례들이 나오고 있다. 또한 얼굴 인식 시스템(facial recognition systems)도 널리 활용된다. 공공장소, 공항, 기차역 등에 설치된 AI 기반 얼굴 인식 시스템은 범죄자나 실종자를 식별하는 데 사용된다. 아울러 CCTV 영상 분석의 경우 AI가 방대한 CCTV 영상 데이터를 실시간으로 분석하여 비정상적이거나 의심스러운 행동을 감지하고 관련 당국에 경고를 보낸다.

무엇보다도 재난 및 위기관리 분야에서 AI는 산불 감지, 긴급 상황 발생 시의 의사결정 지원, 기상 예측 모델, 가뭄 평가 등에서 데이터를 수집, 분석, 처리하는 데 유용하며 신속한 대응을 돕는다. 나아가 도시를 관리하며 통제하는 수단으로도 AI는 매우 요긴하게 사용된다. 흔히 스마트 도시(smart cities)의 핵심이 AI를 활용하여 교통의 흐름을 최적화하고 공공 안전을 강화하며 도시 인프라를 효율적으로 관리하는 데 있다. 이미 AI를 기반으로 하는 교통 관리 시스템은 카메라 및 센서의 실시간 데이터를 분석하여 교통 신호를 효과적으로 조정하고 혼잡을 줄여 교통을 원활하게 하고 있다. 눈부신 AI 기술의 발전과 적용은 사회의 효율성과 안전을 증진하는 동시에, 잠재적으로 개인의 사적 권리를 침해하거나 광범위한 감시와 통제를 묵인하는 현상으로 이어질 수 있다는 윤리적, 사회적 우려를 낳고 있다.

④ 사회통합의 기능

사회통합의 기능은 사회체계를 구성하는 사회적 단위조직 간의 충성, 결속력과 사기, 구성원 상호 간의 관계와 관련된 기능을 뜻한다. 사회화 기능이 사람들의 행동 방식을 가르쳐 주는 수단이고, 사회통제의 기능이 그 행동을 수행하도록 지배하고 강조하는 수단이라면, 사회통합은 사람들 스스로 규범을 준수하며 바람직한 행동을 하도록 하는 것이다. 사회통합의 기능은 정치적, 사회적, 경제적으로 급격한 변화를 경험하고 있는 사회와 시대에 특히 강조되는 경향이 있다.

특히 AI 시대에서 사회통합의 기능이 적용되는 대표적인 사례들은 기술을 활용하여 사회적 약자의 접근성을 높이고, 맞춤형 복지서비스를 제공하며, 정보 격차를 줄이는 것이다. 먼저, 장애인의 접근성 향상을 통한 사회통합의 기능을 발휘하는 경우를 들 수 있다. 이때, AI는 큰 역할을 수행한다. 가령 시각장애인을 위한 보행 보조 기술이나 대화 중 상대방의 감정을 볼 수 있도록 돕는 감정 인식 앱 등 신체적 제약을 보완하여 사회 참여를 돕는 것을 들 수 있다. 또한 말하거나 문장 표현이 어려운 사람들을 위한 보완 대체 의사소통(AAC) 도구에 AI 기술을 접목하여 원활한 의사소통을 지원하기도 한다.

다음으로 맞춤형 사회복지서비스를 제공함으로써 사회통합의 기능을 발휘하는 사례를 들 수 있다. 그러니까 AI와 빅데이터 분석을 활용하여 복지 사각지대에 놓인 취약계층을 발굴하고, 각 개인의 필요에 맞는 맞춤형 복지서비스를 신속하게 제공하는 것이다.

한편, 온라인 학습 플랫폼이나 AI 기반 번역 서비스 등은 지식과 정보에 대한 접근 장벽을 낮추어, 지리적이며 경제적인 여건에 관계없이 누구나 교육의 기회를 얻을 수 있도록 지원한다.

⑤ 상부상조의 기능

상부상조의 기능은 사회구성원들이 갑작스러운 질병, 사망, 실업, 사고 등의 개인적 이유와 경제적 제도의 부적절한 운용으로 인해 앞서 제시한 사회제도들도 욕구를 충족할 수 없는 경우 필요한 기능이다. 전통사회에서의 이 기능은 가족과 친척, 동네 사람들, 친목단체와 자선단체 같은 일차적 집단에 의해 수행되고 있으나, 현대사회에서는 정부, 민간 사회복지단체, 종교단체 등으로 이해되고 있다.

사실 생활양식이 단순했던 과거 전통사회에서는 가족이라는 울타리 속에서 상부상조의 기능이 자연스럽게 발휘되었지만, 오늘날에는 사회가 다양화되고 복잡해짐에 따라 개인과 각각의 집단들이 상부상조의 기능을 전문적으로 수행해야 할 필요가 제기되었고, 그에 따라 전문화된 상부상조의 기능이 발휘되는 사회제도가 발생하게 되었다.

오늘날 상부상조의 기능은 인간과 AI 간의 협력, 또는 AI 기술을 활용한 사람 간의 상호 지원 형태로도 다양하게 나타난다. 이는 AI가 인간의 부족한 부분을 보완하거나, 사람들이 서로 돕는 과정을 효율적으로 연결하는 방식이다. 주요 사례로는 먼저, 위험 및 반복 업무의 대행을 들 수 있다. 이때, AI 로봇은 제조, 건설 현장, 보안 경비 등 인간에게 위험하거나 단순 반복적인 작업을 대신 수행한다. 이는 인간 작업자가 더 안전하고 효율적인 업무에 집중할 수 있도록 돕는 상부상조의 형태이다. 다음으로 의료 및 건강관리 지원과 관련해 AI는 방대한 양의 환자 데이터를 분석하여 의료진의 진단을 돕는다. AI가 의료진과 상부상조하는 것이다. 또한 재난 및 인명 구조에서도 AI는 인간과 상부상조한다. 가령 해상 풍력발전소 같은 위험 구역에서 AI 기반 감지 기술(예: 드론 및 CCTV 영상 분석 등)은 폭풍우 속 실종자를 신속하게 찾아내 인명 구조를 지원한다.

한편, AI를 매개로 하여 사람 간의 상호 지원이 이루어지게 함으로써 상부상조의 기능이 발휘되기도 한다. 가령 AI 커뮤니티를 통한 지식의 공유가 이루어지는 것을 들 수 있다. AI 커뮤니티에서는 다양한 배경을 가진 사람들이 자발적으로 모여 AI 관련 지식과 경험을 공유하고 서로의 성장을 돕는다. AI 기술 개발에 대한 정보와 노하우가 커뮤니티 내에서 활발하게 교환되는 것이다.

특히 최근 디지털 상조 서비스의 출현도 의미가 크다. 상조업계에서는 AI 기술을 활용하여 고인과 유사한 '디지털 휴먼'을 만들거나 사이버 추모관 서비스를 제공하기도 한다. 이는 시간과 공간의 제약을 넘어 유족들이 고인을 추모하고 서로 위로할 수 있도록 돕는 새로운 형태의 상부상조 사례라 할 수 있다.

3) 지역사회에 대한 이론적 관점

지역사회에 대한 이론적 관점은 사회학 이론의 주요한 유형인 기능주의와 갈등주의 및 통합주의이론을 지역사회 분석에 적용하는 것으로 활용된다.

(1) 사회체계로서의 지역사회: 기능주의 관점

사회체계이론의 가장 중요한 공헌 중 하나는 지역사회가 구조화되고 조직화되는 방식을 설명하고 있다는 사실이다. 즉, 지역사회는 지위, 역할, 집단, 그리고 제도들로 이루어진 하나의 체계로 파악될 수 있다. 그러므로 이러한 구성요소들이 상호 긴밀하게 연결되어 집단이 형성되고, 여러 집단이 서로 결합되어 제도를 이루고, 여러 제도가 서로 결합되어 지역사회를 이루고 있다.

기능주의적 입장은 일반적으로 사회가 여러 부분으로 구성되어 있고, 각 부분은 합의된 가치와 규범에 따라 변화되며, 균형 또는 안정을 강조한다. 이러한 점에서 부분의 개념은 사회적 욕구를 충족시키기 위한 효과적이고 효율적인 방법과 관련된다(최일섭, 1996: 21-22). 그리고 그 방법은 사실상 '기능(Function)'이 발휘되는 행위라 할 수 있다. 여기서 '기능'은 사회를 하나의 유기체, 즉 살아있는 생물체로 볼 때, 사회의 안정과 통합을 유지하기 위한 제도, 조직, 규범 등의 실제적인 역할 수행을 의미한다. 이와 같이 기능주의 관점에 의하면 지역사회는 유기적인 사회체계로 간주될 수 있다. 지역사회에 대한 기능주의 관점은 다음과 같이 요약할 수 있다(이윤로, 2008; 이정우 외, 2015).

첫째, 지역사회는 다양한 사회제도로 구성된 하나의 체계다. 여기서 중요한 제도적 체계들은 하위체계들로서 정부, 경제, 사회, 종교, 가족 등을 말한다.

둘째, 하위체계 내의 성원 간에 그리고 하위체계 간에 상호 관련성이 있으며, 이들 체계는 다양한 사회적 또는 결사체적 집단으로 구성되어 있다.

셋째, 지역사회를 포함한 모든 사회체계는 균형 상태를 향해 움직이는 경향이 있다. 따라서 한 사회체계의 다양한 부분 간에는 조절, 조정, 통합이 이루어지면서 균형 상태를 유지한다.

넷째, 지역사회를 구성하는 여러 가지 하위체계 간에는 상당한 정도의 상호관련성, 상호작용, 협동이 존재한다는 사실이 광범위하게 받아들여진다.

다섯째, 각각의 하위체계들은 상호 관련성이 있지만 하나의 분리된 실체를 이루고 있으며 모든 사회체계의 구성원들은 의식적 · 무의식적으로 다양한 경제 유지 활동에 종사한다.

이상에서 살펴본 바와 같이 기능주의 관점은 지역사회의 유지와 균형, 조화에 주로 관심을 가지기 때문에 지역사회의 변화나 지역사회에서의 자원, 권력을 둘러싼 집단 간의 갈등을 설명하는 데에는 다소 취약한 것으로 평가되고 있다. 그러나 지역사회는 상호 관련된 집단 및 제도들로 이루어져 있으며, 이러한 상호 관련성은 모든 사회체계가 내적 및 외적 유형을 가지고 있기 때문에 생겨난다는 사실을 규명하는 데에서 기능주의 관점의 강점이 있다.

(2) 갈등으로서의 지역사회: 갈등주의 관점

갈등주의이론은 여러 가지 이론적 분파들이 있다. 마르크스(K. Marx)와 같이 폭력 갈등을 통한 혁명이 복지사회를 성취할 수 있다고 주장하는 견해도 있고, 다렌돌프(Dahrendorf)와 같이 산업사회의 갈등이 강하기 때문에 오히려 사회갈등의 제도화, 즉 입법과 정책 등을 통해서 폭력을 예방하고 복지사회를 추구할 수 있다는 견해도 있다. 이러한 견해들은 기본적으로 갈등이라는 현상을 사회적 과정의 본질로 간주한다. 갈등주의는 사회가 이해관계에 의하여 형성되어 있고, 이러한 이익 또는 자원의 차이로 갈등이 초래된다고 본다.

갈등주의 관점에서 지역사회는 희소자원을 둘러싼 집단 간의 경쟁과 갈등이 상존하는 역동적 공간이다. 권력의 불균형과 불평등한 자원 배분이 갈등의 근본 원인이 된다. 그래서 지역사회는 안정보다 변화가 자연스럽다. 갈등은 사회 변동과 발전의 중요한 동력이 된다. 갈등주의는 지배집단이 피지배집단을 억압하고 착취하는 구조적 문제에 주목한다. 즉, 지역사회 내의 사회구성원들 사이에 재산, 권력, 권위, 욕구, 기회, 이익 등이 불평등한 배분 관계로 인해 갈등이 발생하고 이러한 갈등 관계는 지역사회의 변동을 초래한다. 지역사회의 갈등에 관한 몇 가지 관점을 고찰하면 다음과 같다(이정우 외, 2015).

첫째, 지역사회 갈등은 경제적 문제로 인한 갈등, 권력 및 권위로 인한 갈등, 문화적 가치 및 신념의 차이로 인한 갈등 등으로 발생한다.

둘째, 지역사회 갈등을 역동성 측면에서 보면 특정한 쟁점에서 일반적인 쟁점으로 옮겨가는 경향이 있다.

셋째, 지역사회 구조에 대한 갈등의 영향은 지역사회에 존재하는 사회조직 간의 변동을 일으킨다.

넷째, 일단 지역갈등이 지속되면 색다른 쟁점이 출현하는 경향이 있다.

다섯째, 영향력 있는 지역사회 지도자 및 지역사회조직들은 갈등에 많은 영향을 미칠 수 있다.

이상에서 살펴본 갈등주의 관점은 지역사회 문제나 주민의 욕구를 해결하기 위해서는 지역사회 갈등의 주된 요소인 권력, 권위, 경제적 자원들의 재분배를 요구하게 된다. 그 결과 요구사항이 사회행동으로 표출된다는 점을 강조한다. 그러면서 갈등을 사회발전의 요인과 사회통합이라는 관점에서 다룬다. 사회복지에 있어서 갈등주의적인 접근 방법은 종래의 전통적인 심리적 요법을 비판하고, 오히려 사회행동이나 급진적 모델에 의존하려 한다.

(3) 통합으로서의 지역사회: 통합주의 관점

통합주의는 지역사회를 하나의 체계임과 동시에 사회적 갈등을 불가피한 사회화의 한 형태로 본다. 특히 갈등은 사회를 분열시키는 것만이 아니라 재통합시켜 주는 요인이 된다고 주장한다. 그래서 통합주의 관점에서 지역사회는 다양한 배경과 특성을 띤 사회구성원들이 공동의 정체성을 바탕으로 연대하고 소속감을 형성하며 조화롭게 공존하는, 자기 주체적이면서도 상호 의존적인 집합체로 간주된다. 이는 단순히 갈등이 없는 상태를 넘어, 적극적인 상호작용과 협력을 통해 사회적 결속력을 강화하는 것을 목표로 한다(이준우, 2021).

통합주의 관점의 주요 특징은 무엇보다도 다양성을 인정하고 포용하는 접근을 추구한다는 것이다. 인종, 종교, 문화, 연령, 성별, 지역, 재산, 직업 등 다양한 차이를 인정하고 존중한다. 이러한 다양성이 사회의 자산이 될 수 있음을 강조한다. 특히 다양성을 존중하는 개념은 지역 공간 또는 거주 공간을 공유하는 지역주민들 간에 소통과 협력의 잠재성을 적극 조직화하고 구성하여 사회적 소수자에 대한 왜곡된 인지구조를 변형시키는 데 기여한다. 또한 다양성에 대한 이해는 정상성, 순수성, 동질성, 본연성 등의 획일적, 전체주의적, 보편적인 것이 아닌, 사회적 소수자들의 특정 속성 또는 특이성까지 포용하는 가치를 형성하는 토대가 된다. 나아가 다양성을 추구하는 접근은 지역주민들의 행위할 힘의 잠재성을 전제한다. 이는 지역사회복지를 포함한 사회복지실천에서 기본적 이론 틀인 역량 강화의 관점과 맥을 같이 한다(이준우, 2021).

결과적으로 통합주의 관점은 지역사회를 지역주민들 공동의 정체성 및 가치를 공유하는 현장으로 이해하게 한다. 지역사회의 구성원들이 공동체의 일원으로서 소속감을 느끼고, 함께 공유하는 가치와 규범을 기반으로 사회의 발전을 도모하게 한다. 당연히 상호 이해와 소통을 중시한다. 사회 각계각층의 의견을 수렴하고 소통을 활성화하여 계층, 이념, 지역 간의 갈등을 해소하는 데 중점을 두게 한다. 동시에 통합주의 관점은 모든 사회구성원이 동등한 주체로서 관계를 맺고 유대를 강화하며, 특정 집단이 배제되거나 차별받지 않도록 하는 평등한 주체로서의 연대감을 형성하는 가치적 토대로 작용한다.

통합주의 관점이 적용된 대표적인 사례로는 이주 배경 지역주민을 위한 정책 방안 설계나 지역 중심의 통합돌봄 서비스 등과 같은 사회통합을 촉진하기 위한 제도적 장치를 마련하는 일 등을 들 수 있다. 또한 사회적 갈등을 예방하고 극복하는 과정을 통해 사회통합을 이뤄가는 일도 중요한 예가 된다. 결론적으로 통합주의 관점은 지역사회를 '사회구성원 간의 쌍방향적이고 다원적인 상호작용을 통해 지속가능한 공동체로 만들어가는 역동적인 과정'으로 바라보게 한다.

2. AI 시대 지역사회복지

1) AI 시대 지역사회복지의 개념

AI 시대 지역사회복지의 개념은 인공지능(AI) 기술을 활용하여 지역사회의 구조를 복지 친화적인 환경으로 구축하고, 지역주민 개개인의 행복한 삶을 실현하는 총체적인 접근을 의미한다. 또한 지역사회복지실천을 효과적이면서 효율적으로 수행하고, 이를 내실화함과 동시에 고도화하여, 사회적 약자의 삶의 질을 높이는 정책과 제도 및 전달체계, 사회복지시설을 비롯한 관련 사회조직을 관리 · 운영하는 체계가 지역사회복지이다. 이러한 지역사회복지는 인간 중심의 '긴급위기개입' 및 '맞춤형 돌봄'과 '사회 연대적인 옹호와 자원 연계' 등을 실현하는 전문적 행위인 지역사회복지실천으로 나타난다(이준우, 2021). 오늘날 AI 시대 지역사회복지의 주요 특징과 변화는 다음과 같다(김현진, 2024; 이경건, 2024; 이인구, 2025).

첫째, 사후 대응에서 사전 예방까지 포함한 지역사회복지 패러다임으로 전환되고 있다. 기존의 문제 발생 후 개입하는 방식 일변도에서 벗어나, AI 기반 데이터 분석을 통해 복지 대상자의 위기 가능성을 조기에 감지하고 선제적으로 개입하는 예방적 복지까지 아우르는 혁신적인 패러다임의 전환이 이루어지고 있다. 예를 들어, 고독사 위험군을 예측하여 사전에 안부를 확인하는 'AI 노인 말벗 서비스'가 대표적인 사례다.

둘째, 지역사회복지서비스 효율성 및 개인 맞춤형 접근의 강화가 두드러진다. AI 기술은 방대한 데이터를 분석하여 복지 대상자 개개인에게 가장 적절한 맞춤형 서비스를 신속하게 제공할 수 있게 한다. 돌봄 로봇, 상담 챗봇 등은 사회복지 분야의 인력 부족 문제를 보완하며, 24시간 중단 없는 서비스 제공을 가능하게 한다.

셋째, 인간 중심의 기술 활용과 윤리적 고려가 중요하게 부각된다. AI는 도구로서 활용되어야 한다. 당연히 기술이 인간의 역할을 완전히 대체하는 것이 아니라 사회복지사의 전문성을 더욱 빛나게 하는 방향으로 나아가야 한다. AI 기술의 도입 과정에서 발생할 수 있는 데이터 편향성 문제나 윤리적 쟁점들을 고려하여, 인간 중심의 따뜻한 돌봄이 이루어지도록 설계하는 것이 중요하다.

넷째, 지역사회 통합 돌봄 체계 구축이 이루어지고 있다. AI 기술은 지역사회 내 다양한 복지 주체(국가, 지자체, 기업, 돌봄 종사자, 지역주민 등) 간의 연결을 강화하여, 노인이나 장애인 등이 자신이 살던 곳에서 지역사회와 어울려 살 수 있도록 지원하는 지역사회 통합 돌봄 체계 구축에 기여한다.

이렇게 AI 시대의 지역사회복지 개념은 전통적인 지역사회복지서비스에 AI 기술을 접목하여 효율성을 높이고, 맞춤형 서비스를 제공하며, 문제 발생 전 예방적 개입을 강화하는 방향으로 확장된다. 이는 단순한 기술 도입을 넘어 복지 패러다임의 근본적인 변화까지 끌어내고 있다.

2) 지역사회복지의 의미

지역사회복지(community welfare)란 말은 매우 포괄적인 개념으로 전문 혹은 비전문인력이 지역사회 수준에 개입하여 지역사회에 존재하는 각종 제도에 영향을 주고, 지역사회의 문제를 예방하고 해결하고자 하는 일체의 사회적 노력을 의미한다. 지역사회복지는 개인복지나 가족복지보다 넓은 차원의 개념이며 아동복지, 청소년복지, 노인복지라는 대상층 중심의 복지 활동보다는 지역성(locality relevance)이 뚜렷하다는 데서 차별화된다. 따라서 지역사회복지는 개인, 가정, 집단 수준의 사회체계의 복지와 대립적인 위치에 있는 것이 아니고, 사회복지라는 하나의 연속선상에서 다른 극에 위치하여 상호 보완적인 관계를 유지한다고 볼 수 있다(이용교, 2017).

이러한 지역사회복지가 궁극적으로 추구하는 것은 두말할 나위도 없이 '이상적인 지역사회(ideal community)'를 건설하자는 것이다. 그렇다면 이상적인 지역사회란 어떤 상태의 지역사회를 의미하는 것인지를 분명히 하여야만 이를 위한 노력이 의미를 갖게 될 것이다. 이상적인 지역사회는 지역주민들에게 다음과 같은 9가지 조건을 제공할 수 있어야 한다(최일섭, 1996: 15).

① 지역사회는 효율적인 정부라는 매개체를 통해 질서(order), 즉 생명과 재산

의 안전을 도모해야 한다.

② 지역사회는 효율적인 생산 체제를 통해 경제적 안녕, 즉 소득을 보장해 주어야 한다.

③ 지역사회는 공공의 보건기관을 통해서 육체적 안녕(physical wellbeing), 즉 보건과 위생을 보장해야 한다.

④ 지역사회는 조직적이고도 잘 마련된 놀이를 통해서 여가 시간을 건설적으로 활용하게 해야 한다.

⑤ 조직화된 지역사회에 의해 지지를 받을 수 있는 윤리적 기준(ethical standards), 즉 도덕 체계를 제공하여야 한다.

⑥ 지역사회는 모든 사람이 쉽게 접근할 수 있는 공공기관을 통해서 지식의 보급(intellectual diffusion), 즉 교육을 제공해야 한다.

⑦ 지역사회는 자유롭게 의사를 표현할 수 있는 수단(free avenues of expression)을 제공해야 한다.

⑧ 지역사회는 모든 주민이 자신들의 의사가 표현되고 반영된다고 느낄 수 있는 민주적 형태의 조직을 제공해야 한다.

⑨ 지역사회는 종교적 동기를 불러일으킴과 동시에 종교 행위가 가능한 여건을 제공해야 한다.

이렇게 보면, 지역사회복지란 지역사회의 주요 제도가 맡은, 사회적 기능을 온전히 수행할 수 있도록 하는 노력이라고도 말할 수 있다. 이러한 측면에서 볼 때, 지역사회복지를 향상시키려는 노력은 어느 특수한 전문 분야에만 국한되는 것이 아니고 사회복지실천, 공중보건, 성인교육, 공공행정, 도시계획, 정신건강 등 여러 분야의 전문가들과 민간단체나 정치단체 등의 자원봉사자들에 의해 광범위하게 수행된다(이종복 외, 2006; 장인협, 1999). 따라서 지역사회복지실천은 반드시 전문적인 활동(professional activity)이라고 말할 수는 없으며, 고대사회에서의 자연발생적인 민간 활동(예컨대, 두레, 품앗이 등)에서부터 오늘날의 민간 자원봉사활동, 지역개발운동, 지역복지운동, 그리고 전문적인 지역사회조직사업 등을 내포하는 포괄적인 성격을 띤다(조규환, 2012).

그럼에도 현대 자본주의사회가 안고 있는 사회 병리적 문제는 그 규모와 성격이 자선적이고 비조직적인 활동으로는 해결하기 힘든 것이기 때문에 보다 과학적이고 조직적이고 계획적인 지역사회복지가 있어야 하는 것이다(이준우, 2021).

3) AI 시대 지역사회복지의 이념

AI 시대 지역사회복지의 이념은 AI 기술을 활용하여 사회복지의 효율성을 높이되, 궁극적으로는 '인간 중심'의 가치를 실현하고 '관계'와 '포용성'을 강화하는 방향으로 설정되어야 한다. AI는 사람을 '대신'하는 복지가 아니라, 사람을 '돕는' 보조도구여야 한다는 것이 핵심이다(김현진, 2024; 서상목 외, 2025; 이경건, 2024; 이인구, 2025; 이준우, 2021).

(1) 인간 중심 접근의 원칙 지향

AI 기술이 발전하더라도 지역사회복지의 최종 목표는 인간의 삶의 질 향상과 행복 추구에 있다. AI 기술은 지역사회복지를 실천하는 효과적인 도구가 될 수는 있어도 인간적 돌봄과 지원 및 연계와 옹호 그 자체는 아니다. 따라서 모든 AI 기술의 도입 과정에서 인간적 가치와 관계 형성을 최우선으로 고려해야 한다.

지역사회복지는 지역주민들이 사회적 약자들과 함께 더불어 살아갈 수 있도록 소통과 협력을 통하여 각 개인의 삶을 행복한 수준으로 구성해 낼 수 있음에 주목해야 한다. 여기에서 인간 중심 접근은 필수적이다. 연령, 성 정체성 및 성 지향성, 출신 국가, 건강 및 기능 손상과 만성화된 장애 등으로 외부의 권위에 의해 구분지어짐으로써, 특이성이 무시되고 보편성이 강요되는 지역사회 현실에 대한 대안적 지역사회를 상상할 수 있어야 한다.

이때, 사회복지사는 사회적 약자를 포함하여 지역주민 각각의 특이성을 지역주민들과 함께 모두가 다 꿈꾸는 이상적인 삶을 공통적인 것으로 구성할 수 있는 계기를 마련할 수 있어야 한다. 배제의 경험, 차별의 경험, 돌봄 필요의 경험에 대해 지역주민들과 함께 소통하고 주민들이 각각의 독특성을 유지하면서 서로를 인정하고 협력하는 공동체성을 갖도록 계기를 마련하여야 한다. AI 기술은 이와 같은 인간 중심의 인간 존중을 지향하는 지역사회복지를 실현하는 데에 큰 힘이 된다.

(2) 공정성과 형평성 확보 노력

지역사회복지에서 공정성과 형평성을 확보하기 위한 노력은 복지 사각지대의 해소, 지역 자원의 투명한 배분, 그리고 주민 참여를 통한 의사결정 등에서 이뤄져 왔다. AI 기반 시스템은 방대한 데이터를 분석하여 실질적으로 복지 사각지대를 해소하고 맞춤형 서비스를 신속하게 제공하는 데에 큰 역할을 한다. 또한 통합 자원관리 시스템을 마련하는 데에도 보탬이 된다. 그 결과, 사회복지서비스 정보, 수량, 교육 관련 정보 등을 포함하는 통합 관리가 효과적이며 효율적으로 이뤄짐과 동시에 자원의 중복 및 누락이 방지되고, 필요한 곳에 투명하게 배분될 수 있다.

그런데 학습 데이터의 편향성 문제 등으로 인해 특정 집단에 대한 차별적 결과가 나타날 수 있는 위험이 상존한다. 사회복지사와 지역주민들 그리고 돌봄제공인력 등의 인간 행위자뿐만 아니라 수많은 비인간 행위자가 함께 결합하는 지역사회복지실천의 역동성을 지속적으로 유지하기 위해서는 데이터의 수집과 확보에 대한 신뢰성을 담보해야 할 필요가 크다.

특히 사회적 취약계층 또는 소수자에 대한 혐오나 차별과 관련하여 볼 때, 정책 및 프로그램 예산(화폐), 홍보 현수막 및 홍보 브로셔(텍스트), 사회복지시설, 권익옹호기관, 쉼터, 경찰, 병원, 법원, 시 · 군 · 구청 및 읍 · 면 · 동 사무소 등의 관공서 건물(건축물), 인터넷, 사회복지전산망 및 컴퓨터(기술, 기계), 원예치료 재료(식물), 심리사회재활치료 재료(텍스트, 기구) 등 비인간 행위자들은 사회적 행위자 못지않게 지역사회복지실천에서 큰 비중을 차지하고 있다. 이들 간의 결합 자체뿐만 아니라 어떻게 결합되고 배열되는 것과 동시에 각각의 특수성이 결합체 안에서 어떻게 자율성을 유지하는가의 기준이 공정성과 형평성에 토대를 두어야 한다.

이렇게 공정성과 형평성을 확보하기 위해 AI 시스템 설계 단계에서부터 공정성과 투명성을 확보하고, AI 기술 적용으로 인한 정보 격차(digital divide) 문제를 해소해야 한다. 이를 테면, '고독사 예방 및 관리 시범사업'과 같이 보건복지부 및 지방자치단체 차원에서 지역사회복지서비스가 닿지 않는 취약계층을 적극적으로 발굴하기 위한 노력을 기울이는 일을 말할 수 있는데, 이는 도움이 더 필요한 사람들에게 자원을 집중하는 형평성의 가치를 실현하는 사례가 된다. 아울러 긴급복지지원 사업 등 갑작스러운 위기 상황에 처한 가구를 신속하게 지원하는 체계를 마련하여, 예상치 못한 어려움을 겪는 주민들이 소외되지 않도록 하는 것도 매우 중요한 일이다. 여기에도 AI 기반 지원 시스템은 유용하다.

(3) 지역사회 포용성 및 연대 강화

지역사회를 포용하고 연대 의식을 최대화하는 지역사회복지는 차이에 의한 소통과 협력의 단절에 저항하고 차이의 위계화를 거부하며, 차이 간의 적극적 상호작용과 유연하고 열린 연대로 구성된 네트워크적 공간에서, 유동적이며 동등한 권력을 행사하는 강력한 행위이자 사회운동이며 이념임과 동시에 제도이다(이준우, 2021). 전문가가 아닌 지역주민들의 주도하에, 일시적 · 잠정적 결합과 해체를 시간적 · 공간적으로 반복하며 형성되는 네트워크적 공간에서 행복한 지역공동체를 형성하기 위한 과정을 끊임없이 만들어가는 행위이자 가치가 바로 지역사회복지이다.

특히 포용과 연대의 지역사회복지 이념은 전문가 중심의 경직되고 고착화된 사회복지사와 지역주민들의 관계를 거부하고 사회적 취약계층 또는 소수자를 포함한 지역주민들의 특정 속성에만 주목하는 고정되고 폐쇄적인 접근을 거부한다. 생태체계이론적인 '환경 속의 인간' 개념이 갖는 개인과 구조, 인간적 존재와 비인간적 존재의 이분법을 극복하고자 한다. 또한 역량 또는 권력이 네트워크적 공간상에서 행사되는 관계적 효과라는 점을 간과하고, 고정된 속성으로서 간주하는 역량강화 이론의 한계를 극복하고자 한다. 사회적 취약계층 또는 소수자의 배제와 고립을 영속화할 수 있는 사례관리 관점의 한계와 아울러 포섭 속의 배제를 내포하는 탈시설화 이데올로기적 담론의 맹점을 극복하고자 한다.

이렇게 포용성과 연대를 강화하려는 지역사회복지의 이념은 동질성, 순수성, 획일성을 일방적으로 찬양하는 이데올로기를 거부하고 특이성 간에 소통과 협력을 통하여 행복한 지역 공동체를 향한 삶의 과정을 생산할 수 있는 실천적 잠재력을 갖는다. 또한 근대적 개념의 정치적, 경제적, 사회적 권리의 동등한 보장에서 그치지 않고 끊임없이 새로운 형태와 수준의 공통된 자유, 미래지향적인 주체성의 자유를 상상하며, 이를 위하여 경계와 영역의 제한이 없는 열린 연대를 가능하게 한다.

포용과 연대의 지역사회복지는 AI 기술을 통해 지역주민들의 접촉과 공감을 확장시킬 수 있다. 실례로, AI 기술은 고립된 개인(예: 독거노인, 사회적 고립 청년 등)의 안전을 모니터링하고 사회적 교류를 지원하는 데 활용된다(예: AI 돌봄로봇, 상담 챗봇 등). 이를 통해 지역사회 구성원들이 소외되지 않도록 연결을 강화하고, 사회복지관, 지방자치단체, 지역사회보장협의체 등과의 연계 구조를 마련한다.

3. AI 시대 지역사회복지실천

1) AI 시대 지역사회복지실천의 개념

지역사회복지실천은 지역사회를 대상으로 하는 사회복지실천을 포괄적으로 일컫는 개념이다(오정수 · 류진석, 2016). 이러한 지역사회복지실천은 도시화, 산업화로 인해 전통적 지역공동체가 붕괴되면서 발생하는 다양한 사회 문제를 해결하기 위해 지역공동체를 복원시키려는 사회복지 차원에서 수행하는 구체적인 행위를 의미한다. 또한 지역사회복지실천은 지역사회의 보건, 복지, 여가의 욕구를 충족시키기 위한 지역사회의 노력을 기획하고 조정하고 평가하도록 자극하고 돕는 과정이다(Zastrow, 2004).

한국에서는 지역사회복지실천이 지역주민들의 생활을 향상하기 위하여 지역주민조직과 단체, 지방자치단체가 힘을 합하여 지역사회의 고용정책, 노동정책, 사회보장정책, 환경정책, 보건정책 등을 상호 보완 · 원조해 주는 총체적인 지역사회복지활동으로 진행되었다(이종복 외, 2006). 그래서 지역사회복지실천은 지역주민들의 복지를 증진하기 위하여 개인, 가족, 지역사회 등에 바람직한 변화를 일으키고자 하는 전문적 사회복지실천의 한 방법으로 이해되었다. 지역사회의 복지 향상을 위하여 전문인력이 지역사회 수준에 개입하여 지역사회에 존재하는 각종 제도에 영향을 주고, 지역사회의 문제를 예방하고 해결하고자 하는 사회적 노력으로 수행되었기 때문이다(박옥희, 2008; 이준우, 2021).

이렇게 지역사회복지실천은 구성원의 조직, 공동체 내의 다양한 복지 관련 단체, 일반사회단체, 행정조직 등에 개입하여 공동체 구성원들의 문제나 욕구를 해결하는 것이다. 그 결과, 지역사회복지실천은 공동체 구성원 개개인이 아니라 공동체 전체 또는 일부를 대표하는 집단이나 조직에 개입하여 제도적 변화까지 도모한다(Zastrow, 2004).

그러므로 지역사회복지실천은 지역사회복지를 실행에 옮겨서 지역사회의 복지 상태와 수준을 향상하는 활동이다. 아울러 지역사회의 변화를 일으키는 전문적인 행위이다. 이런 맥락에서 지역사회복지실천은 지역사회의 변화를 주도하는 지역 조직화 사업의 강화와 지역사회 차원의 연대, 그리고 네트워크의 발전을 의미한다. 여기에서 지역 조직화는 지역주민들의 심리사회적 복지를 증진하는 역량 강화의 과정에 의해 이뤄진다. 지역사회복지실천은 개인 차원에서 시작함과 동시에 조직 차원에서도 이루어진다. 지역사회의 변화는 연대를 통한 집단행동을 통해 이루어진다. 연대를 통한 문제 해결은 개별 문제에 대한 집단 차원의 해결책을 모색하는 것으로, 이 과정에서 개인은 고립감을 해소하고 심리사회적 지지를 얻게 된다. 지역사회의 변화 과정에는 다양한 개인과 집단의 참여가 이루어진다.

오늘날 AI 시대에는 지역사회의 개념도 가상세계까지 포함하여 크게 확장되었으며 AI 기술의 일반화로 지역사회복지실천의 접근 방법도 기존의 흐름을 재구조화해야 하는 상황이 되었다. AI 시대의 지역사회복지실천은 단순히 AI

기술을 도입하는 것을 넘어, '데이터 기반의 선제적 지역사회복지 개입'과 '기술과 인간의 협력적 돌봄', '창의적이며 혁신적인 지역 조직화와 네트워크' 등으로 개념을 재설정해야 한다(김현진, 2024; 서상목 외, 2025).

먼저, 개념의 확장은 '문제 발생 이후 개입하는 구호'에서 '선제적 예방'과 '시의적절한 지원'으로 이루어지고 있다. 즉, 과거의 지역사회복지실천이 대체로 문제가 발생한 후 개입하는 방식이었다면, AI 시대에는 예측적 분석(predictive analytics)을 통한 예방적 실천으로 전환된다. 아울러 문제 해결을 위해 즉시 대응하는 접근도 가능하게 되었다. 가령 빅데이터(주거 기록, 의료 데이터 등)를 분석하여 복지 사각지대나 고독사 위험 가구를 사전에 발굴하는 것을 들 수 있다. 물론 이때, AI가 수집하여 제공하는 정보의 편향성을 파악하며 감시하고, 서비스 이용자와 관련된 데이터의 비밀보장 및 당사자의 자기결정권을 최우선으로 고려하는 일에 유의해야 하는 것은 필수적이다. 또한 AI 돌봄 로봇이나 IoT 기기를 활용해 지역사회 내 취약계층의 상태를 24시간 실시간으로 파악할 수도 있다.

다음으로 지역사회복지실천을 수행하는 실천 방식도 변화하고 있다. 하이테크(high-tech)와 하이터치(high-touch)가 융합되고 있다. 이는 AI가 반복적 · 행정적 업무를 수행함으로써 사회복지사가 인간 중심의 서비스에 집중할 수 있는 환경이 구축되었기 때문에 눈앞의 현실이 되었다. AI가 기록 작성, 사례관리 데이터 입력 등 행정업무를 자동화하여 사회복지사를 지원한다. 사회복지사는 절약된 시간을 통해 서비스 이용자와의 정서적 교감, 복잡한 사례에 대한 심층 상담 등 '인간만이 할 수 있는 사회복지실천'의 품질을 높여 실행할 수 있게 되었다.

2) 지역사회복지실천의 목적

일반적으로 지역사회복지실천의 목적은 다음과 같이 정리할 수 있다(Dominelli, 2004; Germain & Gitterman, 1995).

첫째, 지역사회의 광범위한 욕구를 충족하고, 욕구와 자원 간의 조정과 균형을 도모한다. 둘째, 지역주민들의 참여, 자조, 협동 능력을 개발, 강화, 유지하도록 도와 그들이 문제에 보다 효과적으로 대처할 수 있게 한다. 셋째, 지역사회와 집단들 간의 관계와 의사결정권의 분배에서 변화를 초래하고자 한다.

또한 와일(Weil)과 갬블(Gemble)은 지역사회복지실천의 중요한 목적을 다음과 같이 제시하였다(Weil & Gamble, 1995).

첫째, 지역사회주민의 '삶의 질'의 향상, 둘째, 지역사회의 이익 대변(advocacy), 셋째, 인간적인 사회경제적 개발(human social and economic development), 넷째, 서비스와 프로그램 계획, 다섯째, 서비스의 통합, 여섯째, 사회행동, 일곱째, 사회정의의 실현 등 포괄적으로 설명하고 있다.

한편, 로스만(Rothman)은 시역사회복지실천의 목표를 '과업 중심의 목표'와 '과정 중심의 목표'로 구별하여 정리한다(Rothman, 2001).

먼저, 과업 중심의 목표란 구체적인 사업을 완성하거나, 지역사회의 기능과 관련한 문제를 해결하는 데 관심을 두는 것으로서 서비스를 제공하거나, 새로운 서비스를 강구하거나, 서비스를 뒷받침하는 법과 제도를 마련하는 것을 말한다.

다음으로, 과정 중심의 목표란 체제의 유지와 기능을 강화하려는 것으로서 그 구체적인 목표는 다음과 같다. 첫째, 지역사회에 있는 여러 집단 간의 협동적인 관계를 수립한다. 둘째, 지역사회 문제를 해결하기 위해 자치적인 구조를 창출한다. 셋째, 지역사회 문제를 해결하는 데 필요한 역량 기반을 향상시킨다.

넷째, 지역사회주민들로 하여금 지역사회의 일에 관심을 갖고 참여하도록 촉진한다. 다섯째, 지역사회의 공동사업에 협력적인 태도와 작업을 북돋아 준다. 여섯째, 토착적인 지도력(indigenous leadership)을 증대시키려 한다.

로스만은 과정 중심의 목표가 지역사회가 장기간에 걸쳐 제 기능을 하도록 일반적인 능력 향상에 관심을 갖는 데에 있다면, 과업 중심의 목표는 지역사회의 한정된 문제 해결 그 자체에 관심을 가진다고 하였다. 로스만은 자신이 주장한 지역사회복지실천의 세 가지 모델 중 지역사회개발은 과정 중심의 목표에, 사회계획은 과업 중심의 목표에, 그리고 사회행동은 양쪽 목표 모두에 역점을 둔다고 보았다.

3) 지역사회복지실천의 전략

이상에서 다룬 지역사회복지실천의 원칙들을 성공적으로 준수하기 위한 지역사회복지실천의 전략은 다음과 같다.

(1) 인권을 존중하는 지역사회복지실천

지역사회복지실천은 인간의 고귀한 존엄성을 권리적인 차원에서 회복하고 보호하는 데에 초점을 두어야 한다. 모든 인간은 존귀하며 평등하다. 권리에 기초한 지역사회복지실천은 사회적 약자에게 권한을 부여하고, 지역사회 안에서 정의에 기초한 평등을 구현하며, 모든 생명이 존엄성을 얻도록 하는 것이다. 그럼으로써 지역사회복지실천은 서비스 제공자와 서비스 이용자가 함께 동반자로서 건강한 지역사회를 세우는 일에 헌신하도록 해야 한다. 여기에 반드시 전제해야 할 것은 도움을 받은 사람들이 낙인찍히는 일이 없도록 최선을 다하는 것이다.

따라서 지역사회복지실천은 서비스 이용자들을 무조건 도움의 대상으로 간주하지 말아야 한다. 사회복지기관이나 공공서비스전달체계에서 일방적으로 그들을 도움의 대상으로 생각한다면 복지 공급 주체는 항상 그들에게 도움을 주어야 한다는 종속적 관계로 대하게 된다. 양자는 화해할 수 없는 쌍방의 이기적이며 배타적 관계로 전락하게 된다. 이에 지역사회복지실천의 관심은 서비스 이용자들이 능력과 잠재력을 계발하여 사회 환경에 적응할 수 있도록 지원하는 데에 있다. 그리고 서비스 이용자들을 사회복지기관으로 불러들이는 것도 중요하지만, 그들이 있는 곳으로 직접 찾아가서 서비스를 제공하는 것이 최선의 방법이 될 수도 있다.

(2) 인간의 생존을 지켜주는 지역사회복지실천

지역사회복지실천은 인간의 생존을 지켜주는 활동이어야 한다. 먹고 사는 문제가 지역사회에서 해결될 수 있도록 하는 일은 지역사회복시실천에서 기본이며 핵심적인 요소이다. 지역사회복지실천은 취약한 계층의 사람들에게 따뜻한 희망으로 다시금 살아갈 수 있도록 하는 힘이 되어야 한다. 이것이 지역사회복지실천의 본질이다. 사회적 약자들이 자립할 수 있도록 지원하는 일은 지역사회복지실천의 핵심 요체이다.

특히 지역사회복지실천은 빈곤을 타파함으로써 사회적 약자들도 당당한 사회적 주체로 자리매김될 수 있음을 실증하는 사회적인 계몽 내지 운동이 되어야 한다. 적자생존과 약육강식의 원리에 기초한 신자유주의 경제하에서 무한경쟁은 전통적인 국가, 지역, 가정 공동체뿐만 아니라 지구상의 모든 생명 공동체를 위협으로 몰고 가고 있다. 이에 생명을 살리고 존속하게 하는 지역사회복지실천을 끊임없이 추구해야 한다. 이를 위해 지역사회복지실천은 가장 우선적으로 절대빈곤과 싸워야 한다. 아울러 지역사회복지실천은 다양한 사회기관들과 공공영역, 각각의 개인들과 최대한 협력하여 우리 사회의 극단적 양극화와 상대적 빈곤을 해결할 수 있다는 희망을 주어야 한다. 결국 치열한 경쟁에서 낙오되고 밀려나는 다양한 계층에 대한 사회적 배려가 절대적으로 필요하다. 절대빈곤 내지 상대적 빈곤의 삶을 살아가는 이들에게 필요한 사회적 안전망을 제공해야 한다.

(3) 타인과 함께 하는 나눔의 지역사회복지실천

지역사회복지실천은 타인(他人)과 함께 하는 나눔의 실천이 얼마나 세상을 사랑으로 풍요롭게 만드는지 가르치는 현장이면서 동시에 활동이어야 한다. 지역사회에서 이루어지는 많은 사회복지실천들이 그 업무를 수행하는 사회복지시설의 유익과 발전을 위해 도구화되는 경우도 있지만 타인과 함께 하는 지역사회복지실천은 서비스 이용자의 입장을 핵심가치로 한다. 이렇게 서비스 이용자의 시각에서 이루어지는 타인과 함께 나누는 지역사회복지실천은 서비스를 제공하는 사람들과 서비스 이용자 모두를 행복하게 만든다. 지역사회복지실천은 모두 타인과 함께 하는 정신에 기초하여 지역사회를 살기 좋은 삶의 터전으로 재구성하며 서비스 이용자의 자립적 역량까지 강화시킬 수 있도록 노력해야 한다.

(4) 지속가능성을 지향하는 지역사회복지실천

우리가 삶의 터전으로 삼고 있는 지역사회, 환경, 경제, 생태계는 서로 밀접한 관계를 맺고 있으며 한 사람의 작은 활동이 가까이는 이웃에서부터 멀리는 지구 전체에까지 영향을 미친다. 특히 지구온난화로 인한 기후위기 상황에서 상대적으로 더위와 추위에 취약한 사회적 취약계층은 여름에는 온열질환에 시

달리고 겨울에는 혹한과 싸워야 하는 어려움에 직면하고 있으며, 코로나19와 같은 감염병과 싸우고 있다. 기후위기와 상시적 감염병 위기에서 취약계층의 어려움은 더욱 가중되고 있는 현실이다. 이제 지역사회복지실천은 인간이 삶의 터전으로 삼고 있는 생태계를 보존하려는 노력에도 힘을 보태야 한다.

이를 위해 지역사회복지실천은 진정성 있는 자원봉사 교육과 활동을 통해 지역사회를 복지 친화적으로 변화시키는 주체가 되어야 한다. 지역사회에는 지방정부, 지방행정기관, 여러 복지기관, 비영리단체, 시민단체 등 자원봉사 참여를 이끌어낼 수 있는 다양한 영역이 있다. 동시에 지역사회에는 복지의 사각지대가 있다. 차상위계층을 향한 보살핌, 긴급한 재원 지원과 구호활동은 주요한 지역사회복지실천의 영역이다. 즉, 지역사회복지실천은 서비스를 제공하는 사람과 서비스를 이용하는 당사자들을 연결시키는 소중한 활동이다.

또한 후원과 지원은 단지 자선이 아니라 지구를 살리고 보다 아름다운 세상을 만들어나가는데 꼭 필요한 '사회적 투자'라는 인식을 모든 사회구성원들이 갖게끔 해야 한다. 이렇게 사회투자의 일환으로서 후원과 지원의 중요성을 깨닫고 이해할 수 있도록 교육하는 대 사회적 인식계몽활동이 지역사회복지실천을 통해 적극적으로 펼쳐질 필요가 있다. 이를 효과적으로 달성하기 위해서는 지역사회복지실천이 단순한 봉사나 후원에 그치는 것이 아니라 그 봉사와 후원이 이뤄지는 공간 자체가 지역사회의 봉사교육 현장으로 전환되게 해야 한다. 지역사회복지실천의 현장은 봉사하기 위해 참여하거나 후원하는 이들에게 봉사교육이 이루어지는 봉사교육의 교실이 되어야 한다.

특히 지역사회복지실천은 한두 번 단기적으로 하고 말 것이 아닌 지속적이고 장기적인 상시적 실천으로 추진되어야 한다. 이를 실현하기 위해 사전에 지역사회복지실천을 위한 면밀한 검토와 연구를 통하여 지역사회복지실천의 계획을 체계적으로 수립해야 한다. 또한 지역사회복지를 실천하는 과정에서 예상되는 모든 사태를 사전에 준비하고 대비책을 마련해야 한다. 지역사회 각각의 전통과 문화적 특수성을 주의 깊게 관찰하고 연구를 통해 독특성을 극대화할 수 있는 선택과 집중으로 지역사회복지실천을 추진해 갈 필요가 있다. 또한 지역사회복지실천의 당사자들이 국가 공공기관 및 사회복지시설이 제공하는 사회보장과 사회적 서비스, 보호 등을 시의적절하게 받을 수 있도록 지원해야 한다.

(5) 사회적 연계를 강조하는 지역사회복지실천

지역사회복지실천은 지역사회의 공공기관 및 사회복지시설들과 협력하여 지역사회를 중심으로 다양한 지역공동체들과 자원들이 상호 연계할 수 있도록 해야 한다. 이를 위해 지역사회의 복지기관들과 긴밀한 관계를 유지하면서 다양한 영역의 서비스 이용자들, 장애인, 각종 질병 환자(폐결핵, 간질병, 암환자, 알코올중독자 등), 소년소녀가장, 노숙자, 실직자, 고령사, 독거인, 외국인 근로자, 불법체류자, 다문화가정 등을 개인적으로, 혹은 집단으로 지원하고 보호하며 자활하는 일이 지역사회복지실천의 목적사업으로 진행되어야 한다. 나아가 지역사회복지실천은 지역사회의 심각한 문제들을 해결하기 위해 중요한 사회복지 정책 결정에도 깊이 참여할 수 있어야 한다. 한편 지역사회 내 다양한 하위공동체와의 유기적인 협력 관계는 지역사회복지실천이 지역주민들에게 효과적이며 양질의 가장 효과적인 사회운동이 될 수 있도록 한다.

(6) 행복한 지역사회 건설의 핵심적인 주체로서의 지역사회복지실천

행복한 지역사회란 지역주민들이 자기가 꿈꾸고 원하는 바를 삶의 터전에서 실제로 이루어내고 그것을 누리면서 사는 살기 좋은 사회이다. 존립 가능하고 지속가능한 지역사회복지실천의 성공적 성취를 위해서는 행복한 지역사회 건설이 필수적이다. 최선의 지역사회복지실천은 지역주민들을 결합시키고, 모든 지역사회 활동이 행복한 지역사회 건설을 강화시킬 수 있도록 노력한다. 이를 위해 가능한 한 많은 주민들을 참여시키고, 그 과정 수행을 위해 자기주체성에 기반한 상호 도움이 되는 상호의존성을 배가시키며, 공식적 · 비공식적 상호작용의 기회를 제공하려고 애쓴다. 행복한 지역사회 건설은 단순히 사람들을 모으는 이상의 의미를 가진다. 행복한 지역사회 건설은 지역주민들이 더불어 활동하도록 장려하며, 주민들이 상황을 처리함에 있어 상호 협조할 수 있는 구조를 개발하고, 모든 사람이 서로에 대해 기여할 수 있고, 결과적으로 다른 이들에게 존중받을 수 있는 방안을 마련하는 제 활동을 포함해야 한다.

지역사회복지실천은 지역사회와 복지를 만나게 하는 활동을 해야 한다. 이를 위해 도움의 손길을 필요로 하는 곳으로 찾아가는 지역사회복지실천을 확대해 가야 한다. 지역사회 내에 주민 상호 간의 역동적 관계를 형성하는 공간과 체계를 활발한 소통과 나눔으로 만들어 가야 한다. 지역사회의 자생력이 회복되고 자립과 화해가 일어나는 지역공동체가 이루어지도록 해야 한다. 빈부귀천, 남녀노소가 상호 호혜적 사랑 안에서 극복되어 모든 지역주민이 상생하고 수평적인 협력관계를 일상화하려는 노력이 삶의 양식으로 자리매김되어야 한다.

생각 다듬기

1. AI 시대 지역사회의 개념과 유형에 대해 생각해 봅시다.

2. AI 시대 지역사회복지의 개념과 지역사회복지실천의 전략에 대해 정리해 봅시다.

CHAPTER 02

AI 시대 지역사회복지 실천모델

COMMUNITY WELFARE

02

CHAPTER 02

AI 시대 지역사회복지 실천모델

지역사회복지실천과 관련하여 1960년대 후반부터 지금까지 가장 많이 다뤄 온 실천모델은 로스만의 지역사회개발, 사회계획, 사회행동의 세 가지 모델이다. 이와 같은 로스만 모델이 발표된 이후, 많은 이론들이 로스만 모델의 확장이나 수정에 기여하였다. 이 중 웨일(Weil)과 갬블(Gamble)의 8가지 유형의 실천모델이 가장 많이 활용되고 있는데, 이는 최근의 실천 변화를 적극적으로 반영한 모델이기 때문이다(감정기 외, 2005; 이준우, 2013).

또한 영국의 경험을 기초로 지역사회복지 실천모델을 제시한 포플(Popple)의 주장도 한국적인 상황에 적용해 볼 충분한 가치가 있다. 다만, 이들 지역사회복지 실천모델을 실제 적용하는 데는 지역사회가 가진 특성과 해결하고자 하는 문제의 성격에 따라 각기 다른 실천모델과 개입 기술이 요구되며, 따라서 다양한 모델을 적절하게 혼합하여 사용하는 경향이 있다(Zastrow, 2004; 이준우, 2021).

1. 로스만의 지역사회복지 실천모델

로스만(Rothman)은 지역사회복지활동을 체계적으로 분류하여 지역사회복지 실천모델로 제시한 대표적 학자이다. 로스만은 지역사회복지실천을 한 가지 형태로 보지 않고 세 가지의 모델, 즉 지역사회개발모델, 사회계획모델, 사회행동모델로 구분하였다. 로스만은 이 세 가지 모델을 제시한 다음 12개의 주요 영역인 목표, 지역사회의 문제 상황에 대한 가정, 기본적 변화 전략, 변화 전술과 기법, 사회복지사의 역할, 변화의 매개체, 권력구조에 대한 견해, 수혜자의 범위 규정, 지역사회의 이해관계나 하위체계에 대한 가정, 수혜집단에 대한 인식, 수혜집단의 역할에 대한 인식, 임파워먼트 개념에 대한 인식을 기준으로 이 유형의 특성을 비교하였다(Rothman, 1995, 2001; 강철희 외, 2006; 김경우 외, 2009; 오정수 외, 2006; 이준우, 2013).

1) 지역사회개발모델

지역사회개발모델(locality development model)은 지역사회주민의 의식 개선과 역량 강화를 통해 지역사회의 통합능력을 기르는 모델이다. 주로 개발도상국이나 선진국의 낙후된 도시지역에서 많이 사용되며, 의식과 태도 등의 강화를 위한 프로그램과 교육, 건강, 주택, 사회복지, 청소년과 여성을 위한 프로그램, 그리고 지역사회 발달에 중요한 요소가 되는 지역사회 지도자의 훈련 프로그램 등을 강조한다. 또한 지역사회개발모델은 자조 기반에 근거하여 지역사회주민이 지역사회의 문제를 해결하기 위해 함께 노력하는 주체로 설 수 있어야만 문제 해결의 진정한 의미가 있다고 보기 때문에 시민 참여의식을 갖도록 돕는 과정을 강조한다.

그래서 지역사회개발모델은 지역사회를 지역주민들의 자발적이며 민주적인 의사결정이 가능한 역량의 공간으로 간주한다. 생활 터전을 공유하는 지역사회의 구성원들이 주체성을 갖고 지역사회의 삶에 영향을 미치는 일에 참여하며, 신뢰, 협동, 호혜의 가치에 대한 올바른 이해를 바탕으로 당면 지역사회의 여러 과제에 대한 해결책을 모색하는 민주적 자치 공간으로 지역사회를 인식한다는 의미이다. 문제는 지역사회의 이와 같은 본질적인 특성들이 내부의 장애 요소, 예컨대 파편화된 인간관계나 분절적인 상호 오해, 서투른 합의 기술, 무력감, 소외 등으로 인해 제대로 구현되지 못한다는 데 있다. 그에 따라 지역사회개발모델은 다양하게 발생하는 역기능 요인들을 제거하고 잠재된 지역주민들의 자치적인 역량을 최대한 발현하는 임파워먼트 작업에 집중한다.

이때, 지역사회개발모델의 임파워먼트 개념은 두 가지 원칙을 준수해야 한다. 첫째, 눈에 보이는 즉각적인 효과보다 실질적인 인간의 변화가 더 중요하다는 것이다. 당면 과제의 빠르고 명쾌한 해결보다 대화와 타협의 느린 민주적 의사결정 과정에서 획득되는 인간 성장과 발달 그리고 그로부터 형성되는 공동체적 가치의 확산과 공유가 더 중요하다는 것이다.

둘째, 외부로부터 주어진 강한 영향력보다 작지만, 주체적이고 자발적인 자기 역량의 내적 형성이 더욱 가치 있다는 것이다. 행정관료들이나 정치지도자들의 사회공학적 개혁이나 활동가들의 옹호적인 사회운동은 지역주민을 힘의 수동적 수혜자로 대상화한다는 점에서 바람직한 임파워먼트가 아니다. 자조와 자립의 정신에 입각한 문제 해결 능력의 향상만이 당사자를 힘의 능동적 주체로 거듭나게 한다. 그러므로 진정한 임파워먼트는 당사자의 자기 주체성을 담보로 한 접근이어야 한다.

따라서 지역사회개발모델에서 사회복지사는 지역사회주민이 스스로 문제 해결을 할 수 있도록 돕는 조력자, 촉매자, 조정자, 문제 해결 기술을 가르치는 교육자로서의 역할을 수행할 수 있어야 하며, 관계를 조정하거나 소집단을 이끄는 기술이 필요하다(강철희 외, 2006; 김경우 외, 2009; 오정수 외, 2006). 지역사회개발모델의 활용 예로는 인보관운동과 평화봉사단, 자조집단이 수행하는 다양한 활동 등이 포함된다.

이 모델에서는 지역사회 내의 모든 집단이 긍정적 변화를 위한 필수요소이자 잠재적 파트너로 간주된다. 집단 간의 차이는 협상, 합의 도출 및 협력의 과정으로 극복될 수 있다고 본다(감정기 외, 2005). 이 모델의 성공을 위해서는 지역사회 내 많은 구성원이 참여하여 다양한 자원과 연결된 지지기반의 마련과 지역사회로부터 적절한 경제적 지원 등의 조건이 준비되어야 한다. 그러나 현실적으로는 자금 동원이 항상 적절한 시기에 이루어지지 않는 경우가 발생한다든지 지역사회 내 구성원의 기회주의적 행동으로 인하여 구성원 간의 공통된 관심사를 찾기가 쉽지 않을 경우, 또 모든 구성원에게 혜택의 평등한 분배가 항상 용이하지 않기 때문에 다소 이념적이라는 한계점을 가진다(김경우 외, 2009; 이준우, 2013).

2) 사회계획모델

사회계획모델(social planning model)은 지역사회의 구체적 문제(예: 약물, 주택, 정신건강, 범죄, 실업 등) 해결에 합리적 접근을 강조한다. 이는 사회계획모델의 기본 철학이 '진상을 파악해서 논리적인 조치를 강구하는 것'이기 때문이다. 그래서 사회계획모델에서는 공식적인 계획과 정책 준거틀에 대한 설계를 중시한다. 아울러 계획이나 정책집행의 효과성과 효율성을 강조하고, 과업 중심적 목표에 초점을 둔다. 따라서 지역사회 자원의 재배치나 급진적인 사회 변화를 강조하기보다는 합리적인 문제 해결 과정을 강조한다(감정기 외, 2005).

로스만은 사회복지실천으로 지역사회의 '문제'에 적극 개입하는 '기관'의 '기술적 해결' 과정을 사회계획으로 간주한다(강철희 외, 2006; 박태영, 2015). 여기서 '기관'이란 특정 문제와 관련해 전문적 훈련과 교육을 받은 행정관료, 정치인, 시민지도자와 이들이 속한 선별적 엘리트집단을 가리킨다. '기관'의 주체는 민간, 정부 혹은 양자 모두가 될 수 있다.

'문제'란 청소년 비행이나 보건, 정신건강, 주택공급과 같은 지역사회의 가시적 난제들을 의미한다. 따라서 그 실체가 외부에 드러나기 어려운 이슈들, 예컨대 권력의 재분배라든지 사회적 자본의 구축과 같은 비가시적 문제들은 계획의 대상에서 보통 제외된다.

'기술적 해결'은 직면한 문제와 관련된 자료를 수집하여 이를 최근 사회과학 이론과 방법론에 비추어 분석하고, 분석 결과를 토대로 지역사회주민들에게 가장 효과적인 서비스를 효율적인 방식으로 기획, 전달하는 규격화된 '사회공학'을 뜻한다. 사회공학의 일차 목표는 개인이 가진 문제의 신속한 제거이다. 그러면서도 실제 궁극적 목적은 지역공동체의 안녕과 질서의 복원이다. 따라서 전체의 복리 증진이라는 범위 내에서 개인에게 가해지는 통제와 관리, 감독은 상당 부분 용인된다. 실제로 한국 지역사회복지실천의 특징은 바로 이 사회계획모델의 원칙들을 충실히 이행하는 방향으로 발전했다는 데 있다. 특정 분야에 전문적 소양을 갖춘 소수의 정책 집행자들이 주민을 대신해 지역사회 전반을 사정하고 문제의 예방, 치료에 필요한 서비스를 기획, 하달하는 사회공학적 접근이 강력하게 작동되고 있다.

결과적으로 사회계획모델에서는 지역사회의 사회적 복리 문제, 즉 소득, 주택, 건강, 교육 복지 등의 제반 문제를 해결하기 위해 고도로 훈련되고 숙련된 기획가가 필요하다고 가정한다. 전문가 또는 기획가의 역할은 사실을 수집하고 자료를 분석하고, 프로그램을 설계, 실행, 촉진하는 일이다. 그래서 전문가는 계획가, 행정가, 또는 관리자의 역할을 감당할 수 있고 해결하려는 문제에 대한 전문지식을 보유하여 관련 자료 수집 및 분석, 이에 근거한 프로그램개발 및 실천, 그리고 효율성, 효과성에 대한 평가도 수행할 수 있어야 한다(감정기 외, 2005). 이러한 전문가 또는 기획가는 도시계획과, 정신건강센터, 사회복지공동모금회 이사회, 지역사회복지협의회 등과 같은 권력구조의 한 부분으로부터 고용된 사람으로, 권력구조는 전문가 또는 기획가의 고용주나 후원자라고 볼 수 있다(Zastrow, 2004).

따라서 사회계획모델은 문제 해결 과정에서 합리성에 기반을 두고 비용효과 측면에서 가장 적합한 방안을 찾는다. 사회계획모델은 실증적 자료에 근거하여 문제를 해결해 나가기 때문에 지역사회주민 스스로가 주체가 되어 문제를 해결해 나가기보다 전문가에 의한 합리적이고 과학적인 문제 해결의 대안을 찾는 데 주력한다. 그래서 이 모델은 '아래로부터 접근하는 모델'이라기보다는 '위로부터 접근하는 모델'이라는 평가를 받기도 한다(강철희 외, 2006; 김경우 외, 2009).

사회계획모델이 갖는 한계점으로는 첫째, 지역사회의 변화 노력을 위해 지역사회의 관련 집단 간의 합의와 협력을 끌어내기가 쉽지 않다는 점, 둘째, 지역사회의 관련 집단이 성, 계급, 인종 등과 관련된 경계를 초월하는 공통의 이해관계를 가지고 있다는 가정의 현실성 문제, 셋째, 실질적 정책결정자가 사회변화를 지지할 수 없는 경우 지역사회개발을 위한 협상을 거부할 수 있는 권력구조의 문제 등이 있다(이준우, 2013).

특히 AI 시대에는 과거 그 어느 때보다도 다양하고 다각적인 사회적 욕구들이 개별적 미디어(예: 유튜브, SNS, 페이스북, 인스타그램 등)로 시시각각 표출되기에 사회계획모델만으로 지역사회의 변화를 추진하기란 매우 어려운 실정이다. 이들 사회구성원의 실제적 욕구를 구체적으로 포착하여 사회계획에 최대한 담아내느냐가 사회계획모델의 핵심 현안이 된다.

3) 사회행동모델

사회행동모델(social action model)은 기본적으로 지역사회를 부와 권력이 불평등하게 배분된 억압적인 정치 공간으로 이해한다. 지역사회는 이미 소수의 기득권층에게 유리하게 짜여 있다. 그 결과, 사회행동모델은 지역사회의 불합리한 자원 배분 구조를 형평성 있게 정상화된 평등한 구조로 재편하는 데 커다란 관심을 가진다. 그래서 사회행동모델은 지역사회 내 소수 계층, 사회적 약자 또는 억압받는 계층의 목소리까지 대변할 수 있도록 지역사회가 갖고 있는 기존의 자원, 권력, 의사결정 구조 등을 재분배 및 재편재하는 과정에 집중한다(감정기 외, 2005).

하지만 불평등의 재구조화 노력은 정상적 선거 절차에 따른 기존 정당정치의 틀 안에서는 실패로 끝날 가능성이 높다. 소외계층의 이해관계를 대변할 제도권 정당은 없고, 있다고 한들 중간 투표자의 지지를 구하는 과정에서 대표성을 상실하는 경우가 빈번히 발생하기 때문이다. 그러므로 사회행동모델은 지역사회에서 자기 권리를 인정받지 못하는 구성원을 중심으로 권력 균형을 추구하는 것이다.

당연히 사회행동모델에서는 사회적 약자들을 불이익받는 집단으로 인식한다. 동시에 이들 집단을 찾아내 조직화하여 스스로 자기 권리를 찾을 수 있도록 지역사회의 문제를 변화시켜 나간다. 그런데 이 과정에서 사회행동모델은 대결 및 집단행동을 통한 압력 등의 전술과 의도적으로 갈등을 부각시키는 전술을 사용하여 표적체계에 대해 공격적 접근을 할 수도 있다. 이렇게 사회행동모델의 기본적인 목표는 권력과 자원의 재분배이다. 이를 위해 주요 제도의 변화나 공식조직의 기본 정책이 근본적으로 변해야 한다고 가정한다. 즉, 억압받는 집단은 권력이나 자원의 재분배를 위해 스스로 조직하고 다른 집단들과 연합하여 사회정의를 실현하거나, 보다 많은 자원 확보를 위해 권력구조에 압력을 행사해야 한다고 주장한다.

이러한 사회행동모델은 1960년대 미국에서 크게 유행하였다. 사회행동 접근의 예로는 미국의 1960년대 시민권 운동, 노조의 파업, 낙태 반대 집단 집회 등을 들 수 있다(Zastrow, 2004). 사회행동모델은 여전히 여성운동, 빈민운동, 환경운동 등의 다양한 시민운동 조직에서 활용된다(강철희 외, 2006; 김경우 외, 2009; 오정수 외, 2006).

오늘날 사회행동모델은 기존의 정치 틀을 우회하는 대안적 경로를 상정하여 실행하는 것으로 자리 잡았다. 특히 지역사회 내 지배 질서에 대한 '안정성 저해와 창의적 파괴' 전략이 강조된다.

이 전략은 첫째, 조직적 집단행동을 통해 지역사회 내 자본의 안정적 흐름에 타격을 가하는 것으로 나타난다. 둘째, 지배 질서에 불안전 요인을 최대한 확산한다. 셋째, 지배계층으로부터 가능한 한 많은 부와 권력을 양보받는 방향으로 유도하는 몇 가지 세부 전술로 구성된다. 자본의 흐름을 교란하고 지배 질서의 취약성을 극대화하는 데 조직화 역량을 집중시킨다. 그 이유는 생산과 소비의 안정적 운용에 곤란을 느낄 때에만 기득권층은 소외계층의 빈곤과 배제 및 차별 등과 같은 사회 문제 해결에 관심을 가지기 때문이다. 그리고 저항의 방식으로써 개별적 규탄 행위보다 조직적 집단행동을 선호하는 이유는 개인 차원에서 불평등에 이의를 제기하고 지배 질서의 안정성 저해를 도모하면 기존 질서에 변화를 일으키기는커녕 문제를 제기한 개인 자신만 불이익과 처벌을 받을 가능성이 높다는 우려 때문이다. 불평등과 부조리가 일상화된 구조적 현실에서 '박탈당한 사람들'이 '모두 다 가진 사람들'의 담합과 횡포에 맞서 자신들의 목소리를 높이고 이해관계를 관철할 수 있는 유일한 방법은 함께 뭉쳐 소란을 일으키고, 그로부터 만들어진 긴장과 파열을 통해 기득권층으로부터 양보와 협상을 끌어내는 것뿐이다. 따라서 사회행동모델에서 사회복지사는 조직가로서의 역할을 담당하며, 사회적 약자를 옹호하는 옹호자로서의 활동을 수행한다.

한편, 이 모델이 갖는 한계점은 다음과 같다(이준우, 2013). 첫째, 일부 실천가는 지역사회 상황에서 실천 활동을 대항 활동으로 제한시키고 있다는 점이다. 이러한 경향은 지역사회 관련 집단들을 양극화시키거나 바람직한 결과를 달성하는 데 어려움으로 작용한다. 둘째, 일부 조직가와 지역사회주민이 대항 전략에 대해 주저할 수 있다. 셋째, 윤리적 이슈와 관련된 것으로 대항 형태의 불법성이 있을 수 있으며, 긴급 상황에서 사용될 수 있어 조직가와 조직 구성원이 위험에 처할 수도 있다.

4) 로스만의 지역사회복지 실천모델의 비교

이렇게 로스만은 세 가지 개입 유형을 제시한 다음, 12개의 주요 영역별로 이 유형의 특성을 비교하고 있다(감정기 외, 2005; 강철희 외, 2006; 김경우 외, 2009; 오정수 외, 2006; 이준우, 2013).

(1) 목표

지역사회복지실천의 목표에는 구체적 과업의 완수나 지역사회가 당면한 문제의 해결을 지향하는 과업 목표와 지역사회의 전반적 역량 제고에 초점을 맞춘 과정목표가 있다. 지역사회개발모델은 과정 목표를 중요하게 생각하고, 사회계획모델은 과업 목표를 더 중요하게 여기며, 사회행동모델은 두 가지 모두를 취할 수 있다.

(2) 지역사회의 문제 상황에 대한 가정

이 실천 변수는 지역사회의 현실과 당면 문제의 상황에 대해 세 유형이 각각 어떻게 인식하고 있는지를 살펴본다. 지역사회개발모델은 지역사회가 문제 해결 역량의 결여 또는 부족으로 어려움을 겪고 있다고 판단한다. 사회계획모델은 지역사회가 여러 가지 구체적 사회 문제에 짓눌려 있는 것으로 파악한다. 그리고 사회행동모델은 지역사회에 특권과 권력의 위계가 존재하는 것으로 인식한다.

(3) 기본적 변화 전략

지역사회개발모델의 기본 전략은 문제를 규정하고, 규정된 문제를 해결하는 데에 지역주민들이 많이 참여하게끔 한다. 사회계획모델의 기본적 변화 전략은 해당 문제에 관한 자료를 모은 다음, 경험적으로 입증되고 실현 가능한 조치를 강구하는 데에 초점을 맞춘다. 사회행동모델의 기본적 변화 전략은 쟁점을 명확히 밝혀서 주민동원을 바탕으로 한 변화를 추구하는 데 있다.

(4) 변화 전술과 기법

전략이 거시적이고 장기적인 방법론이라면 전술은 미시적이고 단기적인 방법을 가리킨다. 지역사회개발모델의 일반적 전술은 합의이고, 사회계획모델은 사실조사와 분석기술을 가장 중요한 전술로 삼는다. 한편, 사회행동모델은 대결이나 직접행동과 같은 갈등 전술을 중시한다.

(5) 사회복지사의 역할

지역사회개발모델에서 사회복지사의 대표적 역할은 조력자이다. 이들의 주된 임무는 주민이 일을 잘 처리할 수 있도록 돕는 것이다. 사회계획모델은 사회복지사에게 전문가로서의 역할을 요구한다. 사회행동모델에서 사회복지사의 역할은 대중조직을 만들고 이끄는 조직 활동가로서의 역할이다. 아울러 중재자 또는 협상가로서의 역할도 요구된다.

(6) 변화의 매개체

지역사회개발모델의 실천가들은 변화의 수단으로 과업지향적 소집단을 활용하며, 사회계획모델에서는 주로 관료조직과 같은 공식조직을 중시한다. 이에 반해 사회행동모델의 사회복지사는 대중 조직과 정치 과정을 변화의 주요 수단으로 삼는다.

(7) 권력구조에 대한 견해

지역사회개발모델은 권력집단도 지역사회의 일원으로 존재한다고 보기 때문에, 이들을 지역사회 전체의 복지를 증진시키려는 시도에 동참하는 세력으로 간주한다. 사회계획모델에서는 권력집단을 실천가의 후원자나 고용주로 인식한다. 사회행동모델에서 권력집단은 사회행동의 표적이다.

(8) 수혜자의 범위 규정

이 영역은 지역사회복지실천의 수혜 범위를 각 모델이 어떻게 규정하고 있는지 비교한다. 지역사회개발모델은 전체 지역사회를 수혜 대상 지역으로 설정한다. 사회계획모델의 수혜 범위는 전체 지역사회가 될 수도 있고 지역사회의 일부가 되는 경우도 있다. 사회행동모델에서는 권력집단에 의해 억압받는 지역사회의 일부가 수혜 대상이 된다고 본다.

(9) 지역사회의 이해관계나 하위체계에 대한 가정

지역사회개발모델에서는 지역사회 내부의 집단이 선의의 경쟁관계에 있기 때문에 이해관계의 조정이 가능하다고 본다. 사회계획모델은 지역사회의 이해관계에 대해서 특정한 관점을 드러내지 않고 사안에 따라 실용적으로 접근한다. 사회행동모델에서는 집단 간에 타협이 어려운 것으로 가정한다.

(10) 수혜집단에 대한 인식

수혜집단이란 지역사회복지실천의 개입 과정에서 이익을 얻는 집단을 가리킨다. 지역사회개발모델은 수혜집단을 평균적 서민이라고 생각하며 이들은 충분한 잠재력을 가지고 있지만 충분히 발휘하지 못하므로 사회복지사는 이들의 잠재력을 발휘할 수 있도록 도와주어야 한다. 사회계획모델에서는 수혜집단을 서비스의 소비자로 인식하며 사회행동모델에서 수혜 집단은 잘못된 사회제도와 구조의 피해자들로 인식된다.

(11) 수혜집단의 역할에 대한 인식

지역사회개발모델에서의 수혜자 개개인은 적극적 참여자가 되기를 기대하는 것으로 인식한다. 사회계획모델에서는 수혜자가 의사결정 과정에 일부 참여하는 것은 허용되나 최종적 의사결정은 정책입안자에 의해 이루어진다. 사회행동모델에서는 수혜자를 실천 활동가의 고용주 또는 사용자로 인식한다.

〈표 2-1〉 로스만의 지역사회복지 실천모델의 비교

모델 구분 / 주요 영역	지역사회개발	사회계획	사회행동
지역사회활동 목표	과정목표: 지역사회의 활동 능력과 통합	과업목표: 지역사회 문제의 해결	과업 및 과정목표: 권력관계와 자원의 변화
지역사회 구조와 문제 상황에 대한 전제	지역사회의 상실, 아노미, 관계 및 민주적 문제해결 능력의 결여	실질적인 사회 문제, 정신 및 신체적 건강 문제, 주택, 여가 등	사회적 고통을 당하고 있는 사람, 사회적 불의, 박탈, 불평등
변화 전략	문제 규정 및 해결에 다수의 사람 참여	문제에 관한 자료수집과 최적의 합리적 행동조치 결정	이슈의 구체화와 표적대상에 대해 조치를 취할 수 있도록 주민 동원
변화 전술과 기법	합의(지역사회집단 간, 이해관계 간), 상호의사소통, 집단토의	합의 또는 갈등	갈등대결, 직접행동, 협상
사회복지사의 역할	조력자, 촉매자, 조정자	정보수집자, 분석자, 프로그램 실행자, 촉진자	행동주의적 옹호자: 선동자, 중개자, 협상자
변화의 매개체	과업지향적인 소집단 활용	공식조직과 객관적인 자료 활용	대중조직과 정치 과정 활용
권력구조에 대한 지향성	권력구조의 협력적 동반자	권력구조로부터 고용된 기획가	변화시킬 대상인 표적으로서의 권력구조
수급자 체계의 범위 정의	지리적 측면에서 전체 지역사회	지역사회 전체 또는 지역사회 일부	지역사회 일부
지역사회 하위 부분의 이해관계에 대한 전제	공통의 이해관계 및 조정 가능한 차이	이해관계의 조정 가능 또는 갈등	조정이 어려운 갈등적 이해관계, 자원의 희소성
수급자 역할의 개념	상호작용적 문제 해결 과정에의 참여	소비자 혹은 수령자	고용주, 지역사회 구성원, 회원
임파워먼트의 활용	협상과 타협이 가능한 지역사회 능력 구축	소비자들의 서비스욕구 규명	수급자 체계를 위한 객관적 권력의 획득

출처: Rothman, J. (2001). pp. 45-46 재구성.

(12) 임파워먼트 개념에 대한 인식

지역사회개발모델에서 임파워먼트는 지역사회주민이 스스로 문제를 해결해 나갈 수 있는 상태를 가리킨다. 사회계획모델에서 임파워먼트는 지역사회주민이 자신들의 욕구와 선호에 대한 정보를 계획 과정에 반영할 수 있는 상태를 말한다. 사회행동모델에서 임파워먼트는 객관적이고 실질적인 힘의 획득을 의미한다.

2. 웨일과 갬블의 지역사회복지 실천모델

웨일(Weil)과 갬블(Gamble)은 기존 지역사회복지 실천모델에 대한 문헌을 검토한 후 〈표 2-2〉와 같이 목표, 변화의 표적체계, 일차적 구성원, 관심영역, 사회복지사의 역할 등 5개의 특징에 따라 근린지역사회조직모델, 기능적 지역사회조직모델, 지역사회사회경제개발모델, 사회계획모델, 프로그램개발과 지역사회연계모델, 정치사회행동모델, 연합모델, 사회운동모델 등의 8가지 모델로 구분하고 있다(Weil & Gamble, 1995; 이준우, 2013).

하디나(Hardina)는 웨일과 갬블의 모델과 로스만 모델의 차이를 다음과 같이 제시하였다(Hardina, 2002; 감정기 · 백종만 · 김찬우, 2005 재인용).

첫째, 실천의 장이며 수혜의 대상인 지역사회를 물리적 공간인 지역 중심 지역사회와 공동 관심사에 기반을 둔 기능적 지역사회로 구분하였다.

둘째, 로스만의 사회행동모델에서 다루어진 사회 변화 노력과 관련하여 보다 더 세분화된 세 가지 모델이 추가되었다. 이 세 가지 모델은 정치사회행동모델과 연합모델, 사회운동모델이다.

셋째, 로스만의 사회계획모델에서 프로그램개발과 지역사회연계를 분리하여 추가로 제시하였다. 즉, 사회계획모델은 '전문가'로서의 지식 적용에 초점을 둔 반면, 프로그램개발과 지역사회연계모델은 실천가의 광범위한 지역사회 자원들과의 접촉을 강조한다.

넷째, 지역사회개발에서 지역경제개발의 영역을 추가하여 사회개발과 공통으로 다루어 지역사회의 경제적 및 사회적 여건을 개선하고 환경과 자원의 지속적 생존을 이룰 수 있도록 하는 개발까지를 포함한다.

제시된 모델들은 지역사회복지실천과 관련하여 적절한 개입 전략을 선택하는 데 유용한 준거틀을 제시한다. 웨일과 갬블의 8가지 모델을 구체적으로 살펴보면 다음과 같다(감정기 외, 2005; 이준우, 2013).

1) 근린지역사회조직모델

근린지역사회조직모델(neighborhood and community organizing model)은 지리적 개념의 지역사회에 초점을 두고 지역사회주민이 주체가 되어 지역사회주민이 원하는 방향으로 이끌 수 있도록 지역사회주민의 역량을 강화시켜 지역사회의 조건들을 향상시키려는 데에 그 목적이 있다. 이 모델에서 변화를 위한 표적체계는 공공행정기관, 외부개발업자 또는 지역사회주민 모두가 될 수 있다.

따라서 근린지역사회조직모델은 지리적으로 인접한 지역사회 조직화를 추진한다. 그 결과, 이 모델은 능력개발과 과업 수행이라는 두 가지 목표를 강조한다. 변화를 위한 표적체계는 지방자치단체나 개발 계획을 추진하는 외부 기업이며 이들을 변화시킴으로써 지역사회주민의 삶의 질이 향상되도록 한다. 이를 위해 사회복지사는 조직가(organizer), 교사(teacher), 코치(coach), 촉진자(facilitator)의 역할을 수행한다. 즉, 사회복지사는 조직화의 과정에서 조직의 기술을 습득하고 전략을 수립할 수 있도록 도움을 제공하고, 조직의 토착 리더십이 형성 · 발전될 수 있도록 돕는 역할을 수행하게 된다.

최근 근린지역사회조직모델은 실제 지리적 차원의 지역사회가 메타버스 체제를 통해 구현되는 가상세계에서의 재현을 어느 수준과 범위로 수용하고 병행할지에 대한 합의를 요구받고 있다.

2) 기능적 지역사회조직모델

기능적 지역사회조직모델(functional community organizing model)은 지리적 의미보다 기능에 초점을 두고 구성원을 교육시켜 자신들의 이슈에 대한 옹호 활동을 강화시켜 나간다. 즉, 이 모델은 공통의 관심사에 근거한 기능적 지역사회조직에 중점을 두어 사회적 이슈나 특정집단(예: 장애인, 기초생활수급권자, 가정폭력에 시달리는 여성 등)의 권익 보호 및 옹호를 목표로 삼고 있는 모델이다.

그러므로 기능적 지역사회조직모델의 핵심적인 목표는 지역주민 자신들이 선택한 이슈에 관한 행동과 태도의 변화에 있다. 이 모델에서 사회복지사는 근린지역사회조직모델에서와 마찬가지로 조직화의 기술을 습득하고 전략을 수립할 수 있도록 도울 뿐 아니라 지리적으로 흩어져 있는 구성원들이 효과적으로 의사소통할 수 있도록 소식지나 보고서를 집필하고 정보를 제공하는 역할을 하게 된다. 따라서 이 모델에서 사회복지사의 역할은 조직가 · 옹호자 · 촉진자 그리고 소식지나 보고서 등의 집필자 · 정보제공자 등을 들 수 있다.

오늘날 AI 시대에서 특히 기능적 지역사회조직모델은 날로 확장되는 가상세계 내의 여러 기능별 네트워크 기반 하위 집단들에 대한 접근에 매우 유용하다.

3) 지역사회경제개발모델

지역사회경제개발모델(community social and economic development model)은 로스만의 지역사회개발모델과 유사하나 어려운 여건에 있는 지역사회주민 계층을 위해서 경제개발과 사회개발이 동시에 이루어져야 한다는 인식을 전제로 하기 때문에 경제개발과 사회개발을 동시에 추진할 수 있도록 교육을 통하여 열악한 지역사회주민의 내적 능력을 향상시키는 데에 그 목적이 있다.

이렇게 지역사회의 사회적 · 경제적 개발모델은 지역사회 내 저소득층과 소외계층의 삶의 질 향상과 기회 확보를 목표로 하며, 이를 위해서는 경제개발과 사회개발이 동시에 이루어져야 한다고 전제하고 있다. 따라서 이 모델에서는 사회적 · 경제적 개발과 자원 개발을 계획하고 실행할 수 있도록 주민과 지역사회의 능력을 강화하는 것에 초점을 둔다. 다시 말해서 변화를 위한 자원 동원을 위해 은행, 재단, 기업, 지역사회주민 등을 설득하고 저소득계층, 소외계층에 대한 기초 교육과 리더십 향상을 통해 주민과 지역사회의 능력을 강화하는 것에 초점을 둔다.

그 결과, 이 모델의 중요한 과제는 지역사회의 변화 과정에 자원을 가진 사람이나 조직들이 참여하도록 유도하는 것이다. 이 모델에서 사회복지사는 협상자, 교육자, 기획자, 관리자 등 전문적 기술을 바탕으로 다양한 역할을 수행할 수 있어야 한다. 특히 사회복지사는 지방자치단체의 직원 또는 초기 조직화 단계에서 자원 동원 집단의 직원 역할을 수행한다. 이때, 현실적인 개발 목표를 결정하거나 필요한 지역사회 기술과 자원을 확인하기 위한 욕구 사정과 조사를 시행할 수 있어야 한다. 또한 지역사회복지실천의 지역사회조직의 리더십과 기술을 개발하는 데 있어서 계획, 관리, 협상을 위한 능력과 자원 동원 조직을 구성하고 지역주민을 교육하는 능력이 동시에 필요하다.

4) 사회계획모델

사회계획모델(social planning model)은 전문성과 합리성에 기반을 두고 지역사회의 문제를 해결하려는 모델이다. 그러므로 이 모델에서는 합리적 의사결정을 통해 문제에 대한 우선순위와 자원의 배분 등이 중요하다. 사회계획모델에서 변화를 위한 표적체계는 지역사회 지도자의 관점, 인간서비스 지도자의 관점이며, 사회계획의 일차적인 구성원은 선거로 선출된 공무원, 사회기관의 책임자, 사회조직들의 협의체 등으로 이루어진다. 사회계획모델에서의 주요 관심사는 지역계획에 사회적 욕구를 통합하고, 인간 서비스의 관계망을 구축하는 것이다. 사회계획모델은 동일한 명칭인 로스만의 사회계획모델의 개념과 거의 유사하다.

이 모델에서 사회복지사는 사회조사, 욕구사정, 평가, 분석 등을 통해 합리적 결정을 돕는 조사자, 정보전달자, 사회계획가로서 역할과 자원을 효율적으로 관리하는 자원 경영자로서의 역할을 하게 된다.

5) 프로그램개발과 지역사회연계모델

프로그램개발과 지역사회연계모델(program development and community liaison model)은 지역사회주민의 복지 욕구를 효과적으로 충족시키기 위해서, 그리고 서비스의 효과성을 증대시키기 위해 프로그램의 방향을 재설정하거나 맞춤 서비스로 조직화하는 것을 그 목적으로 한다. 프로그램개발과 지역사회연계모델은 지역사회조직의 연결 활동이 프로그램개발 측면에서 필수적이라는 인식에 근거한다(오정수 · 류진석, 2016). 이 모델의 목표는 지역사회서비스의 효과성을 증진시키기 위하여 기관 프로그램을 확대하거나 그 방향성을 재조정하고, 새로운 프로그램을 조직하는 데에 있다.

지역사회와 서비스 프로그램 간의 상호작용은 다양한 방식으로 강화될 수 있다. 우선 욕구사정에서 지역사회 내 잠재적 서비스 대상자와 관련 기관의 직원들을 핵심집단으로 이용하는 방법이나 자문기관이나 의사결정위원회에 지역사회 지도자를 포함하여 상호작용을 증진하는 접근 등을 생각해 볼 수 있다. 또한 프로그램 실행 후 지역사회 구성원의 의견수렴을 위한 환류시스템 구축은 새로운 프로그램개발에 중요한 자원이 될 수 있다. 이 모델의 일차적 구성원은 계획된 변화와 프로그램개발 과정에 관여한 기관위원회와 지역사회 대표들이다. 이 모델에서 사회복지사는 프로그램 개발자, 프로그램 진행자, 프로그램 관리자, 프로포절 제안자로서의 역할을 주로 하게 된다.

프로그램개발과 지역사회연계모델이 사회계획모델과 차별화되는 지점은 사회계획모델이 지자체 단위의 거시적 계획 수립에 초점을 두는 데 비해 상대적으로 작은 단위의 사회복지시설이나 지역조직 차원에서 지역사회복지실천이 이뤄진다는 것이다.

6) 정치사회행동모델

정치사회행동모델(political and social action model)은 지역사회에서 기회를 제한하는 불평등을 극복하고, 지역사회의 욕구를 무시하는 의사결정자에 대항하고, 조직의 효과성에 대한 신념을 강화하며 불공정한 조건을 변화시키는 기술을 개발함으로써 사람들의 권한을 부여하는 것을 주요 내용으로 한다.

이 모델의 초점과 목표는 정책 또는 정책결정자를 변화시키는 데 있으며, 특히 저소득 집단에 불이익을 야기하는 정부 당국의 조치를 변화시키는데 초점을 둠으로써 사회적 · 정치적 · 경제적 정의를 위한 행동을 하는 데에 있다. 의사결정 과정에서 배제되었던 사람들을 의사결정에 참여시킴으로써 참여민주주의를 강화하고 사회정의를 실현하고자 한다.

그 결과, 이 모델은 사회적 약자 계층의 불이익을 개선하기 위해 지역주민의 역량을 강화시켜 사회적 제도와 시스템의 변화를 가져오는 데에 집중한다. 특히 이 모델에서 표적체계는 선거로 선출된 공직자와 행정관료, 사회적 부정의 원인을 제공하는 기타 조직체, 그리고 불의에 반응하지 않음으로써 불의의 실천에 암암리에 동의하는 일반 시민이다. 이 모델에서 사회복지사는 옹호자, 교육자, 조직가, 조사자로서의 역할을 한다.

AI 시대에서 정치 · 사회행동모델은 전통적인 사회행동모델의 급진성과 과격성 이미지를 개선할 수 있는 창의적 접근이 된다. 무엇보다도 소셜 미디어 기반의 다각적인 네트워크 구축을 통해 정치적 맥락과 사회행동의 창조적 결합이 가능한 시대가 되었기 때문이다.

7) 연합모델

연합모델(coalitions model)은 지역사회를 기반으로 존재하는 각 기관들이 함께 힘을 모아서 지역사회가 가진 문제들에 대해 집합적 변화를 만들어 내는 것을 추구하는 모델이라 할 수 있다.

연합모델의 목적은 분리된 집단 및 조직을 집합적인 사회 변화에 동참하도록 하는 데에 있다. 이 모델의 목표는 연합의 공통 이해관계에 대응할 수 있는 자원 동원의 잠재력을 증진하고 사회적 프로그램의 방향에 영향을 미칠 수 있는 '다조직적인(multi-organization)' 권력 기반을 구축하는 것이다. 이 모델의 일차적 구성원은 특정 이슈에 대해 이해관계를 공유하는 조직들로 사회적 욕구나 사회 문제와 관련된 특정 이슈에 영향을 미칠 수 있는 다조직적 권력 기반을 구축하고자 한다.

그 결과, 이 모델은 지역사회의 문제를 해결하는 데 개별적 노력만으로는 충분한 효과를 나타내기 어려울 때, 잠재력을 가진 연합조직을 형성하여 영향력을 행사하게 하는 효과를 거둔다. 이렇게 이 모델에서 표적체계는 대부분 선거로 선출된 공직자, 자금 제공을 할 수 있는 재단, 정부이다. 이 모델에서 사회복지사는 중재자, 협상자, 대변인으로서의 역할을 주로 수행하게 된다.

8) 사회운동모델

사회운동모델(social movement model)은 지역사회주민과 다양한 형태의 지역사회조직체에게 새로운 패러다임을 제공함으로써 사회 변화를 이루고자 하는 모델이다. 즉, 사회운동의 목표는 바람직한 사회 변화에 있다. 민주화운동, 시민운동 등이 대표적인 사회운동의 예이다. 사회운동의 일차적 구성원은 새로운 비전과 이미지를 창출할 수 있는 조직과 지도자이며, 사회정의의 실현을 그 주요 목적으로 하고 있다.

이 모델에서 표적체계는 일반대중과 정치제도라 할 수 있으며, 이때 사회복지사의 역할은 옹호자와 촉진자이다. 사회운동모델은 로스만의 사회행동모델과 유사한 모델이라 할 수 있다. 이때 사회복지사는 옹호자 및 촉진자로서의 역할을 하게 된다.

〈표 2-2〉 웨일과 갬블의 지역사회복지실천모델

주요 내용 / 모델 구분	목표	변화의 표적체계	일차적 구성원	관심영역	사회복지사의 역할
근린지역 사회조직	도시·지역 개발과 외부 개발에 영향과 변화	시, 외부 개발자, 지역주민	인근 지역사회주민	지역사회주민의 삶의 질	• 조직가 • 교사 • 코치 • 촉진자
기능적 지역사회 조직	사회 변화를 위한 행동과 서비스 제공	일반 대중, 정부 기관	동호인	특정 이슈와 대상을 옹호	• 조직가 • 옹호자 • 집필자 • 정보전달자 • 촉진자
지역사회 경제개발	지역주민 관점에 입각한 개발계획 주도	은행, 재단, 외부 개발자, 지역주민	저소득계층, 주변 계층, 불이익 계층	자원 개발, 교육과 리더십 기술 향상	• 협상가 • 증진자 • 교사 • 계획가 • 관리자
사회계획	공공영역 주도에 의한 지역사회 변화 계획 수립	지역 지도자의 관점, 인간 서비스 지도자의 관점	선출직 공무원, 기관 간의 조직	사회적 욕구의 계획 반영, 인간 서비스 관계망 조정	• 조사자 • 사회계획가 • 정보전달자 • 자원경영자

프로그램 개발과 지역사회 연계	기관 프로그램의 확대와 방향 수정	재정 충원자, 서비스 수혜자	기관위원회 행정가, 지역 대표자	특정 대상자를 위한 서비스 개발	• 개발자 • 진행자 • 관리자 • 프로포절 제안자
정치사회 행동	정책형성자의 변화에 초점을 둔 사회정의를 위한 행동	주민, 선출직 공무원, 잠재적 참여자	특정 권력을 가진 시민	정치권력의 형성, 제도의 변화	• 옹호자 • 조직가 • 조사자 • 조정자
연합	조직연합적인 권력 기반 형성	선출직 공무원, 재단, 정부기관	특정 이슈에 관련된 시민	사회적 욕구, 사회의 특정 이슈	• 중개자 • 협상가 • 대변인
사회운동	특정 목표를 달성하기 위한 행동	일반 대중, 정치 제도	새로운 비전을 제시할 수 있는 조직과 지도자	사회정의	• 사회정의 추구자

출처: Weil, M. & Gamble, D. N. (1995). p. 581; 오정수 · 류진석 (2016). p. 97. 수정 · 보완.

3. 포플의 지역사회복지 실천모델

포플(Popple)은 영국의 경험을 토대로 지역사회복지 실천모델을 8가지로 유형화하였다(이준우 외, 2022).

1) 지역사회보호

지역사회보호(community care)는 노인, 장애인, 아동 등 지역주민의 복지를 위한 사회관계망과 자발적인 서비스를 증진하고자 하는 활동으로 자조의 개념을 개발하는 데에 집중하고 있다. 이 모델에서 사회복지사는 지역사회주민들이 자원봉사활동에 적극적으로 참여하여 보호를 제공할 수 있도록 격려하는 역할을 한다.

2) 지역사회조직

지역사회조직(community organization)은 타 복지기관과의 협력을 증진하고자 하며, 이처럼 기관의 상호협력 및 조정은 중복 서비스를 방지하고 자원의 부재 현상을 극복하여 복지전달의 효율성과 효과성을 높이는 데 기여한다. 이 모델에서 사회복지사는 조직가, 촉매자, 관리자로서의 역할을 주로 수행한다.

3) 지역사회개발

지역사회개발(community development)은 지역사회 구성원의 삶의 질을 향상하기 위한 기술과 신뢰를 습득할 수 있도록 집단을 원조하는 데 중점을 두고 있다. 지역사회 구성원들의 적극적인 참여를 중요시한다. 사회복지사는 조력자, 지역사회활동가(neighborhood worker), 촉진자(facilitator)로서의 역할을 수행한다. 이는 로스만의 지역사회개발모델과 유사하다.

4) 사회/지역사회계획

사회/지역사회계획(social/community planning)은 로스만의 사회계획모델과 유사한 측면이 있지만 사회적 상황을 분석하고 목표와 우선순위를 설정하며, 서비스 및 프로그램의 실행과 평가를 주요 전략으로 한다는 점에서 차이가 있다. 아울러 권력이 주도하는 로스만 방식의 거시적 사회계획을 지향하기보다는 웨일과 갬블의 프로그램개발과 지역사회연계모델에 더 가까운 성격을 띤다.

5) 지역사회교육

지역사회교육(community education)은 교육과 지역사회 간의 관계를 보다 밀접하고 동등한 관계로 방향을 설정하려는 시도로서, 주로 빈곤과 차별로 인하여 정당한 교육의 기회를 갖지 못한 대상자들에게 교육의 기회를 제공할 뿐만 아니라 이들의 교육 기회 확대를 위하여 비판적 사고와 담론을 통해 억압된 조건이나 상황을 개선하고자 한다.

6) 지역사회행동

지역사회행동(community action)은 전통적인 계급 간 갈등에 기반하고 있다. 이 모델은 특정 이슈에 대한 권력자와의 협상을 위해 직접적인 행동을 주요 전략으로 한다. 이는 로스만의 사회행동모델과 웨일과 갬블의 사회운동모델과 유사하다.

7) 여권주의적 지역사회복지실천

여권주의적 지역사회복지실천(feminist community work)은 지역사회복지실천에 대한 페미니즘의 적용이라는 특징을 가지며 여성불평등의 사회적 요인에 대한 집합적 대응을 통해 여성의 복지를 향상하는 데에 초점을 두고 있다. 여권주의적 지역사회복지실천은 지역사회를 성평등이 실현되어야 할 정치적 공간으로 본다. 그래서 여성이 자신의 삶을 억압하는 사회적 요인을 각성하고, 비슷한 경험을 가진 다른 여성들과 연대하여 공동체 의식을 갖도록 지원한다. 여권주의적 지역사회복지실천을 수행하는 사회복지사는 지시하는 리더가 아니라 조력자이자 동료로서 활동한다.

8) 인종차별 철폐 지역사회복지실천

인종차별 철폐 지역사회복지실천(black and anti-racist community work)은 지역사회복지실천에서 인종차별에 저항하고 그들의 권리 보호를 위해 상호원조와 조직화에 초점을 두고 있다. 교육, 주택, 건강, 고용 등 다양한 영역에서 차별을 시정하는 데에 목적을 두고 있다. 무엇보다도 인종적 차별이 인간의 존엄성과 평등권을 저해함을 확신하고, 이를 정당화하는 사회 구조를 비판하고 시정하고자 한다. 더욱이 인종차별 철폐 지역사회복지실천은 사회 구성원 모두가 인종과 상관없이 동등한 인권을 누리는 평등한 지역사회를 추구한다.

〈표 2-3〉 포플의 지역사회복지 실천모델

모델	주요 전략	사회복지사의 역할	실천의 예시
지역사회보호	• 사회관계망과 자발적 서비스의 증진 • 자조 개념의 개발	• 조직가 • 자원봉사자	• 노인, 장애인, 5세 미만 아동을 위한 활동
지역사회조직	• 타 복지기관 간 협력 증진	• 조직가 • 촉매자 • 관리자	• 사회봉사서비스를 위한 협의회(council) • 인종평등협의회 • 정착촌(settlement)
지역사회개발	• 삶의 질 향상과 관련된 신뢰 및 기술을 습득하도록 집단 원조 • 적극적 참여	• 조력자 • 지역사회활동가 • 촉진자	• 지역사회집단 • 세입자집단 • 정착촌(settlement)
사회/지역사회 계획	• 사회적 상황의 분석, 목표와 우선순위의 설정, 서비스 및 프로그램의 실행 및 평가	• 조력자 • 촉진자	• 재개발 중인 지역
지역사회교육	• 교육과 지역사회 간의 밀접하고 동등한 관계 시도	• 교육자 • 촉진자	• 지역사회 학교/대학 • 보상교육(compensatory education) • 노동계급/페미니스트 성인 교육
지역사회행동	• 지역수준에서 계급과 갈등에 기초한 직접적인 행동	• 행동가	• 점거운동(squatting movement) • 복지 권리 운동 • 계획 및 재개발에 대한 저항 • 임차인의 행동
페미니스트 지역사회복지 실천	• 여성복지의 향상 • 성 불평등 해소를 위한 집합적 활동	• 조력자 • 촉진자	• 여성쉼터 • 여성 건강 그룹 • 여성 치료 센터
인종차별 철폐 지역사회복지 실천	• 소수인종의 욕구 충족을 위한 집단조직 및 활동 • 인종주의에 대한 도전	• 행동가 • 자원봉사자	• 인종평등협의회 • 인종 평등 자금 지원 프로젝트 위원회(Commission for Racial Equality funded projects)

출처: Popple, K. (1995). pp. 156-157. 수정 · 보완.

이상과 같은 포플의 지역사회복지 실천모델은 사회복지사가 구체적으로 활용할 수 있는 일종의 매뉴얼과 같은 성격으로 제시된다. 따라서 지역사회복지 실천의 실행전략으로 활용하기 용이하다.

생각 다듬기

1. 로스만의 지역사회복지 실천모델을 오늘날의 AI 시대에 적용할 때, 유의해야 할 점들을 정리해 봅시다.

2. 로스만과 웨일과 갬블 그리고 포플의 지역사회복지 실천모델을 비교하여 공통점과 차이점을 생각해 봅시다.

CHAPTER 03

AI 시대에서 본 지역사회복지의 역사

COMMUNITY WELFARE

03

CHAPTER

03

AI 시대에서 본 지역사회복지의 역사

지역사회복지는 빈곤에 대응하던, 과거로부터의 법과 제도 및 민간의 대응 방법으로부터 점진적으로 형성되었다. 또한 사회적인 위험이 가중되는 오늘날 지역사회 변화의 흐름 속에서 지역사회복지의 정체성과 전문성, 지역사회복지를 운영하는 사회복지사의 역량을 강화하기 위한 교육과 훈련의 문제, 개인과 사회 변화의 양립 가능성 등 중요한 주제와 논의는 역사를 통해 지속적으로 변천되었다. 이러한 사실들에 천착하여 영국과 미국 그리고 한국의 지역사회복지 역사를 살펴본다(이준우, 2021; 이준우 · 김광선, 2024; 이준우 외, 2022).

아울러 AI 시대에 지역사회복지실천을 수행해야 하는 입장에서 지역사회복지의 역사적 변천이 지금 현재의 상황에 어떤 의미가 있으며 어떻게 연결되는지도 숙고하여 제시한다.

1. 영국의 지역사회복지 역사

영국은 지역사회복지가 가장 먼저 발달한 나라로서 16세기 전반에 헨리 8세에 의해 빈민법이 제정되었고, 17세기에는 빈민법을 집대성하여 엘리자베스 빈민법을 완성하였다. 19세기 후반에 복지국가의 태동이 시작되면서 1940년대에는 베버리지 보고서에 기초하여 사회보장제도를 확립하였다. 이 장에서는 영국 지역사회복지의 역사를 빈민법의 시작, 빈민 정책 형성의 시대, 자선의 조직화와 인보관운동의 시대, 사회보장 지향의 시대, 복지국가의 위기와 대응 등 5단계로 나누어 고찰하고자 한다.

1) 영국 빈민법의 시작

1348년 흑사병이 발병한 후 2년 동안 영국 국민의 2/3가 사망하였고, 백년전쟁과 장미전쟁을 겪은 시민들이 도시에 잔류하여 부랑인화되었다. 더불어 15세기에서 17세기에 이르는 동안 봉건사회가 해체되고 종획운동(Enclosure Movement)과 산업화 등으로 자본과 임금노동이 형성되었다. 농민이 토지로부터 격리되는 현상과 노동력의 심각한 부족 현상이 일어났고 임금 상승이 불가피하게 나타났다. 종교개혁으로 많은 교회의 수도원이 해산되었고, 종래 수도원의 자선사업을 통하여 구제를 받을 수 있었던 노동능력이 없는 많은 빈민이 길거리에 버려지게 되었다. 이와 같이 빈민이 대량으로 발생하면서 빈민을 구제하기 위한 정부의 개입은 불가피한 선택이 되었다. 1531년 헨리 8세가 공포한 법령은 빈민 구제를 위한 영국 정부 최초의 조치였다.

1531년 헨리 8세가 공포한 주요 법령 및 조치들 가운데서 빈민 구제와 관련된 내용의 핵심은 노동능력이 없는 노인이나 장애인, 고아 등과 같은 빈민에게는 구걸을 허용하는 면허를 발급하고, 노동능력이 있음에도 구걸하는 부랑자는 엄격히 처벌하도록 규정한 것이었다. 이는 국가 차원에서 빈민 구제에 대한 책임을 인정하고 이를 위한 제도적 틀을 마련하려 한 최초의 시도였으며, 영국 사회복지 역사의 중요한 시작점이 되었다.

2) 빈민 정책 형성의 시대

빈민 구제를 위해 제정된 여러 법령의 집대성 작업을 통해 영국 빈민법의 기본 토대가 마련되었다. 바로 엘리자베스 빈민법이다. 이렇게 영국 빈민법은 엘리자베스 여왕 시대(1601)에 최초로 성문화되어 정부가 빈민 구제를 책임지도록 한 법률이다. 이 법은 빈곤을 개인의 나태함으로 보고 빈민 통제와 노동력 활용에 초점을 두었으며, 구빈세를 징수하여 노동능력 유무에 따라 건장한 빈민(작업장 노역), 무능력 빈민(구빈원), 요보호아동(도제)으로 분류해 관리한 제도였다. 교구 단위의 자선 행위로서의 빈민 구제가 국가의 개입으로 징집되는 구빈세에 의해 행정적 지지를 얻어 전개되었다. 이후 1834년 신빈민법(작업장 중심)을 거쳐 1940년대 복지국가 등장까지 이어지며 엘리자베스 빈민법(1601)은 여러 가지 한계에도 불구하고 현대 사회복지제도의 기원이 되었다.

엘리자베스 빈민법(1601)은 빈민을 크게 세 가지 유형으로 분류하여 차별적으로 취급하였다(함세남, 1999).

첫째, 노동능력이 있는 빈민으로서 작업장에서 강제로 노동을 시켰다.

둘째, 노동능력이 없는 빈민으로서 병자, 노인, 아이 있는 여인, 장애인 등으로 구빈원에 수용되었다. 음식, 의류, 난방을 위한 현물을 지급하였다.

셋째, 요보호아동으로서 고아, 기아 또는 양쪽 부모가 모두 도피하였거나 부모가 너무 가난해서 실제로 양육받을 수 없는 아동들을 말한다. 이 시기에는 빈민을 게으름으로 보아 처벌적이고 징계적이었다.

엘리자베스 빈민법은 종래 봉건시대의 구빈과는 달리 공식화되고 체계화되었으나 그 목적은 빈민을 통제하는 데 보다 더 초점을 두었다. 이 지점이 빈민정책으로 볼 때 치명적인 한계이자 약점이었다.

세월이 흘러 절대왕정이 붕괴하고 부르주아 정권이 수립되면서 종전의 중앙집권적 구빈제도가 완전히 분권화되어 교구로 위임되면서 부유한 교구로 이동하는 빈민들이 많아지자 빈민의 이동을 금지하기 위해 정주법(1662)이 제정되었다. 이후 길버트법(1782)은 비인도적이고 비위생적인 작업장이 개선되어야 한다는 목적에서 만들어졌으며 빈민법의 인도주의화를 추구한 제도였다. 스핀햄랜드법(1795)은 임금보조제도의 일종으로서 노동자의 임금이 생계유지에 필요한 빵을 구입하는 데도 부족한 경우 그 부족분을 교구가 구빈세에서 지급해주는 제도였다.

특히 1834년 왕립위원회 권고에 따라 보완된 신빈민법의 목적은 구빈비용을 감소하는 데에 있었다. 열등처우의 원칙(구제 수준은 최저 노동 수입 이하), 작업장 수용의 원칙(작업장 외 구제 금지), 균일처우의 원칙(전국적 통일) 등을 준수함으로써 사람들이 공적인 구제를 받고 싶어 하지 않도록 만들었다. 그 결과, 빈민의 사회적 지위와 처우가 극도로 저하되면서 반인권적인 빈민법으로 비판받게 되었다.

이와 같은 영국의 빈민법(Poor Law)은 빈민에 대한 사회제도적 대응이라고 하기에 민망할 정도이다. 그럼에도 1601년 엘리자베스 빈민법이 세운 '국가의 복지 책임'이라는 근본원칙만큼은 무척 소중하다. 그런 맥락에서 국가적 책무로서의 사회복지 관점으로 오늘날 AI 기술 환경을 들여다보는 것은 의미가 있다. 바로 그때 AI 기술을 적용한 국가 책임의 디지털 공공 서비스의 확대를 실행해야 할 필요를 확인할 수 있다. 빈민법이 빈곤 구제는 개인의 문제가 아닌 국가의 책임임을 최초로 명시했던 것처럼 AI 기술 기반으로 사회복지 행정을 체계적으로 수행하는 일은 국가적 과업이라 할 수 있다. 과거 사회복지의 역사적 경험이 현재에 적용될 수 있다면 빈민문제를 해결하려는 빈민 제도가 원활하게 가동되도록 정부는 AI를 활용해 사회복지 행정을 자동화하고 지능화하여 행정 효율성을 극대화해야 한다. AI를 통해 신청부터 지급까지의 사회복지서비스 전달 과정을 디지털 중심 구조로 운영함으로써 서비스 제공 누락이나 남용 방지 등을 성공적으로 달성하는 국가 사회복지의 책무를 감당할 필요가 있다. 특히 AI 기술은 사회복지서비스 전달체계의 효율성을 높이고, 사례관리 업무를 효과적으로 지원할 수 있다. 이때, 유의해야 할 점은 사회복지서비스 이용자의 복합적인 상황을 고려하지 못한 채 AI에만 의존해서는 안 되며, 사회복지사의 인간 중심적인 접근과 전문성이 결합되어야 한다.

또한 영국 빈민법에서 주창된 열등처우의 원칙도 재해석되어 디지털 격차를 해소하는 데에 적용되면 유용하다. 영국의 빈민법은 각 교구(지역) 단위로 구빈 활동이 이뤄졌다는 특성이 있다. 이는 AI를 활용한 빈민제도도 개별화된 사회복지 정보 제공을 도울 수 있지만, 실제 서비스는 여전히 지역사회라는 공동체성을 바탕으로 이루어져야 함을 일깨워준다. 디지털 격차로 인한 새로운 복지 사각지대가 발생하지 않도록 지역사회의 공동체성을 함양하는 일은 중요하다.

디지털 격차가 불평등의 원인이 되는 현실에서 정부는 고령자나 장애인 등 디지털 취약계층이 사회복지서비스에서 소외되지 않도록 디지털 공공 서비스 접근성 지침을 강화하여 디지털 기술 형평성을 보장하는 방향으로 정책을 지속적으로 추진해야 한다. 나아가 AI 기술을 동원해서 취약계층의 사회적 일자리를 개발할 뿐만 아니라 변화하는 노동시장에 적응하도록 도와야 한다. 이는 단순한 구호를 넘어 AI 시대에 걸맞는 '자립' 지향적인 고용복지정책을 수립해야 함을 뜻한다.

엘리자베스 빈민법으로부터 출발한 빈민 정책이 진정한 사회복지정책으로 진화하면서 결과적으로 현대 복지국가의 토대가 된 것처럼 AI를 활용한 빈민 제도의 효과적 · 효율적 운영도 복지친화적인 지역사회를 일구어가는 데에 핵심기제가 될 수 있다.

3) 자선의 조직화와 인보관운동의 시대

(1) 영국의 자선 조직화 운동

영국 자선조직협회(Charity Organization Society: COS)의 자선 조직화 운동은 19세기 후반 난립하던 민간의 자선활동을 체계화하고 효율성을 높이기 위해 시작되었다. 자선조직협회의 설립 배경과 목적은 산업화와 도시화로 빈민이 급증하자 수많은 자선단체가 생겨났으나, 정보 공유 부족으로 구호의 중복과 누락이 빈번해 재원이 낭비되는 문제를 해결하기 위해서였다. 즉, 무분별한 시혜를 지양하고, 자선활동을 과학적으로 조정 · 통합하여 빈민의 자립을 돕는 것을 지향했다.

자선 조직화 운동의 주요 특징과 원칙은 다음과 같다.

첫째, 가치 있는 빈민을 선별하는 것이었다. 사회진화론에 입각하여 빈민을 '원조할 가치가 있는 빈민(근면하지만 불운한 경우)'과 '가치 없는 빈민(나태하거나 도덕적 결함이 있는 경우)'으로 구분했다는 것이다. 이는 빈민법의 전통을 계승한 것이었다.

둘째, 빈곤에 대한 개인적 책임을 강조하는 것이었다. 빈곤의 원인을 사회구조보다는 개인의 도덕적 결함이나 나태함으로 보았다. 빈민법의 '열등처우의 원칙'을 지지했다.

셋째, 우애방문원(Friendly Visitors)이라는 서비스 제공 인력이 생겨났다는 것이다. 우애방문원으로 활동했던 중상류층 자원봉사자들이 빈곤가정을 직접 방문하여 실태를 조사하고, 조언을 통해 그들의 도덕적 교화와 자립을 유도했다. 현대적 의미에서 보면 이들 우애방문원의 활동은 빈민의 근본적인 가난의 문제를 구조적으로 접근하지 못하고 개별적 차원에서의 도덕적 교화에 머물렀다는 한계도 있었지만, 개개인의 삶에 직접 다가가 관계를 맺고 정서적 지원을 제공했다는 점에서 그 의의는 무시할 수 없다.

이렇게 자선 조직화 운동은 영국 빈민법의 영향으로부터 자유롭지 못했지만 우애방문원을 비롯한 보다 체계적인 자선행위를 지속적으로 추진했다는 점에서 개별 수준의 사회복지실천의 효시였다. 사례별 상세 조사와 기록을 강조한 방식은 개별사회복지실천(casework)의 기초가 되었다.

자선 조직화 운동의 의미를 AI 시대의 상황에서 보면, AI 기반 맞춤형 서비스의 내실화와 고도화 지향과 견줄 수 있다. 예를 들면, AI 챗봇이나 플랫폼은 초기 상담 및 데이터 수집을 통해 각 개인의 구체적인 필요와 상황을 파악할 수 있다. 이를 바탕으로 적절한 사회복지서비스나 프로그램을 맞춤형으로 제공할 수 있다.

한편 영국의 자선 조직화 운동은 지역사회복지의 토대로도 형성되었다. 여러 자선기관 간의 연락과 협력을 도모한 활동은 지역사회복지실천에서 중요하게 다루는 연계와 협력 활동에 긍정적 영향을 미쳤다. 사실상 이는 오늘날 사회복지 정보 통합 플랫폼 구축 사업과 연결지어 비교해 볼 수 있다. 여러 민간 및 공공복지기관의 정보를 하나의 AI 기반 플랫폼으로 통합하여, 서비스의 중복 및 누락을 방지하고 사용자가 필요한 정보에 쉽게 접근하게끔 하는 것은 자선 조직화 운동의 정신을 현대적 의미로 재개념화하면 충분히 가능하다. 이와 같은 플랫폼 구축은 사회복지조직 간의 협력 생태계를 조성하는 데에 크게 기여한다. AI 시스템을 통해 다양한 자선단체, 자원봉사자, 공공기관 간의 협력을 촉진하고 시너지를 창출할 수 있다. 나아가 이는 지역사회복지협의체를 활성화하는 데에도 도움이 된다. 그런 면에서 영국의 자선 조직화 운동은 오늘날로 말하면 일종의 자선 플랫폼 구축 및 운영 사업이라 할 수 있다.

(2) 영국의 인보관운동

영국의 인보관운동(Settlement Movement)은 19세기 후반 산업화로 인한 빈곤 문제를 해결하기 위해 지식인들이 빈민가에 직접 거주하며 시작한 사회개혁 운동이었다. 1884년 사무엘 바네트(Samuel Barnett) 목사가 런던의 슬럼가인 화이트채플에 세계 최초의 인보관인 토인비 홀(Toynbee Hall)을 설립하면서 본격화되었다. 토인비 홀은 빈민 구제에 헌신하다 젊은 나이에 요절한 옥스퍼드 대학의 경제학자 아놀드 토인비(Arnold Toynbee)를 기리기 위해 붙여진 이름이었다.

토인비의 사상과 일관되게 옥스퍼드 대학인들과 바넷은 지식인층이 노동층을 지식과 교양으로 채워 시민성을 고양할 수 있다고 보았고 이를 통해 빈곤에 대응하고자 하였다. 이렇게 노동층과 상위 지식인층 모두 최고의 자신을 연마하게 되면 공공선이 실현된다고 보았다. 바넷은 사회 여러 계층이 서로 의심하고 각자의 이해관계만 주장하는 것이 사회 위험을 초래하므로 계층과 교파를 넘어서서 서로 접촉하여 이해하고 인정해서 조화를 이루려는 윤리적 헌신이 필요하다고 보았다. 바넷은 지식인들이 먼저 생각과 방법을 바꾸어야 한다고 보았다. 그들이 갖고 있는 교육과 문화를 빈민들의 사고와 생활 수준을 높여 품격 있는 사회로 개조하려 했다. 아울러 사회 속에 있는 각 개인의 자아와 자기 역할을 실현하게 도우려 했으며 이를 제도화하고자 하였다. 바넷은 옥스퍼드와 캠브리지의 대학인들을 비롯하여 사상가와 사회활동가들에게 자신의 사상을 전파하였다(Himmelfarb, 2001; Milofsky & Hunter, 1993; Reinders, 1982).

이와 같은 인보관운동의 핵심 철학은 빈곤의 원인을 개인의 나태함이 아닌 사회구조적 문제로 보았다는 데에 있다. 당연히 시혜적인 구호보다는 함께 거주하며 생활환경을 개선하는 '연대'를 중시했다.

또한 영국 인보관운동의 핵심 전략은 흔히 3R로 요약된다. 첫째, 거주(Residence)이다. 이는 지식인과 대학생들이 빈민가에 직접 정착하여 이웃으로 함께 생활하는 것으로 실행되었다. 둘째, 조사(Research)이다. 빈곤의 원인과 실태를 과학적으로 조사하여 사회제도적 개선안을 마련하는 것으로 나타났다. 셋째, 개혁(Reform)이다. 입법 활동과 교육을 통해 열악한 환경을 개선하고 사회를 변화시키는 것으로 추진되었다.

영국 인보관운동의 역사적 의의는 크게 두 가지로 정리할 수 있다.

첫 번째로 영국을 복지국가로 이행시킨 거점 공간이었다는 것이다. 인보관운동을 통해 지식인층이 빈민의 삶을 잠시 경험하고 미래 사회정책과 행정을 이끌 지도자로서 성장하기 위해 거치는 거점과 같은 공간으로서의 의미가 형성되었다. 실례로, 토인비 홀을 경험했던 지식인들 중 윌리엄 베버리지(William Beveridge)는 웹 부부(Sidney & Beatrice Webb)를 토인비 홀에서 만나 그들의 사회 개조사상에서 크게 영향을 받았고 이후 복지제도의 기틀을 닦는 데에 참여하였다. 찰스 부스(Charles Booth)의 경우 토인비 홀이 속한 지역의 빈곤, 건강, 아동교육과 급식, 노동 상태 등을 사회조사하고 빈민들의 삶에 관심을 유지하였다. 베버리지와 리차드 토니(Richard Tawny) 같은 사회정책가들도 자유주의적 집합주의를 시험하고 민주적으로 평등한 사회주의를 주장하였다(Meacham, 1987).

두 번째로 현대 사회복지관의 효시였다는 것이다. 지역주민들을 위한 교육과 사회문화 프로그램, 상담 등을 제공하는 오늘날 사회복지관 모델의 기원이 되었다. 특히 인보관은 현대 사회복지관과 마찬가지로 계층 간 통합을 이뤄내려는 실용적인 시도였다. 교육받은 중산층과 빈곤층 간의 상호 교류를 통해 계급 간의 간격을 좁히고 인간의 가치를 회복하는 사회적 서비스 모델이었다고 볼 수 있다. 아울러 인보관의 사업들은 오늘날 집단 수준의 사회복지실천(group work)과 지역사회복지의 발달에도 큰 영향을 미쳤다.

한편 영국 인보관운동의 핵심 전략인 거주(residence), 조사(research), 개혁(reform)은 AI 시대에서 시시각각 빈번하게 발생하는 복잡한 사회 문제를 해결하고, 기술 발전에 따른 새로운 불평등을 완화하는 데 중요한 통찰을 제공한다.

첫째, 지역사회복지 분야에서 AI 기술 적용의 현장성을 확보해야 한다는 것이다. 인보관운동은 지식인들이 빈민가에 직접 거주하며 빈곤층의 삶을 이해하고 교류하는 것을 강조했는데, 이런 전통적 의미의 거주(residence)가 빈민가에 직접 들어가 사는 것이었다면, AI 시대에는 디지털 소외 지역 및 계층과의 밀착형 소통으로 전환해야 할 필요가 있다. 이는 디지털 소외계층과의 접점 확대가 필수적으로 요구되기 때문이다. 실제로 AI 기술 및 서비스 개발자들이 기술의 혜택에서 소외되기 쉬운 계층(고령층, 저소득층, 장애인 등)이 겪는 어려움을 직접 이해하려고 노력한다. 단순히 사무실에서 데이터를 분석하는 것을 넘어, 현장에서 사용자의 실제 필요와 문제점을 파악한다. 그래야만 그들의 삶에 실질적인 도움이 되는 맞춤형 솔루션을 개발할 수 있기 때문이다. 당연히 사회복지사도 개발된 AI 기술을 지역사회 내에 적용하며 실천개입을 수행한다.

둘째, 데이터 기반으로 사회 문제를 정확하게 파악해야 한다는 것이다. 이는 지역사회의 문제를 데이터 기반 접근에 의한 조사(research)로 고찰해야 함을 의미한다. 영국의 인보관운동가들은 빈곤을 개인의 문제가 아닌 사회구조적 문제로 인식하고, 과학적인 조사와 연구를 통해 그 원인을 규명했다. 물론 지금의 수준에 비교하면 사회조사의 질적 부분은 대단해 보이지 않을 수 있다. 하지만 당시 상황에서는 혁신적인 조사활동이었을 것이다. 마찬가지로 현재의 사회복지사도 데이터 기반의 사회조사를 해내어야 한다. 특히 AI 시대에는 AI 알고리즘이 특정 집단에 불이익을 주거나(알고리즘 편향성), 개인정보 침해 문제를 일으키는지 지속적으로 연구하고 분석하는 일이 필수적으로 요구된다. 아울러 새로운 AI 기술이 지역사회복지 분야에 도입되기 전에 해당 기술이 지역사회에 미칠 긍정적 · 부정적 영향을 예측하고 평가하는 체계적인 연구도 사회복지사가 해야 할 필요가 있다.

셋째, 디지털 포용을 일상화하는 지역사회복지로 제도를 개선해야 한다는 것이다. 영국의 인보관운동은 면밀한 사회조사의 결과를 바탕으로 주거환경의 개선, 교육의 기회 확대, 노동법 개정 등 적극적인 사회개혁 및 입법 활동을 전개했다. 이러한 인보관운동의 개혁(reform) 정신은 AI 개발 및 활용 과정에서 드러난 문제점(디지털 격차, 일자리 문제 등)을 해결하기 위해, 정부와 기업에 실효성 있는 정책 및 규제 마련을 요구하는 것으로 계승되어야 한다. 예를 들면, AI 도입으로 인한 실업이나 불평등 심화에 대비하여, 기본소득, 재교육 프로그램 등 새로운 형태의 사회안전망 구축을 위한 목소리들이 지역사회복지실천의 과정에서 나와야 한다.

4) 사회보장 지향의 시대

1941년 당시 시행되던 사회적 서비스의 구조나 그 효율성을 조사하고 필요한 개혁을 실시하기 위해 베버리지를 중심으로 보고서를 국회에 제출하도록 하였다. 마침내 1942년 11월 베버리지는 국회에 베버리지 보고서를 제출하였다.

베버리지는 보고서에서 국민생활의 불안요인이 되는 5악(궁핍, 질병, 무지, 불결, 나태)을 벗어나게 하기 위한 사회보장제도의 틀을 제시하였고, 여섯 가지 기본 원리를 제시하였다. 기본 원리는 다음과 같다.

첫째, 통합적 행정(행정적 통일)이다.

둘째, 적용범위의 포괄화이다.

셋째, 기여의 균일화이다.

넷째, 급여의 균일화이다.

다섯째, 수급자의 기본적 욕구를 충족할 수 있는 급여의 적절화(생존선)이다.

여섯째, 수혜대상의 분류이다.

또한 베버리지 보고서는 사회보장 성공을 위해서 완전고용, 포괄적 보건서비스, 가족수당의 필요성 등을 주장하였고, 그 결과 1944년 사회보장청이 설치되었다. 이후 가족수당법(1945), 산업재해법(1946), 국민보험법(1946), 국민보건서비스법(1946), 아동법(1948), 국민부조법(1948) 등이 제정되어, 가족수당법은 1946년 8월부터 그 외의 법은 1948년 7월 5일부터 전면적으로 시행되었다. 1948년 7월 5일은 요람에서 무덤까지 국민의 생활을 보장하는 영국 복지국가의 탄생일로 일컬어지고 있다(남기민, 2011). 이때부터 영국은 복지국가의 상징으로 불리게 되었다.

5) 복지국가의 위기와 대응

복지국가 체제 이후 세계적인 경제 호황으로 복지국가는 중도 이념의 사회민주주의의 영향을 받아 탄력적으로 발전하였다. 그러나 1970년대 초 선진자본주의 국가의 경제성장이 둔화되고, 1973~1974년의 석유파동으로 1970년대 후반부터 복지국가 위기론이 등장하였다.

1979년 대처의 보수당 정권이 집권하면서 신자유주의 또는 신보수주의 이념에 기초하여 복지국가의 개혁을 추진하였다. 대처 수상은 대처리즘을 통해 공공재정 지출 삭감, 민영화와 규제 완화, 감세 등 케인즈주의를 공격하였고, 보편주의 원칙에서 선별주의 정책으로 전환하여 베버리지 접근방법을 공격하였다. 1997년 블레어(Blair)의 노동당이 집권하면서 전통적인 사회민주주의 노선을 수정하여 기든스(Giddens)의 제3의 길로 교육과 노동을 통한 복지를 추구하였다. 블레어의 복지 개혁의 핵심은 '일하는 복지'이다. 이는 '의존형 복지'에서 '자립형 복지'로의 전환을 의미한다.

한편, 2000년대에 와서는 개인의 변화에 초점을 둔 미시적 실천을 비판하며 그 대안으로 급진주의모델, 구조주의모델, 페미니스트모델, 반억압 및 반실천모델, 비판주의모델 등이 태동하고 등장하였다. 이후 사회복지실천을 비판적으로 바라보고 분석하는 것이 주류 사회복지이론과 실천에 큰 영향을 미쳤고, 21세기형 급진적 사회복지실천의 전통을 이어가기 위한 행보를 계속 진행하고 있다.

특히 영국은 'SWAN(Social Work Action Network)'이라는 사회복지사 사회운동 조직을 통하여 전 세계의 사회복지사들과 연대하고 각국의 여러 사회 문제들을 운동적 방법으로 해결하기 위해 다양한 실천 방법을 모색하고, 집회 · 시위, 컨퍼런스 등을 개최한다. 이렇게 사회복지사의 사회행동은 정치적인 활동의 강화와 다양화된 이슈에 참여하게 되는 것으로 나타나고 있다. 합법적인 개혁을 얻는 방법으로서의 정치적 활동은 적극적으로 투표권을 행사하는 것에서부터 사회복지사들이 직접 후보로 출마하는 것까지 포함되고 있다. 그리고 이전에 노동 및 계급과 관련된 이슈만이 아니라 다양한 권리를 위한 이슈들에 관심을 가지고 사회행동을 하게 되었으며, 지역적인 범위는 단순히 국내만이 아니라 전 세계적인 것으로 확대되고 있다.

2. 미국의 지역사회복지 역사

국가 간 관계에 있어서 우리나라와 미국은 매우 밀접한 관련을 맺고 있는데 사회복지 분야 또한 다르지 않다. 한때 미군정이 3년간 통치하고 한국전쟁 이후 많은 지식인들이 미국으로 유학을 떠남으로써 미국의 사회복지는 우리나라 사회복지제도와 방법에 많은 영향을 미쳤다. 미국은 선별주의 정책으로 접근하다가 1929년 경제대공황이 발생한 이후 1935년 사회보장법을 제정하면서 보편주의 관점이 등장하였다. 이 두 가지 관점이 발전해 온 과정을 전문사회복지실천 이전, 전문사회복지실천의 시작, 사회보장법 성립과 연방정부의 개입, 안정과 번영의 시대를 이어 빈곤과의 전쟁시대, 신보수주의 시대 등 5단계로 나누어 고찰하고자 한다.

1) 전문사회복지실천 이전

17세기 초 식민지 개척자들은 영국의 법제와 관습을 그대로 받아들였다. 프로테스탄트의 근면과 절약을 강조하였다. 빈곤과 부랑화는 죄이며 개인의 성취와 자립을 강조하였다. 자신의 생활보장은 개인의 책임이라는 개인주의가 강했으며, 노동능력이 없는 빈민구제사업을 실시했으나 흑인은 제외되는 등 열등처우의 원칙을 강조하였다. 미국이 독립국가로서 출발하면서 정부가 개인의 복지 문제에 대해 책임을 지지는 않았으나 관심을 갖기 시작했으며, 특히 시청각장애인, 농인, 정신장애인, 아동 및 청소년을 위한 시설과 제도들이 분화되어 발전하였다.

2) 전문사회복지실천의 시작

시민전쟁(1861~1865)이 끝나고 흑인노예가 해방되면서 미국이 세계의 강국으로 부상하는 바탕이 마련되기 시작했다. 자유방임주의는 빈곤의 원인을 개인적 성격 결함에서 찾았다. 영국으로부터 자선조직협회 방식을 도입하여 1877년 거틴(Gurteen) 목사가 미국 최초로 버팔로에 자선조직협회(COS)를 창립하였다. 1870년대 대도시를 중심으로 빈민가가 늘어가기 시작하였다. 영국 런던의 토인비 홀을 견학하고 온 스탄톤 코이트(Stanton Coit)가 1887년 미국 최초로 뉴욕 인보조합을 설립하였고, 1889년에는 제인 아담스(Jane Adams)와 엘렌 스타(Ellen G. Star)에 의해 시카고에 헐 하우스(Hull House)가 설립되었다(Haynes & Holmes, 1994).

인보관 사업은 자선조직협회와 달리 빈곤의 원인을 환경에서 찾으려 하였고, 노동조합의 결성과 탁아, 교육, 공중위생 등 다양한 활동을 전개하였다. 영국이 엘리트 대학생과 지식인, 남성을 주축으로 사회보장을 위한 사회개혁 과정에 관심을 가졌다면, 미국은 여성이 주축이 되어 보편적인 사회보장보다는 여성과 아동의 노동 문제에 관심을 가졌다. 19세기 공공과 민간 사회복지시설 및 기관이 늘어나면서 사회사업가(현재의 사회복지사)가 급속하게 증가하였다. 전문교육기관이 등장하면서 1898년 최초의 '사회사업(현재의 용어는 사회복지) 전문 훈련 하계 강습회'가 자선조직협회에 의해 개최되었다. 1903년 시카고 시민박애학교(현 시카고대학교), 1904년 뉴욕박애학교(현 콜롬비아대학교)가 설립되었다. 메리 리치먼드(Mary Richmond) 여사는 자선활동을 전문사회복지실천기술로 발전시켰다.

3) 사회보장법 성립과 연방정부의 개입

제1차 세계대전 이후 지속적인 경제성장과 자본주의의 발달은 빈부격차를 심화시키고 대규모 기업체가 부를 독점하였다. 1929년 경제 대공황은 국가가 시민의 경제 활동과 복지에 개입해야 한다는 필요성을 인식하는 계기가 되었다. 루스벨트(Roosevelt) 대통령은 뉴딜정책으로 경제위기를 극복하고자 하였다. 지역사회복지 분야에서 뉴딜정책이 큰 의미가 있는 것은 1935년 사회보장법을 제정하여 실업자에게 일자리를 주기 위해 각종 공공사업을 연방정부 주도로 실시하였다는 데에 있다.

이는 오늘날 AI 시대에도 시사하는 바가 크다. AI로 인한 사회경제적 변화에 대응하여 정부 주도의 대규모 투자, 일자리 재교육, 사회안전망 구축, 그리고 공공이익을 위한 기술 개발 유도가 절실하기 때문이다. 로스만의 지역사회개발과 사회계획모델을 뉴딜정책과 연결하여 AI 활용을 중심으로 정리하면 대략 2개의 핵심 사업이 지역사회복지 차원에서 고려될 수 있을 것이다.

첫째, AI 인프라 구축을 위한 공공사업을 펼쳐야 한다. 미국의 대공황 당시 도로, 댐 건설과 유사하게, AI 시대에는 디지털 및 물리적 인프라에 대한 대규모 공공 투자가 필요하다. 또한 AI 기술을 지역사회복지 분야에서 활발하게 구동하기 위해서는 필수적인 '데이터 사회복지 지원센터'와 같은 체제를 사회복지 시설 내에 설치해야 한다. 이는 국가적 차원의 사회적 투자로 이뤄질 수 있다.

둘째, AI 기술을 효과적으로 활용할 수 있는 사회복지 인력 개발과 재교육을 국가 복지적인 차원에서 실행해야 한다. AI 기술로 인한 전통적인 사회복지사의 업무만이 아니라 새로운 실천 역량을 요구하는 다양한 활동을 충분히 감당할 수 있도록 지원하는 혁신적인 '지역사회복지실천 수행 능력' 훈련 재보수 프로그램을 개발 실행해야 한다.

4) 안정과 번영의 시대를 이어 빈곤과의 전쟁 시대

1945년 4월 루즈벨트 대통령이 급사한 지 4개월 후 제2차 세계대전은 끝나고 트루먼(Truman) 대통령이 등장하여 물가의 통제, 완전고용, 주택정책을 중심으로 사회보장정책을 더욱 확대 개선하고 1950년대의 평온하고 비교적 안정된 평화의 시기를 맞이했다(김만두 · 한혜경, 1993).

1950년에는 사회보장법을 개정하여 노령부조, 시각장애부조, 아동부조, 중증장애부조 등을 받고 있는 피보호자에 대한 의료비의 일부를 연방이 보조하도록 했다. 1952년에는 사회사업교육위원회(CSWE)가 정식으로 설립되고 사회사업교육과 기술이 보다 전문화되었으며 1955년에는 전국사회복지사협회(NASW)가 결성되었다(한국복지연구회, 1985). 1953년에는 연방사회보장청을 보건 · 교육 · 복지성으로 승격하였다. 1956년에는 연방주택법을 제정해서 노인을 위해 특별히 설계된 주택에 대해 융자를 허가하도록 하였다.

1964년 존슨(Johnson) 대통령은 빈곤과의 전쟁을 선포하고 헤드스타트(Head Start) 프로그램을 도입하였다. 이 시기는 공공사회복지서비스가 시작되어 공공기관에 공공사회복지사를 통하여 상담 서비스를 제공하였다. 사회복지 분야에서 1960년대 후반은 서비스 이용자로 하여금 그들의 생활환경에 잘 적응하도록 돕기보다는 서비스 이용자의 욕구를 더 잘 충족시키기 위한 환경 또는 제도를 변화시키는데 새로운 관심을 갖게 되었다(남기민, 2011). 사회개혁을 위한 정치적 조직가로서 사회행동가들이 적극적으로 행동하면서 사회행동은 다시 지역사회복지실천의 중요한 부분이 되었다.

5) 신보수주의 시대

1970년대 베트남전 종전 이후 경제불황과 높은 실업률 그리고 사회보장제도의 적자 확대로 1960년대 제도적 관점의 진보주의는 1970년대와 1980년대에 좀 더 보충적 관점의 보수적인 접근 방법으로 대치되었다. 1980년대 미국의 경제불황과 레이건 대통령의 정책으로 신보수주의를 표방하게 되었다. 주요 내용으로는 "복지국가를 반대하지는 않으나 온정주의적 국가는 반대한다. 시장경제를 중시한다. 전통적 가치와 제도, 종교, 가족제도를 중시한다. 완전 평등주의는 위험하다고 생각한다." 등을 주장하면서 사회복지 정책에 영향을 주어 재편성을 요구하게 되었다. 이 시기의 정책을 레이거노믹스(Reaganomics)라 한다. 이는 원조를 필요로 하는 자에게 적절한 원조를 제공하는 것 외의 복지는 가능하면 억제하고, 복지 비리를 배제하며, 납세자의 부담을 최소화해서 자력으로 생활을 꾸려가도록 요구하는 것이다.

1988년 부시(G. Bush) 정부 또한 레이건 대통령의 정책 기조를 유지하였다. 1992년 민주당의 클린턴(Clinton) 대통령이 당선되어 보충적 보수주의 정책에서 제도적 개혁주의 관점으로 의료보험개혁안을 제시했으나 보수주의자들의 반대에 부딪혀 의회를 통과하지 못했다. 2000년 공화당의 부시(G. W. Bush) 대통령은 자유의 확산과 복지에 대한 개인의 책임을 강조하였다. 2009년 오바마(Obama) 정부 출범 이후 사회복지 개혁을 시도하였으나 보수주의자들의 반대에 부딪혀 어려움을 겪었으며 결국은 목표에 이르지 못했다. 특히 오바마 정부는 경제 회복과 빈곤 완화를 위해 복지 확대를 추진했지만, 실질적인 성과를 얻지는 못한 것으로 평가된다.

한편, 기존의 미국 공화당 소속 대통령들과는 달리 사회복지제도 강화를 주장해 왔던 후보 시절 트럼프(Trump)는 막상 대통령에 당선된 이후 2018년에 엄청난 규모의 복지 예산 삭감을 단행하였다. 다시 말해 국방 예산을 늘리는 대신 복지 예산을 대폭 삭감했다. 심지어 트럼프 대통령은 재정 능력이 없는 저소득층 이민을 거부하였다. 이는 식료품과 의료 및 주거비 지원 등 기존 미국의 복지시스템 재정에 부담이 될 수 있는 능력 없는 이민자를 더는 받지 않는 강력한 정책이 시행되었음을 의미한다. 바이든 대통령을 거쳐 현재 트럼프 2기 정부가 진행 중이지만 미국의 사회복지 정책 흐름은 크게 바뀌지 않았다.

트럼프 2기 행정부의 사회복지 정책은 여전히 규제 철폐, 정부 효율화, 민간 주도 시스템 강화를 목표로 하며, 이는 AI를 비롯한 사회복지 분야에 과학기술 도입 가속화와 맞물려 장단점이 동시에 존재한다.

먼저 장점으로는 첫째, 정부 효율화 및 재정 건전성을 추구한다는 것이다. 이는 연방정부의 규모 축소와 규제 완화를 통해 행정 효율성을 높이고 납세자 부담을 줄이는 것을 목표로 한다. 당연히 대규모 정부 지출 삭감을 추진하여 장기적으로 국가 재정 건전화에 기여할 수 있을 것으로 전망한다.

둘째, 민간 부문을 활성화하고, 일자리 창출을 적극적으로 유도한다. 이를 위해 세금 감면 및 기업 친화적인 정책이 펼쳐진다. 결과적으로 민간 투자와 경제성장을 촉진하여 궁극적으로 일자리 창출에 긍정적인 영향을 줄 수 있을 것으로 예상한다. 실제로 단기적으로는 빈곤층의 근로 유도를 지향하는 정책 방향이 될 수 있고, 이는 이들의 자활 의지를 고취하고 노동시장으로의 참여를 확대할 수 있을 것이다.

셋째, AI 기술 도입을 통한 행정 쇄신이 이뤄질 것이다. AI를 포함한 첨단 기술을 정부 행정에 도입하여 사회복지서비스 전달체계를 효율화하고 비용을 절감할 수 있을 것이다.

이로 인한 단점 또는 문제점은 다음과 같다.

첫째, 사회복지서비스 혜택이 축소되고 그로 인한 취약계층의 소외 현상이 증가할 것이다. 오바마케어(ACA)와 같은 기존 연방정부 주도 건강보험제도를 축소하거나 폐지하려 하면서, 수백만 명의 저소득층이 의료보험 혜택을 상실할 위험이 있다. 메디케이드(Medicaid)나 푸드 스탬프(Food Stamps) 같은 빈곤층 지원 프로그램 예산을 대폭 삭감할 가능성이 높아, 취약계층의 생활 안정을 위협할 수 있을 것으로 우려된다.

둘째, 사회안전망의 급속한 약화가 일어날 것이다. 정부 지출 삭감의 기조는 사회안전망을 약화시키고, 경제적 어려움에 처한 개인과 가족에게 더 큰 부담을 전가한다.

셋째, 정책의 급격한 변화에 따른 혼란이 가중된다. 1기와 마찬가지로 2기에서도 트럼프 행정부의 특성은 급격한 정책 변화를 추구한다는 것이다. 이렇게 기존 정책에서 급격하게 정책을 선회하는 기조는 사회복지 시스템에 혼란을 초래할 수 있다. 특히 AI 기술 도입 과정에서도 규제 완화에 따른 새로운 문제들이 발생할 수 있다. 트럼프 2기 정책은 AI를 통해 비용 절감과 행정 혁신을 이루려 하는 데에 집중된다. 하지만 그 과정에서 사회적 약자에 대한 보호 체계가 약화되고, AI 기술이 통제 및 감시 수단으로 변질될 수 있다는 비판이 공존한다. 또한 트럼프 2기 사회복지 정책은 작은 정부와 시장 중심 접근 방식을 강화하는 데 초점이 맞춰져 있어, 경제 효율성 증대라는 장점 이면에 복지 사각지대 확대 및 사회 양극화 심화라는 문제점을 안고 있다.

3. 한국의 지역사회복지 역사

한국의 지역사회복지 역사는 미군정기와 대한민국 정부 수립기부터 본격적으로 시작되었다고 볼 수 있다. 즉, 현대적 의미의 지역사회복지로 볼 수 있는 사회정책적인 행위는 미군정기와 정부 수립기, 제3·4공화국, 제5·6공화국과 문민정부(김영삼), 국민의 정부(김대중)와 참여정부(노무현), '이명박 정부·박근혜 정부·문재인 정부·윤석열 정부·이재명 정부'로 이어져 오며 진행되었다(이준우 외, 2022; 이준우·김광선, 2024, 이준우, 2025).

1) 미군정기와 정부 수립기

1945년 해방 후 1948년까지 미군정기에는 1944년 제정된 조선구호령을 연장하여 사용하였고 임기응변적이었다. 1935년 제정된 미국 사회보장법의 영향을 받아 65세 이상 된 자, 6세 이하의 부양할 아동을 가진 여자, 6세 미만의 아동, 불치의 병으로 신음하는 자, 분만 시에 원조를 요하는 자, 정신적·신체적 결함이 있는 자 등을 지원해 주었다. 미군정기의 복지 정책은 일제시대의 '조선구호령'을 원용한 '구호준칙'에 의해 이재민(재해를 입은 사람)과 피난민, 그리고 노인, 아동, 장애인 등 보호대상에 대해 식량, 숙식, 의료 등을 제공하는 것으로 특징지을 수 있다.

1948년 8월 15일 자유당 정부가 출범하여 제1공화국이 출범하였다. 이렇게 이승만 정부가 수립된 후 사회복지 정책은 시설구호, 응급구호, 이재민구호, 공공구호 등의 사업을 추진하였으나 여전히 이는 극히 제한적인 사람들을 대상으로 한 위기 개입적이고 자선적인 성격의 구호사업에 지나지 않았다. 1950년 6.25 한국전쟁이 발발하면서 전쟁고아를 위한 근대적인 사회복지사업으로서 시설보호사업을 시행하였다. 전쟁으로 인한 자선적 · 구호적이고 사후 대책적인 측면이 강했으며 이 또한 외부 원조에 의존하여 시행되었다.

1950년대에는 경제 상황의 어려움과 한국전쟁이라는 돌발사태의 발생으로 현대적 의미의 사회복지실천은 생각도 하지 못했고, 난민과 고아 등 취약계층을 일시적으로 보호하는 구호 차원의 복지 정책이 이루어졌다. 그럼에도 외국의 원조기관들과 협력하여 선구적인 사회복지실천가들의 눈물겨운 활동이 있었다.

휴전 이후로 정부의 전반적인 정책 방향이 전재(戰災) 복구와 전흔의 치료에 집중되게 되었고 사회 전반적으로 요구호대상자가 아주 많이 산재하였으므로 이들에 대한 적정한 구호사업이 사회안정화의 촉진이나 인도주의원리의 구현이라는 면에서 극히 심각한 문제로 대두되게 되었다. 그리하여 구호정책은 종래의 단기적 임시적인 응급구호적 성격의 것으로부터 점차 보다 장기적이며 지속적인 성격으로 변경되어 1952년 이래 한 · 미 공동사업으로 난민정착사업이 추진되었다. 따라서 이 기간 동안의 구호사업은 양곡 및 각종 물자의 배급구호와 난민정착사업 및 양로 · 유아보호사업 등에 집중되었다.

이렇게 1960년대 이전의 상황은 사회복지가 복지 정책이라고 하는 체계적인 정책 수준의 것이라 보기 어렵고 긴급으로 진행된 임시적인 구호사업이 주였다. 따라서 사회복지서비스 전달의 안정화된 체계를 논의하기는 어렵다.

2) 제3 · 4공화국

이 시기는 정치적으로는 군사혁명에 의한 1961년 제3공화국으로부터 유신헌법으로 연장되어 1979년 박정희 대통령 사망에 이르는 제4공화국까지의 기간이며, 경제적으로는 수출주도형 공업화 정책이 추진되고 경제개발계획이라는 장기적 경제발전계획이 국가정책의 핵심논리로 대두되면서 경제발전지향 논리가 전반적인 사회분위기로 자리를 잡게 된 시기이다. 사회복지적 욕구에 대한 새로운 대응책으로 공공부조의 체계화와 사회보험의 시도가 있었다. 선 경제와 후 분배 그리고 군비 강화로 전근대적인 구호방식에 머물렀다. 무연고자를 대상으로 하는 시설보호사업과 빈민 대상의 제한적인 부조주의로 일관했다.

사회복지 관련 법령의 입법화 시기로서 사회보험부문으로서 공무원연금법(1960), 선원보험법(1962), 군인연금법(1963), 산업재해보상보험법(1963), 의료보험법(1963)이 제정되었다. 공공부조 부문으로서 생활보호법(1961), 군사원호보상법(1961), 재해구호법(1962), 국가유공자 및 월남 귀순자 특별보호법(1962), 사회복지서비스 부문으로서 아동복리법(1961), 윤락행위 등 방지법(1961), 자활지도에 관한 임시조치법(1968) 등이 제정되었으며, 특히 1963년에 사회보장에 관한 법률이 제정되었다. 이와 같이 1960년대에 근대적인 사회복지 법제를 구축했으나 제도의 시행 측면에서는 성공적이지 못했다. 그럼에도 이 시기에 특기할 만한 사실은 1964년 국내 최초로 '사회복지관'이란 명칭을 쓴 기관이 탄생했다는 것이다. 바로 목포사회복지관이다. 목포사회복지관은 국내 지역사회복지사업의 모델로 자리잡아갔다. 이후 1965년 인천사회복지관, 1967년 이천사회복지관, 1968년 마포사회복지관, 1975년 영등포사회복지관 등으로 사회복지관이 증설되었다(이준우, 2025).

1970년대 초 박정희 대통령이 유신헌법을 만들어 대통령의 권한을 대폭 강화하고 유신체제를 유지하자 이에 대한 체제 도전이 끊임없이 일어났다. 1970년대 제정된 사회복지 관련법들을 소개하면 사회보험 부문에서 사립학교 교원연금법(1973), 국민복지연금법(1973), 개정의료보험법(1976), 공무원 및 사립학교 교직원 의료보험법(1977)이 제정되었고, 공공부조 부문에서 재해구제로 인한 의사상자 구호법(1970), 의료보호법(1977), 월남귀순자 특별보상법(1978)이 제정되었으며, 사회복지서비스 부문에서 사회복지사업법(1970)이 제정되었다. 1970년대 말경에 이르러서는 한국사회복지사업연합회의 명칭이 현재의 사회복지법인 한국사회복지협의회로 변경되었다. 그리고 1977년에는 한국사회사업가협회를 사단법인 한국사회사업가협회로 개칭하게 되었다.

이 시기는 국가적 차원의 사회복지서비스 전달체계가 사회적 관심사가 될 여건이 아니었다. 그 이유는 크게 두 가지로 볼 수 있는데, 하나는 당시 우리나라의 사회복지는 외원기관에 의존하고 있었다는 점이다. 다른 하나의 이유는 사회보험 중심의 선언적인 복지 정책을 추진하고 있었기 때문이다. 사회복지는 사회보험과 그 밖의 수당과 공공부조 그리고 사회서비스로 구분할 수 있다. 수당은 논의된 바도 없었고, 사회보험은 주로 공단을 통해서, 그리고 사회서비스는 민간을 통하여, 공공부조 성격의 구호는 외원기관에 의존하고 나머지 공공의 역할은 잔여적이고 임의적이었다. 그마저도 사회보험과 공공부조는 공공부문이 추진하고 있었으나 매우 선언적 수준이었다.

한편, 1960년대와 1970년대 국가적 차원의 사회복지 전달체계는 주로 공공부조제도의 수행을 위한 것으로 기능하였고, 생활보호를 위하여 물품을 운반 배급하는 역할을 중심으로 한 것이었다. 1970년대에는 자활사업이 강조되면서 일선에서 자활대상자를 찾고 이들에게 자활하도록 유도하는 역할도 수행하게 되었다. 하지만 그 밖의 여타 다른 사회복지 정책은 발전하지 못하였다. 당시만 해도 특수집단을 대상으로 하는 사회보험제도의 신설을 필두로 하여 각종 사회보험 정책이 시도되었을 뿐이었다. 이러한 환경에서 공공 사회복지 전달체계는 오랜 시간 동안 공적 부조의 시행을 중심으로 발전하게 되었다. 하지만 공적 부조의 발전도 그리 빠르지 않아서 사회복지 전달체계의 필요성을 조기에 크게 부각시키지는 못했다.

특히 생활보호법의 경우 1961년 12월에 제정되었으나 시행을 보류하였다가 1969년 11월에서야 시행령이 제정되어 비로소 효력을 발생하게 되었다. 하지만 여전히 이후로도 그 시행은 자의성이 강하였으며, 이는 생활보호법상의 보호가 권리로 정의되고 수용되지 않았던 데에 기인하였다. 당시 생활보호제도가 그 시행에서 엄밀성을 담보하지 못했던 이유는 생활보호법의 적정 실시가 지나친 이상을 내용으로 하는 다분히 정부의 사회정책적 방향 제시 또는 강령 선언적 효과 이상의 것을 넘어서지 못한 한계 때문이었다. 실제로 생활보호제도는 일선에서 행정인력 또는 지역의 주요 인사들이 임의적으로 추천하고, 이들을 기초로 하여 불안정한 정부예산과 방침에 따라 이들 중 일부를 선정하는 형태와 과정으로 운영되었다. 당시만 해도 급여라 하는 것이 현물, 양곡이 중심이어서 오히려 이 양곡에 대한 관리와 지급이 더 큰 이슈가 되는 상황이다.

하지만 생활보호제도는 1977년을 기점으로 보호의 수준이 크게 확대되어 이 정책에 대한 정비가 이뤄졌다. 1978년 생활보호대상자에게 의료보호제가 확정되었고, 1979년부터 지원의 수준이 크게 향상되었으며 현금으로 연료비가 지원되기 시작하였다. 그리고 생활보호대상자 가구의 중학교 학생에 대한 수업료 지원도 시작되었다.

특히 사회보장이 포함되기 시작한 제4차 경제개발 5개년 계획에서는 생활보호에 대한 계획도 포함되었다. 사실상 1970년대까지는 사회복지 전달체계에 대한 논의가 거의 부재하였다고 할 수 있다. 이 계획도 예외는 아니어서 제4차 경제개발 5개년 계획 중 보건 및 사회보장 부문 계획을 보면 생활보호에서 향후 지속적으로 보호의 수준을 상향하여 현실화할 것임을 적시하고 있지만 사회복지 전달체계와 관련된 계획은 포함되어 있지 않았다. 결국 1970년대까지 공공 사회복지 전달체계는 생활보호의 시행으로 국한되어 논의할 수 있었으며, 사회복지 전달체계 개선과 적절한 운영 등에 대한 문제의식도 거의 없었다. 오늘날의 공적부조사업은 자산조사(means test)를 전제로 하여 실시하고 있으나, 당시에는 이를 수행할 과학적인 기초 조사가 없었을 뿐만 아니라, 통반장들에 의해 임으로 추천 · 보고된 대상자가 동사무소에 의해서 선정되어서 누락의 염려, 정실(情實)에 의한 선정, 불평(不平)의 여지가 있을 가능성이 클 수밖에 없었다.

3) 제5 · 6공화국과 문민(김영삼)정부

1979년 10.26 사건으로 박정희 대통령의 유신체제가 종말을 고하고, 1980년 5.17 군사반란으로 전두환 대통령의 제5공화국이 집권하였다. 제5공화국은 민주주의 토착화, 정의사회 구현, 복지사회의 건설, 교육개혁 및 문화창달을 국정지표로 내세웠을 뿐 아니라 1982년부터 시작된 제5차 5개년 경제개발계획에서도 경제와 사회의 균형적인 발전을 기본 목표로 삼았다.

제5공화국은 체제의 정통성 확보를 위한 노력의 일환으로 사회복지 관련 법률의 입법을 단행하였다. 이를 소개하면 사회복지서비스 부문에서 사회복지사업기금법(1980), 심신장애자복지법(1981), 노인복지법(1981)이 제정되었고 아동복리법을 아동복지법으로 개정하였으며(1981), 사회복지사업법을 전면 개정하여(1983) 사회복지종사자를 사회복지사로 명칭을 변경하였고 사회복지사 자격을 1급, 2급, 3급으로 구분하였다. 그리고 공공부조 부문에서는 생활보호법을 개정하여(1983) 생활보호 유형에 자활보호와 교육보호를 추가하였고 그밖에 최저임금법(1986)을 제정하였다.

한편, 제5공화국 후반부터는 한국형 복지 모델이 등장하기 시작하였고, 그동안의 시설 수용 위주의 복지사업에서 탈피하여 지역복지와 재가복지가 강조되기 시작하였다.

1988년 출범한 노태우 대통령의 제6공화국은 제5공화국이 약속한 사회보험제도를 대부분 시행하였다. 그것은 국민연금제도의 실시(1988), 전국민의료보험제도의 실시(1989), 최저임금제도의 시행(1988)이었다(한국사회과학연구소 사회복지연구실 편, 2000). 1987년부터 사회복지전문요원을 영세민 밀집지역의 동사무소에 배치하기 시작하였다. 또한 1989년 지방자치법이 제정되고 지방화 시대가 도래하면서 중앙정부 중심의 업무가 지방정부에 이양되기 시작하였다. 이 시기에 제정 또는 개정된 사회복지 관련법은 모자복지법 제정(1989), 심신장애자복지법을 장애인복지법으로 개정(1989), 노인복지법 개정(1989), 장애인고용촉진 등에 관한 법률 제정(1990), 의료보호법 개정(1991), 영유아보육법 제정(1991), 고령자고용촉진법 제정(1992) 그리고 사회복지사업법 개정(1992) 등이 이어졌다.

1993년 등장한 김영삼 대통령의 문민정부는 신경제 5개년 계획의 사회복지 부문에서 우리나라 제7차 경제사회발전 5개년 계획 복지 정책의 기본 방향을 국가 발전 수준에 부응하는 사회복지제도의 내실화에 두고 국민복지를 증진시킬 것을 제시하였으나 실제 사회복지 실행과 관련해서는 소극적으로 대처하였다. 문민정부에서 제정 또는 개정된 사회복지 관련법들을 소개하면 사회보험 부문에서 고용보험법 제정(1993), 국민연금법 개정(1995), 국민의료보험법을 제정(1997)하였고, 사회복지서비스 부문에서 정신보건법 제정(1995), 사회복지공동모금법을 제정(1997)하였으며, 과거의 사회보장에 관한 법률을 폐지하고 사회보장기본법을 제정(1995)하였다.

그런데 1980년대 공공 사회복지 전달체계는 1970년대까지와 비교하면 큰 변화를 경험한다. 제도로서의 사회복지에 대한 정책적인 논의가 활발하게 이루어졌고 이를 기반으로 사회복지서비스 등의 모델을 개발하고 추진을 시도하였다.

사회복지전문요원의 배치 등 일부 정책은 시행되기도 했다. 이러한 바탕에는 이상에서 제시한 대로, 사회복지 정책의 제도적인 발전이 있었다. 각종 사회복지서비스법이 제정되고, 공공부조에서 현금 급여를 시행하고 그 지급 수준을 높이는 등 사회복지 정책이 확충된 사회적 환경의 영향이 있었다. 1980년대 공공 사회복지 전달체계의 변화에서 가장 중요한 의제는 전문성을 높이는 것이었고 이러한 정책적 지향은 이후로도 계속되었다.

특히 1983년에는 1970년 제정되었던 사회복지사업법이 개정되었다. 동 개정은 이전의 사회복지사업법이 주로 민간의 법인에 대한 내용을 중심으로 하였던 것과 비교하여 공공의 책임과 역할에 대한 규정을 강화한 것으로 공공 전달체계 개선의 기반이 되는 것으로 변화되었다. 예를 들어, 제2조 2항에 국가와 지방자치단체는 사회복지를 증진할 책임을 진다고 명시하여 공공의 책임을 강조하였으며, 서울시와 광역지자체 및 기초지자체에 사회복지위원회를 두도록 하여(제3조) 과거 서울시, 부산시, 도지사 자문의 역할에 한정되었던 위원회의 기능을 공공의 심의기구로 강화하였다. 이 밖에도 사회복지사의 자격에 대하여 조항을 구체화하고 법인은 일정 수준 이상의 전문가 채용을 의무화하는 조항(제6조)을 추가하였다. 하지만 이러한 사회복지사업법의 개정이 바로 전달체계의 변화를 이끌었다고 보기는 어렵다. 그럼에도 이후 전달체계의 개편에서 법적 근거가 될 여지를 마련하였다는 점이 큰 성과이다.

또한 1980년대 중반 생활보호 사업의 발전 과제로 대상자 선정을 위한 자산조사의 합리화가 대두되었다. 이는 기존의 생활보호대상자 선정에 문제가 적지 않고 따라서 행정기관의 전문성 확보가 필요하다는 인식의 발현이었다. 그 결과, 이 시기 생활보호대상자 관리에서 신청보호제도가 도입되었다. 이전까지 생활보호대상자의 책정은 시장과 군수가 정기적으로 지역의 요보호대상자를 조사하고 책정하는 직권조사 방식이었다. 이 방식에서 대상자가 누락되거나 신규 대상자에 대한 즉각적인 보호가 실시되지 못하는 한계가 발생하여 상시로 신청할 수 있도록 신청보호제도(생활보호법 제18호)를 도입한 것이다.

1980년대 후반에는 1987년부터 사회복지전문요원이 배치되기 시작하였다. 그러나 이는 그리 중대한 사안으로 취급되지 않았고 다른 여타의 전달체계 개편도 일어나지 않았다. 사회복지사무소도 논의 수준에서 계획을 발표한 것으로 그쳤다. 이유는 1987년의 사회복지전문요원의 배치가 보건사회부(현재의 보건복지부)의 당시 설계에 근거한 것이라기보다는 급조된 대체 정책이기 때문일 것이다. 지속적으로 논의와 추진을 하여온 사회복지사무소의 설치가 관련 부처 및 정부로부터 수용되지 않았고, 대신 전문성을 제고하는 비교적 쉬운 대안으로 사회복지전문요원의 배치가 선택되었기에 공식적인 보건복지부 문건에서는 1987년의 전문요원 배치가 중요한 내용으로 다뤄지지 않았던 것이다.

아울러 생활보호 사업의 실시에서 전문성을 제고한다는 목적으로 추진한 여타의 시도들도 좌초되었다. 그러면서 실제 생활보호 사업의 시행은 과거 1970년대와 크게 변화되지 않은 채 문제들이 그대로 존속되고 있었다. 즉, 생활보호대상자를 선정함에 있어서 비과학적이고 임의성이 많은 현실이 개선되지 못하고 있었다. 읍 · 면 · 동사무소에서는 대상자의 월평균 소득을 객관적으로 파악하지 못하고 전년도의 대상자를 그대로 책정하는 것이 일반적이었다. 인력의 부족으로 인해 통반장들의 임의적 보고에 의존하여 대상자를 선정하였다. 이와 같은 임의적 선정은 행정단위 간의 대상자 선정에 있어서 형평성을 잃게 하였고 비전문가에 의한 자의적인 선정으로 말미암아 수혜 자격을 갖추지 못한 대상자가 선정되거나, 반대로 요보호자가 대상에서 누락되는 사례가 빈번하게 발생하였다. 더욱이 사후서비스는 거의 없었다. 생활보호대상자로서의 수혜자격이 종료된 후에도 그의 지속적인 자활을 위해서는 최소한의 사후보호조치가 필수적으로 요청되나 이러한 서비스는 거의 없었다.

4) 국민(김대중)의 정부와 참여(노무현)정부

1997년도 이후 IMF 체제하에서 산업화 이후에 경험하지 못한 경제위기와 대량실업, 빈곤의 문제에 직면하여 1998년 출범한 김대중 대통령의 국민의 정부는 빈곤 및 실업대책, 사회보험 통합에 노력을 기울였다. 또한 민간 부문에서 시 · 도 사회복지협의회의 독립법인화가 이루어지고 민간 사회복지의 자율성이 강화되었다.

국민의 정부에서 제정 또는 개정된 사회복지 관련법들을 소개하면 사회보험 부문에서 국민건강보험법 제정(1999), 산업재해보상보험법 개정(1999), 공공부조 부문에서 생활보호법을 폐지하고 국민기초생활보장법 제정(1999), 의료보호법을 의료급여법으로 전문 개정(2001)하였으며 사회복지서비스 부문에서는 수차례에 걸쳐 아동복지법, 노인복지법, 사회복지사업법, 영유아보육법, 장애인복지법 등을 개정하였으며, 모자복지법을 모 · 부자복지법으로 전면 개정(2003)하였다.

2003년 출범한 노무현 대통령의 참여정부는 사회복지를 국정운영의 중심에 둔 최초의 정권이라고 할 수 있다. 참여정부가 제시한 '참여복지'는 복지의 보편성, 국가 역할과 책임 강화, 그리고 복지 정책 수립 · 집행 · 평가과정에서 국민참여를 강조하였다. 1990년대 중반 이후 사회 문제로 부각된 '양극화'에 대응하기 위해 2005년에 긴급복지지원법을 제정하였고, 2007년에는 노인의 소득보장을 위한 기초노령연금법을 제정하였으며, 몸이 불편한 노인의 보호를 위한 노인장기요양보험법을 같은 해 제정하였다. 또한 지역사회복지계획 수립을 위한 사회복지사업법 개정이 2003년 이루어졌으며, 가족해체 예방을 위한 건강가정기본법도 같은 해 만들어졌다. 이후 복지재정도 획기적으로 확대되어 2004년 이후에는 사회보장 예산이 정부 재정의 10%를 상회하게 되었다.

한편, 1990년대에도 과거와 유사하게 공공 사회복지 전달체계의 확립을 위하여 독립적인 일선기관을 설치하려는 노력과 실험이 계속되었다. 그리고 전달체계는 각종 사회복지서비스의 발전과 함께 생활보호로부터 독립이 이루어졌고 인력의 확충이 이루어졌다. 1990년대 전반기까지 사회복지 전달체계 개선은 생활보호 등 빈곤층 지원제도 영역으로 한정되었다. 이렇게 1990년대 공공복지 전달체계는 저소득층의 생활 안정 기반 조성 의제와 관련되어 논의된다. 자연스럽게 사회복지전문요원의 확대 배치가 다뤄졌다. 공공복지 전달체계는 여전히 생활보호와 관련하여 다루어졌고, 그 주된 내용은 사회복지전문요원의 배치로 한정되어 전문요원의 추가 배치 등이 논의되었던 것이다. 그러던 중 1999년에 국민기초생활보장법이 제정되고 이후 본격 실시되면서 공공복지 전달체계는 전문적인 관리 운영을 지향하게 되었다.

특히 노무현 정부의 참여복지는 한국의 지역사회복지를 발전시키는 데 일대 전환의 계기가 되었다. 참여복지가 추진한 정책과제는 3대 영역으로 구분 제시되었다. 첫째, 사회보장제도의 내실화, 둘째 복지인프라 구축, 셋째 풍요로운 삶의 질 보장을 위한 문화 등 서비스 확대였다. 복지인프라 구축 영역에서 참여복지는 복지전달체계의 구축, 복지재정의 확충, 민간 자원의 활성화 등을 이 분야의 주요 추진 과제로 설정하였다. 사회복지 전달체계를 구축하기 위하여 사회복지사무소의 설치, 지역사회복지협의체 구성 추진이 계획되었다. 아쉽게도 사회복지사무소는 이후 무산되었으나 지역사회복지협의체는 현재 지역사회보장협의체로 이어져 정기적으로 지역사회보장계획을 수립하는 데 일조하고 있다. 이는 공공과 민간이 협의하여 지역사회의 문제 해결을 정책적으로 모색하는 대표적인 접근이라 할 수 있다.

5) 이명박, 박근혜, 문재인, 윤석열, 이재명 정부

2008년 이명박 정부 역시 출범 초부터 '친서민정책'을 강조하여 왔고, 2008년 노인장기요양보험법 실시, 2009년 양육수당제도 도입, 2010년 장애인연금법을 제정하였고, 2010년에는 국가고용전략 수립을 국정운영의 최우선과제로 선정하고 경제발전 정도에 걸맞은 사회복지 부문의 발전을 천명했으나, 무상급식을 둘러싼 복지 포퓰리즘 등으로 실제 사회복지 실행 차원에는 많은 한계점을 드러내기도 하였다.

박근혜 정부는 '국민행복시대'를 표방하면서 영유아보육 누리과정에 대한 국가책임을 강화하고, 기초노령연금을 기초연금으로 개편하여 증액하였으며 읍 · 면 · 동 주민센터를 행정복지센터로 바꾸어 복지전달체계를 혁신하였다(이용교, 2017).

문재인 정부에서는 사회복지를 국가적 의제 중 가장 중요한 핵심으로 삼고, 포용적 복지국가를 천명하였다. 기초연금을 인상하고 아동수당을 도입하였으며 기초생활보장제도에서 한계로 지적되어왔던 부양의무자 단계적 폐지와 치매 국가책임제, 보장성 강화를 위한 문재인 케어 도입과 지역사회 중심의 통합적인 복지체계인 커뮤니티케어를 실현하고자 했다(이준우, 2021).

윤석열 정부는 지속가능한 복지국가를 천명하면서 국민 맞춤형 기초 보장을 추진하려고 했다. 이는 사회복지 정책과 제도가 국민의 복지 권리를 보편적으로 보장해 가는 방향으로 진행되고 있음을 보여준다.

이재명 정부는 지역사회 돌봄통합 정책을 적극적으로 펼쳐가며 AI 시대에 부응하는 사회복지제도 정비와 사회서비스 실행 개선 방안을 모색하고 있다. 특히 현재의 이재명 정부는 AI 시대를 맞아 'AI 기본 사회' 실현을 목표로, AI 기술을 사회복지 전반에 적극적으로 도입하여 '기본이 튼튼한 사회'를 구축하려고 한다. 이는 전통적인 선별 복지에서 벗어나, 모든 국민의 기본적 삶을 국가가 책임지는 포괄적 사회복지 안전망 구축을 지향하는 것이다. 이를 위해 우선, AI 기반의 사회복지 시스템의 고도화가 추진되고 있다. AI와 빅데이터 분석을 활용하여 사회복지서비스가 필요한 위기가구를 선제적으로 발굴하고 지원하려고 한다. 기존의 신청주의적인 복지제도의 한계를 넘어, 도움이 필요한 사람들에게 자동으로 복지혜택이 돌아가도록 하는 방안이 논의되고 있다. 사회보장 데이터를 정책연구와 AI 개발에 원활하게 이용할 수 있도록 데이터 활용을 확대하고 있다. 다음으로 '모두의 AI'를 통한 사회안전망 확충에 심혈을 기울이고 있다. 노인 맞춤 돌봄 서비스에 AI 돌봄 로봇을 도입한다든지, 전 국민 대상의 AI 기술 및 AI 역량 강화 교육 등을 확대하여 디지털 정보 격차를 해소하려고 애쓴다. 나아가 기본 사회를 지향하는 사회복지 정책과 AI를 연계한다. 즉, AI 기술 발전에 따른 일자리 변화와 소득 불평등 심화에 대비하여 기본소득 도입에 대한 사회적 논의를 활발히 진행하고 있다. AI 기반 사회복지서비스와 기본소득 제도를 연계하여 효과적이고 포괄적인 복지 체계를 구축하는 방안도 모색되고 있다. 무엇보다도 주거, 의료, 교육 등 사회 전 분야에서 국민 모두의 기본적 삶을 실질적으로 보장하는 기본 사회를 사회복지 정책의 궁극적 목표로 한다. AI는 이러한 기본적 삶을 보장하는 정책을 효율적으로 설계하고 집행하는 수단으로 적극 활용된다.

6) 로스만의 관점에서 본 한국 지역사회복지실천의 역사적 의미

(1) 지역사회개발모델의 차원

오늘날 한국의 지역사회복지실천에서 가장 주목해야 할 개입 방식은 지역사회개발모델이라고 본다. 왜냐하면 진정한 임파워먼트의 원칙에 입각한 지역사회복지 실천모델이 한국 사회에 절실하게 요구되기 때문이다. 이러한 지역사회개발모델은 한국의 지역사회에서 다음과 같은 4가지 유형의 임파워먼트 전략으로 구체화되어야 할 필요가 있다.

첫 번째 유형은 지역 현안에 대한 대응 차원의 자조 노력으로 지역사회개발모델이 활발하게 적용되어야 한다. 가령 소외계층 아동의 방과 후 교육 문제를 부모들 공동의 노력으로 해결한다든지, 영세한 자영업자들이 공동으로 출자해 만든 자활 기반의 사회적협동조합을 통한 사업 창업 등을 들 수 있다.

두 번째 유형은 지역주민들의 욕구에 기초해 공원, 문화유적, 아파트, 도서관 등 다양한 생활공간들을 보존하고 재구성하는 소위 혁신적인 지역사회 조직화 사업을 추진하는 것, 방치된 지역시설을 주민들의 놀이공간으로 만든다든지, 문화적 혜택이 적은 아이들에게 도서관을 지어주는 사업 등을 들 수 있다.

세 번째 유형은 조례와 규칙 등 지방자치단체들의 법령 규정에 압력을 가하는 정치참여 활동이 있다. 예컨대 판공비 공개 조례 제정 운동, 보육 조례 개정 운동 등을 말할 수 있다.

네 번째 유형은 지역 권력에 대한 감시와 견제를 수행하는 일이다. 가령 핵폐기물 처리장 주민 투표, 도지사 소환 운동, 외유성 해외연수에 대한 감사청구 등을 들 수 있다.

하지만 한국의 현실에서 지역사회개발모델은 여전히 걸음마 단계라 할 수 있다. 일각에서는 결코 성공하기 힘든 실천모델이라는 평가도 있다. 지방자치제도가 시행된 지 오랜 시간이 흘렀음에도 지역사회개발모델이 한국의 지역사회복지 실천모델로 정착되지 못한 이유는 한국의 정치 · 경제적 현실에서 찾아볼 수 있다. 구체적으로 설명하면, 지역사회개발모델이 표방한 임파워먼트 개념에 대한 이해가 전 사회적으로 부족했고, 당사자의 자기 역량을 강화해야 한다는 임파워먼트 개념을 원형 그대로 실천에 옮기는 일 자체도 결코 쉽지 않았기 때문이다. 한국에서는 권력을 지니지 못한 대중이 스스로 권력의 주체가 되어 자기주체성을 마련하는 일 자체가 사실상 어려운 실정이다. 지역주민의 자기주체적인 역량 강화는 대중이 스스로 자기 필요에 의해 생성해 내는 것이 아닌, 필요하다는 판단이 내려진 경우에만 지배계층으로부터 부여받는 일시적이고 제한된 역량으로 이해되었다.

한국 사회에서 오랜 기간 임파워먼트의 의미는 오도되고 왜곡되었다. 임파워먼트는 힘을 갖고 있는 권력자 또는 지배계층이 힘없는 대중에게 자신이 가진 힘 일부를 나누어 주는 계도적 행위로 의미가 변질되었다. 국민으로서의 대중은 국가로부터 가르침을 받고 교육받은 내용들을 충실히 이행할 때만이 가장 막강한 임파워먼트를 경험할 수 있는 수동적인 대상으로 인식되었다.

다행스럽게도 1990년대 이후 국가의 일방적인 관리자로서의 행태에 제도적 제약이 가해지면서 자립과 자조에 대한 일반 대중의 이해가 현저히 개선되었다. 하지만 여전히 사회의 곳곳에서 과거의 중앙집권적, 계도적, 교육적 상명하달식 관료적 지역사회복지실천의 방식을 답습하고 있다. 이는 오늘날 지역사회개발모델의 한국적 적용과 발전, 성장을 가로막는 걸림돌이 된다.

그렇다면 어떻게 해야 하는가? 지역사회개발이 지역사회의 다양한 체계들과 연계하여 협력하는, 보다 확장된 연대 체계적인 실천으로 성숙해야 할 필요가 있다. 지역사회개발모델의 전제는 문제 해결을 위해서는 지역사회의 다양한 사람과 집단이 참여해야 한다는 것이다. 이러한 전제 아래 지역사회개발모델은 자조를 바탕으로 지역사회의 역량과 통합을 강화하는 것을 목적으로 삼는다. 또한 과업의 성취보다 업적 달성의 절차를 강조하며 열린 참여와 민주적 합의를 도출하는 과정에서 얻어지는 인간 성장과 발전, 자치적인 리더십 개발에 주목한다. 그런 측면에서 지역사회개발은 지역사회의 여러 체계들과 적극적으로 협업하는 노력을 더욱 경주해야 한다.

특히 AI 시대에서 지역사회개발모델은 폭넓은 지역주민 참여와 리더십 개발을 통해 지역사회의 문제 해결 능력을 키우는 데 효과적으로 적용될 수 있다. AI 기반의 온라인 플랫폼, 소셜미디어 도구 등을 활용하여 더 많은 지역주민이 토론, 정보 공유, 의사 결정 과정에 참여하도록 독려할 수 있다. 또한 AI 챗봇이나 맞춤형 온라인 학습 모듈을 활용하여 지역주민들에게 문제 해결 기술, 리더십 역량, 디지털 리터러시 교육을 효율적으로 제공할 수 있다. 아울러 지역문화 이미지, 인구 통계 등 AI로 분석된 데이터를 활용해 지역사회의 문제를 시각화하고, 주민들이 주도적으로 해결책을 모색하도록 지원할 수 있다.

(2) 사회계획모델의 차원

한국은 박정희 정권을 시작으로 전두환, 노태우 군사정부에 이르기까지 약 30년간 산업화 세력의 장기집권하에 있었다. 이 시기 산업화 세력은 조국 근대화라는 국가적 의제를 설정하고 전 국력을 경제성장에 쏟아부었다. 경제성장에 대한 집권층의 집요한 노력은 세계사에 유례없는 강력한 정부 주도 수출지향적 경제정책들로 구체화되었다. 그런 과정에서 필수적으로 산업사회의 규율을 내면화한 잘 훈련된 대규모 노동자집단이 존재해야 했다. 여기서 규율이란 근면, 성실, 검소와 같은 근대적 덕목뿐만 아니라 권위에 복종하는 순응적 태도, 조직에 헌신하는 자세 등을 복합적으로 의미한다. 즉, 성실하고 근면하면서도 체제 순응적인 노동자집단이 지역사회 전반에 포진해 있어야 했다.

그러나 잘 훈련되고 정비된 근대적 노동자들을 신속하게 양산할 수 있는 길은 지역사회에서 쉽게 찾을 수 없었다. 당시 지역사회는 여전히 농경사회의 규율에 묶여 있어 산업사회의 요구를 시의적절하게 만족시키기에 부적합했기 때문이다. 지역사회의 자생적 변화를 기다리기에는 국가적 상황이 녹록하지 않았기에 당시 집권세력은 '새마을운동'과 같은 국가적 프로젝트를 거국적으로 펼쳐내었다. 대외적으로 새마을운동은 두레와 품앗이, 향약을 잇는 농촌사회의 자조 노력으로 선전되었다. 하지만 그 본질은 조국 근대화와 경제발전을 위해 요구됐던 산업역군의 안정적 생산과 공급 그리고 이를 위한 농촌사회의 전면적 개조에 있었다.

그 결과, 1960년대 초부터 1993년 문민정부 출범 이전까지 약 30년간 한국의 화두는 경제적 성장이었다. 즉, 국민 각 개개인의 삶의 질을 향상하는 성숙한 국정과제는 필수적이지도 않았고 우선순위에도 들어가지 못하는 부차적 문제로 간주되었다. 시민사회의 존재는 간과되었고, 오히려 통제의 대상으로 여겨졌다. 이 같은 사회 분위기 속에서 지역사회복지실천을 소량의 재량권만을 민간에 이양한 채 국가의 관리, 감독 아래 놓이게 되었다.

지역사회 수준의 복지 개입과 실천은 먼저 전국 시 · 군 · 동 별로 행정기관을 세우는 일부터 시작되었다. 특히 동 단위로 사무소가 배치됐는데, 소위 이들 '동사무소'는 지역사회복지관의 설치 · 운영에 관한 법률이 제정된 1989년 전까지 중앙정부의 대 지역사회 복지 개입과 실천의 실무적 거점으로 기능하였다. 생산성 제고의 명목 아래 동사무소의 대민업무에서 일반 주민의 참여는 최소화되었고, 마찬가지 이유로 주민의 복리 증진과 욕구 충족은 중앙정부에서 파견된 또는 지방정부에 의해 고용된 전문 행정관료들의 고효율 맞춤형 서비스가 대신하였다. 산업화 세력의 집권기 동안 시행된 관 주도의 지역사회복지실천은 오늘날 많은 국민에게 인력개발, 직업훈련, 근로조건 개선, 보건, 주택, 탁아, 교통, 통신, 도시미화, 농촌 현대화 등 다양한 조국의 근대화 프로그램들로 기억될 수밖에 없었다.

물론 일각에서는 빠르면서도 효율적으로 주민의 삶을 개선하고 지역 경제를 활성화했다는 측면에서 사회계획모델에 대한 긍정적 평가도 강조한다. 실제로 오늘날 사회계획모델은 지역사회복지실천현장에서 여전히 다방면으로 활발히 활용되고 있으며, 국민국가 쇠퇴와 시민사회 성장이라는 근래의 환경 변화를 반영하듯 프로그램의 기획과 전달 방식이 관립 관영에서 관립 민영 또는 민립

민영으로 상당 부분 바뀌는 추세이기도 하다.

외부 전문가가 주도하여 데이터 수집 및 분석, 프로그램 기획, 실행, 평가를 통해 특정 사회 문제를 합리적으로 해결하는 데 초점을 맞추는 오늘날 사회계획모델은 AI를 이용한 빅데이터 분석으로 지역사회의 복지 욕구, 자원 격차, 문제점을 신속하고 정확하게 파악할 수 있게 한다. 또한 AI 모델을 통해 특정 정책이나 프로그램의 잠재적 효과와 부작용을 예측하고, 가장 효율적인 해결책을 설계할 수 있게 한다. 나아가 AI 기반 시스템으로 프로그램 진행 상황을 실시간으로 모니터링하고 성과를 평가하여 개입의 효율성을 극대화할 수 있다.

(3) 사회행동모델의 차원

한국의 경우 사회행동모델은 도입 초기부터 사회복지현장의 주목을 거의 받지 못한 채 비주류 지역사회복지실천으로만 분류, 이해되었다. 사회행동모델의 배세와 혐오에 가까운 비판적 사회 인식은 산업화 세력의 집권기(1960~1990년대 초)에 두드러졌다. 이는 당시 집권 세력이 지역사회복지의 개입과 실천의 얼개로 예측성, 정밀성, 안정성, 전문성, 위계성, 의사소통의 하향 전달성이 강조되는 사회계획모델만 허용하고, 변칙성, 급진성, 투쟁성, 상향 전달성, 탈권위, 평등지향, 체제 전복성 등이 특징인 사회행동모델은 배격했다는 데 원인이 있다.

사회행동모델이 비주류가 될 수밖에 없었던 또 하나의 원인은 산업화 세력과 대척 관계에 있던 민주화 세력의 사회운동에서 찾을 수 있다. 산업화 당시 민주화 세력은 정부의 통치 권한을 근본적으로 부정했다. 정권의 등장과 계승을 정상적 선거가 아닌 쿠데타와 야합의 산물로 보았기 때문이다. 민주화 세력은 훼손된 정권의 민주적 적통성 회복을 시대적 소명으로 규정짓고 다양한 형태의 반민주 · 반독재 투쟁을 전개해 나갔다. 총선 승리에 의한 국회 등원, 노동자 · 농민 동원에 이은 파업 및 단체행동 개시 등은 당시 민주화 세력이 가장 즐겨 사용하던 대정부 투쟁 방식이었다.

민주화 운동은 정치, 경제, 문화, 사회적으로 20세기 후반 한국 사회를 한 단계 성숙시키는 데에 크게 기여하였다. 그러나 운동의 주체로 지역사회의 대중이 아닌 기성 정당 소속의 엘리트 정치인들과 노동자 · 농민단체의 지도자급 조합원들이 주로 동원됐다는 사실은 당시 운동이 지역사회의 현실과 분절된 중앙집권식 개혁, 다시 말해 위로부터의 사회 변혁에 불과했다는 비판을 받기에 충분하다. 불평등의 재구조화 노력이 사회운동을 전문적인 기술로 환원시켜 직업화한 사람들의 경력 쌓기 수단으로 변질되고, 주체가 돼야 할 대중은 객체화되는 주객전도의 현실을 만들었다는 것이다. 그 속에서, 주민 중심의 미시적 사회 변혁을 추구한 사회행동모델이 뿌리내릴 실험적 정치 공간은 애당초 존재할 수 없었다.

철저하게 주변화되고 비주류에 머물던 사회행동모델이 부각될 수 있었던 계기는 문민정부(1993~1998년)를 거쳐 국민의 정부와 참여정부(1998~2008년) 때 비로소 마련됐다. 건국 이후 최초로 민주화 세력이 정권을 창출하는 데 성공한 이 15년은 시민사회의 폭과 범위가 그 어느 때보다 비약적으로 성장한 시기였다. 이 시기 운동은 더 이상 반민주 · 반독재 정권 타도 구호를 외치지 않았다. 대신 반독재 투쟁의 그늘에 가려 그동안 주목받지 못했던 시민사회의 다양한 이슈들, 예컨대 인권, 환경, 여성, 청소년, 언론, 소비자 문제들을 국가적 차원에서 공론화하고 정책 의제화하는 방향으로 진행되었다. 주로 언론과 인터넷 매체를 통해, 때로 집단행동을 통해 이루어진 시민단체들의 진보적 문제 제기는 비슷한 성향의 관련 국가기관들에 의해 상당 부분 수용됐고, 많은 개혁적 현안에서 유의미한 제도화와 법제화, 법 집행이라는 생산적 결과를 가져왔다.

하지만 사회행동모델은 한국의 지역사회복지실천 영역에서는 여전히 변방을 벗어나지 못했다. 이는 저항과 개혁, 힘의 재분배를 지향했던 시민운동단체들이 활동의 초점을 국가적 차원에서의 문제 제기와 정책 의제화에 맞추고 중앙

권력구조에 대한 입법, 사법, 행정적 변화에만 관심을 집중시키면서 비중앙 차원에서 이루어지는 정책과제와 생활 의제를 발굴, 실천하기 위한 노력을 상대적으로 소홀히 했고, 그 결과 시민사회의 물질적, 기능적 토대를 구성하는 지역사회의 불평등한 권력구조를 진단, 개선하려는 노력은 등한시했기 때문이었다. 그 결과, 지역주민 중심의 지역공동체적인 사회 변혁과 힘의 재분배, 저항을 역설한 사회행동모델이 주목받기란 사실상 어려운 일이었다.

그런데 권력과 자원의 불평등한 분배 문제를 해결하기 위해 소외된 집단을 조직하고, 대결 및 압력 전술을 통해 권력구조의 변화를 추구하는 사회행동모델이 AI 시대에 와서는 활용 접근성이 크게 좋아지면서 주목되는 모델로 급부상하고 있다. 가령 소셜미디어와 온라인 청원 플랫폼 등을 활용하여 소외계층의 목소리를 신속하게 결집하고 대규모 행동을 조직할 수 있게 된 것을 들 수 있다. 실제로 AI를 활용하여 대상 표적집단에 가장 효과적인 메시지와 소통 채널을 분석하고 전략을 수립할 수 있게 되었다. 또한 AI로 분석한 불평등 관련 데이터를 시각화하여 대중에게 문제를 명확히 알리고 여론을 형성하는 데에도 활용할 수 있게 되었다.

생각 다듬기

1. 영국과 미국의 지역사회복지실천 역사에서 가장 인상 깊었던 내용을 설명하시오.

2. 로스만의 지역사회복지 실천모델 관점에서 한국 지역사회복지실천의 역사적 변천을 정리해 보시오.

PART 02

지역사회복지실천의 재구조화

CHAPTER 04

지역사회복지실천 과정

COMMUNITY WELFARE

04

CHAPTER

04 지역사회복지실천 과정

지역사회복지 실천은 막연한 선의를 넘어선 체계적인 '문제 해결 과정'이다. 본 장에서는 사정, 계획, 실행, 평가의 각 단계가 증거기반 실천(EBP) 및 AI · 빅데이터 기술과 결합하여 어떻게 전문적으로 고도화되는지를 다룬다. 우선 사정 단계는 혼합 연구 방법과 데이터 분석을 통해 주민의 잠재된 욕구를 파악하고, 문제를 환경과의 불일치로 바라보는 '관점의 재구성(Reframing)'을 통해 실천적 판단을 내리는 과정이다. 계획 단계는 SMART 기법과 시각화 도구를 활용해 목표를 구체화하고, 인력과 예산을 포함한 자원 동원 전략을 체계적으로 수립한다. 이어지는 실행 단계에서는 계획을 유연한 가설로 전제하여 환경 변화에 대응하되, 주민의 '사회적 역할 가치화(SRV)'를 실현하는 데 집중한다. 마지막으로 평가 단계는 단순한 산출이 아닌 실질적 삶의 변화인 성과(Outcome)를 증명하고, AI 기반 피드백을 통해 조직의 '학습과 성장'을 도모하는 순환적 체계를 완성한다.

1. 사정 단계: 문제의 심층적 이해와 자원 파악

1) 사정의 학문적 개념과 본질

지역사회복지실천 과정은 사회복지사가 체계적으로 개입하여 지역사회 문제를 발견하고 해결하는 일련의 문제 해결 과정(problem-solving process)이다. 이 과정의 시발점이 되는 사정(Assessment)은 지역사회 문제를 깊이 있게 이해하고, 이를 해결할 수 있는 구체적인 자원과 전략을 수립하기 위한 기초 작업으로 정의된다(홍현미라 외, 2010).

학문적으로 사정은 정적인(static) 상태의 기술이 아니라 역동적인(dynamic) 과정이다. 이는 단순히 지역사회의 인구통계학적 자료나 지리적 정보를 수집하는 행위를 넘어선다. 사정은 지역사회의 바람직하지 못한 사회적 조건과 주민들의 욕구 사이의 괴리를 발견하고, 이를 해결하기 위한 잠재력과 제약 요인을 종합적으로 분석하는 진단적 행위이다. 램너트와 블랙(Lamnert & Black, 2001)이 지적했듯이, 사정 단계는 지역사회 계획의 구조와 의사결정의 방향성을 제시한다는 점에서 그 중요성이 매우 크다.

사정은 실천을 위한 설계도를 그리기 전에 지반을 조사하는 것과 같다. 이 단계에서 문제가 잘못 정의되거나 주민의 욕구가 왜곡되면 이후의 모든 계획과 실행은 엉뚱한 방향으로 흐를 수 있다. 따라서 사정은 개입의 타당성을 확보하고, 실천의 효과성을 담보하기 위한 필수불가결한 전제 조건이자 핵심적인 기초 작업이다. 정확하고 철저한 사정은 이후의 모든 개입 과정에서 실질적인 개입 방향을 결정하며, 문제 해결의 성공 여부를 좌우하는 결정적 요인이 된다.

2) 사정의 다차원적 목적

사정의 목적은 단일하지 않으며, 문제 해결을 위한 다각적인 정보를 확보하는 데 있다. 즉, 문제의 규명, 자원의 파악, 그리고 환경의 이해라는 세 가지 차원에서 목적을 구체화할 수 있다.

(1) 지역사회 문제의 본질과 주민 욕구의 명확한 규명이다.

사정은 지역사회 구성원들이 겪고 있는 어려움이 무엇인지, 그리고 그들의 욕구가 무엇인지를 체계적으로 파악하는 것이다. 사회복지사는 사정 활동을 통해 지역사회 내에서 어떤 문제를 우선적으로 해결해야 하는지에 대한 명확한 이해를 제공해야 한다. 이는 주민들의 주관적인 인식과 객관적인 사회지표를 통합하여 문제의 실체를 드러내는 과정이다.

(2) 해결을 위한 자원과 강점의 발견이다.

전통적인 사정이 지역사회의 결핍(needs)과 병리에 초점을 맞추었다면, 현대의 사정은 문제 해결을 위해 동원 가능한 자원(resource)과 강점(strength)을 파악하는 데 주력한다. 이는 지역사회 내의 인적 · 물적 자원을 확인하고, 이러한 자원을 어떻게 활용할 수 있을지를 분석하는 자원 사정(resources assessment)을 포함한다. 공공 기관, 비영리 단체, 자원봉사자, 지역 내 사업체 등 활용 가능한 자원을 식별하는 것은 문제 해결의 동력을 확보하는 핵심 과정이다.

(3) 지역사회 환경과 생태계의 총체적 이해이다.

문제는 진공 상태에서 발생하지 않는다. 사정은 문제에 영향을 미치는 지역사회를 둘러싼 물리적, 정치적, 경제적 및 사회 · 문화적 환경을 분석하여 문제의 원인을 구조적으로 이해하는 것을 목적으로 한다.

3) 문제 정의의 학문적 합의

지역사회복지실천에서 '문제'를 정의한다는 것은 막연한 사회적 불편함이나 개인적 불행을 해결 가능한 정책적, 실천적 과제(task)로 구체화하는 작업이다. 문제는 객관적 사실(fact)과 주관적 인식(perception)의 결합물이다. 따라서 사회복지사는 지역사회 현상을 단순히 기술(description)하는 것을 넘어, 그것이 왜 문제인지, 누구에게 문제인지, 어떤 맥락에서 문제인지를 해석(interpretation)해야 한다.

성공적인 개입은 올바른 질문에서 시작된다. 문제를 너무 좁게 정의하면 해결책은 미봉책에 그치고, 너무 넓게 정의하면 실천 불가능한 이상론에 빠지게 된다. 따라서 문제 정의는 관련된 당사자, 문제의 범위, 문제의 특성을 입체적이고 다차원적으로 파악하는 고도의 분석 과정이어야 한다.

(1) 문제의 다차원적 규명

① 이해관계자와 당사자의 재구성: 인식의 주관성 분석

문제와 관련된 사람을 파악하는 것은 단순히 대상자 수를 세는 인구학적 접근을 넘어선다. 이는 문제에 얽힌 다양한 집단의 이해관계와 주관적 인식을 해체하고 재구성하는 과정이다. 케트너(Kettner et al., 1985)가 강조했듯이, 개입하게 될 문제에 대한 당사자들의 인식과 해석을 파악하는 것은 필수적이다.

② 인식의 재구성: 병리적 관점에서 생태학적 관점으로

가장 중요한 것은 현상을 바라보는 프레임(frame)의 전환이다. 동일한 현상이라도 이를 개인의 결함(individual deficit)으로 보느냐, 환경과의 불일치(environmental mismatch)로 보느냐에 따라 해결책은 정반대로 도출된다. 이를 설명하기 위해 도시에서 대표적 난제인 'H동 노후 주거지 쓰레기 무단 투기 갈등' 사례를 분석해 보자.

■ 사례 분석: H동 노후 주거지의 쓰레기 전쟁

① **표면적 현상**: H동은 좁은 골목길이 미로처럼 얽혀 있는 노후 주택 밀집 지역이다. 이 지역의 전봇대 밑과 골목 구석에는 항상 악취 나는 쓰레기더미가 쌓여 있어 주민 간의 고성과 갈등이 끊이지 않는다.

② **기존의 시각–개인적 · 도덕적 결함 모델**: 이 문제를 접근한 행정가와 일부 주민들은 원인을 '주민들의 시민의식(civic consciousness) 부재'로 정의했다.

- 원인 진단: "주민들이 게으르고 양심이 없다", "법을 지키지 않는 사람들이 문제다".
- 도출된 해결책: 감시용 CCTV 설치, 무단 투기 금지 경고판 부착, 과태료 부과 강화, 주민 계도 교육.
- 결과: CCTV 사각지대로 투기 장소가 옮겨가는 '풍선 효과'만 발생했을 뿐, 갈등은 오히려 심화되었고 주민들은 서로를 감시하고 불신하게 되었다. 이는 전형적인 '희생자 비난하기(blaming the victim)'의 오류다.

③ **구조적 재정의–생태체계적 · 환경적 모델**: 사회복지사는 현장에 들어가 주민들의 생활 동선을 분석하고, 물리적 환경을 사정한 후 문제를 완전히 새롭게 정의했다.

- 환경 분석: 좁은 골목길 구조상 청소 수거 차량의 진입이 불가능하다는 점, 1인 가구와 노인 가구가 많아 종량제 봉투를 채우는 데 시간이 오래 걸린다는 점, 그리고 아파트와 달리 분리수거를 할 수 있는 거점 공간(station)이 전무하다는 점을 발견했다.
- 문제의 재정의: 문제는 주민의 낮은 도덕성이 아니라, '생활 폐기물 배출 인프라의 부재와 주거 환경의 구조적 배제'에 있었다. 즉, '버릴 곳이 없어서 못 버리는 상황'이 본질이었던 것이다.

- 해결책의 진화: 사회복지사는 주민들을 감시의 대상이 아닌 해결의 주체로 전환했다. 유휴 공간을 활용해 '마을 관리소(village station)'를 설치하고, 노인 일자리 사업과 연계하여 주민들이 직접 분리수거장을 관리하게 했다. 쓰레기를 가져오면 지역화폐나 생필품으로 교환해 주는 '자원 순환 모델'을 도입했다.
- 최종 성과: 쓰레기가 사라진 것은 물론, 마을 관리소는 주민들이 소통하는 사랑방(community hub)이 되었고, 주민들의 자존감과 공동체 의식이 회복되었다.

이처럼 문제 정의는 단순한 현황 파악이 아니다. 문제의 원인을 개인에게 돌리면 '통제와 교육'이 답이 되지만, 환경과 구조로 재정의하면 '시스템 구축과 임파워먼트(empowerment)'가 답이 된다.

위 사례를 기반으로 문제를 구체화하기 위한 분석 요소들을 학술적으로 정리하면 관련된 사람(stakeholders)의 다층적 파악이 필요하다. 문제와 관련된 사람을 파악할 때는 단순히 피해자와 가해자의 이분법을 넘어서야 한다. 이해관계자(stakeholders)들의 인식과 위치를 지도(map)처럼 그려내야 한다.

- 직접 당사자: 쓰레기 악취로 고통받는 주민, 무단 투기를 할 수밖에 없는 취약계층 등.
- 이해관계자: 청소 행정 공무원, 건물주(집값 하락 우려), 폐지 줍는 노인(자원 수집처) 등.
- 분석 포인트: 각 집단이 이 문제를 어떻게 '해석'하고 있는가? H동 사례에서 공무원은 이를 '불법 행위'로 보았지만, 주민들은 '생존 생활의 불편'으로 인식했다. 사회복지사는 이러한 인식의 간극(Gap)을 조정하고 통합하는 역할을 수행해야 한다.

이처럼 관련된 사람을 파악한다는 것은 그들의 삶을 둘러싼 생태체계적 환경을 이해하고, 문제의 책임을 개인에게서 환경으로 확장하여 해석하는 것을 의미한다.

③ 문제 정의의 재구성과 생성형 AI

문제 정의는 객관적 사실과 주관적 인식의 결합물이며, 현상을 바라보는 프레임(frame)을 개인의 결함에서 환경과의 불일치로 전환하는 것이 핵심이다(Kettner et al., 1985). 생성형 AI(generative AI)는 다양한 이해관계자(주민, 공무원, 상인 등)의 관점을 시뮬레이션함으로써, 사회복지사가 놓칠 수 있는 사각지대를 발견하고 문제를 입체적으로 재정의하도록 돕는 보조 도구(co-pilot)로 활용될 수 있다.

4) 문제의 범위와 경계 설정

문제의 범위(scope)를 설정하는 것은 개입을 확정하는 전략적 행위이다. 이는 지리적 경계와 기능적 경계, 그리고 개입의 차원을 결정하는 복합적인 과정이다.

(1) 지리적 및 기능적 단위

문제를 해당 '골목'의 문제로 한정할 것인가, 아니면 H동 전체의 '주거 재생' 문제로 확장할 것인가? H동 사례는 단순한 청소 문제를 넘어, 마을 관리소를 통한 '커뮤니티 재생'으로 범위를 확장했기에 성공할 수 있었다.

(2) 개입 차원의 결정

개인적 차원(주민 교육)에서 멈출 것인가, 아니면 제도적 차원(수거 시스템 변경, 조례 제정)으로 나아갈 것인가? 최근의 지역사회복지는 미시적 접근과 거시적 접근을 통합하는 방향을 지향한다.

5) 문제의 원인 분석: 기술과 정치의 결합

문제의 원인을 분석할 때는 기술적 측면(technical aspects)과 대인관계적 측면(interpersonal aspects)을 동시에 고려해야 한다.

(1) 기술적 측면 – 인과관계의 과학적 규명

어떤 원인이 어떤 결과를 낳았는지 논리적으로 설명해야 한다. H동 사례에서 기술적 원인은 '수거 차량 진입 불가(물리적 환경) → 무단 투기 발생(행동적 결과)'이라는 인과사슬로 설명된다. 이때 '깨진 유리창 이론(broken windows theory)'과 같은 이론적 틀을 적용하면, 사소한 무질서가 방치될 때 지역사회가 어떻게 해체되는지를 논리적으로 설명할 수 있다(홍현미라 외, 2010).

(2) 대인관계적 측면 – 정치적 역학 분석

문제 해결 과정에서 발생할 수 있는 저항과 지지를 분석하는 것이다(Kettner et al., 1985).

- **저항 세력 분석**: "내 집 앞에 쓰레기장을 설치하는 것은 절대 안 된다"는 님비(NIMBY) 현상을 어떻게 극복할 것인가?
- **정치적 지지 확보**: 지역 의원이나 행정가를 설득하여 예산을 확보할 명분은 무엇인가?
- **사회적 재가**: 사회적 재가(Social Sanction)는 우리의 해결 방식이 지역사회 정서에 부합하는지를 확인하는 것이다. H동 사례에서 노인들에게 일자리를 제공하는 방식은 경로효친 사상과 결합하여 지역사회의 강력한 지지를 이끌어낼 수 있는 전략적 포인트였다.

결론적으로 지역사회복지실천에서 문제를 정의한다는 것은, 흩어져 있는 불만과 고통의 조각들을 모아 '해결 가능한 희망의 언어'로 번역하는 과정이다. 사회복지사는 주민들을 탓하거나 가르치려 들기보다는, 그들이 처한 환경적 모순을 읽어내야 한다.

H동 사례가 보여주듯, 문제를 '주민의 결함'에서 '환경의 배제'로 재정의했을 때, 비로소 지역사회는 갈등의 공간에서 상생의 공동체로 변화할 수 있었다. 이것이 바로 증거기반실천(evidence-based practice)이자 가치 지향적 실천의 본질이다. 따라서 지역복지실천전문가는 현상의 표면에 머물지 말고, 그 이면에 흐르는 구조적 맥락을 탐색하는 '사회적 디자이너'로서의 안목을 길러야 할 것이다.

6) 정보 수집의 방법론: AI를 활용한 혼합 연구 방법의 고도화

정확하고 타당한 사정을 위해서는 단일한 정보원에 의존해서는 안 된다. 지역사회는 살아 있는 유기체와 같아서, 통계 수치만으로는 그 역동성을 파악할 수 없고, 몇몇 주민의 이야기만으로는 전체를 일반화할 수 없다. 따라서 사회복지사는 질적 접근(qualitative approach)과 양적 접근(quantitative approach)을 상호 보완적으로 활용하는 혼합 연구 방법(mixed methods)을 지향해야 한다.

이를 학문적으로 삼각검증(triangulation)이라 한다. 이는 서로 다른 방법, 소스, 연구자를 통해 정보를 교차 확인함으로써 사정 결과의 신뢰도와 타당도를 높이는 전략이다. 정보 수집은 정보의 원천에 따라 '직접 정보 수집'과 '간접 정보 수집'으로 구분되며, 이 둘의 조화가 사정의 질을 결정한다.

(1) 질적 접근: 심층적 이해와 맥락의 발견

① 참여 관찰 및 주민 만나기

가장 기본적이면서도 강력한 방법은 사회복지사가 지역사회를 직접 걷고, 보고, 듣는 것이다.

- **비공식적 인터뷰**: 경로당, 놀이터, 시장 등 주민들이 자연스럽게 모이는 공간에서 이루어지는 대화는 정형화된 설문지로는 포착할 수 없는 '날 것 그대로의 욕구'를 드러낸다.
- **지역사회 탐방**: 차를 타거나 걸으면서 지역의 물리적 환경, 주민들의 표정, 상권의 활력 등을 관찰한다. 이는 지역사회의 분위기를 감각적으로 파악하는 데 필수적이다.

이 과정은 주민들의 삶을 '대상화'하지 않고 그들의 생활 세계로 들어가는 현상학적 접근이다.

② 주요 정보 제공자 인터뷰(key informant interview)

지역사회의 사정을 누구보다 잘 알고 있는 '토착 전문가'를 활용하는 전략이다.

- **대상**: 통 · 반장, 부녀회장, 지역 상인, 오랫동안 거주한 어르신, 공무원, 종교 지도자 등이 포함된다. 이들은 지역사회의 역사와 권력 구조, 주민 간의 갈등 관계를 꿰뚫고 있는 게이트키퍼(gatekeeper) 역할을 한다.
- **방법**: 구조화된 질문보다는 반구조화된(semi-structured) 질문[2]을 통해, 그들이 가진 통찰력과 경험적 지식을 이끌어내야 한다. 단, 정보 제공자의 주관적 편견이 개입될 수 있음을 항상 경계해야 한다.

2) 반구조화된 질문이란, 미리 준비된 핵심 질문 리스트는 존재하지만, 인터뷰 상황과 응답자의 반응에 따라 질문의 순서를 바꾸거나 즉석에서 추가질문을 던질 수 있는 유연한 면접 방식이다.

③ 포커스 그룹 인터뷰(Focus Group Interview: FGI)

비슷한 배경이나 경험을 공유하는 소수(6~10명)의 주민을 모아 특정 주제에 대해 토론하게 하는 방법이다.

- **집단 역동(group dynamics)의 활용**: 개별 인터뷰에서는 나오기 힘든 의견들이 참여자 간의 상호작용과 자극을 통해 도출된다. 예를 들어, 한부모 가정의 양육 어려움에 대해 토론할 때, 한 사람의 발언이 다른 사람의 잠재된 고민을 이끌어내는 상승효과가 발생한다.
- **주의점**: 목소리 큰 특정인에 의해 여론이 주도되지 않도록 전문적인 진행기술이 요구된다. 최근에는 텍스트 분석 기법을 도입하여 FGI 내용을 워드 클라우드(word cloud)나 의미 연결망으로 시각화하여 분석하기도 한다.

④ 주민 공청회 및 포럼(community forum)

지역사회 전체에 개방된 공개 토론의 장을 마련하는 것이다.

- **공론장의 형성**: 다양한 이해관계를 가진 주민들이 모여 문제를 정의하고 해결책을 논의하는 민주적 의사결정 과정이다.
- **한계와 보완**: 소극적인 주민이나 취약계층의 목소리가 배제될 위험이 있으므로, 찾아가는 인터뷰 등을 통해 대표성을 보완해야 한다.

(2) 양적 접근: 욕구의 일반화와 객관화

① 지역사회 욕구 및 만족도 조사

표준화된 설문지를 사용하여 다수의 주민으로부터 정보를 수집하는 가장 보편적인 방법이다(홍현미라, 2016).

- **일반화 가능성**: 무작위 표집(random sampling)[3] 등을 통해 수집된 데이터는 통계적 처리를 거쳐 전체 지역사회의 특성으로 일반화될 수 있다. 이는 예산 확보나 정책 제안 시 객관적인 근거 자료(evidence)로 활용도가 높다.
- **설계의 중요성**: 설문 문항은 명확하고 중립적이어야 하며, 주민의 문해력을 고려하여 작성되어야 한다. 최근에는 모바일 설문이나 QR코드를 활용하여 접근성을 높이는 추세다.

(3) 간접 정보 수집: 데이터 기반의 객관적 분석

간접 정보 수집은 이미 생성되어 있는 2차 자료(Secondary Data)를 사회복지적 관점에서 재해석하고 분석하는 과정이다. 이는 시간과 비용을 절약할 수 있으며, 시계열적 변화를 파악하는 데 유리하다.

① 사회지표 및 통계자료 분석(social indicators)

정부나 지자체, 연구기관에서 생산한 공식 통계를 분석한다.

- **인구 센서스**: 인구 구조, 가구 형태(1인 가구, 독거노인 비율 등), 주거 점유 형태 등을 파악한다.
- **행정 데이터**: 수급자 비율, 범죄율, 실업률, 전입 · 전출 현황 등은 지역사회의 사회적 위험 수준을 보여주는 객관적 지표이다. 이러한 데이터는 타 지역과의 비교를 통해 우리 지역의 상대적 박탈감이나 특수성을 진단하게 해준다.

---

3) 무작위 표집은 확률표집의 가장 대표적인 형태로 모집단에 속한 모든 구성원이 표본으로 추출될 확률이 '동등'하고, '독립적'이어야 한다는 통계학적 전제를 기반으로 한다.

② 기관 내부 자료 분석

복지관이나 관련 기관이 축적해 온 기록물은 훌륭한 정보원이다.

- **상담 및 사례관리 기록**: 서비스 이용자들이 호소해 온 주된 문제가 무엇인지, 욕구의 변화 추이는 어떠한지를 분석한다.
- **사업 보고서 및 실적**: 과거에 시행된 프로그램의 성공과 실패 요인을 분석하여, 지역사회의 서비스 수용성을 예측할 수 있다.

③ 공간 정보 및 GIS 분석(spatial analysis)

최근 지역사회복지에서 가장 각광받는 분야로, 지리정보시스템(GIS)을 활용하여 데이터를 시각화하는 것이다.

- **공간적 불평등의 시각화**: 빈곤 가구의 분포, 복지 시설의 접근성, 범죄 발생 다발 지역(hotspot) 등을 지도 위에 중첩(overlay)시켜 분석한다.
- **커뮤니티 매핑(community mapping)**: 주민들이 직접 참여하여 스마트폰 앱 등을 통해 동네의 위험 요소나 자원을 지도에 표시한다. 이는 정보 수집인 동시에 주민들이 지역 문제에 관심을 갖게 하는 임파워먼트 과정이다.

④ 빅데이터 및 텍스트 마이닝(big data analysis)

전통적인 조사를 넘어 웹상의 데이터를 분석하는 최신 기법이다.

- **소셜 데이터 분석**: 지역 커뮤니티(맘카페 등), SNS, 민원 게시판 등에 올라온 글을 수집하여 텍스트 마이닝(text mining)을 수행한다.
- **의미 연결망 분석**: 주민들이 주로 사용하는 키워드 간의 연결 관계를 분석하

여, 잠재된 욕구와 이슈의 구조를 파악한다. 예를 들어, '육아'라는 키워드가 '우울', '고립'과 연결되는지, '지원', '행복'과 연결되는지를 분석하여 심리적 상태를 추론할 수 있다.

(4) AI를 활용한 혼합 연구 방법 고도화

정확하고 타당한 사정을 위해서는 질적 접근과 양적 접근을 상호 보완하는 혼합 연구 방법(mixed methods)을 지향해야 한다. 이를 삼각검증(triangulation)이라 하며, AI는 이 과정에서 데이터 수집과 분석의 정밀도를 획기적으로 높인다.

- **빅데이터 기반의 소셜 리스닝(social listening)**: 기존의 설문조사가 가진 시공간적 한계를 넘어, 지역 커뮤니티나 SNS상의 비정형 데이터를 수집하여 텍스트 마이닝(text mining)을 수행한다. AI의 자연어 처리(NLP) 기술은 주민들이 사용하는 언어의 감정(sentiment)을 분석하여 잠재된 욕구와 '지역사회 정서 지도'를 그려낼 수 있다.
- **지능형 GIS 분석**: 지리정보시스템(GIS)을 활용하여 빈곤, 범죄, 시설 접근성 등의 데이터를 시각화하는 것을 넘어, 머신러닝 알고리즘을 통해 향후 노인 인구 급증 지역이나 범죄 발생 우려 지역(hotspot)을 예측 모델링한다.

(5) 정보 수집의 윤리와 실천적 함의

① 윤리적 고려사항(ethical considerations)

정보 수집 과정에서 사회복지사는 연구 윤리를 엄격히 준수해야 한다.

- **사전 동의(informed consent)**: 주민들에게 조사의 목적과 정보의 활용처를 명확히 알리고 동의를 구해야 한다.
- **익명성과 비밀 보장**: 수집된 정보가 개인을 식별할 수 없도록 철저히 관리해야 하며, 데이터 관리에 대한 책무성을 가져야 한다.
- **소외된 목소리의 포용**: 정보 접근성이 낮은 장애인, 이주민, 문맹자 등의 목소리가 배제되지 않도록 별도의 수집 전략을 마련해야 한다.

② 결론: 증거기반실천(evidence based policy)을 향하여

정보 수집은 단순히 자료를 쌓아두기 위함이 아니다. 수집된 질적 · 양적 데이터는 치밀한 분석을 통해 '정보(information)'를 넘어 실천적 지혜인 '지식(intelligence)'으로 변환되어야 한다.

사회복지사는 FGI를 통해 주민의 '마음'을 읽고, 통계 분석을 통해 문제의 '규모'를 파악하며, GIS를 통해 문제의 '위치'를 확인해야 한다. 이렇게 입체적으로 구성된 정보만이 지역사회를 변화시키는 타당하고 강력한 계획(planning)의 근거가 될 수 있다.

2. 계획 단계: 미션의 확립과 전략적 목표 수립

계획 단계는 "우리는 지금 어디에 있는가?(사정)"에 대한 답을 토대로, "우리는 어디로 가야 하는가?(목적)"와 "어떻게 그곳에 갈 것인가?(전략)"를 결정하는 규범적 미래 창조의 과정이다. 이 과정의 첫 단추는 기술적인 목표 설정 이전에, 조직과 실천의 철학적 기반이 되는 정체성을 확립하는 것이다.

1) 미션: 존재의 당위성

미션(mission)은 조직이나 프로젝트의 존재 이유이자 궁극적인 목적(why)을 천명하는 것이다. 이는 "우리가 이 지역사회에서 왜 이 일을 수행해야 하는가?"에 대한 변하지 않는 답이다. 미션은 조직 구성원들에게 소속감과 동기를 부여하고, 외부 이해관계자들에게는 조직의 사회적 책무성을 선언하는 기능을 한다. 예를 들어, 서울시 마을공동체종합지원센터의 사례와 같이 "주민의 필요에 따라 주민이 계획하고 실행하는 것"과 같은 미션은 실천의 주체가 전문가가 아닌 '주민'임을 명확히 규정하는 나침반 역할을 한다.

2) 비전: 바람직한 미래상

비전(vision)은 미션을 달성했을 때 구현될 구체적인 미래의 모습(what)이다. 미션이 추상적이고 철학적이라면, 비전은 가시적이고 묘사적이어야 한다. "모든 아동이 행복한 세상"이 미션이라면, "2030년까지 우리 마을 아동의 방과 후 돌봄 공백 제로화"는 비전이 될 수 있다. 비전은 구성원들에게 도달해야 할 명확한 목표점을 제시함으로써 실천의 에너지를 결집시킨다.

3) 미션과 비전 수립의 방법론: 귀납과 연역의 조화

조직의 상황에 따라 미션과 비전을 수립하는 접근 방식은 달라진다. 미션은 우리 기관의 존재 이유(why), 비전은 그 미션이 달성되었을 때 변화된 지역사회의 모습(what)이다.

- **귀납적 방법(inductive approach)**: 이미 역사가 오래된 조직이나 기존 사업을 재정비할 때 유용하다. 현재 수행하고 있는 다양한 사업과 활동들을 나열하고, 그 활동들이 공통적으로 지향하는 가치를 상향식(bottom-up)으로 추출하여 미션을 재정립하는 방식이다. 이는 조직의 현실을 반영하여 실현 가능성을 높이는 장점이 있다.
- **연역적 방법(deductive approach)**: 신생 조직이나 새로운 프로젝트를 시작할 때 적합하다. 해결하고자 하는 사회 문제에 대한 이상적인 가치와 미션을 먼저 설정하고, 이를 실현하기 위해 필요한 하위 전략과 사업들을 하향식(top-down)으로 구체화하는 방식이다. 이는 혁신적이고 도전적인 목표를 설정하는 데 유리하다.

4) 목표 설정의 과학: 논리 모델과 SMART 기법

추상적인 미션을 실행 가능한 단위로 번역하기 위해서는 목적(goals)과 목표(objectives)를 명확히 구분하고 설정해야 한다. 목적은 포괄적이고 장기적인 지향점인 반면, 목표는 구체적이고 단기적이며 측정 가능한 성과를 의미한다.

(1) 성과 중심 목표 설정의 중요성

과거의 사회복지실천이 “무엇을 제공했는가(output)”에 집중했다면, 현대의 실천은 “무엇이 변했는가(outcome)”를 증명해야 한다. 따라서 목표 설정 시에는 프로그램의 실행 과정(예: 교육 5회 실시) 자체가 목표가 되어서는 안 되며, 그로 인한 서비스 이용자의 변화(예: 자존감 10% 향상, 취업 성공)가 목표로 설정되어야 한다.

(2) SMART 기법을 활용한 목표의 구체화

목표의 타당성을 확보하기 위해 경영학과 행정학에서 널리 쓰이는 SMART 원칙을 사회복지적 맥락에서 적용해야 한다.

① S (specific - 구체성): 목표는 누가 보더라도 명확하게 이해할 수 있도록 구체적인 행동 용어로 기술되어야 한다. “노인 복지 증진”이라는 모호한 표현보다는 “독거노인의 하루 평균 식사 횟수 증가”와 같이 구체적이어야 개입의 초점을 맞출 수 있다.

② M (measurable - 측정 가능성): 목표는 통계적으로 검증 가능하거나 관찰 가능해야 한다. “우울감 감소”를 목표로 한다면, 척도 검사 점수의 변화나 표정의 변화 빈도 등 측정 가능한 지표(indicator)가 사전에 정의되어야 한다. 이는 평가의 근거가 된다.

③ A (attainable - 달성 가능성): 목표는 도전적이되, 현실적이어야 한다. 지역사회의 가용 자원, 사회복지사의 역량, 기간 등을 고려했을 때 실현 불가능한 목표는 오히려 패배감을 안겨줄 수 있다. ‘모든 빈곤의 퇴치’보다는 ‘결식아동 급식 지원율 100% 달성’이 타당하다.

④ R (result-oriented/relevant - 결과 지향성 및 타당성): 가장 중요한 요소

다. 목표는 '과정(process)'이 아닌 '결과(result)'를 지향해야 한다. "등산을 하는 것"은 활동이지만, "정상에 오르는 것"이 목표다. 또한, 그 목표가 지역사회의 욕구와 미션에 부합하는 적절한(relevant) 것이어야 한다.

⑤ **T (Time-bounded - 시간 제한성)**: 목표 달성의 마감 시한(deadline)이 명시되어야 한다. "언젠가 달성하겠다"는 목표는 추진력을 잃기 쉽다. 사업의 주기(cycle)에 맞춰 단기, 중기, 장기 목표별로 시점을 설정해야 한다.

■ SMART 기법과 AI 기반 목표 설정

목표는 구체적이고 측정 가능하며 달성 가능해야 한다는 SMART 원칙에 따라 수립되어야 한다.

- **S (specific) & M (measurable)**: '노인 복지 증진'과 같은 모호한 목표를 AI 분석 도구를 활용하여 "독거노인의 AI 안부 확인 응답률 95% 달성"과 같이 구체적이고 측정 가능한 지표(Indicator)로 변환한다.

5) 전략적 의사결정과 실천 방법의 선택

목표가 '도착지'라면 전략은 그곳으로 가는 '경로'다. 계획 단계는 수많은 대안 중에서 최적의 경로를 선택하는 의사결정의 연속이다.

(1) 의사결정 기술의 활용

합리적이고 민주적인 계획 수립을 위해 다양한 집단 의사결정 기법이 활용된다.

- **브레인스토밍(brainstorming)**: 자유로운 분위기에서 비판 없이 최대한 많은

아이디어를 도출하여 창의적인 대안을 모색한다.

- **명목 집단 기법(Nominal Group Technique: NGT)**: 참여자들의 의견을 서면으로 제출받아 투표로 우선순위를 결정한다. 이는 소수의 목소리 큰 사람에게 휘둘리지 않고 모든 참여자의 의견을 동등하게 반영하는 민주적 기법이다.
- **델파이 기법(Delphi technique)**: 익명의 전문가 패널에게 반복적인 설문을 수행하여 합의된 결론을 도출한다.

(2) 실천 전략의 세 가지 차원

지역사회 문제의 성격과 범위에 따라 적절한 개입 전략을 선택해야 한다.

- **정책 접근 전략(policy approach: Macro)**: 문제의 원인이 제도적 미비나 자원의 불평등한 분배에 있을 때 사용한다. 조례 제정 운동, 예산 증액 요구, 옹호(advocacy) 활동 등이 포함된다. 최근 '마을 만들기' 사업처럼 행정 시스템과 협력하여 지역사회의 물리적 · 사회적 인프라를 구축하는 거시적 전략이다.
- **프로그램 접근 전략(program approach: Mezzo)**: 특정 욕구를 가진 표적 집단(target population)을 대상으로 지속적인 서비스를 제공하는 가장 일반적인 전략이다. 사회성 향상 프로그램, 직업 교육 등 전문적인 개입 모델을 적용하여 집단의 변화를 유도한다.
- **프로젝트 접근 전략(project approach: Micro / task-centered)**: 명확한 목표와 한정된 기간, 예산을 가지고 수행되는 한시적 과업이다. 예를 들어 '김장 나누기 행사'나 '마을 축제'처럼 특정 시점에 집중적으로 자원을 투입하여 가시적인 성과를 내는 전략이다.

6) 활동 계획의 시각화: 갠트 차트

수립된 전략을 실행하기 위해서는 '누가, 언제, 무엇을' 할 것인지를 일목요연하게 정리해야 한다. 이때 갠트 차트(Gantt chart)는 필수적인 도구이다.

① **구조**: X축에는 시간(월/주/일)을, Y축에는 세부 활동(activity)을 배치하여 작업의 흐름을 막대그래프로 표시한다.

② **기능**: 전체 공정의 흐름을 한눈에 파악할 수 있어, 선행되어야 할 작업과 병행 가능한 작업을 구분하고, 일정 지연 시 즉각적인 대처(critical path management)를 가능하게 한다.

7) 자원 동원 및 예산 수립

계획의 실행 가능성(feasibility)은 결국 예산과 자원에 달려 있다. 훌륭한 아이디어도 자원이 뒷받침되지 않으면 공상에 불과하다.

(1) 포괄적 자원 사정과 동원 계획

자원은 단순히 '돈(예산)'만을 의미하지 않는다. 인적 자원, 물적 자원, 사회적 자원 등을 포괄적으로 계획해야 한다.

- **재정 자원**: 보조금, 후원금, 공동모금회 프로포절 등 자금 확보 계획(funding strategy)
- **인적 자원**: 실무자 외에 자원봉사자, 자문위원, 지역주민 리더 등 협력자 확보

- **물적·공간적 자원**: 프로그램 진행 장소, 장비, 기자재 등
- **사회적 자원(social capital)**: 지역사회 내의 네트워크, 신뢰 관계, 유관 기관과의 협력 체계(MOU) 등 보이지 않는 자산

(2) 예산 수립(budgeting)의 원칙

예산서는 프로그램의 내용을 화폐 단위로 번역한 것이다.

- **산출 근거의 명확성**: 모든 지출 항목은 구체적인 산출 근거(단가×수량×횟수)를 가져야 한다.
- **직접비와 간접비의 고려**: 프로그램 운영에 직접 투입되는 비용(강사비, 재료비)뿐만 아니라, 이를 지원하기 위한 간접 비용(홍보비, 예비비, 행정비)도 고려해야 한다.
- **비용의 정당성 확보**: 왜 이 비용이 필요한지를 설득할 수 있어야 하며, 특히 공공 자금을 사용할 경우 '비용 효과성(cost-effectiveness)'을 입증하는 것이 중요하다.

계획은 한 번 수립하면 변하지 않는 고정불변의 것이 아니다. 실행 과정에서의 변수와 모니터링 결과를 반영하여 끊임없이 수정(modification)되고 보완되어야 하는 유연한(flexible) 과정이다. 따라서 훌륭한 계획서는 완벽한 예측이 아니라, 변화에 대응할 수 있는 '여지'를 남겨두는 것이다. 사회복지사는 냉철한 머리로 데이터를 분석하여 계획을 세우되, 뜨거운 가슴으로 현장의 목소리를 담아내는 균형 감각을 잃지 말아야 한다.

3. 실행의 본질: 과업 수행을 넘어선 가치 지향적 실천

실행(implementation) 단계는 계획 단계에서 수립된 목표와 전략을 실제 행동으로 옮기는 과정이다. 그러나 사회복지실천에서의 실행은 단순히 투입(input)을 산출(output)로 변환하는 공학적 과정이 아니다. 사회복지사가 어떤 철학과 가치관을 가지고 실행에 임하느냐에 따라, 동일한 프로그램이라도 그 결과인 성과(outcome)는 판이하게 달라진다.

1) 기술적 실행과 가치적 실행의 구분

지역사회복지실천은 '무엇을 하느냐(what to do)'의 기술적 차원과 '어떻게 하느냐(how to do)'의 가치적 차원이 결합되어야 한다.

- **기술적 실행**: 계획된 예산, 시간, 인력을 활용하여 프로그램을 완수하는 것이다. 이는 행정적 효율성(efficiency)을 중시한다.
- **가치적 실행**: 실행 과정에서 참여자의 존엄성을 높이고, 자기결정권을 보장하며, 공동체성을 회복하는 것이다. 이는 실천의 효과성(effectiveness)과 윤리성(ethics)을 중시한다.

2) 사회적 역할의 가치화 모델의 적용

실행 단계에서 가장 경계해야 할 것은 주민을 수동적인 '서비스 수혜자'로 전락시키는 것이다. 이를 극복하기 위해 사회적 역할의 가치화(Social Role Valorization: SRV) 이론을 적용해야 한다. 이 이론은 사회적 약자가 가치 있는 사회적 역할을 수행하도록 지원함으로써, 그들에 대한 사회적 인식을 긍정적으로 변화시키려는 실천모델이다.

■ 사례 분석: 독거 어르신 식생활 지원 사업의 재구성

□ A형 실행 (전통적 서비스 전달 모델)

- 접근: 사회복지사는 효율성을 최우선으로 하여, 자원봉사자가 조리한 도시락을 어르신 댁에 신속하게 배달한다.
- 결과: 어르신은 '도움을 받는 불쌍한 노인'이라는 사회적 역할에 고착된다. 배달 시간이 늦으면 불만을 제기하는 수동적 소비자가 되며, "더 아파 보여야 지원이 끊기지 않는다"는 학습된 무기력을 경험할 수 있다.
- 한계: 배고픔(Needs)은 해결되지만, 고립감과 자존감의 문제는 해결되지 않는다.

□ B형 실행 (SRV 및 임파워먼트 모델)

- 접근: 사회복지사는 어르신의 '요리 능력'이라는 강점에 주목한다. 마을 공유 부엌을 마련하고, 어르신들이 직접 장을 보고 반찬을 만들어, 동네의 결식아동이나 더 거동이 불편한 이웃에게 나누는 '할머니 손맛 봉사단'을 조직한다.
- 결과: 어르신은 '수혜자'에서 '봉사자'이자 '지역사회의 리더'로 역할이 전환된다. "내가 아직 쓸모 있는 사람이다"라는 자존감이 회복되고, 이웃과의 관계망이 복원된다.
- 의의: 이처럼 실행 단계는 단순한 서비스 제공(Output)을 넘어, 참여자의 정체성을 변화시키는 과정이어야 한다. 이것이 바로 증거기반실천이 지향해야 할 '가치 기반 실행'이다.

□ AI Care의 적용

- A Iot 센서나 돌봄 로봇을 활용한 스마트 케어는 모니터링의 사각지대를 해소한다. 이때 중요한 것은 기술이 인간을 통제하는 것이 아니라, 서비스 이용자가 기술을 활용하여 주체적인 삶을 살도록 지원하는 것이다. 예컨대, 독거노인이 AI 스피커를 통해 지역 정보를 습득하고 이를 이웃에게 전달하는 '정보 전달자' 역할을 수행하도록 설계함으로써 자존감을 회복시킬 수 있다.

3) 자원 동원과 관리의 역할

실행을 위해서는 계획된 자원을 적시에 동원하고 효율적으로 배분해야 한다. 케트너 등(Kettner et al., 1985)이 제시한 바와 같이, 자원 동원(resource mobilization)은 재정적 자원뿐만 아니라 인적 자원, 그리고 사회적 자본을 포괄하는 개념이다.

(1) 인적 자원의 동원과 동기 부여

프로그램의 성공은 결국 '사람'에게 달려 있다. 실무자, 자원봉사자, 그리고 참여자가 하나의 팀으로 기능해야 한다.

- **자원봉사자 관리**: 자원봉사자는 단순한 노동력이 아니다. 그들에게 명확한 업무(role)를 부여하고, 그들의 활동이 지역사회 변화에 기여하고 있음을 지속적으로 인정(recognition)해 주어야 한다. 이는 소진(burnout)을 방지하고 지속적인 참여를 유도하는 핵심 기제이다.
- **참여자와의 신뢰(rapport) 형성**: 프로그램 초기 단계에서 사회복지사와 참여자 간의 라포 형성은 필수적이다. 신뢰가 형성되지 않은 상태에서의 개입은 저항을 불러온다. 사회복지사는 권위적인 전문가가 아니라, 주민의 곁에서 함께 걷는 '동반자(accompanier)'로서의 태도를 견지해야 한다.

(2) 네트워크 협력과 파트너십 구축

한 기관의 자원만으로는 복잡한 지역사회 문제를 해결할 수 없다. 따라서 '협력(collaboration)'은 선택이 아닌 필수이다.

- **공식적 네트워크**: 복지관, 지자체, 학교, 병원 등과 MOU를 체결하고 공식적인 자원 연계 시스템을 구축한다. 이는 자원의 중복과 누락을 방지하고 서비스의 연속성을 보장한다.
- **비공식적 네트워크의 활성화**: 최근 강조되는 것은 주민 주도의 비공식 네트워크다. 동네의 마당발, 통 · 반장, 소모임 등을 활성화하여 촘촘한 사회 안전망을 구축해야 한다. 서울시 마을공동체 사업에서 강조하듯, 주민 모임의 활성화는 그 자체로 강력한 자원이 된다.
- **시너지(synergy) 창출**: 네트워크는 단순히 자원을 더하는 것(1+1=2)이 아니라, 서로 다른 전문성이 만나 새로운 해결책을 만들어내는 시너지(1+1=3)를 지향해야 한다.

4) 갈등 관리와 조정

실행 과정은 본질적으로 갈등을 내포하고 있다. 한정된 자원을 배분하는 과정이나, 서로 다른 이해관계를 가진 집단이 만나는 과정에서 갈등은 필연적으로 발생한다. 사회복지사는 갈등을 부정적인 것으로 치부하지 말고, 변화를 위한 에너지로 전환하는 기술이 필요하다.

(1) 갈등의 유형과 원인

- **참여자의 저항**: 변화에 대한 두려움이나 프로그램에 대한 이해 부족으로 인해 서비스 이용자가 소극적이거나 적대적인 태도를 보일 수 있다.
- **참여자 간의 갈등**: 집단 프로그램 내에서 성격 차이, 주도권 다툼 등으로 구성원 간 불화가 발생할 수 있다.

- **이해관계자 간의 갈등**: 쓰레기장 설치 문제와 님비(NIMBY) 현상처럼, 지역주민과 기관, 혹은 주민 집단 간의 이익이 충돌할 수 있다.

(2) 갈등 해결 전략

- **협상(Negotiation)**: 양측이 조금씩 양보하여 합의점을 찾는 타협적 접근이다.
- **조정(Mediation)**: 중립적인 제3자(사회복지사)가 개입하여 대화를 촉진하고 오해를 풀도록 돕는다.
- **원칙 중심의 대응**: 갈등 발생 시, 개인의 감정이 아닌 합의된 '규칙'과 '목표'로 돌아가 논의해야 한다. "우리가 이 모임을 왜 시작했는가?"라는 미션을 상기시키는 것이 효과적이다.

5) 모니터링과 유연한 대응

실행 과정은 계획대로만 흘러가지 않는다. 예상치 못한 변수(예: 코로나19와 같은 전염병, 예산 삭감, 핵심 리더의 이탈 등)가 발생하기 마련이다. 따라서 나침반과 같은 모니터링(monitoring)이 지속적으로 이루어져야 한다.

(1) 모니터링과 평가의 구분

많은 학생이 모니터링과 평가를 혼동한다.

- **평가(evaluation)**: 프로그램 종료 후 성과를 판단하는 '종합 건강검진'과 같다. 가치 판단(성공/실패)이 개입된다.

- 모니터링(monitoring): 프로그램 진행 중에 상태를 확인하는 '계기판(dashboard)'과 같다. 계획 대비 실행이 궤도(track)를 이탈하지 않았는지, 자원은 적절히 투입되고 있는지를 실시간으로 확인하는 관리적 과정이다.

(2) 모니터링의 주요 요소

- 투입 점검: 계획된 예산, 인력, 장비가 적시에 투입되고 있는가?
- 활동 점검: 프로그램 일정이 지연되지 않고 진행되고 있는가? 참여율은 적절한가?
- 품질 점검: 서비스의 질이 표준을 유지하고 있는가? 참여자의 만족도는 어떠한가?

(3) 유연성과 수정

모니터링의 목적은 계획을 고수하는 것이 아니라, 상황에 맞게(flexibility) 계획을 수정(adjustment)하는 데 있다.

- 피드백 루프(feedback loop): 참여자와 실무자의 목소리를 듣고 이를 즉각적으로 반영해야 한다. 주민들이 프로그램 시간에 불만이 있다면 시간을 변경해야 하고, 내용이 어렵다면 난이도를 조절해야 한다.
- 위기관리(crisis management): 자원이 부족하면 대체 자원을 찾고, 프로그램이 효과가 없다면 과감히 중단하거나 방식을 변경하는 결단력이 필요하다. 계획은 불변의 진리가 아니라 목표 달성을 위한 가설일 뿐이다. 따라서 실행 단계에서 가장 중요한 덕목은 환경 변화에 적응하는 '유연성'이다.

결론적으로, 실행 및 점검 단계는 사회복지사의 전문성이 가장 종합적으로 발휘되는 영역이다. 사회복지사는 자원을 동원하는 행정가, 주민의 참여를 이끄는 조직가, 갈등을 해결하는 조정자, 그리고 과정을 관리하는 점검자의 역할을 동시에 수행해야 한다.

성공적인 실행은 완벽한 계획서에서 오는 것이 아니라 현장의 불확실성을 주민과 함께 헤쳐 나가는 사회복지사의 헌신과 유연한 대응 능력에서 비롯됨을 명심해야 한다. 우리는 단순히 사업을 수행(Doing)하는 것이 아니라 지역사회의 변화를 되어가는(Becoming) 과정을 함께하는 것이다.

4. 평가 및 종결 단계: 성과 중심의 책무성과 지속가능한 변화

1) 평가의 목적과 패러다임의 변화: 통제에서 학습으로

전통적인 사회복지 평가는 투입된 예산이 전용되지 않고 적절하게 집행되었는지를 확인하는 '감사(audit)'나 '통제(control)'의 성격이 강했다. 그러나 현대 지역사회복지실천에서 평가는 '학습과 성장(learning and growth)'을 위한 도구로 패러다임이 전환되었다. 평가는 실패를 질책하기 위함이 아니라, 무엇이 효과적이었고 무엇이 부족했는지를 분석하여 실무자와 조직의 역량을 강화하는 데 그 목적이 있다.

평가(evaluation)는 실천 활동의 가치를 판단하고, 목표 달성 여부를 확인하며, 향후 개선을 위한 학습을 하는 과정이다. 과거의 평가는 단순히 예산 투입 대비 실적을 확인하는 '감사'의 성격이 강했으나, 최근에는 프로그램의 질적 성장을 도모하고 실무자에게 유용한 정보를 제공하는 '학습과 성장'을 위한 평가로 변화하고 있다.

2) 이중적 책무성의 증명

평가의 핵심 목적은 책무성(accountability)을 증명하는 것이다. 이는 단순히 후원자에게 돈을 어디에 썼는지 보고하는 것을 넘어, 우리의 개입이 서비스 이용자의 삶을 얼마나 긍정적으로 변화시켰는지를 입증하는 윤리적 의무이다. 평가의 핵심 목적은 책무성을 증명하는 것이다. 이는 두 가지 차원에서 논의된다.

- **상향적 책무성(upward accountability)**: 자원을 제공한 후원자, 지자체, 이사회에 대해 자원 활용의 투명성과 효율성을 보고하는 것이다.
- **하향적 책무성(downward accountability)**: 이것이 더 중요하다. 우리의 개입이 서비스 이용자(주민)의 삶을 얼마나 긍정적으로 변화시켰는지, 그들에게 약속한 변화를 이행했는지를 증명하는 윤리적 의무다. 사회복지사는 평가를 통해 지역사회에 대해 "우리의 활동이 당신들의 삶에 가치가 있었음"을 입증해야 한다.

3) 평가의 유형과 지표: 양적 평가와 질적 평가의 통합

평가는 수행 시점과 목적에 따라 형성평가와 총괄평가로 구분된다.

(1) 형성평가(formative evaluation): 과정의 모니터링

프로그램이 진행되는 도중(on-going)에 실시하는 평가다. 이를 '과정평가'라고도 한다. 프로그램 진행 중에 실시하며, 운영상의 문제점을 발견하여 수정 · 보완하는 것이 목적이다(이봉주 외, 2019).

- **목적**: 프로그램 운영상의 문제점을 조기에 발견하여 즉각적으로 수정 · 보완(feedback)하는 것이다. 마치 요리 중에 간을 보고 소금을 더 넣을지 결정하는 과정과 같다.
- **주요 질문**: 계획된 일정대로 진행되고 있는가? 참여자들의 반응은 어떠한가? 예산 집행 속도는 적절한가?

(2) 총괄평가(summative evaluation): 성과의 판단

프로그램이 종료된 후(post-program)에 실시하는 평가이다. 프로그램 종료 후에 실시하며, 최종적인 성과와 목표 달성도를 판단하여 프로그램의 지속 여부를 결정한다.

- **목적**: 프로그램의 최종적인 성과와 목표 달성도를 판단하여, 이 사업을 지속할 것인지, 확대할 것인지, 아니면 폐지할 것인지를 결정하는 의사결정의 근거가 된다.
- **주요 질문**: 의도했던 목표(goal)가 달성되었는가? 투입 비용 대비 효과(cost-effectiveness)는 충분한가?

(3) 산출(output)과 성과(outcome)의 엄격한 구분

평가에서 가장 주의해야 할 점은 산출과 성과를 혼동하지 않는 것이다.

- **산출(output)**: 활동의 물리적 결과물이다. (예: 교육 10회 실시, 100명 참석, 도시락 500개 배달) 이는 "우리가 얼마나 열심히 일했는가"를 보여줄 뿐, 변화를 증명하지는 못한다.
- **성과(outcome)**: 활동으로 인한 참여자의 질적 변화다. (예: 우울감 척도 점수 감소, 이웃 관계망 형성, 취업 성공) 최근의 평가는 산출 중심에서 성과 중심으로 완전히 이동했다.

4) 정량적 평가

(1) 정량적 평가의 학문적 전제와 효용

정량적 평가(quantitative evaluation)는 사회과학의 실증주의(positivism) 전통에 기반을 두고 있다. 이는 복잡한 사회 현상을 수치화된 데이터로 변환함으로써 '객관성'과 '일반화 가능성'을 확보하려는 시도이다. 특히 자원을 배분하는 정부나 후원 재단에 대해 사업의 효과성을 짧은 시간에 명료하게 증명(evidence-based)하는 데 있어 정량적 지표는 매우 강력한 설득력을 가진다(홍현미라 외, 2016).

(2) 가상 사례를 통한 지표의 적용: A마을 안전지도 만들기 사업

정량적 평가가 실제 현장에서 어떻게 작동하는지 이해하기 위해, 범죄율이 높은 A마을에서 진행된 주민조직화 사업을 가정하여 분석해 보자. 이 경우 정량적 평가는 투입-산출-성과의 논리적 흐름에 따라 다음과 같은 지표를 설정한다.

① 참여의 양적 팽창(volume of participation)

- **지표**: 주민총회 참석 인원, 안전지킴이 순찰 횟수, 마을 회의 개최 빈도 등
- **해석**: "지난해 대비 주민 회의 횟수가 200% 증가했다"는 수치는 주민조직화가 활발해졌다는 강력한 증거로 활용된다.

② 물리적 환경의 변화(physical output)

- **지표**: 설치된 CCTV 개수, 깨진 유리창 보수 건수, 조성된 화단 면적(㎡) 등
- **해석**: 눈에 보이는 물리적 산출물은 사업의 즉각적인 성과를 가시화한다.

③ 표준화된 척도 변화(change in standardized scale)

- **지표**: '지역사회 안전 인식 척도(Perceived Safety Scale)' 사전-사후 점수 변화
- **해석**: "주민들의 안전 체감도가 5점 만점에 2.3점에서 4.1점으로 상승했다"는 통계적 유의미성을 통해 개입의 효과를 입증한다.

(3) 정량적 평가의 인식론적 한계: 숫자의 함정

수치는 현상의 단면을 명쾌하게 보여주지만, 그 과정에 숨겨진 역동적인 맥락(Context)을 소거해 버리는 치명적인 한계를 가진다.

- **도구적 합리성의 오류(the fallacy of instrumental rationality)**: "회의 횟수 10회 달성"이라는 목표는 달성되었을지 모른다. 그러나 그 10번의 회의가 소수 리더의 일방적인 지시로 이루어졌는지, 아니면 주민들의 치열한 숙의(deliberation) 과정이었는지는 숫자에 나타나지 않는다. 숫자에 집착하다 보면 '민주적 절차'라는 본질은 사라지고 '횟수 채우기'라는 형식만 남는 목적전치 현상이 발생할 수 있다. AI가 분석한 데이터 역시 입력된 수치에 기반

하므로, 현장의 맥락을 읽지 못하면 왜곡된 결과를 낳을 수 있다.

- **맥락의 소거(erasure of context)**: "안전 인식 점수가 올랐다"는 결과는 긍정적이다. 하지만 이것이 실제로 마을이 안전해져서인지, 아니면 주민들이 밤에 외출을 아예 포기(회피 행동)했기 때문에 느끼는 안도감인지, 척도 점수만으로는 구별할 수 없다. 등간척도의 숫자는 변화의 '폭'은 설명하지만, 변화의 '질감(texture)'과 '이유(reason)'는 침묵한다.
- **사람의 배제**: 신규 유입 주민 수(N)를 세는 것은 쉽지만, 그 한 명 한 명이 마을에 정착하기 위해 겪었던 갈등과 화해의 서사(narrative)는 통계표 밖으로 밀려난다.

결국, 정량적 평가는 "무엇이(what) 변했는가"를 증명하는 데는 유용하지만, "어떻게(how), 그리고 왜(why) 변했는가"를 설명하는 데는 근본적인 한계가 있다. 따라서 현대 지역사회복지 평가는 이러한 숫자의 빈틈을 메우기 위해 질적 평가와의 통합을 필연적으로 요구한다.

5) 정성적 평가: 의미의 발견

수치 이면에 숨겨진 변화의 맥락을 포착하는 방식이다.

- **텍스트 분석(text analysis)**: 상담 일지, 회의록, 주민 소감문 등을 분석한다. 워드 클라우드(word cloud) 기법을 활용하여 주민들이 가장 많이 사용하는 단어(예: '행복', '감사', '우리')의 빈도를 시각화하거나, 의미 연결망 분석(semantic network analysis)을 통해 단어 간의 관계 구조를 파악한다. 이는 주민

들의 인식이 어떻게 구조적으로 변화했는지를 보여주는 강력한 도구이다.

- **포커스 그룹 인터뷰(FGI)**: 실행 기관 담당자나 참여 주민들을 대상으로 심층 인터뷰를 진행하여, 프로그램 참여 경험이 개인의 삶에 미친 구체적인 영향을 서술적으로 기록한다.
- **의의**: 정성 평가는 "은둔형 외톨이가 문을 열고 나와 먼저 인사를 건네게 되었다"와 같은 실질적인 삶의 변화(life change)를 포착한다.

6) 정량적 평가와 정성적 평가의 AI 통합

산출(output)과 성과(outcome)를 엄격히 구분해야 하며, 정량적 평가의 한계인 '맥락의 소거'를 보완하기 위해 질적 평가를 통합해야 한다.

- **비정형 데이터 분석**: AI는 상담 일지, 인터뷰 녹취록 등 방대한 텍스트 데이터를 분석하여 워드 클라우드나 의미 연결망으로 시각화한다. 이는 주민들의 인식 변화 구조를 객관적으로 입증하는 강력한 도구가 된다.
- **실시간 성과 모니터링**: PDCA Cycle(Plan-Do-Check-Action)을 실시간 대시보드로 구현하여, 프로그램 진행 중에도 즉각적인 피드백과 수정(feedback loop)이 가능한 유연한 평가 체계를 구축한다.

7) 종결과 지속가능성 확보

종결(termination)은 개입의 끝이 아니라, 참여자의 자립(self-reliance)을 위한 새로운 시작이다.

(1) 종결의 유형과 정서적 과업

종결은 계획된 종결, 조기 종결, 의뢰(referral) 등으로 나뉜다. 어떤 경우든 '정서적 종결' 과정이 필수적이다.

- **성과의 확인과 축하**: 참여자와 함께 변화된 모습(before & after)을 확인하고 성취감을 공유한다. 이는 참여자의 자기 효능감(self-efficacy)을 극대화한다.
- **이별의 다룸**: 사회복지사와의 관계 단절에서 오는 상실감이나 불안감을 충분히 다루어야 한다. 공식적인 수료식이나 송별회 같은 의례(ritual)가 도움이 된다.

(2) 변화 유지 및 사후 관리

프로그램 효과의 지속성(sustainability)은 사회복지실천의 궁극적 목표이다. 전문가가 떠난 후에도 변화가 유지되어야 한다.

- **자조 모임(self-help group) 결성**: 프로그램 참여자끼리 후속 모임을 만들어 서로 지지할 수 있도록 돕는다. (예: '반찬 나눔' 종료 후 '마을 요리 동아리'로 전환)
- **지역사회 자원 연계**: 참여자가 필요로 하는 다른 서비스나 자원(타 기관, 지역단체 등)을 연결해 준다.
- **역량의 이전(transfer of competency)**: 사회복지사가 수행하던 역할을 주민 리더에게 점진적으로 이양하여, 주민 스스로 문제를 해결할 수 있는 시스템을 구축한다.

(3) 결론: 순환적 과정으로서의 평가

평가 결과는 보고서 속에 잠들어서는 안 된다. 그것은 다음 실천을 위한 사정(assessment) 단계의 기초 자료로 환류(feedback)되어야 한다. 이러한 '사정-계획-실행-평가-재사정'의 무한한 순환 고리 속에서 지역사회는 조금씩, 그러나 확실하게 성장한다.

사회복지사는 냉철한 머리로 성과를 증명하되, 따뜻한 가슴으로 주민의 성장을 지지하는 '성찰적 실천가(reflective practitioner)'가 되어야 한다.

생각 다듬기

1. AI 기술 도입 시 '사회적 역할의 가치화(SRV)' 원칙은 어떻게 지켜져야 하는가?

2. 사정(Assessment) 단계에서 정량적 데이터(Big Data)와 정성적 데이터(Thick Data)의 균형이 중요한 이유는 무엇인가?

CHAPTER 05

주민조직화

COMMUNITY WELFARE

05

CHAPTER

05 주민조직화

제5장에서는 지역사회복지 실천의 대상을 넘어 변화의 주체로서 주민을 재조명한다. 주민조직화(community organizing)는 주민들이 당면한 문제를 해결하기 위해 물리적 · 심리적 힘을 결집하고 조직적 구조를 형성하는 역동적 과정이다. 이는 단순한 서비스 제공을 넘어, 주민이 학습된 무기력을 극복하고 존엄성을 회복하는 '인간화(humanization)'의 과정이자, 민주적 의사결정 구조를 확립하는 정치적 행위로 정의된다. 따라서 조직화는 철저히 '주민에 의한(by the people)', '주민의(of the people)' 주체적 운동이어야 하며, 이 과정에서 사회복지사는 리더가 아닌 주민 스스로 힘을 갖도록 돕는 조력자(enabler)이자 촉진자(facilitator)의 역할을 수행한다.

이 장은 구조기능주의, 갈등이론, 사회자본 이론 등 다양한 이론적 배경과 한국의 역사적 맥락을 통해 조직화 전략의 다층적 함의를 고찰한다. 특히 현대사회에서 AI와 디지털 기술은 시공간을 초월한 '초연결 조직화'를 가능하게 하지만, 기술 격차가 권력의 불평등으로 이어지지 않도록 디지털 포용과 데이터 윤리가 선행되어야 함을 강조한다.

결국 주민조직화의 실천 과정은 지역사회 진입부터 '이길 수 있는 의제'의 선정, 실행, 그리고 성과의 공유와 확장에 이르는 일련의 흐름이다. 이 장에서는 기술은 주민의 잠재력을 극대화하는 도구일 뿐이며, 감정과 문화가 결합된 사람 중심의 연대만이 조직화의 지속가능성을 담보한다는 점을 명확히 제시한다.

1. 주민조직화의 개념적 재구성

지역사회복지실천에 있어 주민조직화(community organizing)는 단순한 기술적 방법론을 넘어선 실천의 핵심 가치이자 철학이다. 주민조직화란 지역사회 내에 거주하는 주민들이 자신들의 삶의 터전에서 발생하는 다양한 사회적 · 경제적 문제의 당사자로서, 이를 해결하기 위해 물리적 · 심리적 힘을 결집하고 지속가능한 조직적 구조를 형성해 나가는 역동적인 과정으로 정의된다(최옥채, 2005).

과거의 사회복지실천이 주민을 서비스의 수혜자나 서비스 이용자로 대상화했다면, 조직화의 관점에서 주민은 문제 해결의 주체이자 변화를 이끌어내는 능동적인 행위자이다. 즉, 주민조직화는 '주민을 위한(for the people)' 자선적 활동이 아니라, '주민에 의한(by the people)', '주민의(of the people)' 주체적 운동이어야 한다.

이 과정의 궁극적인 목적은 단순히 당면한 지역 문제를 해결하는 것에 그치지 않는다. 조직화는 주민들이 무기력함을 극복하고, 자신들을 억압하는 불합리한 구조나 제도에 대항하여 권리를 회복하며, 인간으로서의 존엄성을 되찾는 인간화(humanization)의 과정이다. 나아가 이는 주민들의 자치력(political power)을 배양하여 지역사회의 민주적 의사결정 구조를 확립하는 정치적 과정이기도 하다.

한국의 지역사회주민조직(community organization)으로는 지난 1970년대 초를 기점으로 시작하였다. 지역사회주민조직활동은 한국사회의 모든 사회활동에 나름의 영향을 끼쳤으며, 여전히 조직화의 원칙과 방법론은 유효하다. 주민조직화란, 지역 내 거주하는 주민들에 의해서 행해지는 운동을 말한다. 즉, 운동의 주체가 주민이라는 이야기이다. 여기서 주민이란 자신들이 살아가는 삶의 터전에서 일어나는 문제 해결의 당사자를 말한다. 주민조직화 운동은 운동의 기초가 지역사회의 주민 자신들이다. 이 주민조직화 운동은 주민을 위한 운동이기 전에 주민에 의한 주민을 위한 주민의 조직운동이다. 이 운동을 주민조직화(community organizing)라고 말한다.

지역사회복지실천에 있어 주민조직화는 단순한 기술적 방법론을 넘어선 실천의 핵심 가치이자 철학이다. 이는 지역사회주민들이 자신들의 삶의 터전에서 발생하는 문제의 당사자로서, 물리적 · 심리적 힘을 결집하고 지속가능한 조직적 구조를 형성해 나가는 역동적인 과정으로 정의된다. 과거의 조직화가 오프라인 중심의 대면 접촉에 전적으로 의존했다면, 현대의 조직화는 AI와 디지털 기술을 활용하여 시공간의 제약을 넘어서는 '초연결 조직화'로 확장되고 있다. 그러나 기술이 발전하더라도 주민조직화는 여전히 '주민에 의한(by the people)', '주민의(of the people)' 주체적 운동이어야 하며, AI는 주민의 잠재력을 극대화하는 도구(Tool)로서 기능해야 한다. 궁극적으로 조직화는 주민들이 무기력함을 극복하고 인간으로서의 존엄성을 되찾는 인간화(humanization)의 과정이자, 민주적 의사결정 구조를 확립하는 정치적 과정이다.

1) 주민조직화 개념

주민조직화란 지역의 당면 사안이나 문제 해결을 위해서 주민들의 힘을 모으는 것이다. 여기서 조직이란 주민들의 문제 인식을 공유하고 행동하게 하여 힘의 체계를 만드는 것이다. 결국 주민들의 의식(내면)을 조직하는 과정이다. 주민조직화에서 중요한 것은 무엇보다 주민(지역의 내부 구성원)을 조직화하는 것이다. 이를 위해 지역사회의 구조와 지역구조 문제의 해당 주민을 조직화할 필요가 있다. 이때, 내부구성원은 지역에 살고 있는 태아부터 노인까지 구성원 모두이다. 또한 지역의 내부 자원과 외부 자원을 조직화할 필요가 있다. 내부 자원은 주민, 주민 지도 그룹, 조직가(활동가)가 기본 자원이며, 이 자원들의 특성까지를 조직해야 한다. 즉, 단순히 자원을 나열하는 것이 아니라 각 자원이 가진 강점과 특성을 파악하여 유기적으로 연결해야 한다.

(1) 주민 역량의 결집과 조직적 연대의 구축

주민조직화의 일차적 목표는 파편화되어 있는 개별 주민들의 잠재력을 '집합적 힘(collective power)'으로 전환하는 것이다. 개별 조직의 힘만으로는 복잡다단한 지역사회의 구조적 문제를 해결하는 데 한계가 따른다. 따라서 주민조직이 당면한 과제는 필연적으로 지역사회의 구조적 모순과 맞닿아 있음을 인식하고, 지역 내 가용한 다양한 자원 및 조직들과의 전략적 제휴를 모색해야 한다(Silver, 2004).

이러한 '조직 간 연대'는 주민들의 영향력을 극대화하는 필수적인 기제이다. 단, 이 과정에서 소수의 리더나 특정 집단이 의사결정 권한을 독점하지 않도록 경계해야 한다. 주민 대중이 주체적으로 참여하는 민주적 거버넌스가 전제될 때 비로소 진정한 의미의 세력화가 가능하다(홍현미라 외, 2013).

(2) 공동체적 가치의 외연 확장과 사회자본 형성

조직화와 연대는 지역사회 내에 내재된 공동체성(community spirit)을 외부로 확산시키는 기제이다. 이는 주민조직과 지역 내 다양한 행위자들이 비전과 가치를 공유함으로써 '개별적 자아(I)'를 넘어 '공동체적 자아(We)'로 정체성을 재구성하는 과정이다. 서로 다른 배경을 가진 조직과 구성원들이 관계망을 형성하고 상호작용하는 과정에서 사회적 신뢰(trust)와 호혜성(reciprocity)이 싹트게 된다. 이러한 상호 이해와 존중은 단순한 이익의 공유를 넘어, 지역사회 전체를 아우르는 성숙한 시민 공동체로 나아가는 토대인 사회자본(social capital)을 축적하는 과정이다(Hyman, 2002).

(3) 의제의 사회적 보편화와 정당성 확보

주민조직이 제기하는 문제가 특정 집단의 이익만을 대변하는 '집단 이기주의(group egoism)'로 흐르지 않도록 경계해야 한다. 주민조직화의 핵심은 주민들의 절실한 생존권적 욕구를 지역사회 전체가 공감할 수 있는 '보편적 의제(universal agenda)'로 승화시키는 데 있다. 다양한 지역 세력과의 연대는 주민조직의 이슈가 사적인 영역에 머무르지 않고, 사회적 타당성을 획득하게 하는 공론화의 과정이다. 이러한 과정을 통해 형성된 사회적 합의(social consensus)는 주민조직의 활동에 정당성을 부여하며, 주민들의 삶의 질을 실질적으로 개선할 수 있는 강력한 정치 · 사회적 영향력의 원천이 된다.

(4) 구조적 변혁을 위한 공동의 책무성 실현

주민조직화는 현상 유지가 아닌, 지역사회의 근본적인 변혁(fundamental change)을 지향하는 사회운동적 성격을 갖는다. 현대 사회의 구조적 문제는 개인이나 단일 조직을 고립시키고 무력화하려는 경향이 있다. 이에 대항하여 더 나은 세상을 꿈꾸는 다양한 주체들이 연대하여 사회적 책임을 분담하는 것이 조직화의 궁극적 지향이다. 이는 소수의 영웅적 리더십에 의존하기보다, 다수의 평범한 시민들이 함께 내딛는 걸음이 더 강력하고 지속가능한 힘을 발휘한다는 '연대의 원리'를 확인하는 과정이다. 즉, 주민조직화는 사회정의 실현과 구조적 변화를 위해 지역사회 구성원 모두가 공동의 책임자로서 역사를 만들어가는 실천이다.

(5) 주민조직화의 다차원적 목적과 데이터 주권

주민조직화의 일차적 목표는 파편화된 개별 주민들의 잠재력을 '집합적 힘(collective power)'으로 전환하는 데 있다. AI 시대에는 이 '힘'의 원천이 데이터로 확장된다.

- **주민 역량의 결집**: 개별 조직의 힘만으로는 복잡한 구조적 문제를 해결하는 데 한계가 있다. AI 기반의 플랫폼은 흩어진 주민 의견을 실시간으로 수집 · 분석하여 의제화함으로써 조직 간 연대를 가속화한다.
- **공동체적 가치의 확장**: 조직화는 '개별적 자아(I)'를 넘어 '공동체적 자아(we)'로 정체성을 재구성하는 과정이다. 소셜 데이터 분석을 통해 지역사회 내의 숨겨진 연결망을 찾아내고, 이를 기반으로 사회적 신뢰(social capital)를 구축한다.
- **의제의 사회적 보편화**: 주민조직의 이슈가 집단 이기주의로 흐르지 않도록, 빅데이터 분석을 통해 해당 문제가 지역사회 전체의 '보편적 의제'임을 객관적 수치로 증명하여 정당성을 확보한다.

2) 주민지도자의 개념

어떤 조직이든 조직이 움직여 나가기 위해선 반드시 조직의 구심이 되는 지도자가 있어야 한다. 주민이 스스로 자신들을 조직하고, 문제를 해결해 나가고 지역사회를 변화시키는 주민운동 역시 지도자 없이는 가능하지 않다. 그러므로 주민 속에서 주민의 신뢰를 받는 실제적인 지도자가 발굴되어야 한다. 그리고 지도자는 지도 그룹 혹은 팀으로 일해야 한다. 지도자는 외부에서 수입될 수 없으며 현장의 주민을 조직하는 과정에서 발굴되고, 주민조직 활동을 통하여 성숙되고 발전된다.

발굴된 주민지도자는 자신들의 문제를 확인하고 주민들과 함께 공유하면서 이를 해결하기 위해 주민을 만나게 된다. 주민들을 움직이게 하는 동시에 주민들과 함께 움직이는 존재가 된다. 그렇게 때문에 엄밀히 말하면 직접 주민을 조직하고 주민조직을 강화하는 것은 바로 주민지도자의 몫이 된다.

이런 의미에서 볼 때 주민지도자에게 주민조직화 방법론은 주민과 주민조직을 어떻게 움직여 가느냐에 관한 주제라고 할 수 있다. 주민지도자 발굴은 조직가의 예민함과 깊은 주의력을 필요로 한다. 어떤 지도력이냐에 따라 주민운동의 성패(成敗)가 좌우된다고 해도 과언이 아니기 때문이다. 그래서 주민지도력의 성숙과 발전을 위한 교육훈련 과정이 중요한 과제가 된다.

3) 주민조직가의 개념

앞서 언급한 대로 주민운동은 조직된 주민들이 움직이는 역동적인 과정을 말한다. 그러나 문제를 안고 있는 주민이 처음부터 자신을 조직하고 움직이는 것은 쉽지 않다. 당연히 주민지도자의 존재 이유를 느끼기도 쉽지 않다. 여기에 주민조직가의 존재 이유가 있다. 주민조직가는 주민들의 삶 속으로 들어가서 주민들을 만나 문제를 접하고 이슈를 확인하며 동시에 지역사회를 변화시키기 위한 주민조직의 구심이 될 지도자들을 발굴하여 지도력을 형성한다. 이 지도력을 지원하고 강화시킴으로써 이들을 중심으로 주민조직이 형성되고 조직이 움직이도록 돕는다. 그러므로 주민조직가는 주민이 자신들의 지역사회를 근본적으로 변화시켜 나가려는 운동에 개입하는 조직화 과정의 삶을 살아가는 사람들이며, 조직화된 공동체가 지속가능한 주민운동으로 발전할 수 있도록 여러 차원에서 협력하고, 촉진자의 역할을 주된 자기 생활로 여기는 자라고 할 수 있다. 그런 의미에서 볼 때 주민조직화 방법론은 주민조직가가 '어떻게 개입하는 과정의 삶을 살 것이며, 어떻게 촉진하고, 어떻게 협력할 것인가'에 대한 주제라고 할 수 있다.

■ 주민조직가의 활동 원칙 관련 체크리스트

- ☐ 주민 구성원들의 소리에 민감해야 한다.
- ☐ 과업 중심이 아닌 사람 중심이어야 한다.
- ☐ 지역과 주민들에 대한 애정을 갖고 있어야 한다.
- ☐ 창의적이고 유연해야 한다.
- ☐ 낙천적인 자세를 잃지 않아야 한다.
- ☐ 전문가주의와 동정적 태도를 조심해야 한다.
- ☐ 새로운 지식과 정보에 민감해야 한다.
- ☐ 대중들이 집단적으로 일할 수 있도록 자극하고 격려해야 한다.
- ☐ 대중들의 참여를 활성화하는 역할을 수행해야 한다.
- ☐ 조직 내부의 구성원들이 최대한의 역량을 발휘할 수 있도록 매개해야 한다.
- ☐ 외부세계와 주민들을 연계시킨다.

2. 주민조직화의 이론적 기초와 다차원적 관점

지역사회복지실천에 있어 주민조직화는 실천가의 직관이나 단순한 경험에 의해 수행되는 것이 아니다. 이는 사회현상을 설명하는 다양한 사회과학적 이론들을 통합적으로 적용하여, 지역사회의 복잡한 역동성을 해석하고 개입의 방향성을 설정하는 과학적 실천 과정이다. 조직화 기법은 구조기능주의, 갈등이론, 상징적 상호작용론, 그리고 사회자본이론 등 다차원적인 이론적 스펙트럼에 기초하여 발전해 왔으며, 사회복지사는 이러한 이론적 토대 위에서 지역사회의 문제를 진단하고 변화를 위한 전략을 수립해야 한다.

1) 구조기능주의와 AI: 균형과 효율적 조정

구조기능주의 관점은 지역사회를 상호 의존적인 다양한 하위 체계(sub-systems)들의 유기적인 집합체로 인식한다. 마치 생물학적 유기체가 생존을 위해 각 기관이 고유의 기능을 수행하며 전체의 균형을 유지하듯, 지역사회 또한 가족, 경제, 종교, 복지 등 다양한 하위 제도들이 상호작용하며 존속한다고 본다.

이 이론에 근거할 때, 지역사회 문제는 특정 하위 체계가 제 기능을 수행하지 못하거나 체계 간의 연결고리가 약화되었을 때 발생하는 '기능 부전'의 상태로 해석된다. 따라서 구조기능주의 관점에서의 주민조직화는 다음과 같은 특징을 갖는다.

첫째, 조직화의 주된 목적은 지역사회 내 다양한 집단과 조직들이 협력하여 안정적으로 기능할 수 있도록 조정(coordination)하는 데 있다. 사회복지사는 지역사회 구성원들이 각자의 역할을 원활히 수행하도록 지원함으로써 지역사회 전체가 문제 해결 능력을 갖추도록 돕는다.

둘째, 변화의 전략으로 점진적 개선과 합의를 중시한다. 급격한 변혁보다는 기존 체계의 안정을 해치지 않는 범위 내에서, 기능이 약화된 부분을 보완하고 자원을 효율적으로 연계하는 '지역사회개발(community development)' 모델과 밀접한 연관을 맺는다. 이는 지역사회의 통합과 주민들의 협력적 태도를 강조하는 실천으로 귀결된다.

셋째, 이 관점에서 AI는 지역사회 내 자원과 기능의 불균형을 진단하는 '시스템 모니터링' 도구로 활용된다. 사회복지사는 AI를 통해 기능 부전 상태를 조기에 감지하고, 자원을 효율적으로 연계하여 지역사회의 안정을 도모한다.

2) 갈등이론과 AI: 디지털 격차 해소와 권력 재분배

갈등이론은 사회를 희소 자원을 둘러싼 투쟁의 장으로 보며, 조직화를 소외 계층의 세력화 과정으로 정의한다. 현대 사회에서 정보는 곧 권력이다. 따라서 AI 활용 능력의 차이가 새로운 불평등(digital divide)을 낳지 않도록, 사회복지사는 기술 소외 계층에게 ai 도구를 보급하고 교육하여 정보 접근성을 높이는 '디지털 옹호(digital advocacy)' 활동을 전개해야 한다.

이 관점에서 주민조직화는 사회적 약자들의 권익을 옹호하고 구조적 불평등을 해소하기 위한 정치적 과정으로 정의된다.

조직화는 소외된 주민들이 집단적 정체성을 확립하고 세력화(empowerment)하는 과정이다. 개별적으로는 무력한 주민들이 조직을 통해 힘(power)을 형성

함으로써, 불평등한 구조에 도전하고 더 나은 생활 조건을 쟁취할 수 있는 협상력을 갖게 된다.

실천 전략으로서 '사회적 행동(social action)'을 적극적으로 활용한다. 억압적인 구조나 제도에 대항하기 위해 시위, 캠페인, 옹호 활동 등을 통해 갈등을 표면화시키고, 이를 통해 사회정의(social justice)를 실현하고자 한다.

이는 급진적 사회복지 이론(radical social work theory)으로 연결되어, 사회구조적 평등을 강조하고 소외 계층의 자율성과 권리를 증대시키는 실천적 근거가 된다.

3) 상징적 상호작용론과 AI: 데이터 시각화를 통한 의미 구성

상징적 상호작용론에서 문제는 주민들이 "이것은 문제다"라고 규정할 때 비로소 성립한다. 생성형 AI와 데이터 시각화 기술은 복잡한 지역 현안을 주민들이 이해하기 쉬운 이미지나 시나리오로 변환하여 보여줌으로써, 주민들 간의 공통된 의미(shared meaning) 구성을 촉진하고 소통을 활성화한다.

지역사회의 문제는 객관적으로 존재하는 것이 아니라, 주민들이 상호작용을 통해 "이것은 문제다"라고 규정할 때 비로소 문제가 된다. 따라서 조직화는 주민들이 대화와 소통을 통해 자신들의 상황을 재해석하고, 문제 해결의 필요성에 대한 공통된 의미(shared meaning)를 구성해 나가는 과정이다(윤인진 외 공역, 2001).

사회복지사의 역할은 주민들 간의 소통을 촉진하고 새로운 의미 부여를 돕는 것이다. '주민 만나기'와 같은 초기 단계의 활동은 단순한 접촉이 아니라 주민의 언어로 소통하며 그들의 욕구와 강점을 발견하고, 주민 스스로가 지역사회의 주인이라는 새로운 정체성을 형성하도록 돕는 상징적 과정이다. 이는 주민들이 수동적 대상에서 능동적 주체로 변화하는 내적 임파워먼트의 기초가 된다.

4) 사회자본이론과 AI: 초연결 사회의 신뢰망 구축

사회자본은 신뢰와 네트워크를 핵심으로 한다. AI의 소셜 네트워크 분석(SNA) 기법은 지역사회 내의 고립된 가구와 영향력 있는 주요 인사를 식별하여, 오프라인 관계망을 복원하고 호혜적 문화를 형성하는 데 기여한다.

사회자본이론에 입각한 주민조직화는 파편화된 개인주의를 극복하고 지역사회의 안전망을 복원하는 것을 목표로 한다.

조직화는 주민들 간의 관계망을 복원하여 호혜적인 문화를 형성하는 과정이다. 주민들이 서로를 신뢰하고 도움을 주고받는 호혜적 관계(reciprocal relationship)가 형성될 때, 지역사회는 공식적인 복지 시스템 없이도 스스로를 돌볼 수 있는 자생력을 갖게 된다.

사회자본은 지역사회 안전과 삶의 질에 직결된다. 이웃 간의 유대감이 강화되면 비공식적인 사회적 규범이 작동하여 범죄를 예방하고 지역사회의 안전감을 높이는 효과를 가져온다.

실천적으로는 '마을 만들기'나 '공동체 중심 활동(community building)'과 같은 전략으로 나타난다. 이는 주민 모임, 마을 축제, 소모임 활동 등을 통해 주민 참여를 촉진하고 사회적 관계의 총량을 늘림으로써, 궁극적으로 지역사회의 문제 해결 역량(community capacity)을 강화한다.

이상과 같이 위에 언급한 네 가지 이론적 관점은 상호 배타적인 것이 아니라 보완적인 관계에 있다. 효과적인 주민조직화를 위해서는 지역사회의 특성과 당면 문제의 성격에 따라 이론적 렌즈(구조기능주의, 갈등이론, 상징적 상호작용, 사회자본)를 유연하게 적용해야 한다. 예를 들어, 지역사회의 내부 결속이 약화되었을 때는 사회자본이론과 상징적 상호작용론에 기반하여 관계 형성과 소통에 주력해야 하며, 불합리한 개발 정책이나 자원 배분의 불평등 문제에 직면했을 때는 갈등이론에 입각하여 주민의 세력화와 옹호 활동을 전개해야 한다.

동시에 이 모든 과정은 지역사회 전체의 기능 유지와 안정을 도모하는 구조기능주의적 목표와 조화를 이루어야 한다.

결국, 주민조직화란 주민의 내면적 의식 변화(상징적 상호작용), 관계망의 복원(사회자본), 집단적 힘의 형성(갈등이론), 그리고 체계 간의 협력(구조기능주의)을 아우르는 역동적이고 통합적인 실천 과정이라 할 수 있다.

3. 주민조직화의 원칙·과정·기능·기술·동향

1) 주민조직화의 핵심 원칙: 로스와 현대적 재해석

성공적인 주민조직화를 위해서는 실천가가 준수해야 할 기본 원칙이 존재한다. 이는 로스(Ross)의 고전적 원칙을 현대 지역사회복지 환경에 맞게 재해석하여 적용할 필요가 있다.

(1) 당사자 주체성의 원칙

"오직 주민 스스로만 자신을 도울 수 있다"는 명제는 조직화의 대전제이다. 사회복지사는 전문가로서 해결책을 제시하는 것이 아니라, 주민들이 잠재력을 발휘할 수 있도록 믿고 기다려야 한다. 때로는 주민들의 행동이 미숙해 보이거나 이기적으로 비칠지라도, 그들을 비난하기보다 그러한 태도를 형성한 억압적 환경을 직시해야 한다. 주민에 대한 깊은 애정과 신뢰 없이는 조직화가 불가능하다.

(2) 토착적 지도력의 원칙

조직화의 동력은 외부 전문가가 아닌 지역 내부의 지도자로부터 나와야 한다. 사회복지사는 전면에 나서는 리더가 되어서는 안 되며, 주민들로부터 신뢰받는 실제적인 지도자를 발굴하고 그들이 역량을 발휘하도록 돕는 조력자(enabler) 역할에 머물러야 한다. 진정한 지도력은 카리스마적인 통솔력이 아니라 주민들의 참여를 독려하고 내면의 성장을 돕는 민주적 리더십이다.

(3) 자기 이익과 불만의 원칙

추상적이고 거창한 명분보다는 주민들이 피부로 느끼는 구체적인 '자기 이익(self-interest)'과 '불만(discontent)'이 조직화의 출발점이 되어야 한다.

- **불만의 집약**: 개별적인 불만은 힘이 없지만, 이것이 공통의 문제로 인식되고 공유될 때(집약된 불만) 행동을 위한 강력한 추진력이 발생한다.
- **정당한 이익 추구**: 주민 자신의 생활 조건을 개선하려는 이기심은 비난받을 것이 아니라, 조직을 묶어주는 강력한 동기로 활용되어야 한다.

(4) 정서적 활동과 문화적 접근의 원칙

조직은 이성적 과업만으로 유지되지 않는다. 구성원 간의 친밀감, 우정, 축제와 같은 정서적 활동(emotional content)이 반드시 포함되어야 한다. 회의만 하는 조직은 쉽게 지친다. 함께 밥을 먹고, 즐거움을 나누며 가족과 유사한 유대감을 형성할 때 조직은 지속가능성을 갖게 된다.

2) 주민조직화의 실천 과정: 단계별 접근 전략

주민조직화는 기계적인 단계의 연속이 아니며, 순환적인 과정이나 체계적인 이해를 위해 준비, 진입, 조직화, 실행 및 확장의 단계로 구분하여 살펴볼 수 있다.

(1) 준비 및 진입 단계: 지역사회와 하나 되기

이 단계의 핵심 과업은 지역사회를 학습하고 주민과 관계를 맺는 것이다. 주민조직이 당면한 문제와 욕구를 해결하기 위해서 다른 세력들과 연대해야 할 필요가 있는지 확인한다. 긴급한 문제일 경우에도 연대의 필요성을 확인하는 과정이 필요하고 그 필요성이 절실해야 한다. 필요성을 확인하는 과정은 반드시 주민조직 구성원 모두와 함께 논의하고 공유해야 한다(최옥채, 2005; 이호 외, 2000).

- **지역사회 통합(integration)**: 사회복지사는 지역의 역사, 문화, 권력 구조를 파악하기 위해 자신을 지역사회에 몰입시켜야 한다. 이는 사무실이 아닌 현장에서 이루어지며, 주민들의 생활양식과 언어를 배우는 과정이다.

• 주민 만나기: 주민 만나기는 조직화의 성패를 좌우하는 가장 중요한 활동이다.
  - **무작위 만나기**: 동네를 탐방하며 불특정 다수의 주민과 인사하고 안면을 익히며 지역의 전반적인 분위기를 파악한다.
  - **전략적 만나기**: 특정 이슈와 관련된 핵심 당사자나 여론 주도층을 의도적으로 접촉하여 심층적인 욕구를 파악한다. 이때 사회복지사는 자신의 의견을 내세우기보다 질문하고, 경청하며, 주민이 주인공이 되는 시간을 만들어야 한다.

■ 주민조직 과정의 효과성을 위한 평가 질문들

- ☐ 주민조직의 목적과 목표가 분명하고 명료한가?
- ☐ 지도력이 지도자 개인이 아니라 주민들로부터 나오고 발휘되고 있는가?
- ☐ 주민들의 움직임(투쟁)의 결과로 성과(협상)가 나오고 있는가?
- ☐ 이 성과가 주민 모두의 이해관계에 부합하는가? 일부를 대변하는 결과인가?
- ☐ 연대의 중요성이 강조되고 있는가? 필요할 경우에만 연대의 행동이 나오는가?
- ☐ 주민들의 자존심이 높아지고 있는가? 실패를 자주 경험하고 있는가?
- ☐ 문제의 작은 것에서부터 성취감을 느끼는가? 한번의 행동으로 결과를 기대하는가?
- ☐ 구성원 전체(주민, 지도그룹, 협력자, 조직가)가 어떤 변화를 느끼고 민감한가?
- ☐ 실현 가능한 대안에 주민들이 참여하고 있는가? 이상을 추종하는 참여인가?

(2) 조직화 단계: 소모임 형성 및 체계화

개별적으로 만난 주민들을 공통의 이슈로 묶어내는 단계이다. 지역 내외의 여러 조직들을 파악하고 분석한 결과를 바탕으로, 연대할 세력을 확인하고 개별적으로 접촉한다. 당면 문제나 욕구에 대하여 충분히 소통하며 필요성을 공감하고 공유한다. 필요성에 공감한 세력들을 모임으로 초청하여 함께 토론하며 연대모임을 조직한다(Ronnby, 1995).

- **이슈 선정 및 공론화**: 주민들이 절실하게 느끼며, 구체적이고, 승산이 있는 이슈를 선정한다. 작은 성공의 경험은 주민들에게 효능감을 심어주어 더 큰 행동으로 나아가게 한다.
- **조직의 구조화**: 모임을 정례화하고, 민주적인 회칙과 운영 절차를 마련한다. 이 과정에서 주민들 스스로 대표를 선출하고 역할을 분담하게 함으로써 조직에 대한 주인의식(ownership)을 갖게 한다.

(3) 실행 및 행동 단계: 동원과 투쟁

조직된 힘을 바탕으로 실제 문제 해결을 위한 행동에 나선다. 주민조직연대는 연대 세력들의 자율성과 책임성에 대한 균형이 있어야 한다. 개별 세력이 자기 조직만을 우선시하거나 연대에 대한 권한과 성과를 독점하려 하지 말아야 한다. 연대에 대한 책임과 권한이 명확할 때 각자가 역할을 다하며 연대 과정을 함께 할 수 있다.

연대 과정에서 연대의 목적과 목표에 따라 각 개별 조직의 책임과 역할을 명확히 해야 한다. 연대활동은 여러 조직이 협력하며 이루어가는 것이므로 잘못하면 일부 조직에게만 그 책임이 집중될 수 있다. 또 개별 조직의 고유한 활동 때문에 연대활동이 차선으로 밀리는 경우도 많다. 연대 과정에서 개별 조직이 맡은 책임을 다하지 않으면 상호 신뢰에 금이 가기 시작한다(Ronnby, 1995; 최옥채, 2005).

- **전술의 활용**: 옹호, 협상, 대중 동원, 사회적 행동 등 다양한 전술을 구사한다. 경우에 따라서는 기득권층과의 갈등이나 대립이 불가피할 수 있으나, 이는 사회정의를 실현하는 과정으로 이해해야 한다.
- **역할극(role play)**: 실제 행동에 앞서 예상되는 상황을 미리 연습함으로써

주민들의 두려움을 없애고 대처 능력을 키운다.

(4) 평가 및 확장 단계: 자립과 연대

활동의 결과를 평가하고 조직을 재정비하며, 더 넓은 차원으로 나아간다. 연대실행과정에서 지역사회 여러 세력의 힘 모으기가 잘 이루어졌는지, 연대를 통해서 지역에 어떤 변화가 이루어졌는지 평가한다. 또한 연대를 통해서 지역에서 어떤 새로운 비전이 생겼는지, 연대 성과가 사회 변화에 어떻게 기여했는지 평가한다.

연대의 결과로 얻은 성과는 함께 참여한 모든 조직의 성과로 공유되어야 한다. 그것은 지역사회 변화를 위한 공동선의 실현이라는 공동의 성과여야 한다. 현장에서 연대활동의 성과가 보다 큰 조직이나 인지도가 높은 조직의 성과로만 그치는 경우가 있다. 연대의 성과가 특정 조직의 성과로만 남게 되면 다시 연대할 가능성은 낮아지고 연대의 근본 목적인 '더 큰 힘 모으기'는 실패하게 된다.

- 반성(reflection)과 평가: 단순한 성과 측정을 넘어, 과정에서의 배움과 성장을 확인한다. 실패했다면 그 원인을 분석하여 다음 활동의 자양분으로 삼는다.
- 연대(solidarity): 개별 조직의 한계를 극복하기 위해 지역 내 다른 조직들과 연대한다. 연대는 단순히 세를 불리는 것이 아니라, 지역사회의 공동선(common good)을 실현하기 위해 사회적 책임을 확장하는 과정이다.

3) 임파워먼트와 당사자주의

주민조직화의 핵심 기제는 임파워먼트(empowerment), 즉 권한 강화 혹은 권한 회복이다.

(1) 임파워먼트의 다차원적 이해

임파워먼트는 단순히 힘을 부여하는 것이 아니라, 주민이 본래 가지고 있던 존엄과 힘을 회복하는 것이다. 이는 개인적, 대인관계적, 정치적 차원에서 동시에 이루어져야 한다.

- 심리적 임파워먼트: "나도 할 수 있다"는 자기 효능감을 회복하고 학습된 무기력에서 벗어나는 개인적 차원의 변화이다.
- 사회적 임파워먼트: 자조 모임이나 네트워크를 통해 관계의 힘을 확인하고, 지식과 정보를 공유하며 상호 지지 체계를 구축하는 것이다.
- 정치적 임파워먼트: 사회 구조와 제도를 변화시키기 위해 정책 과정에 참여하고 집단적 영향력을 행사하는 거시적 차원의 변화이다.

(2) 당사자주의와 사회복지사의 역할

당사자주의는 주민의 '자기 결정권'을 최우선 가치로 둔다. 사회복지사는 주민을 대신해 문제를 해결해 주는 '해결사'가 아니라, 주민이 스스로 일어설 수 있도록 돕는 '촉진자', '조력자', '동반자'여야 한다. 사회복지사가 전면에 나설수록 주민의 역량은 축소된다는 역설을 기억해야 한다(Ostrander, 2004).

4) 주민조직화의 실천 전술 및 기술

지역사회 문제를 효과적으로 해결하기 위해서는 전략적인 전술 활용이 요구된다.

(1) 전술의 유형

- **지역사회 지도 작성(community mapping)**: 지역의 자원, 위험 요소, 권력 관계 등을 시각화하여 문제 해결의 전략적 지도를 그린다. 이는 주민들이 지역을 객관적으로 파악하는 데 도움을 준다.
- **사회적 행동(social action)**: 시위, 캠페인, 서명 운동 등을 통해 대중의 이목을 집중시키고 의사 결정권자를 압박한다. 이는 힘의 불균형을 시정하는 데 효과적이다.
- **옹호(advocacy)와 로비**: 주민의 입장을 대변하거나, 정책 결정자에게 직접적인 영향력을 행사하여 법과 제도의 변화를 이끌어낸다.

(2) 갈등 관리와 협상 기술

조직화 과정에서 갈등은 필연적이다. 주민 간의 성격 차이, 이해관계의 충돌, 리더십 경쟁 등 다양한 갈등이 발생한다. 사회복지사는 이를 회피하지 말고 성숙한 조정을 통해 조직 성장의 기회로 삼아야 한다.

- **경청과 공감**: 갈등 당사자의 표면적 요구 이면에 숨겨진 내면의 욕구(인정 욕구 등)를 파악한다.

- **명분 제공**: 타협을 위해서는 상대방의 체면을 살리는 명분을 만들어 주는 것이 중요하다.

5) 현대적 동향: 마을 계획과 주민 자치

최근 주민조직화는 '마을 만들기'와 '마을 계획(Village Planning)'의 형태로 진화하고 있다. 이는 특정 문제 해결을 넘어 주민이 마을의 비전을 수립하고 실행하는 포괄적인 자치 활동이다.

주민참여는 현실적으로는 많은 문제를 수반한다. 결국 참여자 한계의 경우로, 절박한 상황이 아니면 참여하지 않는 문제로 인해 어떻게 응집시킬 것인가의 문제가 대두된다. 따라서 주민참여는 자발성이 전제되어야 한다.

마을 계획은 소수 리더에 의한 결정이 아니라, '마을 총회'와 같은 숙의 민주주의 과정을 통해 다수 주민의 합의를 이끌어낸다는 점에서 조직화의 고도화된 형태라 할 수 있다. 이를 통해 주민들은 '동원된 대상'에서 '지역사회의 기획자'이자 '정책 생산자'로 거듭나게 된다(민소영, 2013).

주민조직화는 사회복지실천의 기술인 동시에 민주주의를 학습하는 학교이다. 사회복지사는 주민의 잠재력을 신뢰하고, 그들이 스스로의 목소리를 낼 수 있도록 끊임없이 지지하고 격려해야 한다. 비록 그 과정이 더디고 힘들지라도, 주민의 성장을 통해 이루어지는 변화만이 진정하고 지속가능한 지역사회의 발전을 담보할 수 있다. "한 사람의 열 걸음보다 열 사람의 한 걸음"이 더 소중하다는 조직화의 격언을 가슴에 새겨야 할 것이다(Homan, 1994).

6) 주민조직가와 지도자: AI 협업 모델

(1) 주민지도자: 데이터로 무장한 현장 리더

주민지도자는 주민 속에서 발굴되어야 하며, 주민의 신뢰를 받는 실제적인 리더여야 한다. AI 시대의 주민지도자는 주민들의 경험적 불만을 객관적 데이터로 해석하여 전달하는 '데이터 리터러시(data literacy)' 역량을 갖추어야 한다. 지도자는 AI가 분석한 지역 현황을 토대로 주민들과 문제를 공유하고 해결을 위해 함께 움직인다.

(2) 주민조직가: 하이테크 촉진자

주민조직가는 주민의 삶 속으로 들어가 관계를 맺고 지도력을 발굴하는 촉진자(high-tech facilitator)이다(홍현미라, 2015).

- 역할의 확장: 조직가는 AI 챗봇 등을 활용하여 24시간 주민의 소리를 경청하고, 수집된 정보를 바탕으로 외부 자원과 주민을 효율적으로 연계하는 '플랫폼 매니저' 역할을 수행한다.
- 윤리적 태도: 전문가주의에 빠지지 않고, 기술만능주의를 경계하며 여전히 '사람 중심'의 가치를 최우선으로 두어야 한다.

생각 다듬기

1. AI 기술이 도입되면 주민조직가의 역할은 축소되는가?

2. 디지털 기술 활용이 주민조직화에서 발생시킬 수 있는 부작용은 무엇이며 어떻게 대처해야 하는가?

CHAPTER 06

네트워크의 이해

COMMUNITY WELFARE

06

CHAPTER

06 네트워크의 이해

현대 사회의 복합적인 위험(social risk)에 대응하기 위해 네트워크는 선택이 아닌 필수 생존 전략이다. 제6장에서는 네트워크를 단순한 물리적 연결이나 정태적 상태(status)가 아닌, 지속적인 소통과 신뢰 구축을 통해 사회자본(social capital)을 축적하는 역동적인 상호작용의 과정(process)으로 규명한다. 이 장은 정보 공유 수준의 단순한 협력(cooperation)을 넘어, 공동의 아젠다를 기반으로 자원을 공유하고 복잡한 사회문제를 해결하는 '콜렉티브 임팩트(collective impact)'로의 확장을 제안한다. 이는 이용자 관점에서 서비스의 분절성을 극복하고 사각지대와 중복을 해소하여 통합적 지원 체계를 구축하는 핵심 기제이다. 이 과정에서 AI와 데이터 분석 기술의 접목은 지역사회 내 숨겨진 자산(hidden assets)을 발굴하고 자원 매칭을 최적화하여 네트워크의 효율성을 극대화한다.

나아가 이 장은 네트워크의 운영 논리와 성공 요인을 환경 · 구성원 · 구조 · 소통 · 목적 · 자원 등의 차원에서 체계화하고, 윤리적 마케팅을 통한 신뢰 구축 방안을 다룬다. 수혜자의 낙인을 강화하는 방식을 배격하고, '정상화'와 '사회적 역할의 가치화' 관점에서 네트워크 브랜딩을 설계함으로써, 기술적 연결을 넘어 인간 존엄에 기반한 진정한 연대를 실현하는 방안을 제시한다.

1. 네트워크의 개념과 본질

1) 네트워크의 어원과 정의

현대 사회복지실천현장에서 '네트워크(network)'는 가장 빈번하게 사용되면서도 동시에 가장 모호하게 다루어지는 용어 중 하나이다. 사전적 의미로서 네트워크는 'net(그물)'과 'work(작업)'의 합성어로, 그물과 같은 망을 형성하거나 그 과정을 의미한다. 과거 봉화대나 파발마와 같은 물리적 통신망에서 시작된 이 개념은 현대 사회에 이르러 교통망, 통신망(wifi), 방송망 등 사회 인프라를 지칭하는 의미로 확장되었다(홍현미라, 2006b).

지역사회복지 관점에서 주목해야 할 네트워크는 물리적 연결을 넘어선 '사회적 관계로서의 네트워크'이다. 이는 개인, 가족, 친구, 조직, 사회제도, 문화 등 다양한 사회 구성체들 간의 연계된 체계이며, 상호작용을 통해 영향력을 주고받는 동일한 망(net)을 의미한다. 즉, 네트워크는 단순한 연결 상태(status)가 아니라, 끊임없는 언어적 · 비언어적 소통(communication)을 통해 신뢰를 형성해 나가는 역동적인 상호작용의 과정(process)이다(Coleman, 1988).

사회적 관계로서의 네트워크는 사회의 다양한 구성체들, 즉 개인, 가족, 친구,

조직, 사회제도, 문화, 미디어 등 간의 연계된 체계로 상호작용을 하며 영향력을 주고받을 수 있는 동일망이다. 이는 언어적 · 비언어적 소통에 의하여 형성되기도 하며, 때로는 그 자체이기도 한 사회적 상호작용의 영역이다. 즉, 네트워크는 상호 간에 서로 주고받는 과정이자, 공유되고 같이 나누는 과정이다. 곧 네트워크가 이루어지는 과정 혹은 상태를 의미한다. 네트워크도 결과일 수 있지만, 끊임없는 소통과 상호작용의 과정이며, 지속적인 소통을 통하여 네트워크가 형성되어 간다. 따라서 네트워크에서 중요한 것은 무슨 네트워크를 구축하는 것보다는 의미 있는 소통의 과정을 담은 어떤 네트워크를 만드는 것이다.

학술적으로 볼 때, 네트워크의 핵심 단위는 '노드(node)'라고 불리는 개별 행위자이다. 지역사회복지실천에서 이 노드는 사회복지사 개인일 수도 있고, 복지기관이나 행정기관과 같은 조직일 수도 있다. 중요한 것은 조직 간의 네트워크라 할지라도 결국 그 조직을 구성하는 '사람'과 '사람' 사이의 상호작용에 기반한다는 점이다.

(1) 네트워크는 상호작용하는 관계를 형성하는 것이다.

지역사회 네트워크는 지역주민들의 복합적인 욕구나 지역사회의 문제를 해결하기 위해서 지역사회의 지원과 상호작용하고 교환관계를 형성하는 것이다. 또한 자원, 기술, 사회관계, 지식, 신뢰 등을 서로 공유할 수 있는 사람들 또는 단체의 공식적 혹은 비공식적 관계의 망으로 유대 또는 연계라고 할 수도 있다. 여기서 지역사회는 지리적 지역사회와 기능적 지역사회를 모두 포함한다(Putnam, 1993).

(2) 다양한 지역사회 기관과 네트워크해야 한다.

지역사회에서 네트워크할 수 있는 기관으로는 인적 · 물적 자원을 제공할 수 있는 기관(종교, 자원활동, 사회, 기업 등), 행정적으로 지원하는 기관(공공행정기관), 주민에게 전문적으로 서비스를 제공할 수 있는 기관(사회복지, 의료, 보건 등)이 해당된다.

2) 공식 네트워크와 비공식 네트워크

네트워크는 형성 과정과 작동 원리에 따라 공식 네트워크(formal network)와 비공식 네트워크(informal network)로 구분된다.

- 공식 네트워크: 지역사회보장협의체나 통합사례관리 회의와 같이 공인된 계획과 절차에 따라 형성된 연계망이다. 이는 조직의 대표성을 가지고 참여하게 되며, 문서화된 기록과 예산 지원, 공식적인 성과 평가가 수반된다. 공식 네트워크는 조직의 공신력과 역량에 큰 영향을 받는다.
- 비공식 네트워크: 공식적인 업무 과정에서 형성된 사적 관계나 지역사회 내 실무자들 간의 친목 모임, 동아리 활동 등을 의미한다. 이는 개인의 매력, 친밀감, 선호도에 기반하며, 조직의 대표성보다는 개인 간의 '깊은 앎'과 신뢰가 작동 기제이다.

주목해야 할 점은 공식 네트워크의 성공이 비공식 네트워크의 응집력에 크게 의존한다는 것이다. 공식적인 회의체라 하더라도 참여자들 간의 사적 신뢰와 친밀감이 형성되어 있을 때, 갈등 해결이 용이하고 문제 해결의 효과성이 높아진다. 따라서 유능한 지역사회복지사는 공식적 체계를 구축함과 동시에 비공식적인 '관계의 역사성'을 쌓아가는 노력을 병행해야 한다.

3) 사회자본과 네트워크

콜먼(Coleman)은 사회자본(social capital)을 사회적 관계를 통해 만들어지는 사회적 생산성을 담보하는 비실체적인 자본의 형태라고 하였다. 사회자본의 구성요소는 사회관계망, 신뢰, 호혜성을 들 수 있다(Coleman, 1988, 홍현미라 재인용). 사회적 자본은 어떤 맥락에서 사용하느냐에 따라 정의가 달라진다고 한다. 대체로 사회적 자본은 사회구성원들이 힘을 합쳐 공동 목표를 효율적으로 추구할 수 있게 하는 자본을 이르는 말이다. 사람과 사람 사이의 협력과 사회적 거래를 촉진시키는 일체의 신뢰, 규범 등 사회적 자산을 포괄하여 말한다고 한다.

우리가 살아가고 있는 이런 지역사회의 자체 역량은 주로 지역주민들 간의 상호신뢰, 공존하고 협동하도록 하는 규범, 그리고 주민들 간의 역량과 정보를 서로 주고받을 수 있는 호혜적인 네트워크 등이 포함되고 있으며, 이러한 요소들은 위에서 언급한 것처럼 사회적 자본으로 개념화될 수 있다. 따라서 지역사회 내에 사회적 자본들이 풍성하면 상대적으로 지역사회 문제는 축소되고 예방된다(Bourdieu, 1986; 안성호, 곽현근, 2004).

즉, 지역사회의 사회적 자본의 정도가 어떠한가에 따라 문제의 심각성과 이에 대한 대응 능력은 달라지게 된다. 그것이 사회적 자본이 갖는 특성 때문이다. 신뢰, 규범, 네트워크 등의 요소를 갖는 사회적 자본의 성질은 물적 자본, 인적 자본과 구분된다. 인적 · 물적 자본은 사용하면 사용할수록 줄어드는 데 반하여, 사회적 자본은 사용하면 할수록 풍부해지는 성질을 띤다. 따라서 역으로 그것을 사용하지 않고, 개발 축적하지 못하면 고갈되고 만다. 그것은 개인이 소유하고 있는 개인적 자원이 아니라 개인들 간의 관계를 통하여 얻어지는 사회적 자원이기 때문이다(홍현미라, 2006a).

네트워크는 '사회자본' 형성에 기여하는 핵심 기제다. 콜먼(Coleman)과 퍼트남(Putnam) 등이 강조한 사회자본은 신뢰(trust), 규범(norm), 네트워크(network)를 통해 구성원들이 공동의 이익을 위해 조정하고 협력하게 만드는 자산이다. 네트워크 내의 응집력은 구성원들에게 소속감과 헌신을 부여하고, 이는 지역사회의 문제 해결 능력을 증가시키는 원동력이 된다.

최근 AI 기술은 이러한 사회자본 형성을 가속화하거나 보완하는 도구로 주목받고 있다. 예를 들어, 소셜 네트워크 분석(SNA) 알고리즘은 지역사회 내 신뢰의 흐름을 시각화하여, 고립된 노드(주민)를 찾아내고 새로운 연결을 제안함으로써 사회자본의 총량을 증대시키는 데 기여할 수 있다.

현대사회, 특히 4차 산업혁명 시대에 사회자본은 기술과 결합하여 진화하고 있다. AI와 소셜 네트워크 분석(SNS) 기술은 눈에 보이지 않는 지역사회 내의 신뢰 흐름을 시각화해 준다. 이를 통해 우리는 고립된 주민(노드)을 찾아내고 새로운 연결을 제안함으로써 지역사회 전체의 사회자본 총량을 늘리는 데 기여할 수 있다. 결론적으로 사회자본이란 돈처럼 통장에 쌓이는 것이 아니라 사람과 사람 사이의 믿음과 소통 속에 흐르는 힘이다. 이 힘은 우리가 서로를 위해 움직일 때 비로소 커지며, 지역사회를 지탱하는 가장 튼튼한 기초체력이 될 수 있다.

2. 네트워크의 기능과 AI 기반 효율화

지역사회 네트워크는 사회적 욕구, 문제, 상황의 다변성에 능동적으로 대응하려는 연대적 활동이다. 따라서 지역사회 네트워크는 사회구조적 문제의 인식에 근거한 전략적 접근과 개개인과 지역사회의 욕구에 기반한 전술적 접근이 함께 요구된다. 이제 지역사회 네트워크는 그 의미와 본질에 대한 문제의식이 없이도 이미 하나의 현상이자 사회적 요구가 되었다. 지역사회의 다양한 조직들이 조직 내부의 자체적인 사업만을 수행하는 것이 아니라, 조직의 목적을 달성하기 위해서는 지역사회의 다양한 조직들과의 네트워크가 필요하다는 것을 인식하게 된다. 이것은 자연스럽게 각 조직이 가진 자원이 제한되어 있으며, 다른 조직들과 공동의 목적을 가졌다고 인식하기 때문이다(박경숙 · 유란희, 2022).

복잡다단해지는 현대 사회의 사회적 위험(social risk)은 단일 기관이나 특정 전문가집단의 노력만으로는 해결하기 어렵다. 이에 따라 네트워크는 선택이 아닌 필수적인 실천 전략이 되었다.

1) 복합적 욕구 대응과 자원 효율성: 데이터 기반 매칭

현대의 서비스 이용자는 빈곤, 주거, 정신건강 등 복합적인 욕구를 가지고 있어 단일 기관의 역량만으로는 대응하기 어렵다. 개별 조직은 자원의 한계와 외부 환경에 대한 의존성이 크기 때문에, 네트워크는 선택이 아닌 필수 생존 전략이다. 이 과정에서 AI는 '자원 연결의 최적화'를 수행한다. 빅데이터 분석을 통해 서비스 이용자의 욕구와 지역사회 내 가용 자원을 정밀하게 매칭함으로써, 서비스의 사각지대와 중복 지원을 방지하고 효율성을 극대화한다.

오늘날과 같이 빠르게 변화하는 사회 환경에서는 개별 조직들의 제한된 자원만으로는 조직의 생존은 물론 지역사회복지서비스의 효율성을 기대하기가 쉽지 않다. 또한 대부분의 사회복지서비스 조직은 자체적으로 부가가치를 창출하기보다 조직의 외부로부터 지원이나 기부에 의존하고 있기 때문에 사회의 다른 조직들에 비해서 외부환경에 대한 의존성이 크다. 따라서 환경에서 얻는 평판이나 인정 등에 보다 민감하게 영향을 받는다. 지역사회 네트워크가 구축되지 못한 상황에서는 각 조직이 제공하는 서비스가 분절될 수밖에 없고 서비스 사각지대가 발생할 가능성이 높아 효율적인 서비스를 제공하는 데 한계를 가져올 수밖에 없다.

지역사회 네트워크는 서비스 이용자 중심의 관점에서 매우 중요한 의미를 가지는데, 이는 특정 문제나 욕구를 중심으로 기능적으로 분화된 개별 기관이나 프로그램을 서비스 이용자의 관점에서 연계시키기 위한 것이기 때문이다. 따라서 지역사회 네트워크를 통해 점차 다양하고 복잡해지는 지역사회 내의 욕구들에 능동적으로 대응하며, 개별 기관이 제공할 수 없는 다양한 자원을 연계할 수 있다.

2) 공동의 가치 창출과 시너지 효과

단일 복지관이 진행하는 마을축제보다 지역 내 수십 개 단체가 협력하여 개최하는 축제가 더 큰 가시적 성과와 공동체적 가치를 창출한다. 협력적 경험의 성과를 공유할 때 실체적 이익은 물론, 지역사회 전체의 연대 의식이 강화되는 시너지 효과를 얻을 수 있다.

3) 민관 거버넌스의 촉진

네트워크는 민간과 공공의 수평적, 호혜적 관계를 촉진한다. 관 주도의 일방적 행정이 강한 지역사회에서 민간 기관들의 견고한 네트워크는 관의 영향력을 조율하고, 대등한 파트너십을 형성하는 기반이 된다. 이는 건강한 지역사회복지 생태계를 조성하는 데 필수적이다(류재윤 외, 2022).

4) 자산 기반 접근: 동원에서 연결로

전통적 네트워크가 외부 자원의 '동원(mobilization)'에 초점을 두었다면, 최근 트렌드는 지역사회 내부의 강점을 '연결(connection)'하는 자산 기반(asset-based) 접근으로 변화하고 있다. 독거 어르신과 세탁소 사장님을 연결하여 자연스러운 이웃 관계를 맺게 하는 것이 그 예이다. AI는 지역 내 숨겨진 인적 · 물적 자산을 발굴하고, 위치 기반 서비스를 통해 가장 근거리의 자원을 실시간으로 연결해줌으로써 당사자 중심의 생태계를 조성한다.

예를 들어, 독거 어르신에게 자원봉사자가 일방적으로 서비스를 제공하는 것이 아니라, 세탁소 사장님과 어르신을 연결하여 이웃 관계를 맺게 하는 것이다. 이는 대상자를 수혜자로 머물게 하지 않고, 지역사회의 주체로 세우는 '당사자주의'와 '강점 관점'의 실천이다.

3. 네트워크 구축과 관리 프로세스

효과적인 네트워크는 체계적인 관리주기(cycle)를 통해 유지된다.

1) Plan (기획 및 구조화) : AI를 활용한 탐색

- **탐색 및 합의**: 지역사회 기관 목록(directory)을 분석하여 파트너를 선정하고, MOU를 체결하여 책임과 권한을 설계한다. AI는 웹 크롤링을 통해 잠재적 파트너 기관의 활동 내역과 평판을 분석하여 최적의 파트너십을 제안할 수 있다.
- **전략 수립**: 전략 수립 및 자원 배분을 포함하는 구체적인 사업 계획을 마련한다.

2) Do (실행 및 모니터링) : 스마트 관리

- **실행**: 합의된 로드맵에 따라 공동 사업을 수행한다.
- **모니터링**: 네트워크 실행 과정을 주기적으로 분석하고 이슈 발생 시 조기에 대응한다. 갈등 관리를 위해 코디네이터의 역할이 필수적이다. AI 대시보드를 활용하면 참여 기관의 활동량과 자원 흐름을 실시간으로 모니터링할 수 있다.

3) See (평가 및 환류) : 데이터 기반 성과 분석

- **평가/보상**: 성과 측정 결과를 인센티브와 연결하여 기대 행동을 유도한다. 정량적 지표(자원 연계 건수 등)와 정성적 지표(신뢰도, 질적 변화)를 종합적으로 평가해야 한다.
- **성과 공유**: 네트워크 활동의 성과는 결단코 독점해서는 안 되며, 참여 파트너들과 투명하게 공유해야 신뢰가 유지된다.

4. 지역사회 네트워크를 위한 주요 개념과 관리 운영

1) 지역사회 네트워크를 위한 주요 개념

지역사회 네트워크는 협력, 조정과 협업의 차원으로 나눠진다.

(1) 협력

협력(cooperation)은 서로 독자적으로 분리된 조직이 독립적인 프로그램을 기획하고 실행하고자 할 때 형성되는 형태이다. 정보를 공유하고 협력을 통해 조직의 이익과 불필요한 중복을 피하고자 하는 것이 협력의 목적이며, 이 차원에서 활동의 독창성을 인정하는 것은 기본이다.

협력 차원에서 네트워크의 형태는 손쉬운 정보 공유와 역할 분담을 통하여 최소한의 상호작용이 이루어진다. 활동의 중심은 협력하는 단체의 어느 한쪽에 있을 수 있다(양정하 외, 2008). 즉, 둘 이상의 조직이 공동의 목표를 달성하기 위하여 자원을 공유하되 각각의 정체성은 유지되는 관계를 의미한다(김영종 외, 2008).

(2) 조정

조정(coordination)은 분리된 조직이 불필요한 중복을 피하는 것은 물론, 조직 간 갈등과 낭비를 피하고자 하는 차원이다. 조정 차원에서는 함께 프로그램을 기획하고 자연스럽게 상호작용하는 상태를 말한다(박용관, 1999). 조직 간의 조정의 목적은 서비스의 중복을 피하고 전문성의 결합을 통하여 서비스 전달체계의 경제적인 효율성을 제고함에 있다. 이를 위하여 정기적인 만남이 필요하며, 많은 대화와 기획이 요구된다.

(3) 협업

오늘날 사회 문제의 원인이 다양하고도 복잡해지면서 단일 전문가집단이 제안하는 솔루션으로는 문제의 해결이 어려워지고 있다. 협업(collaboration)은 이러한 배경에서 자원의 최대화를 목적으로 자원을 공유하고 공동사업을 실시하는 가장 높은 수준의 네트워크 활동이다. 호만(Homan)에 의하면 조직 간의 협력은 에너지를 경쟁보다는 지역사회의 개선에 쏟도록 함으로써 지역사회의 문제를 다루는 데 완전히 다른 방식을 취하도록 한다. 특정 문제를 해결하기 위해 일시적으로 형성된 네트워크가 지속적인 협력 관계로 발전되기 위해서는 네트워크가 가치와 이념의 공유를 통한 연대의식과 신뢰를 가능하게 하는 관계 수준에서 기능할 수 있어야 한다.

이러한 협업 모형은 최근 콜렉티브 임팩트 형태로 확장되고 있다. 콜렉티브 임팩트는 카니아와 크레이머(Kania & Kramer, 2011)가 앞서 언급한 스탠포드 소셜 이노베이션 리뷰에 소개한 개념으로서, 대규모의 변화를 위해서는 다양한 섹터 간의 협력이 매우 중요함에도 여전히 개별 조직의 독립적 활동을 통해 변화를 시도하는 상황을 비판하면서 특정 사회 문제 해결을 위한 공동의 목표(common agenda)를 위해 각기 다른 섹터에서 활동하는 이들이 함께 협력해야 함을 강조하였다.

■ 증거기반실천을 위한 콜렉티브 임팩트의 5가지 조건과 AI 활용

- **공동의 아젠다(common agenda)**: 모든 참여 기관이 동의한 사회 문제 해결 목표. **AI 활용**: 빅데이터 분석을 통해 지역사회의 핵심 이슈를 도출하고 객관적 목표 설정 지원.
- **측정 체계 공유(shared measurement)**: 합의된 성과 측정 기준. **AI 활용**: 통합 데이터 플랫폼을 구축하여 실시간 성과 지표 공유 및 분석.
- **상호 강화 활동(mutually reinforcing activities)**: 각 기관의 전문성을 살린 차별화된 활동.
- **지속적인 의사소통(continuous communication)**: 신뢰 구축을 위한 투명한 소통. **AI 활용**: 챗봇 및 협업 툴을 활용한 상시 소통 채널 가동.
- **중추 지원 조직(backbone support organization)**: 전체 과정을 조율하는 컨트롤 타워.

지역사회 문제를 적극적 협업으로 해결하는 것이 콜렉티브 임팩트의 주요 기능이다. 이러한 콜렉티브 임팩트를 성공하기 위한 다섯 가지 조건이 있다. 우선 공통의 아젠다를 설계해야 한다. 공통의 아젠다라는 개념은 협업하는 모든 기관들이 동의했다는 것을 의미한다. 즉, 합의된 사회 문제이다. 둘째는 측정할 수 있어야 한다는 것이다. 측정체계는 합의사항을 확인하고 환류할 수 있는 기준이다. 셋째는 상호활동을 강화해야 한다. 협업의 주체로 참여한 이해관계자들의 적극적인 상호활동이 요구된다. 넷째는 지속적인 의사소통이다. 상호

간의 신뢰를 바탕으로 공동의 동기를 부여하기 위해서 명확한 의사소통체계를 구축할 필요가 있다. 다섯 번째는 컨트롤할 수 있는 조직의 신설이다. 컨트롤 조직은 공통의 아젠다가 해결 가능하도록 운영되어야 한다.

2) 네트워크 브랜딩과 윤리적 마케팅

(1) 사회복지 브랜드 전략

브랜드는 지역주민과 후원자에게 신뢰를 제공하는 상징이다. 성공적인 브랜딩을 위해서는 조직의 강점에 기반한 '선택과 집중' 전략이 필요하다.

(2) 윤리적 마케팅과 '나쁜 사마리아인 효과' 경계

사회복지 마케팅은 행동주의 심리학(긍정적 강화)이나 사회심리학(동조현상) 원리를 활용하여 참여를 유도한다. 그러나 후원을 위해 서비스 이용자의 비참함을 부각하는 것은 '나쁜 사마리아인 효과'를 초래하여 빈곤의 이미지를 고착화할 수 있으므로 철저히 지양해야 한다. 대신 서비스 이용자의 강점과 자립의지를 보여주는 '정상화(normalization)'와 'SRV(사회적 역할의 가치화)' 관점의 마케팅이 필요하다.

(3) 초연결 사회의 비전

현대의 네트워크는 파편화된 개인을 다시 공동체로 엮어내는(re-weaving) 사회적 안전망이다. 사회복지사는 AI 기술을 활용하되, 결국 기술의 핵심은 화려한 기법이 아닌 사람에 대한 따뜻한 관심과 소통에 있음을 잊지 말아야 한다.

3) 지역사회 네트워크의 체계적 관리

다음은 네트워크의 PLAN-DO-SEE 단계를 도식화한 것이다. 각 단계는 순환적으로 이루어지며, 지속적인 피드백을 통해 강화된다.

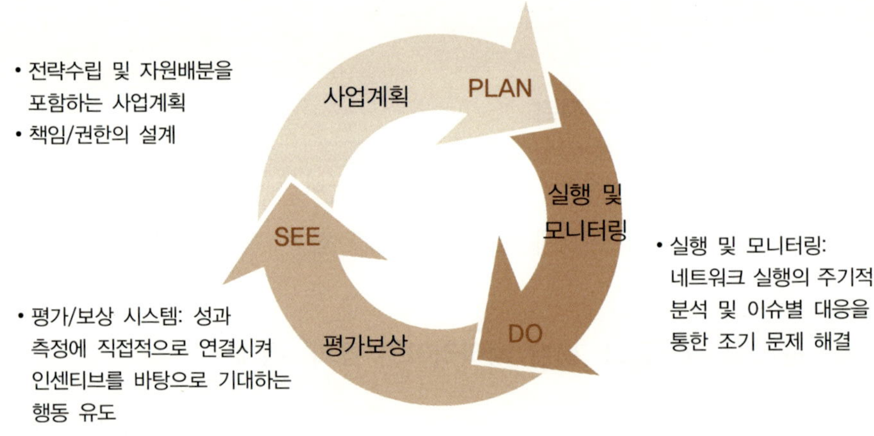

〈그림 6-1〉 단계별 체계적 관리방안

■ 네트워크 관리 팁

1. 네트워크 활동의 성과를 공유해야 함
2. 신뢰관계를 유지하기 위한 파트너들의 접촉점을 위해 파트너들의 기관장 초대, 실무자 초대 등과 정기적인 정보를 제공함으로써 네트워크의 연속성에 대한 어필과 승인의 지속성 강화
3. 서비스 연계나 공동사업을 개발, 공동의 관심사를 가지고 참여한 곳이므로 지속적인 과제를 연결하는 것. 즉, 추가 연결 과제꺼리들을 계속적으로 제공하는 것이 필요
4. 참여기관과의 정기 간담회. 정기적인 빈도가 높아지면 논의 주제도 다양하게 개발될 수 있을 것임. 의뢰로 정기간담회를 진행하다 보면 분명 정기적인 활동꺼리들을 찾게 되고, 기존 활동들에 대한 자연스러운 재점검 및 피드백으로 인하여 네트워크 관리가 이루어지는 것을 볼 수 있음

4) 네트워크 성공과 주요 요인

네트워크 성공 요인으로 환경적 요인, 체계적 요인, 네트워크 내부 요인으로 크게 구분하였다. 환경적 요인은 지역사회를 둘러싸고 있는 영향을 미치는 모든 외적 요소들로서 인적 · 물적 자원, 네트워크 파트너들 간의 신뢰, 파트너들이 이질성과 관여 수준, 서비스 대상 집단, 서비스 사용료 등이다(Yalom & Leszcz, 2005). 두 번째 체계적 요인으로는 기관장, 조직 내 지지 등의 조직 내 요인, 조직 간의 신뢰 형성 정도 등을 나타내는 타 조직과 관계 요인, 이해관계자 범위와 차원에 대한 요인, 외적 조건 평가 요인을 들고 있다. 세 번째 네트워크 내부 운영 요인으로는 네트워크 활성화 정도, 목적 · 목표의 인식 및 공유 정도, 의사 결정 정도 등을 들고 있다(Cole, 2011).

(1) 네트워크 성공의 개념

네트워크는 유동적이고, 변화의 역동성을 갖는 경우가 대부분이다. 특히 지역사회 네트워크는 더욱 그러하다. 지역사회에서 다양한 구성원들의 참여가 늘어나고, 서로 간의 소통과 관계가 깊어지며, 이를 통해 원하는 변화들을 성취해 가는 유기적 혹은 기능적 연계망을 만드는 것이 성공적인 네트워크의 모습이다(Yoshida, 2003).

사회복지조직들의 활동으로 네트워크가 발전하는 것은 단기적으로 측정이 쉽다. 그러나 마을이나 지역사회의 변화의 경우 중장기적으로 접근해야만 측정 가능한 영역들이 많다. 만약 사회복지사가 고독사를 줄이기 위한 마을 만들기를 실행한다고 하면서 독거 어르신끼리 서로 친구가 되게 해주고, 하루에 한 번씩 안부를 묻는 활동을 지속하는 것과 같은 예는 마을활동의 결과로 어르신들의 관계 네트워크가 확대되는 것이며, 단기간 측정이 가능하다. 그러나 고독사가 얼마나 줄었는지는 기초선과 최소 1년 이상의 고독사율의 비교를 통해서 확인하지 않으면 효과성을 판단하기 어렵다.

네트워크 성장을 과정적 관점에서 살펴본다면, 조직들 간에 형성된 네트워크의 양과 내용을 측정함으로써 파악할 수 있으므로 이의 증가를 통하여 확인할 수 있다(이혜원 · 우수명, 2005). 즉, 주민이나 참여조직의 연계사업의 규모가 얼마나 커졌는지로 측정할 수 있다. 네트워크에 참여하는 구성체들이 서로 연계하는 활동이 점차 증가하게 된다면 네트워크를 통해 더 많은 자원의 이동이 용이해지고, 협력적이고 유기적인 관계 형성에 따라 네트워크가 성장되었다고 할 수 있다(Ahuja, 2000).

(2) 네트워크 성공 요인

네트워크 성공에 영향을 주는 요인을 다섯 가지 범주로 정리하면 다음과 같다(김재춘, 2018).

① **성공적 네트워크를 위한 환경(environment) 요인**: 지역사회에서의 공동협력의 역사, 우호적인 정치적 · 사회적 풍토, 지역사회 내의 하나의 지도력으로서 네트워크 내에서의 인식 등이다.

② **구성원(membership) 요인**: 상호존중, 구성원간의 이해와 신뢰, 구성원의 적절한 상호교환, 공동협력을 자신들의 이해관계로 보는 구성원 그리고 타협 능력 등을 포함한다.

③ **과정 · 구조(process · structure) 요인**: 과정과 성과에 공통적인 몫의 공유, 복합적 의사결정의 층, 융통성, 명백한 역할과 정책 가이드라인의 개발과 적용능력 등을 포함한다. 의사결정 과정의 '소유성'과 각 구성원이 하나의 중요한 기여적 성원이라는 점에 대한 생각은 네트워크의 중요한 요인이다.

④ 소통(communication) 요인: 개방적이고 빈번한 소통과 비형식적, 형식적 소통 연결 등을 포함한다.

⑤ 목적(purpose) 요인: 고정되고 달성 가능한 목적과 목표, 공유된 비전 등을 포함한다. 비전과 목적은 시작 시점에 제시될 수 있거나, 파트너들이 같이 일함으로써 만들어질 수 있다.

⑥ 자원(resource) 요인: 충분한 기금과 함께 구성원과 지역사회의 존경을 유지하면서도 의사결정 과정을 통해 집단을 이끌어갈 수 있는 사람을 필요로 한다.

생각 다듬기

1. 단순한 '협력(cooperation)'과 '콜렉티브 임팩트(collective impact)'의 결정적 차이는 무엇인가?

2. AI 기술이 지역사회 네트워크의 '사회자본' 형성에 기여할 수 있는 방안은?

CHAPTER 07

자원 동원과 미디어 활용

COMMUNITY WELFARE

CHAPTER

07 자원 동원과 미디어 활용

지역사회 자원은 지역사회라는 지역성을 바탕으로 지리적이고 공간적인 범주에 속하는 자원이다. 지역사회 자원은 지역사회복지실천 활동에서 대상자의 변화나 그들의 생활을 향상시키는 데 유용하게 사용할 수 있다.

지역사회 자원 개발은 지역사회주민의 욕구 충족과 문제 해결을 위해 자원이 필요한 경우 자원을 개발하는 기술이다. 따라서 자원 개발은 능력 있는 잠재기부자를 발굴하고 기부할 수 있도록 동기를 부여하여 자원 동원을 꾀해야 한다. 한정된 자원과 제도의 한계로는 다양한 주민 욕구를 충족시키기 어렵기 때문에 지역사회의 자원 개발과 동원은 지역사회복지를 향상시킬 수 있는 중요한 방법이 될 수 있다.

이 장에서는 자원 동원의 이론적 배경과 필요성, 구체적인 인적 · 물적 자원 개발 기술, 그리고 이를 효과적으로 수행하기 위한 마케팅 및 미디어 활용 전략을 심도 있게 다루고자 한다.

1. 지역사회 자원 동원의 패러다임 변화

1) 자원 동원의 개념적 진화: 동원에서 협력으로

지역사회 자원은 실천 활동의 동력이자 목표 달성을 위한 필수적인 수단이다. 과거의 자원 동원(resource mobilization)이 부족한 재원이나 인력을 외부로부터 조달하는 '공급자 중심'의 활동이었다면, 현대의 자원 동원은 주민과의 협력과 연대를 통해 지속가능한 생태계를 구축하는 '당사자 중심'의 활동으로 변화하고 있다. 전통적인 관점에서는 자원봉사자나 기부자를 단순히 '동원'해야 할 객체로 보았으나, 이는 호혜성의 가치와 상충될 수 있다. 현대적 관점은 주민이 스스로 참여하여 강점을 발휘하고 긍정적인 사회적 역할(SRV)을 수행하도록 돕는 '협동'과 '연대'의 과정을 강조한다. 여기에 최신 AI 기술은 주민의 욕구와 자원을 정밀하게 연결(matching)하여 이러한 협력을 가속화하는 도구로 기능한다.

2) 자원 동원의 필요성과 데이터 기반 정당성

지역사회복지조직이 자원을 개발해야 하는 이유는 주민 욕구의 다양화에 대응하고, 재정적 안정성을 확보하며, 사회적 정당성(legitimacy)을 획득하기 위함이다.

- **복합적 욕구 대응**: 저소득층뿐만 아니라 다양한 계층의 복지 욕구가 증대되고 있다. AI 빅데이터 분석은 이러한 지역사회의 잠재적 욕구를 예측하여 선제적인 자원 개발 전략을 수립하게 돕는다.
- **사회적 정당성 확보**: 민간 자원 획득은 기관 활동이 사회적 지지를 받고 있다는 증거이다. 블록체인 기술 등을 활용한 투명한 기부금 관리는 조직의 신뢰도를 높여 사회적 정당성을 강화한다.

지역사회복지조직이 자원을 개발해야 하는 이유는 단순히 재정적 부족을 메우기 위함이 아니다. 그 필요성은 크게 세 가지 측면에서 정당성을 갖는다.

(1) 지역주민 복지 욕구의 증대와 다양화에 대한 대응

경제사회의 변동과 국민 생활 및 의식의 변화는 다양한 지역에서의 생활문제와 지역사회복지의 과제로서 증대되고 있다. 이는 경제적인 결핍과 소외, 그리고 개인, 가족, 지역사회의 양상과 상황에 따라 다양하게 발생될 것이다. 특히 저소득층은 물론 노인, 아동, 여성, 장애인 등을 대상으로 하는 상담, 교육, 직업훈련, 치료, 재활, 취업알선, 자녀양육, 주택문제 등 다양한 복지 욕구가 증대되고 있다. 이러한 욕구를 충족시키기 위해서는 지역사회주민과 각종 기관과 단체 그리고 기업체 등의 협조와 자원 없이는 해결이 어렵다. 따라서 주민생활과 직결되는 지역사회 내지 지방자치단체 수준에서 복지조직을 강화하고 민간자원의 개발과 동원에 노력해야 한다.

자원 개발 과정은 주민들이 지역사회 문제 해결의 주체로 나설 기회를 제공한다. 기부나 자원봉사 참여는 지역사회 변화를 위한 행동이며, 이러한 경험은 주민들의 문제 해결 능력을 강화하고 삶의 질을 향상하는 기제가 된다.

(2) 재정적 안정성과 조직의 생존

사회복지 예산은 경제성장 단계가 비슷한 다른 나라와 비교하여 볼 때 사회복지 분야 예산이 상대적으로 미흡함을 느끼게 된다. 지방자치제 실시에 따라 주민복지 수요와 욕구에 관련되는 사회복지 분야의 사업은 많은 부분이 지방자치단체의 몫으로 이관되었다. 물론 지방에 따라서는 충분한 예산을 확보할 수 있는 곳도 있지만 대부분의 지방은 사정이 그렇지 못하다. 따라서 사회복지 재정의 한계성을 극복하고 국가의 복지 활동을 보충적으로 보완하여 주민의 복지 증진을 위한 자원 개발이 필요하다.

사회복지기관의 활동은 재정지원자(funder)에 의해 큰 영향을 받는다. 정부보조금 외에 다양한 민간 자원을 확보하는 것은 조직의 재정적 안정을 도모하고, 외부 환경 변화에도 유연하게 대처하여 궁극적으로 조직의 생존과 목표 달성에 기여한다.

(3) 사회적 정당성 확보

민간 재단이나 지역주민, 공동모금회로부터 자원을 획득한다는 것은 해당 기관이 공익을 달성하기 위해 적절한 서비스를 제공하고 있다는 사회적 인정과 지지를 받았다는 증거가 된다. 즉, 자원 개발은 기관의 활동에 대한 정통성을 확보하는 과정이다.

2. 지역사회 자원의 개념

지역사회는 공동생활의 무대로 공동생활을 영위하기 위하여 집단성, 거주범위의 공동성, 역사의 공유성, 공동생활참여, 통일된 의식수준 및 협동생활 등을 전제로 구성된다. 이러한 지역사회는 지역사회 구성원들의 일상생활 대부분이 이루어지는 무대이면서 지역사회 구성원들의 욕구 충족을 가능하게 하는 곳이다. 따라서 지역사회는 지역주민의 욕구 충족을 위해 효과적인 인적 자원 동원과 서비스의 상호 교환으로 공동체의식 형성이 가능한 지리적인 공간이 되어야 한다. 따라서 지역사회에 생활하고 있는 구성원을 위한 지역사회복지는 구성원 공동의 욕구와 문제를 해결하기 위하여 지역사회 내의 자원을 개발하고 동원하며 활용하여 상호작용을 촉진시키며 평등과 보장이 존재하도록 삶의 질을 높여나가는 것을 의미한다.

지역사회는 다양한 자원의 개발 및 관리와 자원의 안정적인 확보와 관련된 자원 개발 활동을 실시하여야 한다. 지역사회 자원 개발은 지역주민을 위한 서비스를 제공하는 데 필요한 물적 자원과 인적 자원, 그리고 지역사회의 구체적인 문제를 해결하기 위해 지역사회 내 다양한 자원을 파악하고 활용하는 등 다양한 유형의 자원을 주고받는 과정이다. 지역은 발전을 위해서 다양한 자원을 필요로 하며, 그중에서도 안정적인 재정자원의 확보는 지역사회조직의 존립이 가능하다 해도 과언이 아닐 정도로 중요하다(황성철, 2000). 또한, 지역주민의 공동체 형성과 지역사회복지는 지역사회 구성원이 자발적으로 복지활동에 참여하는 자원 개발 활동 없이는 추진하기가 용이하지 않다.

1) 자원 동원이론

자원 동원이론은 사람들이 자신의 목적을 달성하기 위해 필요한 여러 가지 자원을 동원하는 방법을 설명하는 이론이다. 자원 동원이론의 핵심은 사회운동의 발생이 사회적 불만보다는 자원 동원의 가능성에 따라 결정된다는 것이다. 자원 동원이론에서 자원이란 인적 자원, 정서적 지원, 전략과 전술, 대중매체 등의 물질적 자원과 비물질적 자원을 포함하고, 자원 동원이란 사회운동을 전개하는 특정 집단이 이러한 자원을 집합적으로 통제하는 과정을 의미한다(김영호 외, 2003).

자원 동원이론은 사회적 조건에 관심을 두었던 기존의 관점에서 새로운 시각을 제시하여 의도적으로 여러 가지 자원을 동원해야 사회운동이 일어난다고 본다. 따라서 지역사회복지활동의 예로, 지역사회에서 살고 있는 노숙인, 장애인, 이민자 등 사회적 소수자에 대한 차별 문제 해소와 인권보호를 위한 사회적 대책을 촉구하려면, 함께 행동하기 위한 구성원을 조직해야 하고 활동에 필요한 자금을 마련해야 할 것이다. 그리고 인권단체, 복지기관, NGO, 비영리기관 등에 협력을 요청해야 할 것이며, 인식 개선 교육과 홍보, 원조 활동을 위한 인력, 재원, 자원봉사자 등을 동원할 필요성이 있다.

지역사회에서 자원 동원을 할 경우에 사회복지사는 새로운 자원 확보에 앞서 기존 자원을 확인하여 이용하거나 기존의 잠재적 자원을 찾아내서 활용할 수 있다. 이를 위하여 지역사회 활용 가능한 자원을 확인하여 이용할 수 있도록 노력해야 하고 다른 자원과 연결도 시도해야 한다. 아울러 기존 자원이 부족한 경우에는 조직 형성, 자원봉사자 등을 활용하여 지역사회의 새로운 자원을 개발해야 한다.

자원 동원이론은 사회운동의 발생이 단순한 불만보다는 자원 동원 가능성에 따라 결정된다고 본다. 여기서 자원은 인적, 물적 자원뿐만 아니라 정보와 매체를 포함한다. AI 시대에는 '데이터'와 '알고리즘'이 새로운 핵심 자원으로 부상했다. 조직은 디지털 플랫폼을 통제하고 활용하는 능력을 갖춤으로써 자원 동원의 효율성을 극대화할 수 있다(노현희, 2006).

2) 교환이론

교환이론은 사회적, 물질적 자원의 교환을 인간 상호작용의 근본 형태로 파악한다. 교환이론에 의하면 인간의 행동에는 항상 비용과 보수가 따르고 행위자는 행동에 의해 생기는 비용과 보수, 그리고 자신의 사회적 자산(학력 지위 등)에 바탕을 두고 행동한다는 점에 입각한 이론이다. 교환이론에 의하면, 사회적 상호작용은 행위하는 사람들 간의 가치 있는 물질적, 비물질적 보상을 주고받는 교환 과정으로 이해된다. 그러므로 사람들은 최대한의 이익을 위하여 손해보는 행동은 하지 않으려 하고, 보상이 주어질 수 있는 상호작용이나 인간관계를 추구한다는 견해이다. 교환이론에서 보상의 의미는 물질적인 측면뿐만 아니라, 심리적인 만족감 등도 포함하는 포괄적 개념으로 교환이론은 다음과 같은 특징을 전제로 한다.

지역사회에서 자원 동원을 할 경우에 사회복지사는 새로운 자원 확보에 앞서 기존 자원을 확인하여 이용하거나 기존의 잠재적 자원을 찾아내서 활용할 수 있다. 이를 위하여 지역사회 활용 가능한 자원을 확인하여 이용할 수 있도록 노력해야 하고, 다른 자원과 연결도 시도해야 한다. 아울러 기존 자원이 부족한 경우에는 조직 형성, 자원봉사자 등을 활용하여 지역사회의 새로운 자원을 개발해야 한다. 교환이론에서 주요한 세 가지 특성을 살펴보면 다음과 같다.

① 개인들 간의 대면적 상호작용 행위는 적어도 두 사람 이상의 사이에서 교환자원을 반복적으로 주고받는다.

② 교환자원은 물질적인 보상과 비물질적인 보상을 모두 포함한다. 또한, 상담 및 서비스 제공, 정치적 권력 등도 포함된다.

③ 교환관계에서 당사자들은 최소한 대등한 입장에서 교환관계를 유지하거나 가능한 비용에 비하여 보상이 크도록 행동하려고 한다. 예를 들어 지역사회 내 복지기관, 조직, 단체 활동을 통하여 저절로 만들어지는 인간관계는 협상을 통한 관계가 아닐지라도 교환이론에 의하면 서비스의 교환으로 설명될 수 있다. 따라서 지역사회복지활동 역시 교환의 장에서 이루어지고 있으므로 지역사회 문제는 교환자원의 부족이나 교환관계의 불균형 문제에서 비롯되는 것으로 볼 수 있다.

3. 사회복지 마케팅 이해하기

1) 사회복지 마케팅의 개념

마케팅이란 상품이나 서비스의 판매를 촉진하는 것과 연관된 과정으로서 고객관계를 그 중심에 두는 것이다(김영종, 2011: 313). 그러나 마케팅은 비영리조직에도 유효한 기능이며 비영리조직의 서비스를 매개로 대중과의 '상호교환 관계'를 이룰 수 있다는 점에서 중요한 기능이다. 영리기관의 교환은 물질 또는 서비스가 되며, 사회복지조직의 경우에는 후원자 또는 회원과 복지기관 사이에서 발생하는 '가치(value)'가 된다. 비영리조직 마케팅이란 사회복지조직을 포함한 비영리조직이 조직이 가진 사회적 목적을 달성하기 위해 서비스 이용자 관리, 서비스의 개발, 전달, 비용, 홍보, 자금 확보 등에 있어 영리조직의 마케팅 기법을 도입하여 다변화하는 사회적 환경에 부응하여 경쟁력을 확보하는 활동이다(최상미 · 김아래미, 2020).

즉, 기관이 가진 사회적 목표를 달성하기 위해 어떤 부분에 초점을 두고, 어떤 자원을 어떻게 연결하며 어떻게 부각할 것인가를 계획하여 진행한다. 사회복지조직에서의 마케팅은 사회복지조직의 자원을 개발하기 위해서 기금을 조성하고 후원 지원을 받는 것과 정부기관과 법인재단으로부터 교부금을 모색하는 것 등 광범위한 마케팅 방법을 활용한다. 그러나 마케팅은 비영리조직에도 유효한 기능이며 비영리조직의 서비스를 매개로 대중과의 상호교환 관계를 이룰 수 있다는 점에서 중요한 기능이다.

2) 사회적 마케팅의 개념

마케팅은 기업의 이윤을 극대화하기 위해 상품 판매를 증가시키는 데 목적이 있다. 그러나 기업의 사회 책임이 대두되면서 사회적 이슈를 마케팅의 영역이 확대되고 있다. 현재는 비영리조직이 비전을 확산하는 데 기업의 마케팅 기술을 활용하기도 한다. 이러한 비영리조직의 마케팅 활용을 사회적 마케팅(social marketing)이라고 한다. 이는 선진국에서 1960년대 후반과 1970년대 전반에 걸쳐 관심이 증가되기도 하였다. 그래서 사회적 마케팅은 소비자 생활의 질 향상, 빈곤 감소 등과 같은 다양한 사회 문제를 다루고 있다. 이러한 사회적 마케팅은 때론 기업이 소비자운동단체나 정부의 압력에 대응하여 사회적 이슈를 마케팅에 활용하는 데 쓰이기도 한다. 즉, 기업의 이미지를 높여 간접적으로 매출을 올리거나 아니면 직접적으로 매출을 올리는 데 사회적인 이슈를 활용하는 것이다.

예를 들면, 맥도날드가 맛이나 영양가만 따지는 것이 아니라 소비자의 건강이나 환경까지 고려하여 마케팅하는 것이 여기에 포함이 된다. 좀 더 인도주의적이고 생태학적인 마케팅도 사회지향적 마케팅에 포함할 수 있다.

3) 사회복지조직의 마케팅 필요성

사회복지조직에서에서 해결하고자 하는 목표를 분명히 정하고, 마케팅 전략을 수립할 때, 마케팅의 핵심은 후원자가 기관의 목표에 충분히 동의하고 제안을 받아들이도록 만드는 것이다. 이런 결과는 마케팅의 4가지 전략 요소를 얼마나 잘 설정하는지에 따라 결정된다.

〈표 7-1〉 사회복지조직 마케팅 전략

구분	내용
제품 (Product)	사회복지조직에서 팔아야 할 제품은 기관이 해결하고자 하는 사회적 문제의 변화, 즉 목표이다. 제품은 추구하는 변화가 구체적이고 실행 가능하게 설정되어야 한다.
가격 (Price)	가격은 사회적인 문제의 변화를 가져오는 데 필요한 금전적, 비금전적 비용이다. 즉, 직접적인 소요비용뿐 아니라 소요되는 시간과 노력, 부가적인 문제의 해결에 드는 비용까지를 포함한다. 가격전략은 필요한 최적의 비용을 산출하고 효율적인 절약 전략을 짜는 것이라 할 수 있다.
접근성 (Place)	접근성은 사회적 문제의 변화, 즉 목표까지 가는 데 필요한 전달체계와 요소들을 의미한다. 전달체계, 실행조직, 위치(장소), 소요기간(시간), 파급의 목표 범위 등을 포함한다.

홍보 (Promotion)	홍보는 위의 세 가지 요소들, 즉 제품, 가격, 접근성을 후원자에게 가장 설득력 있게 전달하는 의사소통의 방법이다. 어떻게 설득할지 핵심 메시지를 정하고, 누가 누구와 의사소통할 것인지, 어떤 방식으로 어떤 매체를 활용하여 전달할 것인지를 포함한다.

4) 공익연계 마케팅 개념

공익연계 마케팅(cause-related marketing)은 소비자가 자사 상품을 구입하면 그중의 일부를 사회적인 기여에 사용하는 것이다. 만약 두 개의 상품이 모든 면에서 똑같을 때 자선을 하고 싶은 소비자는 대의연계 마케팅을 하는 상품을 구매하게 될 것이다. 현재 우리 사회에서 영리조직인 기업과 비영리조직이 협업을 통해 다양한 공익연계 마케팅이 이루어지고 있다.

예를 들어, 1983년 아메리칸 엑스프레스 카드사(AMEX)가 고객이 신규 카드를 발급받거나 아멕스카드를 사용하면 그때마다 일부 금액을 자유의 여신상 복구 지원에 사용한다고 광고를 한 것이 최초의 공익연계 마케팅이었다.

아멕스는 이 캠페인을 함으로써 기금을 170만 달러나 확보하였으며 카드 사용액은 전년 대비 28% 증가하였고 신규 가입 고객은 10%나 증가하는 대성공을 거두었다. 일부 사람들은 기업들이 직접 기부하지 않고 공익연계 마케팅을 통해 매출을 늘리려고 한다고 비판을 하기도 한다. 하지만 이윤을 추구하는 기업이 매출 증대의 한 방법으로 이런 마케팅을 하는 것을 나쁘게만 볼 수는 없다.

최근에 우리 사회에서는 공익연계 마케팅 형태로 사업을 실천하는 기관을 어렵지 않게 만날 수 있다.

〈그림 7-1〉 재단법인 로날드 맥도날드 하우스 홈페이지

일반적으로 우리가 공익연계 마케팅이라고 할 때에는 기업들이 주체가 되는 사회지향적 마케팅을 말한다. 그리고 공익연계 마케팅은 사회지향적 마케팅의 한 변형이라고 생각할 수 있다. 일반적으로 과거 생산조직 또는 기업조직에서 마케팅은 생산품을 소비자에게 판매하는 행위와 광고하는 행위를 지칭하는 용어로 사용되어 왔다.

그러나 오늘날 마케팅은 광고와 판매에만 국한된 것이 아니라 소비자의 욕구와 성격을 면밀히 분석한 후 표적시장을 선정하며 생산품을 합당한 가격에 적재적소에 유통시켜 판매를 촉진시키는 전반적 관리 과정을 의미한다.

사회복지시설은 영리기업 조직과는 달리 표준화가 쉽지 않고, 소멸성이 강한 독특한 서비스를 제공하는 조직이므로 표적시장의 선정을 비롯하여 가격형성과 유통판매에도 상당한 제약이 따르기 때문에 기업 마케팅의 개념이 그대로 적용되기 어렵다. 그러나 최근에는 영리조직과 비영리조직 간의 다양한 협업을 기반으로 공익연계 마케팅이 활발히 진행되고 있다.

최근에는 AI가 소비자의 윤리적 소비 패턴을 분석하여, 가장 호응이 높을 것으로 예상되는 공익 테마를 기업에 제안하는 데이터 기반 협업이 이루어지고 있다.

〈그림 7-2〉 태화복지재단 홈페이지 참조(공익연계 마케팅 소개 페이지)

공익연계 마케팅은 비영리조직의 사회적 가치 실현과 영리조직의 가치 창출이 절묘하게 어우러진 결과이기도 하다. 관련해서 공익 마케팅의 바이블 같은 도서인 『공익마케팅』(해미쉬 프링글 · 마조리 톰슨 저, 2003)이라는 책이 번역 출간되기도 했다.

사회복지 프로그램개발에도 이제는 새로운 시각으로의 확장이 요구된다. 마케팅이 영리조직의 전유물이 아니라 비영리조직의 사업을 확장하는 하나의 기법으로 이해할 필요가 있다.

4. 물적 자원의 특성과 종류

1) 물적 자원 개발의 기술과 전략

지역사회복지실천에서 물적 자원의 개발은 단순한 재정 확보를 넘어, 기관이 지역사회로부터 지지와 인가를 획득했음을 증명하는 과정이다. 특히 정부의 보조금에 의존하는 구조적 한계를 극복하고 조직의 미션을 달성하기 위해서는 전략적이고 체계적인 모금 활동이 필수적이다. 이에 본 절에서는 효과적인 물적 자원 개발을 위한 기본 원칙과 실행 단계, 그리고 변화하는 기부 환경에 발맞춘 최신 전략을 심도 있게 다루고자 한다.

(1) 모금 활동의 기본 원칙

성공적이고 지속가능한 모금(fundraising)을 위해서는 기부자를 단순한 '자금원'이 아닌 조직의 미션을 함께 실현하는 '파트너'로 인식하는 관점의 전환이 필요하다. 플래너건(Flanagan, 2000)이 제시한 모금의 기본 원칙을 현대적 맥락에서 재해석하면 다음과 같다.

① 소액 기부자 기반의 견고한 구축

거액 기부자나 기업의 후원은 큰 도움이 되지만, 특정 소수에게 의존할 경우 기관 운영의 자율성이 침해되거나 후원 중단 시 재정적 타격이 커질 위험이 있다. 반면, 조직의 사명에 동의하는 다수의 소액 기부자는 조직을 튼튼하게 지지하는 기반이 된다. 소액 기부자는 한 번에 기부하는 금액은 적더라도 정기적이고 지속적으로 참여하기 때문에 안정적인 재정 공급원 역할을 하며, 다수의 대중으로 이루어진 정치적 힘을 조직에 부여한다. 따라서 모금 전략의 핵심은 광범위한 소액 기부자층(grassroots)을 확보하는 데 두어야 한다(김재춘, 2018).

② 최고의 기부자(Best Donors)와의 관계 심화

'최고의 기부자'란 오랫동안 해당 사회복지기관에 헌신하며 지속적인 관계를 맺어온 사람들을 의미한다. 이들은 기관이 기부금을 어떻게 사용하는지, 어떤 성과를 냈는지를 구체적으로 알고 싶어 한다. 따라서 사회복지사는 기부자에게 기관의 활동 결과를 투명하게 공유하고, 모금을 통해 변화된 서비스 이용자의 이야기를 나눔으로써 신뢰를 쌓아야 한다. 이러한 신뢰가 누적될 때, 기부자는 단순한 후원을 넘어 유산 기부와 같은 고차원적인 기여를 계획하게 된다.

③ 기부자의 선택권과 주도권 보장

과거의 기부자가 기관을 믿고 돈을 맡기는 수동적 태도를 보였다면, 현대의 기부자는 자신의 기부금이 쓰일 곳을 직접 결정하고 사업 과정에 관여하기를 원한다. 이러한 추세에 맞춰 '기부자 주도 기금(Donor-Advised Fund: DAF)'과 같은 제도가 확산되고 있다. DAF는 기부자가 기부금의 운용과 배분에 대해 조언하고 결정에 참여할 수 있는 기금으로, 기부자의 효능감을 높이는 효과적인 전략이다. 사회복지 공동모금회의 지정기탁제도 이용률이 매년 증가하는 것 또한 기부자의 선택권을 중시하는 경향을 반영한다.

(2) 윤리적 모금과 투명성 확보

윤리적 모금과 투명성 확보 기부자들이 기부를 결정할 때 가장 중요하게 고려하는 요소 중 하나는 기관의 윤리성과 투명성이다. 사회복지기관은 모금 과정이 강압적이지 않아야 함은 물론, 모금된 재원이 본래의 목적대로 투명하게 집행되고 있음을 입증해야 한다. 이는 잠재적 기부자들의 불신을 해소하고 조직의 사회적 책무성을 다하는 기본 전제이다.

2) 모금의 5단계 과정(AI 기반 고도화)

모금은 "기획 → 전망 → 양성 → 요청 → 관리"의 체계적 과정을 거친다(김재춘, 2018).

- **기획(plan) · 전망(prospect)**: 잠재 기부자를 발굴하는 단계이다. AI는 기부자의 과거 이력, 관심사, 경제적 능력을 분석(propensity to give)하여 기부 가능성이 높은 잠재 후원자를 선별해낸다.
- **양성(cultivation) · 요청(solicitation)**: 관계를 형성하고 기부를 제안한다. 챗봇(chatbot)을 활용해 잠재 기부자와 24시간 소통하며 기관에 대한 신뢰를 쌓고, 적절한 타이밍에 개인화된 기부 메시지를 발송한다.
- **관리(steward)**: 감사와 예우를 표한다. 기부금 사용 내역과 성과 보고서를 정기적으로 발송하여 투명성을 강화한다.

3) 최신 모금 트렌드와 방법론의 확장

전통적인 대면 모금이나 우편 모금, 바자회 등의 행사 모금 외에 정보통신기술의 발달과 기부 문화의 성숙에 따라 새로운 모금 방식이 대두되고 있다.

(1) 온라인 모금 플랫폼과 크라우드펀딩의 부상

온라인 모금은 시간적·공간적 제약을 극복하고 비용 효율적으로 다수의 기부자에게 접근할 수 있는 강력한 수단이다. 특히 '크라우드펀딩(crowdfunding)'은 불특정 다수(crowd)로부터 자금을 조달(funding)하는 방식으로, 사회복지 자원 동원의 중요한 축으로 자리 잡았다. 크라우드펀딩은 후원의 대가 여부에 따라 기부형, 보상형(리워드형), 대출형, 증권형 등으로 세분화된다.

- **성장세**: 대표적인 국내 온라인 모금 플랫폼인 네이버 해피빈의 경우, 기업 후원금이 2005년 약 1억 9천만 원에서 2020년 약 61억 9천만 원으로 15년간 약 33배 증가하는 등 폭발적인 성장세를 보이고 있다.
- **장점**: 온라인 플랫폼은 정보 접근성을 높이고, 간편결제 시스템을 통해 기부의 진입 장벽을 낮춘다. 또한, 댓글이나 응원 기능을 통해 기부자와 서비스 이용자, 모금가 간의 쌍방향 소통을 가능하게 한다.

(2) 기업의 사회공헌(CSR)과 공익연계 마케팅

기업은 단순한 재정적 후원자를 넘어 지역사회의 중요한 파트너로 인식되어야 한다. 기업은 풍부한 자금뿐만 아니라 공간, 전문 기술, 마케팅 노하우, 임직원 자원봉사 등 다양한 형태의 자원을 보유하고 있다. 최근 기업들은 단순 기부를 넘어 기업의 이미지 제고와 매출 증대를 동시에 꾀하는 '공익연계 마케팅(cause-related marketing)'에 적극적이다. 사회복지기관은 기업의 업종과 특성에 맞는 맞춤형 제안을 통해 기업의 사회공헌 욕구를 충족시키는 동시에 필요한 자원을 확보하는 윈윈(win-win) 전략을 구사해야 한다.

(3) 계획기부의 활성화

계획기부(Legacy Giving, 유산기부)는 기부자가 생전 또는 사후에 자신의 재산 일부를 공익적 목적으로 기부하기로 약정하는 것을 말한다. 이는 기부자가 자신의 사후에도 기관이 지속적으로 사회적 가치를 실현할 것이라는 강력한 신뢰를 바탕으로 이루어진다. 고령화사회로 진입함에 따라 부동산, 보험, 퇴직기금 등을 활용한 다양한 형태의 계획기부가 모금의 새로운 블루오션으로 떠오르고 있다. 이를 위해서는 기부자의 생애주기에 맞춘 재무 설계 상담과 법률적 지원 등 전문적인 접근이 요구된다.

(4) 모금 행사의 전략적 활용

모금 행사는 모금액 확보뿐만 아니라 기관 홍보, 잠재 기부자 발굴, 지역사회 내 인지도 제고라는 다목적 기능을 수행한다. 그러나 행사 준비에 소요되는 인력과 비용, 실패의 위험 부담이 존재하므로 신중한 기획이 필요하다. 최근에는 단순한 일회성 행사를 넘어 나눔 걷기 대회, 애장품 경매, 재능 기부 콘서트 등 참여형 문화 행사로 진화하고 있으며, 이를 통해 지역주민들이 자연스럽게 기부문화에 젖어 들도록 유도하고 있다.

결론적으로, 현대 사회복지조직의 물적 자원 개발은 단순한 '돈 달라고 요청하기(Asking for money)'가 아니라, 기부자에게 사회 문제 해결에 동참할 기회를 제공하고 가치를 공유하는 고도의 전문적인 실천 활동이다. 사회복지사는 전통적인 모금 기술을 숙지함과 동시에 급변하는 미디어 환경과 기부 트렌드를 예의 주시하며 창의적인 자원 개발 전략을 수립해야 한다.

5. 인적 자원의 특성과 종류

지역사회복지실천에서 인적 자원은 변화를 만들어 내는 가장 핵심적인 동력이다. 과거의 인적 자원 개발이 단순히 부족한 일손을 채우기 위한 '동원(mobilization)'의 관점이었다면, 현대의 실천은 주민이 주체적으로 참여하여 지역사회의 문제를 해결하고 공동체를 회복하는 '협력(cooperation)'과 '연대(solidarity)'의 관점으로 변화하고 있다. 특히 자원봉사자는 단순한 보조 인력이 아니라 지역사회의 변화를 이끄는 시민이자 파트너로서, 이들을 효과적으로 모집하고 유지 · 관리하는 것은 사회복지사의 필수적인 핵심 역량이다(이만식, 손신, 신효진, 2010).

1) 자원봉사의 현대적 의미와 동기 이론

(1) 자원봉사의 현대적 재해석: 동원에서 연대로

전통적인 의미에서 자원봉사는 "특정한 요구를 인식하여 사회적 책임감을 가지고 금전적 이득 없이 자발적으로 선택하는 활동"으로 정의된다. 그러나 최근에는 '지역사회의 발전과 변화를 가져오기 위한 계획적이고 조직적인 사회행동'으로 그 범위가 확대되었다. 특히 현대 지역복지 실천에서는 자원봉사를 '동원'의 대상이 아닌 '참여'의 주체로 바라본다. 자원봉사자라는 인적 자원을 단순히 동원해야 할 객체로 볼 경우 연대성이나 호혜성의 가치와 상충될 수 있다. 오히려 주민이 가진 강점을 발휘하고 긍정적인 사회적 역할(SRV)을 수행하도록 돕는 것이 중요하며, 이는 주민 스스로 협동에 나서는 주체가 되게 한다. 따라서 현대의 자원봉사 관리는 개인의 자아실현과 공동체의 유대를 강화하는 방향으로 나아가야 한다(이성록, 2007).

(2) 자원봉사 동기의 이해: 기능주의적 접근

관리자는 자원봉사자가 왜 활동에 참여하는지 그 심리적 동기를 명확히 파악해야 한다. 클러리(Clary) 등의 연구에 따르면 자원봉사의 동기는 크게 여섯 가지 기능으로 구분된다.

- **가치(value)**: 인도주의적 또는 이타주의적 가치를 표현하고자 하는 동기로, 가장 일반적인 참여 이유이다.
- **이해(understanding)**: 세상을 배우고 새로운 지식과 기술을 습득하며 성장하고자 하는 욕구이다.
- **안정(enhancement)**: 심리적 안정감을 얻고 자긍심을 높이며 정서적 발달을 도모하고자 하는 동기이다.
- **경력(career)**: 취업이나 직업적 경력에 도움이 되는 경험을 쌓기 위한 동기이다.
- **사교(social)**: 타인과 어울리고 사회적 관계망을 형성하고자 하는 욕구이다.
- **방어(protective)**: 개인적인 죄책감이나 부정적 감정을 해소하기 위한 방어적 수단으로 참여하는 경우이다.

효과적인 인적 자원 개발을 위해서는 이러한 다양한 동기를 이해하고, 자원봉사자가 활동을 통해 자신의 욕구를 충족할 수 있도록 지원해야 지속적인 참여(retention)를 이끌어낼 수 있다.

2) 자원봉사자 관리의 순환 과정

자원봉사자 관리는 단순히 사람을 모으는 일회성 행사가 아니라, "업무설계 → 모집 → 선발 · 배치 → 교육 · 훈련 → 슈퍼비전 → 인정 · 보상"으로 이어지는 체계적인 순환 과정이다.

- **업무 설계 및 모집**: 직무기술서를 통해 업무를 명확히 하고, 일반 모집과 표적 모집을 전략적으로 병행한다.
- **선발과 배치**: 양방향 과정을 통해 최적의 직무에 배치한다. AI 알고리즘은 봉사자의 가용 시간, 위치, 선호 업무를 고려해 최적의 스케줄링을 지원한다.
- **슈퍼비전 및 인정**: 지속적인 피드백과 심리적 · 사회적 보상(인정)은 봉사의 지속성을 담보한다. 디지털 배지(digital badge) 등을 활용한 온라인 인증 시스템은 봉사자의 성취감을 높이는 새로운 인정 방식이다.

(1) 업무설계: 직무기술서의 작성

효과적인 관리의 첫 단추는 자원봉사자가 수행할 업무를 명확히 규정하는 것이다. 직무기술서(job description)는 자원봉사자가 해야 할 일, 책임, 권한 등을 명시한 문서로, 업무 수행의 지침이자 평가의 기준이 된다. 자원봉사자는 유급 직원에 비해 업무를 배울 시간이 제한적이므로, 직무기술서를 통해 언제든지 업무에 투입될 수 있도록 돕는 것이 중요하다. 직무기술서에는 반드시 직위, 목적(성취하고자 하는 결과), 구체적인 행위, 자격 요건, 활동 기간 및 시간, 활동 장소, 슈퍼비전 체계, 훈련 및 혜택 등이 포함되어야 한다.

(2) 전략적 모집

전략적 모집(recruitment)은 조직의 목표 달성에 필요한 자격을 갖춘 인재를 발굴하고 유인하는 과정이다. 모집 방법은 크게 두 가지로 나뉜다.

- **일반 모집(general recruitment)**: 다수의 대중에게 자원봉사 참여 기회를 알리는 방식으로, 포스터, 대중매체, 인터넷 광고 등을 활용한다. 특별한 기술이 필요 없는 단순 노력 봉사나 대규모 인력이 필요할 때 유용하다.
- **표적 모집(target recruitment)**: 특정 기술이나 자격을 갖춘 소수의 인원을 대상으로 하는 방식이다. 예를 들어, 상담 기술이 필요한 경우나 컴퓨터 교육이 가능한 전문가를 찾을 때 사용된다. 이 경우 잠재적 봉사자에게 업무의 당위성과 필요성을 명확히 전달하여 참여를 설득하는 과정이 필요하다.

(3) 선발과 배치

선발(selection)은 기관과 자원봉사자 간의 상호 이해와 협상을 통해 최적의 매칭을 이루는 양방향 과정이다. 면접을 통해 지원자의 흥미, 기술, 욕구를 파악하고 이를 적절한 직무에 연결해야 한다. 직무 배치(placement) 시에는 다음의 원칙을 고려해야 한다. 첫째, 자원봉사자가 유급 직원을 대체해서는 안 된다. 둘째, 자원봉사자의 능력과 욕구를 반영하여 성장의 기회가 되는 업무를 배정해야 한다. 셋째, 배치는 신속하게 이루어져야 하며, 초기에는 단기 프로그램에 참여하여 적응할 기회를 제공하는 것이 바람직하다.

(4) 오리엔테이션 및 교육 · 훈련

자원봉사자가 조직의 일원으로서 소속감을 느끼고 업무 수행 능력을 갖추기 위해서는 체계적인 교육이 필수적이다.

- **오리엔테이션**: 기관의 역사, 미션, 비전, 주요 프로그램, 직원 소개 등을 통해 자원봉사자가 기관 전체의 맥락 속에서 자신의 역할을 이해하도록 돕는다.
- **교육 · 훈련**: 구체적인 직무 수행에 필요한 지식과 기술을 습득하게 하는 과정이다. 이는 서비스의 질을 높일 뿐만 아니라 자원봉사자에게 동기를 부여하고 기관과의 신뢰를 형성하는 데 기여한다.

(5) 슈퍼비전 및 평가

자원봉사자는 외부에서 활동하거나 비정기적으로 활동하는 경우가 많으므로 지속적인 관리와 지지가 필요하다. 정기적인 슈퍼비전을 통해 업무에 대한 피드백을 제공하고 애로사항을 청취해야 한다. 평가는 봉사자를 감시하는 것이 아니라 활동의 성과를 점검하고 개선점을 찾아 성장을 돕는 과정이어야 한다. 활동 초기에는 평가 주기를 짧게 잡아 밀착 지원하고, 업무가 익숙해지면 주기를 늘려 자율성을 보장하는 것이 좋다.

(6) 인정과 보상

자원봉사의 지속성을 담보하는 핵심 기제는 적절한 인정과 보상(recognition)이다. 보상은 금전적 대가가 아닌 심리적, 사회적 보상에 초점을 맞춘다.

- **비공식적 보상**: 일상의 업무 과정에서 건네는 진심 어린 감사 인사, 생일 챙기기, 직원회의 초대, 활동에 대한 관심 표현 등 관계 중심의 보상으로, 비용은 들지 않지만 매우 효과적이다.
- **공식적 보상**: 상장이나 감사패 수여, 자원봉사자 만찬회 개최, 기관지나 언

론에 활동 사례 소개, 명예의 전당 헌액 등 조직 차원에서 공식적으로 공로를 치하하는 방법이다. 중요한 것은 자원봉사자가 자신의 활동이 가치 있음을 느끼고(자기만족), 그 결과가 기관과 지역사회에 긍정적인 영향을 미쳤음을 확인시켜 주는 것이다. 이것이 사후 이탈을 막고 지속가능한 참여를 이끄는 원동력이 된다.

6. 미디어 활용과 윤리적 실천

지역사회복지실천에서 미디어와 홍보는 단순한 정보 전달의 수단을 넘어, 조직의 영향력을 확대하고 지역주민의 참여를 조직화하는 핵심 기제이다. 특히 현대 사회에서 미디어는 전통적인 인쇄 매체나 방송을 넘어 소셜 네트워크 서비스(SNS), 유튜브 등 쌍방향 소통이 가능한 뉴미디어로 급격히 확장되고 있다. 이에 따라 사회복지사는 다양한 매체의 특성을 이해하고 전략적으로 활용함과 동시에, 그 과정에서 발생할 수 있는 윤리적 딜레마를 민감하게 다룰 수 있어야 한다.

1) 다양한 홍보 매체의 특성과 전략적 활용

지역사회에서 홍보 마케팅을 위해 활용할 수 있는 매체는 크게 사람 매체,

시각 매체, 청각 매체, 시청각 매체 등으로 구분된다. 각 매체는 고유한 특성과 장단점을 지니고 있으므로, 대상 집단의 특성과 홍보 목적에 따라 적절한 매체를 혼합하여 사용하는 전략(media mix)이 필요하다.

(1) 사람 매체

지역사회 조직과 직·간접적으로 관련된 주민, 후원자, 자원봉사자, 시설 이용자 등을 통해 이루어지는 구전(word of mouth) 홍보를 의미한다.

- **신뢰성**: 많은 사회복지관의 욕구조사 결과, 기관을 처음 이용하게 된 동기로 '주변 친구나 이웃의 권유'가 가장 높은 비율을 차지한다. 이는 화려한 홍보물이나 대중매체보다 주변 사람을 통한 입소문이 훨씬 강력한 신뢰를 기반으로 작동함을 시사한다.
- **이용자의 주체화**: 현재 서비스를 이용하고 있는 서비스 이용자는 가장 강력한 홍보 매체이자 마케팅 수단이다. 따라서 이용자가 기관에서 존중받고 자존감을 높이는 경험을 할수록 긍정적인 입소문의 원천이 되며, 이들을 홍보의 주체로 세우는 것이 중요하다. 최근 많은 기관이 운영하는 시민기자단이나 대학생 홍보 서포터즈 역시 인편을 통한 홍보 효과를 극대화하려는 노력의 일환이다.

(2) 뉴미디어와 SNS

확장성과 접근성 전통적인 시청각 매체(TV, 라디오)에 더해 인터넷 방송, 유튜브, 페이스북, 인스타그램 등 뉴미디어의 활용도가 급증하고 있다.

- **비용 효율성과 파급력**: 인터넷 기반의 매체는 초기 인지도가 낮을 수 있으나,

콘텐츠가 누적되고 네트워크가 형성되면 파급효과가 상당히 크다. 또한 별도의 송출 비용이 들지 않고 젊은 층의 접근성이 높아 장기적으로 매우 효과적인 수단이다.

- 정보 격차(digital divide)의 고려: 뉴미디어는 강력한 도구이지만, 세대나 빈곤 수준에 따른 정보 접근성의 차이가 존재한다. 노년층이나 저학력층, 저소득층의 경우 스마트기기 활용이나 정보 접근이 제한될 수 있으므로 전통적인 매체와의 병행 활용이 필수적이다.

(3) 미디어 믹스(media mix) 전략

- 뉴미디어와 SNS: 유튜브, 인스타그램 등은 파급력이 크고 비용 효율적이다. 숏폼(short-form) 콘텐츠 등 최신 트렌드를 반영한 홍보가 필요하다. 단, 디지털 격차(digital divide)로 인한 소외 계층을 고려하여 전통 매체와 병행해야 한다.

2) 미디어 활용 시 윤리적 고려사항: 빈곤의 대상화 경계

사회복지조직의 홍보는 일반 기업의 마케팅과 달리 '가치'를 지향해야 한다. 특히 모금이나 후원 개발을 목적으로 서비스 이용자의 사연을 미디어에 노출할 때, 인권 보호와 윤리적 재현(representation)의 문제는 타협할 수 없는 최우선 가치이다.

(1) 빈곤 포르노의 지양과 낙인효과 방지

과거 일부 구호 단체나 방송에서는 후원을 끌어내기 위해 서비스 이용자의 가장 비참하고 무기력한 모습을 부각하는 방식, 일명 '빈곤 포르노(poverty porn)'를 활용하곤 했다. 생성형 AI로 홍보 이미지를 만들 때도, 지나치게 비참하거나 왜곡된 이미지를 생성하지 않도록 프롬프트 윤리 가이드를 준수해야 한다.

- **부정적 이미지의 고착화**: 불쌍한 사람을 돕고자 하는 측은지심(惻隱之心) 자체는 나쁜 것이 아니지만, 도움이 필요한 존재라는 이미지가 강화될수록 서비스 이용자의 자립적이고 주도적인 모습에 대한 거부감이 커질 수 있다.
- **빈곤 이미지의 악순환**: 신상명세가 과도하게 노출되거나 굴욕적인 모습이 방영될 경우, 빈곤 이미지가 고착화되어 서비스 이용자의 자존감 하락과 인권 침해로 이어지는 악순환을 낳는다.

(2) 강점 관점과 정상화, 그리고 SRV

윤리적인 미디어 활용은 서비스 이용자의 결핍이 아닌 강점과 긍정적인 역할을 조명해야 한다.

- **사회적 역할 가치화(SRV)**: 서비스 이용자를 단순히 '도움받는 대상'으로 묘사하는 것은 정상화(normalization)와 사회적 역할 가치화(SRV)를 방해한다. 대신 그들이 지역사회 내에서 수행하는 긍정적인 역할(예: 자원봉사하는 어르신, 재능을 나누는 장애인 등)을 부각함으로써 존엄성을 높여야 한다.
- **브랜드 이미지 관리**: 기관의 브랜드 이미지를 구축할 때도 '빈곤', '수혜', '원조'와 같은 부정적 키워드보다는 '희망', '주인', '강점'과 같은 긍정적 가치를 전달하는 전략이 필요하다.

3) 행동경제학 및 심리학적 기법의 활용

지역주민의 인지(cognition)와 행동(behavior)을 변화시켜 참여를 유도하기 위해 사회심리학 및 행동경제학적 기법을 홍보 전략에 접목할 수 있다.

(1) 긍정적 자극의 조건화

행동주의 심리학의 조건화(conditioning) 이론(Skinner, 1938; Watson & Rayner, 1920)에 따르면, 특정 자극에 대해 특정 반응이 나오도록 유도할 수 있다. 지역사회복지실천에서는 '마을 축제', '벽화 그리기'와 같은 즐겁고 긍정적인 자극을 반복적으로 제공함으로써, 주민들이 지역사회 활동에 대해 무의식적인 호감을 느끼고 참여하도록 동기부여할 수 있다.

(2) 동조 현상의 활용

사람들은 주변 다수의 행동과 태도를 따르는 경향이 있다(Asch, 1956). EBS의 실험 다큐멘터리 등에서 증명된 것처럼, 소수가 아닌 다수가 특정 행동(예: 하늘 쳐다보기)을 할 때 지나가는 사람들도 이를 따라 하게 된다. 따라서 홍보 시 "이미 많은 이웃이 참여하고 있습니다"라는 메시지를 전달하거나, 참여하는 주민 집단의 모습을 보여줌으로써 집단 소속감과 동조(conformity) 심리를 자극하여 참여를 유도할 수 있다.

(3) 방관자 효과 방지와 타깃팅

불특정 다수에게 막연하게 도움을 요청할 경우, '누군가 하겠지'라는 심리로 인해 아무도 나서지 않는 방관자 효과(Darley & Latane, 1968)가 발생할 수 있다.

- **구체적 타깃 설정**: 홍보 마케팅은 대상을 명확히 특정할 때 효과적이다. "모두 도와주세요"보다는 "우리 동네 ○○○을 위해 당신의 도움이 필요합니다"와 같이 구체적인 대상에게 책임감을 부여하는 방식이 행동으로 연결될 가능성이 높다.

(4) 호플링 효과

권위와 네트워크를 활용한 호플링(Hofling) 등의 실험(1966)은 사람들이 권위자의 지시에 쉽게 순응하는 경향을 보여준다. 지역사회에서는 종교지도자, 통 · 반장, 자생단체장 등 네트워크의 구심점에 있는 리더(Key Person)를 활용한 홍보가 더 강력한 힘을 발휘한다. 이들의 지지와 동참을 먼저 확보한 후, 이들을 통해 메시지를 전달하면 일반적인 홍보보다 파급효과가 훨씬 크다.

지역사회복지에서의 자원 동원과 미디어 활용은 단순히 기관의 운영비를 마련하거나 프로그램을 알리는 기술적 행위에 머물러서는 안 된다. 이는 지역사회의 잠재된 자원을 발굴하고, 주민과 주민을 연결하며, 궁극적으로는 지역사회의 긍정적인 변화를 이끄는 가치지향적 실천이다.

지금까지의 논의를 종합하면, 성공적인 자원 동원과 미디어 활용을 위해 사회복지사는 다음의 세 가지 태도를 견지해야 한다.

첫째, '동원'에서 '협력'으로의 관점 전환이다. 자원 동원은 부족한 것을 외부에서 채우는 행위가 아니라, 지역사회 내에 이미 존재하는 주민의 강점과 욕구를 연결하여 새로운 사회적 자본을 창출하는 과정이다. 주민은 동원의 대상이 아니라 협력의 파트너이며, 이들이 주체적으로 참여할 때 자원은 지속가능성을 갖게 된다.

둘째, '윤리적 감수성'에 기반한 미디어 실천이다. 미디어는 강력한 도구이지만, 잘못 사용될 경우 빈곤을 대상화하고 서비스 이용자의 인권을 침해하는 흉

기가 될 수 있다. 따라서 사회복지사는 모든 홍보와 마케팅 과정에서 서비스 이용자의 존엄성을 최우선으로 고려하고, 정상화와 강점 관점을 반영한 콘텐츠를 생산해야 한다.

셋째, '전략적 브랜딩'과 '소통'의 생활화이다. 급변하는 미디어 환경 속에서 사회복지조직은 명확한 정체성과 신뢰를 바탕으로 한 브랜딩 전략을 수립해야 한다. 이는 화려한 포장이 아니라 기관의 미션과 비전에 부합하는 진정성 있는 활동을 주민과 끊임없이 소통하고 공유함으로써 완성된다.

결국, 자원 동원과 미디어 활용의 핵심은 '사람'과 '관계'이다. 투명하고 윤리적인 실천을 통해 지역주민의 신뢰를 얻고, 그들의 참여를 끌어낼 때 지역사회 자원은 고갈되는 것이 아니라 연대와 협동 속에서 끊임없이 생성되고 순환되는 풍요로운 '커뮤니티 자산'으로 거듭날 것이다.

생각 다듬기

1. 전통적 자원 동원과 현대적 자원 연계(connection)의 결정적 차이는 무엇이며, AI는 이를 어떻게 돕는가?

2. 자원봉사 관리에서 AI 기술 도입 시 유의해야 할 점은 무엇인가?

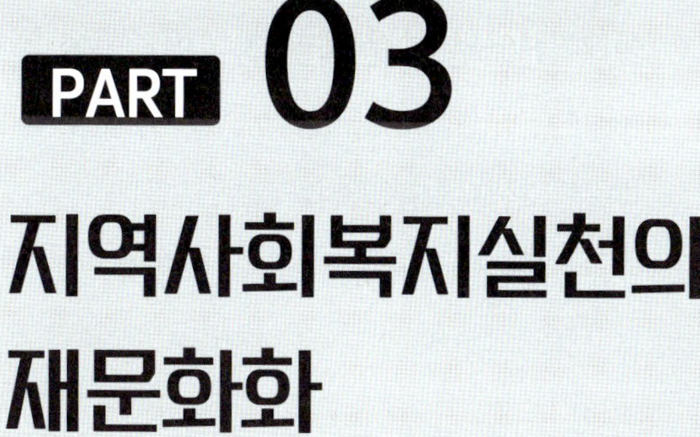

PART 03 지역사회복지실천의 재문화화

CHAPTER 08

지역사회복지실천과 직접서비스

COMMUNITY WELFARE

08

CHAPTER 08

지역사회복지실천과 직접서비스

강하나 사회복지사(가명)는 사회복지관에서 2년째 근무하고 있다. 출근을 하면 하루 업무 내용을 확인한 뒤 업무 계획을 세운다.

오전에는 도시락 배달 서비스가 있다. 임대 아파트에 거주하는 재가노인에게 제공할 도시락과 명단을 확인하고 도시락 배달을 하는 자원봉사원에게 안전한 배달을 부탁한다. 배달 뒤에는 재가노인 집에 부착되어 있는 QR 코드에 자원봉사원이 접속하여 배달 완료 여부를 확인한다. 이어 노인의 AI 활용 방법 교실에 입실하여 참석자의 출석을 확인한다. 활동이 끝난 뒤 강사와 활동 상황에 대해 점검을 한 뒤 일지를 확인한다.

오후에는 예정되어 있던 프로그램개발 회의에 참석한다. 팀장은 ○○복지재단에서 실시하는 공모 사업을 소개하고 지원 여부 및 의제를 제시한다. 강하나 사회복지사와 팀원은 AI를 통해 수집했던 자료와 클라우드에 올린 프로그램 대상자들의 정보를 바탕으로 의제에 맞는 의견을 교환한다.

1. 사회복지관

복지관은 지역사회주민들의 충족되지 않은 욕구와 문제를 발견하고 주민들에게 필요한 서비스를 제공하는 가장 대표적인 직접서비스 기관이자 이용시설에 해당한다(최일섭, 1985). 이용시설은 서비스 이용자가 지역에 거주하면서 필요로 하는 시설의 서비스를 이용하는 시설을 말하는데, 복지관은 다양한 전문인력들이 자원봉사원들와 함께 주민(서비스 이용자)들을 위해 지역사회를 기반으로 종합적인 프로그램과 서비스를 제공하는 이용시설에 해당한다.

복지관은 지역주민을 대상으로 하는 사회복지관, 노인을 대상으로 하는 노인복지관, 장애인을 대상으로 하는 장애인복지관으로 구분할 수 있다. 이들은 '복지관'이라는 이름을 공통으로 사용하고 있으나 적용 법률이 다르고 세부 내용에서 여러 차이점을 갖는다.

이 장에서는 대표적인 이용시설인 사회복지관, 노인복지관, 장애인복지관의 운영 원칙과 역사, 사업 대상, 사업 내용 등을 중심으로 살펴보고자 한다.

1) 정의

사회복지관(community welfare center)은 인보관, 사회복지관, 사회관 등 여러 이름으로 불려 왔다(미국사회복지관연합회, 1980). 이는 사회복지관이 영국의 인보관운동[1])에서 기인하고 있기 때문이다.

산업혁명 속에서 가난한 노동자들은 생계를 위하여 도시로 몰려왔지만 일자리를 얻지 못하면서 실업, 저임금에 따른 생계 곤란, 질병 등의 문제를 경험하게 되었다. 더구나 자유방임주의에 따른 빈부격차가 더욱 심해지면서 이들의 문제는 심각해졌고, 결국 이들의 문제를 해결하려는 운동이 종교인과 사회지식인층을 중심으로 일어나게 되었다. 이들은 종교인으로서의 양심과 오웬의 사회개량주의 영향이 결합되면서 가난한 노동자들이 살고 있는 지역에 함께 거주하며 영국의 문화를 공유하려고 하였다. 또한 노동자들과 협동을 하며 인보관(토인비홀)을 지어 활동하였다(이정호, 1975). 이는 단순히 지리적 의미의 지역사회가 아닌 기능적 의미의 지역사회가 되도록 사회복지관이 역할을 수행한 것을 의미한다(문인숙, 1977). 그리고 지역사회 내 다양한 사회 문제에 노출되어 있는 이웃들에게 관심을 갖고 이들의 문제를 해결하여 가능한 한 최선의 이웃다운 생활을 할 수 있도록 노력하는 기관으로 발달하였다(미국사회복지관연합회, 1980).

우리나라에서 사회복지관은 외국과 달리 1900년대 초 여성을 대상으로 한 계몽사업에서부터 시작하였고 빈곤층, 지역사회주민으로 확대하는 발달 과정을 거쳤다. 서비스 대상의 차이는 있으나 외국의 사회복지관 역할을 수행하려고 노력하였다.

우리나라 사회복지관은 사회복지사업법(제2조5, 제34조5)에 설치 근거를 갖고 있는데, 이 법에서 사회복지관은 '지역사회를 기반으로 일정한 시설과 전문인력을 갖추고 지역주민의 참여와 협력을 통하여 지역사회의 복지 문제를 예방하고 해결하기 위하여 종합적인 복지서비스를 제공하는 시설'로 정의한다.

첫째, 사회복지관은 '지역사회'를 기반으로 한다. 각 지역사회는 고유의 구조와 특성을 발달시켜 왔는데 이를 '지역성'이라고 한다. 사회복지관은 지역사회 고유의 구조와 특성에 대한 이해를 바탕으로 지역사회주민의 욕구와 문제 해

1) 사전에서는 인보(鄰保)를 '가까운 이웃끼리 서로 돕는 것', settle은 '해결하다'의 뜻으로 풀이하고 있다. 이는 인보관운동이 가까운 이웃끼리 서로 도우며 문제를 해결하는 운동으로 정의할 수 있다.

결에 노력해야 한다.

둘째, 일정한 시설과 전문인력을 갖추어야 한다. 사회복지관은 지역사회의 문제를 해결할 수 있는 적합한 시설과 장비를 갖추어야 하며 사회복지사를 비롯한 전문인력이 배치되어야 한다.

셋째, 지역주민의 참여와 협력이 요청된다. 사회복지관은 기관의 힘만으로는 지역사회 문제를 해결하기 어렵다. 지역사회주민들의 관심과 참여 그리고 이들과 협력체계를 구성하는 것이 중요하다. 주민의 욕구와 문제를 해결하는 데 필요한 인적 자원과 물적 자원을 동원하고 활용해야 한다. 또한 지역 내 공공기관, 사회복지기관, 시민사회단체, 교육기관 등과 협력 체계를 갖추는 것도 중요하다.

넷째, 종합적인 복지서비스를 제공한다. 지역사회주민들의 문제는 다양하고 복합적이기에 이를 해결할 수 있는 종합적인 복지서비스가 제공되어야 한다.

2) 역사

우리나라 사회복지관의 시작에는 여러 의견이 있으나 1920년대 원산에서 미국 감리교 여선교사인 메리 놀즈(Marry Knowles)에 의해 시작된 것으로 보는 의견이 많다. 이후 감리교 여선교단은 태화여자관(1921), 보해여자관(1922), 고려여자관(1922)을 비롯하여 춘천, 공주, 인천, 부산, 대전 등 지역으로 확대하였다. 당시 감리교 여선교단에 의해 설립된 사회복지관은 다음과 같은 특징이 있다.

첫째, 주로 미국 감리교회 여성들의 지원으로 설립되었다. 설립 주체가 지역의 자발적인 관심과 참여에 의한 것이 아닌 외원기관(민간단체)에 의해서 설립된 것이다.

둘째, 서비스 대상은 여성이었다. 당시의 사회 문제를 여성의 비인간화로 보았으며 이에 따라 주로 무지와 차별적 대우로 준 인간적인 취급을 받았던 여성들을 주 서비스 대상으로 여겼다.

셋째, 주요 서비스는 여성들의 사회적 지위를 향상시키는 데 초점을 두었다. 각종 교육과 리더십 개발 등 여성들을 위한 계몽사업이 주로 이루어졌다(김경희 · 신혜령, 1981; 문인숙, 1977; 최일섭, 1985).

사회복지관 운영 주체와 사업 대상이 확대된 것은 1950년대부터 1970년대까지였다. 개인 및 민간단체(캐나다유니테리안봉사회, 기독교아동복리회 등), 대학교(이화여자대학교, 중앙대학교 부설)에서 사회복지관을 설립하였다. 이들 복지관은 빈곤층과 소외계층으로 서비스 대상 범위를 넓혔고 이들을 위한 치료적 사업을 펼쳤다(김경희 · 신혜령, 1981; 오정수 · 류진석, 2018). 한편 외원기관들이 철수하면서 사회복지관은 재원 부족으로 운영의 어려움이 생겼는데, 국가가 사회복지관에 보조금을 지급하면서 사회복지관 사업의 골격을 형성할 수 있는 계기가 되었다(남진열, 2003). 하지만 이로 인해 사회복지관이 정부 보조금에 의존하면서 정부의 통제 아래 운영하는 체계를 갖추게 되었다(김영종, 2012).

1980년대에 이르러 사회복지관은 양적 · 질적 성장이 일어났다. 사회복지관 설치 · 운영규정(1989) 제정으로 사회복지관 설치 및 운영에 관한 제반사항들이 마련되었고, 주택건설촉진법(1989)은 저소득층 대상의 영구임대아파트를 건립할 때 사회복지관을 의무적으로 설치하도록 규정하였다. 이와 같이 사회복지관 운영 관련법들의 제정은 사회복지관의 수를 증가시키는 계기가 되었다(염일열 외, 2012).

3) 운영 원칙

사회복지관의 목표는 사회복지서비스 욕구를 가지고 있는 모든 지역사회주민을 대상으로, 보호서비스, 재가복지서비스, 자립능력 배양을 위한 교육훈련 등 지역사회주민들이 필요로 하는 복지서비스를 제공하고, 가족기능 강화 및 주민상호간 연대감 조성을 통한 각종 지역사회 문제를 예방 · 치료하는 종합적인 복지서비스 전달기구로서 지역사회주민의 복지증진을 위한 중심적 역할을 수행하는 데 있다. 이를 위해 사회복지관은 다음의 운영 원칙에 따라 수행하여야 한다(보건복지부, 2022).

(1) 지역성의 원칙

사회복지관은 지역사회의 특성과 지역주민의 문제나 욕구를 신속하게 파악하여 지역사회의 문제를 해결하기 위한 사업 계획을 수립하고 이에 따른 서비스를 제공하여야 하며, 지역주민의 적극적 참여를 유도하여 주민의 능동적 역할과 책임의식을 조성하여야 한다.

(2) 전문성의 원칙

사회복지관은 다양한 지역사회 문제에 대처하기 위해 일반적 프로그램과 특정한 문제를 해결할 수 있는 전문적 프로그램이 병행될 수 있도록 지식과 기술을 보유한 전문인력이 사업을 수행하도록 하고, 이들 인력에 대한 지속적인 재교육 등을 통해 전문성을 증진토록 하여야 한다.

(3) 책임성의 원칙

사회복지관은 서비스 이용자의 욕구를 충족하고 지역사회 문제를 해결함에 있어서 효과성을 극대화하기 위하여 최선의 노력을 기울여야 한다. 이를 위해 전문성을 기반으로 한 실천 과정을 통해 성과를 얻는 것이 중요하다.

(4) 자율성의 원칙

사회복지관은 다양한 복지서비스를 효율적으로 제공하기 위하여 사회복지관의 능력과 전문성이 최대한 발휘될 수 있도록 자율적으로 운영하여야 한다.

(5) 통합성의 원칙

사회복지관은 사업을 수행함에 있어 지역 내 공공 및 민간복지기관 간에 연계성과 통합성을 강화시켜 지역사회복지체계를 효율적이고 효과적으로 운영되도록 하여야 한다.

(6) 자원활용의 원칙

사회복지관은 주민 욕구의 다양성에 따라 다양한 기능 인력과 재원을 필요로 하므로 지역사회 내의 복지 자원을 최대한 동원 · 활용하여야 한다. 사회복지관은 지역사회 내 복지 자원에 대한 관심을 갖고 자원 개발에 대한 끊임없는 노력이 요구된다.

(7) 중립성의 원칙

사회복지관은 정치활동, 영리활동, 특정 종교활동 등에 이용되지 않게 중립성이 유지되어야 한다.

(8) 투명성의 원칙

사회복지관은 자원을 효율적으로 이용하고 운영 과정의 투명성을 유지하여야 한다. 투명성을 견지하는 것은 사회복지관의 신뢰성을 담보하는 핵심 원칙이다.

4) 사업 대상

우리나라 사회복지관은 일반적으로 중산층 이하의 사회경제적 계층 주민들을 대상으로 하는 경우가 많았다(최일섭, 1985). 즉, 저소득층 밀집지역이나 영구임대아파트에 거주하는 주민들이 주 사업 대상이었다.

하지만 사업 대상은 지역사회주민으로 점점 확대되고 있는 추세이다. 사회복지관이 설치되어 있는 지역사회의 특성에 따라 주민의 욕구에 차이가 있기 때문이다. 그래서 정부는 우선적인 사업 대상을 규정하고 있다. 즉, 사회복지관 사업 대상은 사회복지서비스 욕구를 가지고 있는 모든 지역주민이지만 사회경제적 어려움을 갖고 있는 주민을 우선적인 사업 대상으로 규정하고 있다(보건복지부, 2022).

■ 사회복지관의 우선적인 사업 대상

- 국민기초생활보장법에 따른 수급자 및 차상위계층
- 장애인, 노인, 한부모가족 및 다문화가족
- 직업 및 취업알선이 필요한 사람
- 보호와 교육이 필요한 유아 · 아동 및 청소년
- 그밖에 사회복지관의 사회복지서비스를 우선 제공할 필요가 있다고 인정되는 사람

5) 사업 내용

사회복지관은 지역사회의 특성과 지역주민의 복지 욕구에 대한 조사결과를 바탕으로 해당 사회복지관의 실정에 적합한 사업 내용을 자율적으로 정할 수 있다. 다만, 법률에서 정한 사회복지관의 3대 기능(사례관리 기능, 서비스 제공 기능, 지역조직화 기능)을 균형 있게 실시하여야 한다(사회복지사업법 제34조5, 사회복지사업법 시행규칙 별표3).

(1) 사례관리 기능

① 사례 발굴

지역사회 내 보호가 필요한 대상자 및 위기 개입 대상자를 발굴하여 개입 계획을 수립한다. 사회복지관은 이들에 대한 관심을 갖고 통 · 반장 및 복지관 이용 주민과 교류 등 다양한 방법을 동원하여 사례 발굴에 노력해야 한다.

② 사례 개입

지역사회 내 보호가 필요한 대상자 및 위기 개입 대상자의 문제와 욕구에 맞는 맞춤형 서비스가 제공될 수 있도록 개입을 한다. 이들의 문제와 욕구는 매우 다양하고 복합되어 있는 특성을 갖고 있다. 단시간에 해결해야 하는 문제와 욕구도 있지만 오랜 시간 동안 관찰하며 접근해야 할 문제와 욕구 또한 존재하기도 한다. 무엇보다도 이용자 중심의 서비스가 제공될 수 있는 접근이 필요하다.

③ 서비스 연계

사례 개입에 필요한 지역 내 민간 및 공공의 가용자원과 서비스에 대한 정보

제공 및 연계, 의뢰를 한다. 민간 및 공공의 가용자원과 서비스에 대한 정보를 목록화하고 이를 다른 기관과 공유하고 연결하는 것이 필요하다.

(2) 서비스 제공 기능

① 가족기능 강화

지역사회에는 다양한 가족이 존재한다. 가족이 담당하던 역할이 사회로 이전되면서 이들의 문제와 욕구 해결은 사회적 지원이 무엇보다 필요하게 되었다. 따라서 사회복지관은 가족관계증진사업, 가족기능보완사업, 가정 문제 해결 · 치료사업, 부양가족 지원 사업, 다문화가정, 북한이탈주민 등 지역 내 이용자 특성을 반영한 사업을 해야 한다.

② 지역사회 보호

지역사회에 거주하는 요보호노인이나 결식아동 등을 위한 식사제공 서비스, 노인, 장애인, 저소득층 등 재가복지사업 대상자들을 위한 보건 · 의료관련 서비스, 경제적으로 어려운 지역사회주민들을 대상으로 생활에 필요한 현금 및 물품 등을 지원하는 경제적 지원 사업, 독립적인 생활능력이 떨어지는 요보호대상자들이 시설이 아닌 지역사회에 거주하기 위해서 필요한 기초적인 일상생활 지원 서비스, 지역사회에 거주하는 독거노인이나 소년소녀가장 등 부양가족이 없는 요보호대상자들을 위한 비물질적인 지원 서비스, 독립적인 생활이 불가능한 노인이나 장애인 또는 일시적인 보호가 필요한 실직자 · 노숙자 등을 위한 보호서비스, 가정에서 보호를 요하는 장애인, 노인, 소년 · 소녀가정, 한부모가족 등 가족기능이 취약한 저소득 소외계층과 국가유공자, 지역사회 내에서 재가복지 봉사서비스를 원하는 사람에게 다양한 재가복지서비스를 제공한다.

③ 교육문화

주거환경이 열악하여 가정에서 학습하기 곤란하거나 경제적 이유 등으로 학원 등 다른 기관의 활용이 어려운 아동 · 청소년에게 필요한 경우 학습 내용 등에 대하여 지도하거나 각종 기능교육, 성인기능교실, 노인을 대상으로 제공되는 각종 사회교육 및 취미교실운영사업, 일반 주민을 위한 여가 · 오락프로그램, 문화 소외집단을 위한 문화 프로그램, 그밖에 각종 지역문화행사 사업을 실시한다.

④ 자활 지원 등 기타 사업

저소득층의 자립능력 배양과 가계소득에 기여할 수 있는 기능훈련을 실시하여 창업 또는 취업을 지원하는 직업기능훈련 사업, 직업훈련 이수자 기타 취업 희망자들을 대상으로 취업에 관한 정보제공 및 알선사업, 근로의욕 및 동기가 낮은 주민의 취업 욕구 증대와 재취업을 위한 심리 · 사회적인 지원 프로그램 실시사업, 기타 특화사업을 실시한다.

(3) 지역조직화 기능

① 복지네트워크 구축

복지네트워크 구축은 지역 내 복지기관 · 시설들과 네트워크를 구축하고 지역복지의 중심으로서의 사회복지관의 역할을 강화하는 사업으로 지역사회연계 사업, 지역욕구조사, 실습지도 등이 있다.

② 주민조직화

주민이 지역사회 문제에 스스로 참여하고 공동체 의식을 갖도록 주민조직의 육성을 지원하고, 이러한 주민협력 강화에 필요한 주민의식을 높이기 위한 교육을 실시한다. 주민복지증진사업, 주민조직화 사업, 주민교육 등을 들 수 있다.

③ 자원 개발 및 관리

지역주민의 다양한 욕구 충족 및 문제 해결을 위해 필요한 인력, 재원 등을 발굴하여 연계 및 지원하는 사업을 실시한다. 자원봉사자 개발 · 관리, 후원자 개발 · 관리 등을 들 수 있다.

2. 노인복지관

1) 정의

노인복지관은 노인복지법 제36조에 의거한 노인여가복지시설에 해당한다. 노인의 교양 · 취미생활 및 사회참여활동 등에 대한 각종 정보와 서비스를 제공하고, 건강증진 및 질병예방과 소득보장 · 재가복지, 그밖에 노인의 복지증진에 필요한 종합적인 노인복지서비스를 제공하는 시설을 말한다(보건복지부, 2019).

2) 역사

우리나라 노인복지관은 1980년대 초 노인복지법(1981), 노인복지법 시행령 및 시행규칙(1982) 제정을 통해 노인복지관을 노인복지시설 유형에 포함하면서 법적 근거를 갖게 되었다(박재간 외, 1995). 그리고 1989년 중부노인종합복지관(현 시립노원노인종합복지관)과 남부노인종합복지관(현 시립관악노인종합복지관)이 시범 노인종합복지관으로 지정되어 상담사업, 사회교육사업, 재가복지사업을 시작하였다.

1990년대는 노인복지관의 역할이 확대되는 시기에 해당한다. 고령자취업알선센터 개설(1992), 치매주간보호소 개설(1992), 가정봉사원 위탁교육 실시(1995), 치매단기보호사업 시작(1996, 송파노인종합복지관), 중풍주간보호소 개설(1998, 노원노인종합복지관), 경로당활성화사업(2000, 노원 · 관악)을 통해 노인복지관의 역할은 점점 확대되었다. 1997년에는 노인복지법 시행령 · 시행규칙 개정으로 노인복지관은 노인여가복지시설로 분류되었다(한국노인종합복지관협회 홈페이지).

2000년대는 법률 개정과 함께 현재의 노인복지관 운영체계를 마련하는 시기에 해당한다. 보건복지부는 2004년 최초로 노인복지회관 운영지침을 마련하였고, 2005년 노인복지관 운영 지원을 지방으로 이양하였다. 2007년 노인복지법 개정으로 노인복지회관이 '노인복지관'으로 명칭을 변경하였으며, 2013년 예방, 보호, 통합 3대 기능 중심의 노인복지관 운영방향을 재정립하게 되었다(보건복지부, 2020).

3) 운영 원칙

노인복지관의 목표는 ① 건강한 노후를 위한 예방, 취약노인 케어 기반구축 및 확충, ② 활동적인 노후를 위한 사회참여 여건 조성 및 활성화, ③ 안정적 노후를 위한 소득보장의 다양화와 내실화를 통해 성공적인 노후가 실현될 수 있도록 지원하는 종합적 노인복지서비스 전달기구로서 중심적 역할을 수행하는 데 있다.

노인복지관은 목표를 성취하기 위해 다음과 같이 운영 원칙을 고려해야 한다.

첫째, 노인복지관은 60세 이상의 모든 노인이 참여할 수 있도록 하여야 한다. 다만, 저소득층 등 소외계층 노인들이 이용에 소외되지 않도록 프로그램 운영에서 중점 추진해야 한다. 노인복지관을 이용하고자 하는 노인이 해당 지역에 실거주하지 않더라도 자녀 · 친지 등의 연고가 있거나 거주지역 내 이용할 여가시설이 없는 경우 등이 있을 경우 노인복지관을 이용할 수 있도록 하는 등 탄력적으로 운영해야 한다.

둘째, 노인복지관은 전문성, 지역성, 중립성, 책임성을 견지하고 자율적인 운영기반을 확립한다.

셋째, 노인계층의 변화에 대비하여 베이비부머 세대를 대상으로 하는 은퇴준비 프로그램에 대한 사회참여 및 취업 등의 특화 프로그램을 개발 운영한다.

넷째, 고령사회, 황혼 돌봄 등 시대 변화를 반영한 성별 특화 프로그램개발 및 보급한다.

다섯째, 지역노인에 대한 상담 및 정보제공, 욕구사정을 통하여 수요자 중심의 맞춤형 서비스 및 정보를 제공한다.

여섯째, 세대통합프로그램 지원을 통해 가족과 사회통합강화를 위해 노력을 해야 한다.

일곱째, 지역 노인보호 거점기관으로서 읍 · 면 · 동 행정복지센터 및 지역 노인복지서비스기관 연계를 통한 취약노인보호 체계구축, 위기노인 보호사업을 운영한다(보건복지부, 2020).

4) 사업 내용

노인복지관은 이용 노인의 여가 욕구사정 및 지역 특성을 반영하여 사업을 운영해야 하며 기본 사업과 선택 사업으로 구분하여 실시한다(보건복지부, 2020).

(1) 기본 사업

기본 사업은 노인복지관이 종합복지센터로서의 기능과 역할을 수행하기 위해 기본적으로 제공해야 할 사업을 말한다.

① 평생교육 지원 사업

노년기의 연장과 급속한 사회 변화 속에서 성공적 노후생활을 위해 다양한 지식 및 기술 학습과 자기계발을 할 수 있도록 인생주기별 교육 욕구에 따른 평생교육 프로그램을 실시한다. 교양, 인문학, 외국어교육, 정보화교육, 노화와 노년기에 대한 이해, 노후생활방법, 예비노인 노후준비 프로그램 등을 들 수 있다.

② 취미여가 지원 사업

노인들의 의미 있는 노후시간을 보낼 수 있도록 문화예능활동과 여가활동의 기회를 제공하여 취미를 개발하고 여가활동을 활성화하기 위하여 다양한 프로그램을 제공한다. 예능활동, 문화활동, 취미활동, 체육활동, 동아리활동 등을 들 수 있다.

③ 건강생활 지원 사업

노인성 질환을 예방하기 위한 신체활동 지도, 지적 능력과 신체기능이 저하되거나 마비되어 일상생활에 곤란을 겪고 있는 노인들의 정신적, 신체적 기능 회복, 요양서비스, 영양 공급 등을 지원한다. 건강 및 보건교육, 질병예방, 상담, 건강교실 운영(건강체조, 기체조, 요가 등), 치매예방 프로그램(인지활동서비스), 이 · 미용, 물리치료 등 건강증진 지원 사업 등을 들 수 있다.

④ 상담 및 정보제공 사업

지방자치단체는 노인복지관에 노인복지상담이 가능한 별도의 상담실을 설치하여 상담 전문가를 1인 이상 배치한다. 노인상담 담당 인력은 한국보건복지인력개발원 등 전문적인 노인상담 교육과정(노인 위기상황에 대한 이해와 대처기술, 면접 상담기법, 개입 및 평가 기법 등)을 이수하도록 지원해야 한다. 노인의 일반상담(이용상담, 접수상담), 전문상담(경제, 법률, 주택상담, 세금상담 등), 심리상담을 비롯하여 치매 종합상담, 노인학대상담(노인학대 사례 발견 시 노인보호 전문기관에 연계), 노인 성상담, 노인자살예방사업, 복지 정보제공, 상담 등을 들 수 있다.

⑤ 사회참여 지원 사업

사회참여 지원 사업은 노인자원봉사 활성화 사업, 노인일자리 및 사회활동 지원 사업, 노인재능나눔활동 등 지역사회 참여를 통하여 노인의 사회적 역할을 모색하는 사업을 말한다.

⑥ 위기 및 독거노인 지원 사업

지역사회 내 독거노인의 신체 · 정서 · 사회적 자립 지원 프로그램 운영, 독거노인 돌봄서비스, 읍 · 면 · 동 행정복지센터 및 유관기관 등과 연계, 사례관리 사업 등을 진행한다. 남자 독거노인 신체건강 지원, 사별 노인 치유, 사회관계 증진 프로그램 등을 들 수 있다.

또한 취약노인보호 연계망을 구축하여 지역 노인보호전문기관, 독거노인 돌봄수행기관 등을 통해 접수된 위기 · 취약 노인에게 우선적인 지원 사업을 시행해야 한다.

⑦ 정서 및 사회생활 지원 사업

노인의 우울 및 자살을 예방하고 자아존중감, 자아통합감을 향상시킴으로써 안정적인 심리 · 정서 상태를 유지할 수 있도록 다양한 정서생활을 지원할 수 있는 프로그램을 운영한다. 우울 및 자살예방 프로그램, 죽음준비 프로그램, 집단 프로그램, 자조모임 등을 들 수 있다.

⑧ 지역자원 개발 및 연계

지역사회에서 후원자 및 자원봉사자를 개발하고 지역복지기관과의 연계를 통하여 노인복지서비스의 효과성을 제고하며, 노인복지관의 우수 프로그램을 지역사회 타 노인복지시설과 연계하여 지원한다.

⑨ 노인권익증진 사업

노인학대 방지 및 노인권익사업을 실시하여 노인에 대한 인식개선 및 권익 증진을 도모한다. 특히 노인복지관은 노인소비자피해 신고기관으로 지정 운영하도록 하고 있는데, 노인 연령의 특성상 사기판매 등의 소비자 피해에 취약하므로 이에 대한 정기적 교육과 홍보 활동을 실시한다. 또한 노인복지관 종사자 및 이용자를 대상으로 성인지적 관점 정립을 위한 양성평등교육을 실시해야 한다.

(2) 선택 사업

선택 사업은 기본 사업 이외의 사업으로 지역 또는 노인복지관의 특성을 반영하여 노인복지관이 개발 및 추진 가능한 사업을 말한다.

① 건강생활 지원 사업

운동요법, 한방요법, 일상생활 동작훈련(ADL요법), 단체(GROUP)요법, 작업요법, 물리요법 등 기능회복 지원 사업과 경로식당(중식서비스), 밑반찬, 도시락 배달, 푸드뱅크 등 급식 지원 사업을 들 수 있다.

② 고용 및 소득 지원 사업

저소득 노인에 대한 후원금 연결과 은퇴 후 경제적 노후 설계를 위한 경제교육을 실시한다. 노인의 사회참여 활성화를 통하여 소득을 확보하고 고용을 창출함으로써 건강 보장, 자아성취 등의 종합적 복지증진에 기여해야 한다. 고용자 취업 지원 사업, 경제교육, 노후준비교육 등을 들 수 있다.

③ 가족기능 지원 사업

요보호노인으로 인한 가족해체를 방지하고 돌봄이 필요한 노인에게 서비스를 제공하여 가족을 지원하고 지역사회 안에서 보호될 수 있도록 지원하는 사업을 말한다.

④ 가족통합 지원 사업

세대통합 및 가족관계 프로그램을 통한 노인인식 개선사업을 해야 한다.

⑤ 돌봄 요양서비스

장기요양보험 등급자를 대상으로 잔존기능 유지 및 건강증진 지원을 위한 프로그램 제공해야 한다. 치매 환자 프로그램, 주·야간보호 등을 들 수 있다.

⑥ 노인주거개선 사업

도배·장판 교체 및 보일러 수리 등 집수리를 위하여 능력과 기술이 있는 노인들이 참여하는 노인주거개선사업단을 구성·운영하여 노인들의 주거환경을 개선하고, 삶의 질 향상에 기여해야 한다.

3. 장애인복지관

1) 정의

장애인복지관은 장애인복지법 제58조에 의거한 장애인 지역사회재활시설이다. 지역사회재활(Community-based Rehabilitation: CBR)은 장애인의 재활을 달성하기 위하여 지역사회의 자원, 즉 장애인과 그 가족 및 전 지역사회의 인적·물적 자원을 가동, 활용하고 이를 위하여 지역사회 수준에서 채택된 모든 방법을 포함하는 것으로(이준우, 2007), 1981년 이후 세계보건기구(WHO)의 중요한 재활정책으로 권장되었다(이용복 · 권효정, 2007). 따라서 장애인복지관은 장애인에 대한 각종 상담 및 사회심리 · 교육 · 직업 · 의료재활 등 장애인의 지역사회생활에 필요한 종합적인 재활서비스를 제공하고 장애에 대한 사회적 인식 개선사업을 수행하는 시설을 말한다(보건복지부, 2022).

2) 역사

우리나라 장애인복지관은 1980년대에서 출발한다. 1981년 제 32차 UN 총회의 '세계장애자의 해'가 제정되고 우리나라에서 심신장애인복지법이 같은 해에 제정되면서 장애인 이용시설로 재활센터 건립을 추진하게 된다. 그동안 수용 · 보호 중심으로 이루어졌던 장애인복지 성책이 이용 중심으로 이동힌 것으로 볼 수 있다. 이에 따라 1982년 서울장애인종합복지관과 한국시각장애자복지관이 공식 허가를 받아 최초의 공식 장애인복지관이 되었다. 이후 보건복지부는 전국 각 시 · 도에 1개 이상의 장애인복지관을 설치하였다(이용복 · 권효정, 2007; 이준우, 2007). 1989년 '심신장애자복지법'이 '장애인복지법'으로 개정되면서 장애인복지시설을 유형화하게 되었는데, 이때 장애인 이용시설 개념이 등장하였다.

1990년대에는 각 지방자치단체에서 장애인복지관 설립을 활발하게 추진하면서 장애인복지관의 양적인 증가가 이루어졌다. 1999년 장애인복지법의 전문 개정과 함께 장애인복지관이 장애인 지역사회재활시설에 포함하면서 재가장애인을 위한 이용시설이 되었고, 이와 함께 장애인복지관에서 운영하는 그룹홈, 주간 및 단기보호센터 등은 법적 근거를 갖게 되었다(이용복 · 권효정, 2007).

3) 운영 원칙

장애인복지관을 운영함에 있어 고려해야 할 기본 방침은 다음과 같다(보건복지부, 2022).

첫째, 장애인복지관의 수행사업은 어떠한 경우에도 정치활동, 영리활동 및 특정 종교활동 등으로 이용할 수 없으며, 인도주의적 원칙하에 이를 이용하는 장애인의 인간적 존엄성과 기본적 권리가 유지되도록 조치해야 한다.

둘째, 복지관의 종사자는 사회복지사업법 제5조에 의하여 그 복지업무를 행함에 있어서 장애인복지를 필요로 하는 사람을 위하여 차별 없이 최대로 수행해야 한다.

셋째, 복지관은 이용 장애인에 대한 서비스는 물론 장애 발생 예방과 지역장애인 문제의 조사, 연구 등 장애인복지가 종합적으로 향상되도록 하여야 하며, 이를 위해 각 복지관에서는 장애인의 날(매년 4월 20일) 전 · 후 1주간을 '장애발생예방주간 및 인식개선 주간'으로 정하여 지역주민, 학생, 직장인 등을 대상으로 장애 발생 예방 및 인식개선 프로그램을 실시한다.

넷째, 복지관은 지역장애인 등의 다양한 복지 욕구를 해소하기 위하여 자원봉사자 활용, 지역 내 복지 자원의 동원 등 당해 지역사회의 자원을 개발 및 활용한다.

다섯째, 복지관은 지역 장애인복지의 증진효과와 투입재원 및 수행사업의 적정성, 효율성 등을 지속적으로 평가하고 이를 활용하여 발전적 운영 개선방안을 강구해야 한다.

여섯째, 복지관은 운영 및 사업 수행에 있어 지역사회를 기반으로 한 지역장애인의 의사와 선택권을 존중하고 이를 사업에 적극 반영해야 한다.

일곱째, 복지관은 장애 유형에 따른 다양한 교육적 욕구를 해소하고 장애인이 국민으로서 평생에 걸쳐 능력과 적성에 따라 교육받을 권리를 가질 수 있도록 체계적이고 지속적인 평생교육을 지원해야 한다.

여덟째, 복지관은 장애인복지 관련분야의 전문적인 지식과 기술을 가지고 있는 전문인력에 의해 수행되도록 노력해야 한다.

아홉째, 복지관은 이용 장애인의 인권침해를 예방하고 인권침해 발생 시 필요한 조치를 통해 이용자의 인권이 보장될 수 있도록 하기 위하여 정기적인 인권교육을 실시(단, 자연재해 감염병 등 불가피한 상황 발생 시 온라인을 통한 교육 실시)해야 한다.

열째, 복지관은 주말에 시설을 개방 또는 관련 프로그램을 운용하여 취업장애인 등 주말 이용자의 편의를 도모해야 한다.

4) 사업 내용

장애인복지관은 장애인의 지역사회생활에 필요한 종합적인 재활서비스를 제공하고 장애에 대한 사회적 인식 개선사업을 수행해야 한다. 이를 위해 장애인복지관 사업은 상담 · 사례관리, 기능강화 지원, 역량강화 및 권익옹호 지원, 직업 지원, 평생교육 지원, 사회서비스 지원, 장애인 가족 지원, 지역사회 네트워크로 구성한다(보건복지부, 2022).

〈표 8-1〉 장애인복지관 주요 사업 내용

대분류	중분류
상담 · 사례관리	사례 발굴, 접수 및 사정, 개입 계획, 개입, 지역회의, 기타
기능 강화 지원	운동 · 지각 향상, 의사소통 향상, 학습능력 향상, 사회적응력 향상, 기타
장애인 가족 지원	상담 및 교육, 가족기능 강화, 양육 지원, 여성장애인 복지 증진, 장애인 무료급식, 기타
역량강화 및 권익옹호 지원	역량강화 및 지역 사회참여 활동 지원, 권익옹호, 정보제공, 수어 관련, 기타
직업 지원	직업상담 및 평가, 전환교육, 직업적응 및 역량개발훈련, 사업체 개발 및 관리, 기타
지역사회 네트워크	지역사회 장애인 복지서비스 개발 및 지원, 지역의 사회통합환경 조성, 주민조직 지원, 민 · 관 협력 네트워크 구축, 지역자원 개발 및 관리, 기타
평생교육 지원	상담 및 프로그램개발, 기초문해 및 학력보완교육, 문화예술 및 인문교육 교육, 시민참여 교육, 기타
사회서비스 지원	장애인 활동 지원, 장애아동 재활치료, 기타
운영 지원 및 기획 · 홍보	총무, 기획, 홍보, 고객만족 윤리경영, 기타

출처: 보건복지부 (2022). pp. 257-260 재구성

생각 다듬기

1. 법률에서 정한 사회복지관, 노인복지관, 장애인복지관의 차이점을 알아봅시다.

2. 사회복지관, 노인복지관, 장애인복지관의 공통점을 알아봅시다.

3. 학습자 자신이 생활하고 있는 지역 내 사회복지관, 노인복지관, 장애인복지관의 주요 사업 내용을 살핀 뒤 이용자들을 위해 필요한 지역사회복지 실천은 무엇인지 토론해 봅시다.

CHAPTER 09

지역사회복지실천과 지역사회 자활

COMMUNITY WELFARE

09

CHAPTER 09

지역사회복지실천과 지역사회 자활

홍미희(가명) 사회복지사는 지역자활센터에서 3년째 근무하고 있다.

오전에는 센터에서 위탁 운영하고 있는 노인돌보미 바우처 사업을 검토한다. 노인 돌보미들의 근무 상황을 검토하고 업무 과정에서 발생할 수 있는 예기치 못한 일들이 무엇이 있었는지를 검토한다.

오후에는 자활창업을 위한 정보를 수집한다. 국가 공공데이터(Big Data) 자료, AI 검색 자료들, 그리고 기업들의 사업 목록을 검토하면서 자활센터에서 추진할 수 있는 사업 아이디어를 수집한다. 자활센터를 이용하는 회원들과 함께 이야기를 나누며 현재의 경제적 상황 그리고 필요한 정보를 공유한다.

1. 지역사회 자활

자활은 복지와 관련하여 사용해왔던 용어이다. 그동안 주로 장애인을 대상으로 '재활'이라는 용어를 적용해 왔다면, '자활'이라는 용어는 경제적 어려움에 처한 주민들을 대상으로 이들의 경제적 문제를 해결하기 위해 적용하는 경우가 많았다. IMF 이후 실업 등 경제적 어려움을 경험하고 있는 이들을 지원하기 위해 정부가 '자활'을 주요 용어로 사용하고, 이를 구체적으로 실현하기 위한 지역사회복지조직으로 '지역자활센터'를 설립하면서 '자활'이라는 용어가 확산하게 되었다.

1) 정의

'자활(自活)'은 스스로 문제를 해결하거나 문제 해결을 위해 노력하는 행위를 의미한다. 사회복지 영역에서 '자활'은 개인이 물질적 · 사회적 빈곤과 노동으로부터의 소외를 극복하고 사회 주류 속에서 인간으로서의 기본적인 삶의 질을 누릴 수 있는 상태 또는 이를 실현하는 과정으로 정의한다(이준우 외, 2011).

자활은 재활, (협의의)자활, 자립이라는 세 가지 차원의 의미를 포함한다. 재활은 신체적 · 정신적 · 심리적으로 노동능력과 의지를 상실한 사람들이 다시 일할 수 있도록 지원하는 것을 말한다. (협의의)자활은 실직 상태에 있거나 극히 불안정한 생계수단을 가진 사람들에게 취업 또는 창업 기회를 제공하여 노동을 통한 자립으로 이어지도록 하는 과정을 말한다. 자립은 불안정한 고용상태에서 생계를 유지하는 사람들에게 한정적인 고용 및 생업 환경을 조성하여 독립적인 생활이 가능하도록 하는 것을 말한다(오정수 · 류진석, 2018).

자활을 통합적 측면으로 보는 시각도 있다. 즉, 자활은 경제적 자활, 정서적 자활, 사회적 자활, 삶의 회복을 위한 통합적 지원으로 구성할 수 있다는 것이다. 즉, 경제적 자립을 위해 근로와 일자리를 제공하고(경제적 자활) 삶과 근로에 대한 의지를 고양시키며(정서적 자활), 상실되었던 사회적 관계를 회복하면서(사회적 자활) 삶을 회복해 가는 통합적 지원 과정(삶의 자활)으로 본다(최상미, 2018; 최상미 · 홍송이, 2018).

우리나라의 '자활'은 근로 능력을 가진 빈곤층에게 근로와 일자리를 제공하는 경제적 자활을 강조하는 경향이 높다. 이는 자활사업이 노동을 통해 빈곤 문제를 해결하려던 공공부조 정책과 관련성을 가진다.

자활사업은 탈빈곤을 위한 사회복지 정책으로서 과거 일방적으로 급여를 제공했던 빈곤 프로그램과 달리 지역사회 차원에서 공동으로 문제 해결을 도모하고 자활의지를 고취시켜 지역사회로의 통합과 사회적 연대를 강화하는 사업으로서 의의를 갖는다(유동철 · 홍재봉, 2021). 따라서 지역사회 자활은 근로 능력을 가진 빈곤층에 대해 지역사회에서 노동의 기회 및 다양한 서비스를 제공하여 빈곤을 벗어나게 하려는 일련의 과정이며 조직적이고 체계적인 원조활동이라고 할 수 있다(오정수 · 류진석, 2018).

2) 역사

우리나라 지역사회자활센터는 1970년대 빈민들이 밀집된 지역 내에서 발생한 주민운동 및 공동체 구축에서 찾을 수 있다. 1970년대 초반 수도권특수선교

위원회에서 진행한 빈민선교와 산업선교 전통을 시작으로 1980년대 신용협동조합운동이 성과를 이루었고, 이는 1990년대 건설, 봉제 업종의 생산공동체운동으로 발전하였다. 즉, 노동자협동운동과 생산공동체운동의 성과가 지역사회자활센터 설립에 중요한 영향을 미친 것이다. 이후 학계와 정부의 관심을 받게 되면서 자활 지원센터 5개소 시범사업(1996)과 함께 정부의 개입이 시작되었다. 이 때 적용한 모델은 봉제, 건설, 청소, 도시락 등과 같은 시장진입형 창업모델이었다(유동철 · 홍재봉, 2021; 이상우, 2020).

1999년 국민기초생활보장법이 제정되면서 자활사업은 본격적으로 정부의 지원 속에 발달하게 된다. 지역자활센터의 수는 1999년 20개소, 2000년 70개소로 3배 이상 증설되었고 2004년에는 광역자활센터 시범사업이 3개소에서 실시되었다. 2008년 중앙자활센터가 설립되었고 2010년도 이후 지역자활센터 전국 247개소, 광역자활센터 전국 16개소로 증가하였으며 2019년 한국자활복지개발원이 실립된다(보건복시부, 2022).

이처럼 자활사업은 민간의 자발적인 공동체운동에서 시작되었으며, IMF 이후 국민기초생활보장법 제정과 정부의 지원 속에 발전하며 오늘날의 추진체계를 형성하게 되었다.

3) 추진체계

자활사업은 국민기초생활보장제도가 시행되면서 본격적으로 시행된 사업이다. 자활사업의 추진체계에 따른 역할은 다음과 같다(보건복지부, 2022).

지역사회 자활의 총괄은 보건복지부에서 맡고 있다. 국민기초생활보장제도를 총괄하며 종합자활지원계획을 수립하고 지역자활센터를 지정 · 관리한다.

그리고 한국자활복지개발원은 자활사업을 조사 및 연구를 통해 지원하는 역할을 맡고 있다.

시 · 도는 광역 자활사업을 총괄 시행한다. 시 · 군 · 구는 지역 자활사업을 총괄 시행하며 자활기금을 설치 및 운영하고 자활기관협의체를 운영한다. 특히 시 · 군 · 구는 근로 능력 여부 판정에 따라 자활사업 대상자를 결정하고 읍 · 면 · 동은 조건부 수급자를 확인 및 조사한다.

광역별 · 지역별 자활사업을 시행하는 조직은 광역자활센터 및 지역자활센터이다. 광역자활센터는 광역 단위의 저소득층에 대한 취업과 창업을 지원하고 지역특화형 자활 프로그램을 개발 및 보급한다. 지역자활센터는 참여자들을 대상으로 교육 및 사례관리를 실시하고 자활에 필요한 정보제공, 상담, 직업교육, 취업알선을 수행한다. 고용노동부와 고용센터는 저소득층에 대한 취업 지원을 맡고 있다.

〈표 9-1〉 지역사회 자활의 추진 주제별 역할

구분	업무	역할
보건복지부	• 국민기초생활보장제도 총괄 • 종합자활 지원계획 수립(매년 12월) • 자활 프로그램개발 · 추진 • 지역자활센터 지정 · 관리	자활정책 · 사업 총괄관리
시 · 도 시 · 군 · 구	• 지역자활 지원계획 수립(매년 1, 2월) • 자활기금의 설치 · 운영 • 급여 실시여부 및 내용결정, 지급 • 자활기관협의체 운영 • 조건부 수급자 책정 및 생계급여 중지 여부 결정 • 참여자 자활 지원계획 수립 · 관리	자활사업 총괄시행
읍 · 면 · 동	• 조건부 수급자 확인조사(자산조사 제외)	조건부 수급자 관리
자활인프라	(한국자활복지개발원) • 자활 지원을 위한 조사 · 연구 · 교육 및 홍보사업 • 자활 지원을 위한 사업의 개발 및 평가 등 (광역자활센터)	자활사업 수행

	• 광역단위의 저소득층에 대한 취 · 창업 지원 • 지역특화형 자활 프로그램개발 · 보급 등 (지역자활센터) • 자활 의욕 고취를 위한 교육, 참여자 사례관리 • 자활을 위한 정보제공 · 상담 · 직업교육 및 취업알선 • 기타 자활을 위한 각종 사업 등	
고용노동부	• 종합취업 지원계획 수립(매년 12월) • 취업 지원 프로그램개발 · 추진	취업 지원 관리
고용센터	• 개인별 취업지원계획 수립 · 관리 • 취업 알선 등 취업지원 프로그램 시행 • 취업대상자의 조건이행 여부 확인	취업 지원 시행

출처: 보건복지부 (2022). p. 4.

4) 지역사회 자활사업

지역사회 자활사업은 크게 자활 사례관리, 자활근로사업, 자활기업 지원 사업, 자활근로소득공제로 살펴볼 수 있다.

(1) 자활 사례관리

자활 사례관리는 게이트웨이(Gateway)를 포함하여 개인별 자활 지원계획을 바탕으로 상담, 근로기회 제공, 자활근로를 통한 근로 의욕 · 자존감 고취 등을 모니터링하고 자립에 필요한 각종 서비스를 연계 지원하는 사업을 말한다. 게이트웨이는 자활근로 참여자의 구체적인 자활경로를 세우고 이를 이행하기 위하여 기본 지식과 소양을 익히는 사전 단계로 상담, 기초교육, 욕구조사에 기반하여 개인별 자립경로(IAP)와 개인별 자활 지원계획(ISP)을 수립하는 것을 말한다.

자활 사례관리를 통해 자활 방향 수립을 지원하며 자활을 위해 필요한 서비스 연계와 조정, 점검 및 사후관리를 실시하고 지역사회 내 · 외 사회복지 유관 기관 등과 상시 업무연계 및 사례관리를 강화한다.

(2) 자활근로사업

자활근로사업은 국민기초생활보장법에 의해 저소득층에게 자활을 위한 근로의 기회를 제공하여 자활기반을 조성하는 사업으로 한시적인 일자리 제공에 그치지 않고, 저소득층이 취업 · 창업을 통해 경제활동을 영위할 수 있도록 기초 능력 배양 및 자립 장애요인의 제거에 초점을 둔다. (사업영역) 전국 표준화 사업, 공공 · 민간 연계사업 등 전국 단위 사업 및 지역 실정에 맞는 특화사업을 적극 개발하여 추진한다.

자활근로사업은 참여자의 자활능력과 사업유형에 따라, ① 근로유지형, ② 사회서비스형, ③ 인턴 · 도우미형, ④ 시장진입형 자활근로사업으로 구분한다. 근로유지형은 기존 공공근로사업처럼 한시적인 일자리 제공이 아닌 저소득층의 자활 촉진을 위한 자활기업 창업 등을 위해 기초 능력 배양사업단 형태로 운영되며, 창업 교육, 기능 습득 지원, 근로 기회의 제공과 근로 능력 향상을 위한 각종 지원을 실시한다. 지자체가 직접 운영하거나 지역자활센터에서 수행한다. 사회진입형, 인턴 · 도우미형, 사회서비스형은 지역자활센터와 민간위탁기관에서 실시한다(보건복지부, 2022).

(3) 자활기업 지원 사업

자활기업은 2인 이상의 수급자 또는 차상위자가 상호협력하여 조합 또는 사업자 형태로 탈빈곤을 위한 자활 사업을 운영하는 업체를 말한다. 2000년도에 국민기초생활보장법 시행으로 '자활공동체 창업' 지원이 시작되었고, 2012년 '자활기업'으로 명칭이 변경되었다.

자립형 자활기업과 사회형 자활기업으로 구분하며, 2인 이상의 수급자 또는 차상위자로 구성되어야 한다. 인정요건과 지원요건을 동시에 충족한 자활기업에 대해서만 지원을 할 수 있다.

(4) 자활근로소득공제

수급자의 근로의욕 감퇴를 예방하기 위해 근로소득의 일정 비율을 산정하여 '자활근로소득공제'를 적용한다. 생계급여 산정 시 소득인정액에서 자활소득의 30%를 공제하여 생계급여가 추가 지급되며, 둘 이상의 근로 · 사업소득 공제 항목에 해당하는 경우에는 가장 유리한 항목을 적용한다.

2. 지역자활센터

1) 정의

지역자활센터(전 자활후견기관)는 국민기초생활보장법 제16조와 제22조, 국민기초생활보장법 시행규칙 제27조~제30조에 의거한 비영리조직으로 근로 능력이 있는 수급자 및 차상위계층의 자활근로사업을 일선에서 담당 · 수행한다(김종일, 2012). 즉, 근로 능력이 있는 저소득층에게 집중적 · 체계적인 자활지원서비스를 제공하여 이들의 자활 의욕을 고취시키고 자립 능력의 향상을 지원하는 기관이다. 따라서 기초수급자 및 차상위계층의 자활 촉진에 필요한 사업을 수행하는 핵심 인프라로서의 역할을 수행하도록 하고 있다(보건복지부, 2022).

2) 기본 원칙

(1) 기본 원칙

지역자활센터는 다음과 같은 기본 원칙을 갖는다(보건복지부, 2022).

① 참여주민 고유성과 존엄성의 원칙

인도주의 원칙하에 주민들의 개별적 고유성과 존엄성이 최대한 보장되도록 수행하여야 한다.

② 주민자발성의 원칙

저소득층 주민의 자발적 참여와 자조 자립할 수 있도록 지원하여 주민의 역할과 책임을 장려한다.

③ 독립성의 원칙

독립된 행정체계와 운영체계를 가져야 하며, 기존 복지관이나 시설의 프로그램 중 일부로 편입되어 운영되어서는 안 된다.

④ 기준시설 확보의 원칙

주민들과의 상담, 교육, 훈련 및 경영지도 등의 자활 · 자립을 도모하는 종합적인 서비스를 제공하기 위하여 일정한 규모의 기준시설을 확보해야 한다.

⑤ 전문가에 의한 사업 수행의 원칙

지역사회복지, 지역사회조직 및 개발 관련 분야의 전문지식과 함께 지역조직 활동에 전념하여 지역현장 경험을 갖춘 전문적이고 헌신적인 인력에 의해 수행한다.

⑥ 지역사회 제반자원 활용의 원칙

주민의 자활 · 자립을 위하여 지역 내 다양한 물적 · 인적 자원을 필요로 하며, 이를 위해 지역의 제반 자원을 조직 · 동원하여 가용자원으로 활용한다.

⑦ 사업실행 평가의 원칙

주민들의 생활 향상과 변화의 효과, 재정투자의 효과, 사업 내용 및 방법의 적합성 등이 지속적으로 평가되어야 하며, 평가 결과가 새로운 사업 수행에 환류하여 활용되도록 한다.

(2) 지정

지역자활센터는 지역사회복지사업 및 자활 지원 사업의 수행능력과 경험 등이 있는 사회복지법인 등 비영리법인과 단체에서 맡도록 하고 있다. 2023년 현재 250개소가 설치 및 운영되고 있다.

기관 유형을 살펴보면 사회복지법인이 가장 많으며, 그다음으로 사단법인, 재단법인, 시민단체 순으로 나타나고 있다.

〈표 9-2〉 기관 유형별 지역자활센터 설치 수

유형	종교 법인	사회 복지 법인	비영리 민간 단체	지자체	사회적 협동 조합	재단 법인	사단 법인	학교 법인	기타	합계
계	7	76	14	8	32	46	59	4	4	250

출처: 한국지역자활센터 홈페이지.

(3) 운영 원칙

- 지역자활센터를 운영하기 위한 기본적인 사항은 보건복지부장관이 정하는 바(지역자활센터 운영지침 및 지역자활센터 직제 · 보수 지침)에 따라 운영하여야 한다.
- 지역자활센터 운영 주체로 지정된 법인 등(비영리법인, 단체)은 센터장과 연대하여 지역자활센터사업 및 기관운영 등에 최종 책임을 지나, 신청 법인 등과는 독립적 · 자율적으로 운영되어야 한다.
- 지역자활센터 사업은 부가가치세법상 실사업자인 지역자활센터 명의로 사업자등록증을 등록하여야 한다.
- 자활사업 실시기관 종사자(센터장 포함) 등 타인 명의의 사업자등록 및 대표직 겸직 수행을 금지한다. 다만, 지역자활센터에서 사회서비스사업을 수행하는 경우 관리자 겸직이 가능하다.
- 사업자등록에 따라 지역자활센터의 실지명의(實地名義)에 의한 금융계좌를 개설하여 거래하여야 한다.

3) 주요 사업

보건복지부는 지역사회자활센터의 주요 사업을 다음과 같이 제시하고 있다(보건복지부, 2022).

① 자활 의욕 고취를 위한 교육

근로 능력이 있는 저소득층의 자활 의욕 고취 및 기초 능력 배양을 위한 교육 프로그램을 개발 · 운영하고, 전문교육은 광역자활센터 및 자활연수원과 연계한다.

② 자활을 위한 정보제공 · 상담 · 직업교육 및 취업알선

③ 자영창업 지원 및 기술 · 경영지도

창업을 통해 자활할 수 있도록 기술 · 경영 지원을 하고, 창업 후에도 적극적인 사후 관리를 통해 완전 자립할 수 있도록 지원한다.

④ 자활기업의 설립 · 운영 지원

기초수급자 등 저소득층이 모여 경제적으로 자립할 수 있는 자활기업을 설립해 자립 · 자활할 수 있도록 체계적인 지원을 한다.

⑤ 사회서비스 지원 사업

장애인, 산모 · 신생아, 노인돌보미 바우처사업 등 사회서비스 사업을 위탁 수행한다.

⑥ 서비스 연계

수급자나 차상위자의 자활사업 참여나 취업 · 창업으로 인하여 지원이 필요하게 된 가구에 대하여 사회복지서비스 등 필요한 서비스를 연계한다.

⑦ 통장 사례관리

보건복지부 시행 근로빈곤층 대상 자산형성 지원 사업 참여자에 대한 사례관리 및 자립역량교육 지원 등을 실시한다.

⑧ 그밖에 수급자 등의 자활을 위한 각종 사업

4) 수입

지역자활센터의 수입은 보조금 수입, 차입금, 전입금, 이월금, 잡수입, 후원금, 매출액 등으로 조성된다. 수입 범위에 매출액이 포함된 것이 일반 지역사회복지조직과 다른 지역사회자활센터의 특성으로 볼 수 있다.

3. 광역자활센터

1) 정의

광역자활센터는 광역 단위의 자활사업 인프라를 구축하여 자활사업의 효과성을 높이고 활성화를 도모하려는 자활센터이다.

2) 기본 방향

광역자활센터는 설립 목적을 이루기 위해 다음과 같은 기본 방향을 준수해야 한다(보건복지부, 2022).

- 광역자활센터 운영과 관련하여 사회복지법인 및 사회복지시설 재무 · 회계 규칙 관련 규정을 준수하여야 한다.
- 광역자활센터 운영 주체로 선정된 기관은 기관장이 광역자활센터 사업 및 기관 운영 등에 최종 책임을 지며, 모법인 및 법인 내 다른 기관과의 독립적 · 자율적으로 운영되어야 한다.
- 시 · 도지사는 광역자활센터가 자활사업 관련 제반업무를 성실히 수행하도록 지도 · 감독을 철저히 하여야 하며, 문제 발생 시 지체 없이 보건복지부장관에게 보고하여야 한다.

3) 주요 사업

광역자활센터는 다음과 같은 사업을 실시한다(보건복지부, 2022).

① 시·도 단위의 자활기업 창업 지원

자활기업(사업단)의 설립 과정에서 경영 및 사후관리 단계까지 전문인력을 통한 컨설팅 지원, 지역 내 관련 전문가와의 네트워크 구성 · 연계를 통해 경영 진단 및 자문 등 지원, 자활기업 지원

② 시·도 단위의 수급자 및 차상위자에 대한 취업·창업 지원 및 알선

저소득층 개인 창업 지원, 자활사업 참여자 사례관리를 통해 지역밀착형 취업 지원, 지역 자활사업 참여자 및 실직 빈곤층 중심의 DB 등 구축을 통한 지역사회 구인 · 구직 네트워크 구성, 지역 중소기업 · 사회서비스 제공기관 등과의 일자리 연계

③ 시·도 단위의 지역자활센터 종사자 및 참여자에 대한 교육훈련 및 지원

자활사업 실무자 전문성 강화 등을 위한 교육훈련, 자활사업 참여자 취업능력 강화를 위한 교육훈련, 전문 창업 지원 인력 육성 등 전문교육 실시

④ 지역 특화형 자활 프로그램개발·보급 및 사업개발 지원

⑤ 시·도 단위의 지역자활센터 및 자활기업에 대한 기술·경영지도

⑥ 시·도 단위의 자활 지원을 위한 조사·연구·홍보

⑦ 시·도 단위의 자산형성 지원 사업을 위탁 운영

⑧ 자활기금 위탁운영 및 Microcredit 집행

⑨ 기타 자활 활성화를 위한 사업

생각 다듬기

1. 자활, 재활, 자립의 차이점을 알아봅시다.

2. 지역자활센터, 광역자활센터의 주요 역할을 비교해 봅시다.

3. 학습자가 생활하고 있는 지역 내 지역자활센터의 주요 사업 내용을 살펴본 뒤 추가로 필요한 사업에는 무엇이 있을지 토론해 봅시다.

CHAPTER 10

지역사회복지실천과 네트워크 조직

COMMUNITY WELFARE

10

CHAPTER 10

지역사회복지실천과 네트워크 조직

최보람 간사(가명)는 OO시 사회보장협의체에서 2년째 근무하고 있다.

오전에는 유기적인 협력관계를 이루기 위해 그동안 신뢰관계를 형성한 지역 부녀회, 통·반장협의회, MOU 기관 등 지역 조직들과 함께 복지사각지대에 놓인 주민들의 발견과 지원방안, AI 플랫폼 활용방안에 대해 회의하였다.

또한 올해는 5개년 지역사회보장계획을 세워야 하는 해이기 때문에 공공영역(사회복지 정책과), 민간영역(영역별 전문가), 그리고 연구진과 TF 회의를 앞두고 있다. 회의에 앞서 위원들의 TF 회의 참석 여부와 회의 장소를 다시 한 번 확인하고, 제작된 회의 자료집을 검토하였다.

오후에는 TF 회의에 참석할 예정이다. 회의에 참석하기 전 회의 장소 준비 상황을 다시 한 번 확인한다. 회의가 시작되면 TF 회의 내용을 기록한다.

1. 지역사회복지협의회

1) 정의

지역사회복지협의회는 민간 영역의 협의기구로서 자선조직협회에서 그 기원을 찾을 수 있다. 19세기 후반 영국은 많은 빈민들의 구호 요구에 따라 다수의 기부자와 자선단체들이 구호사업을 실시하게 되었다. 그러나 이 과정에서 발생하는 이중적인 구호와 누락을 예방하고, 이들 단체에 재정적 지원을 한 기부자들의 부담을 덜어 주기 위해 자선단체들 간에 수혜자의 명단 교환을 포함한 사업상의 의견교환이 필요하게 되었다. 즉, 자선단체들 간의 협의기구가 필요했으며, 이러한 배경에서 자선조직협회가 설립되었다(최일섭, 1985). 이처럼 자선단체들의 협의, 조정 기능은 사회복지협의회에 많은 영향을 미치게 되었다.

지역사회복지협의회는 사회복지사업법 제33조에 의거한 법정 단체이다. 지역사회복지협의회는 주민과 사회복지기관 및 관련 조직체들에 의해 구성되고 다양한 사회복지의 과제를 해결하기 위하여 다양한 노력을 기울이는 민간의 대표성을 지닌 조직이다(박태영 · 채현탁, 2017). 또한 지역사회의 여러 기관 · 단체 · 시설들이 함께 모여 지역사회의 문제를 함께 협의하고 조정하는 기구이기도 하다(김범수 · 신원우, 2006). 최근에는 네트워크와 지역사회복지 거버넌스로서의 역할이 강조되고 있다(한상윤 외, 2021; 홍선미, 2016).

2) 역사

해방 이전 우리나라에는 재단법인 조선사회사업협회와 민간기관인 사회사업연맹이 있었으나, 조선사회사업협회는 해방 직전에 해산되었고 사회사업연맹은 한국전쟁 직전에 기능을 상실하게 되었다.

현재 사회복지협의기구인 한국사회복지협의회는 1952년에 시작하였다. 한국전쟁 직후인 1952년 주로 구호활동을 전개하고 있던 민간사회사업기관들의 모임인 한국사회사업연합회로 시작되었다. 당시 사회부(현 보건복지부)의 주최로 부산에서 전국사회사업가대회가 개최되었는데 이때 한국사회사업연합회가 발기되어 창립되었다. 1954년 민간사회사업연합회 최초로 한국사회사업연합회 정관이 채택되었고, 제7차 국제사회복지대회에 한국 대표를 파견하였으며 사단법인으로 허가를 받았다.

이후 2차례에 걸쳐 명칭이 변경되었다. 1961년에는 법률에 의거하여 16개 사회복지단체를 병합한 사단법인 한국사회복지사업연합회로 명칭을 변경하였고, 1970년에 현재 명칭인 사회복지법인 한국사회복지협의회로 다시 변경하였다(최일섭, 1985; 함세남 외, 1996).

1983년 사회복지사업법 개정과 함께 한국사회복지협의회는 법정 단체화가 되면서 사회복지 분야에서 사회복지법인이면서 법적으로 인정받는 사회복지협의체로서의 기관으로 자리를 잡게 되었다.

시 · 도 사회복지협의회는 한국사회복지협의회 정관에 의거하여 조직되어 활동하고 있었으나 1998년 사회복지사업법의 개정에 따라 한국사회복지협의회의 지원 없이 독립된 지방 사회복지협의회로 운영하게 되었다.

시 · 군 · 구 사회복지협의회는 원주시, 제천시, 부천시에서 창립된 이래 점차적으로 확대되었다. 원주시는 한국사회복지협의회의 계획과 지원이 아닌 지역주민의 필요성에 의해 설립되었고 1995년 한국사회복지협의회 정관에 의해 최초로 승인을 받아 창립하였다. 제천시는 시 · 도 사회복지협의회 정관에 의해 1998년 충북사회복지협의회 지회로 승인된 기초단체 협의회이며, 경기도의 부천시사회복지협의회는 1999년 창립되었다(김범수 · 신원우, 2006).

3) 원칙과 기능

지역사회복지협의회는 일정한 지역사회에서 주민이 주체가 되고 복지, 보건, 그밖에 생활 개선 향상에 관련 있는 민 · 관 관계자의 참여와 협력을 통해 지역 상황에 맞는 주민의 복지를 증진시키는 것을 목적으로 하는 '민간의 자주적 조직'이다(송정부, 1995).

지역사회복지협의회의 원칙은 6가지로 제시할 수 있다(박태영, 2004).

① 주민 욕구 중시의 원칙

지역주민의 생활 실태와 사회복지 욕구를 파악하도록 노력하고 그 욕구를 충족하기 위한 활동을 수행해야 한다.

② 주민참여의 원칙

지역주민이 사회복지활동에 주체적으로 참여하도록 사회복지에 대한 관심을 높이고, 개방된 조직구조를 갖추며, 민주적인 과정을 통하여 합의를 형성해 나가야 한다. 자원봉사활동은 이러한 주민참여의 실제적인 방법이다.

③ 전문성의 원칙

지역사회복지의 추진조직으로서 지역사회복지활동을 계획 및 실시, 점검·평가, 조직화, 조사, 교육, 홍보 등과 관련하여 전문성을 발휘하는 활동을 수행해야 한다.

④ 민간성의 원칙

공공적 성격을 지닌 민간단체로서의 특성을 살펴 주민의 복지 욕구, 지역사회의 복지 과제에 대응하는 개척성, 적응성, 유연성을 발휘해야 한다.

⑤ 민·관협력의 원칙

민·관의 사회복지, 보건, 의료, 교육, 노동, 환경 등의 관계기관, 단체, 주민 등의 협력과 역할 분담으로 지역사회복지를 계획적이고 종합적으로 수행해야 한다.

⑥ 지역 특성 존중의 원칙

지역사회복지협의회의 조직과 구조는 지역 사정에 따라 결정되어야 하며, 지역 특성에 적절한 사업 내용과 방법을 구사하여야 한다.

사회복지협의회는 지역사회복지를 추진하기 위해 다음과 같은 기능을 수행한다(김범수·신원우, 2006).

- 주민 욕구·복지 과제의 명확화 및 주민 활동의 추진 기능
- 민·관 사회복지사업 등의 조직화·연락 조정 기능
- 복지활동·사업의 기획 및 실시 기능
- 조사 연구·개발 기능

- 계획 책정 및 제언 · 개선 운동 기능
- 홍보 · 계발 기능
- 복지활동 · 사업의 지원 기능

4) 주요 사업

지역사회복지협의회의 주요 사업은 크게 조사 · 연구 및 정책 건의, 네트워크, 소외계층 발굴 및 민간사회복지 자원과의 연계 · 협력을 들 수 있다(사회복지사업법 제33조 1항).

① 조사 · 연구 및 정책 건의이다. 사회복지 관련 조사 · 연구를 수행하고 이를 바탕으로 정책 건의를 수행한다.

② 네트워크 활용이다. 공공기관, 민간기관 등 관련 단체와의 연계 및 협력 사업을 수행하여 지역사회 문제를 해결한다.

③ 소외계층 발굴 및 민간자원 연계 · 협력이다. 지역사회주민, 기업체 등 민간자원을 발굴하고 이를 통해 사각지대에 놓여 있는 취약계층을 발굴하고 서비스를 연계하도록 한다.

■ 주요 사업(사회복지사업법, 제33조 1항)

1. 사회복지에 관한 조사 · 연구 및 정책 건의
2. 사회복지 관련 기관 · 단체 간의 연계 · 협력 · 조정
3. 사회복지 소외계층 발굴 및 민간사회복지자원과의 연계 · 협력
4. 대통령령으로 정하는 사회복지사업의 조성 등

한국사회복지협의회는 사회복지사업법 제33조 1항을 바탕으로 다음과 같이 주요 사업을 구성하고 있다(한국사회복지협의회, 2022).

① 사회복지에 관한 조사 · 연구 및 정책 건의
② 사회복지에 관한 교육훈련
③ 사회복지에 관한 자료수집 및 간행물 발간
④ 사회복지에 관한 계몽 및 홍보
⑤ 자원봉사활동의 진흥
⑥ 사회복지에 관한 학술도입과 국제사회복지단체와의 교류
⑦ 사회복지사업에 종사하는 자의 직업능력개발 향상에 관한 교육훈련과 복지증진
⑧ 회원단체 상호간의 연락조정 및 협의
⑨ 시 · 도사회복지협의회 업무 지원 및 협력증진
⑩ 사회복지 자원 개발에 관한 사항
⑪ 사회복지에 관한 정보화사업의 진흥
⑫ 공동모금사업의 지원
⑬ 사회적 취약계층을 위한 지원 사업
⑭ 보건복지부장관이 위탁하는 사회복지에 관한 업무
⑮ 이 회 목적사업 달성을 위한 수익사업 추진
⑯ 그 밖의 이 회 목적 달성에 필요한 사항

〈표 10-1〉 한국사회복지협의회 주요 사업 내용

사업명	주요 사업 내용
사회복지에 관한 조사 · 연구 및 정책 건의	• 기본연구, 정책연구, 수탁연구를 비롯한 전문연구 수행 • 정부, 사회복지직능단체, 사회복지시설, 현장실무자와 현장 중심의 정책토론회, 포럼 개최 • 이슈페이퍼 발간
사회복지 관련 기관 · 단체 간의 연계 · 협력 · 조정	• 지역협의회, 직능위원회 등과 연계 · 협력으로 제도 개선 및 사회복지 현안 대응 • 사회복지의 날 운영
사회복지 소외계층 발굴 및 민간사회복지 자원과의 연계 · 협력	• 좋은 이웃들 사업: 복지사각지대에 놓인 소외계층을 봉사단이 발굴하여 다양한 복지 자원과 서비스를 연계 · 지원해 주는 민 · 관 협력 사업 • 나눔혁신 프로젝트: 공공(공기업, 공공기관)과 민간(기업)의 나눔 자원을 발굴 · 연계하여 소외계층에게 복지서비스 지원 • 멘토링: 기업 및 공공기관, 사회복지기관, 학교 등과 협력하여 취약계층에게 멘토링 프로그램 연계 · 지원
사회복지 종사자에 대한 교육훈련, 복지증진	• 현장 교육과 사이버 교육(사회복지 온라인 교육연수원) 실시 • 지역복지 전문가 양성교육 실시 • ㈜강원랜드 지원 사업 하이원 희망나눔 행복캠프 등
사회복지에 관한 자료수집, 각종 간행물 발간 및 홍보	• 복지저널, 인터넷 신문 복지타임즈 발행 • 신문, 방송 등 각종 대중매체를 활용한 대언론 홍보
시 · 도 및 시 · 군 · 구 사회복지협의회 업무 지원 및 협력 증진	• 지역사회복지협의회 조직 확대 및 연계 · 통합을 통한 사회복지전달체계 구축
국제사회복지단체와의 교류협력	• UN, 국제사회복지협의회, 일본사회복지협의회 등 해외 사회복지협의회와 협력 네트워크 구축 • 해외 NGO단체 등 다양한 유관기관과의 연계
사회복지 자원봉사활동의 진흥	• 자원봉사사업단 운영, 사회공헌활동 기부은행 사업 운영
사회복지 자원 개발 및 정보화사업의 진흥	• 사회복지 포털 복지넷 운영
식품자원 기부 촉진 기반조성	• 푸드뱅크: 기업, 개인으로부터 식품 및 생활용품을 기부받아 결식아동, 독거노인, 재가 장애인 등 저소득계층에게 식품 · 생활용품 지원
사랑나눔실천 '1인1나눔계좌갖기운동' 전개	• 보건복지부 주관 및 한국사회복지협의회 운영 • 정기후원구좌 "1인 1나눔 계좌 갖기" 사업 운영

소아암 · 백혈병 및 희귀난치성 질환 환아 진료비 지원 사업	• 사각지대에 놓인 만 24세 이하 소아암 · 백혈병 · 희귀난치성질환, 장기이식 아동 · 청소년에게 진료비 지원 및 심리 · 정서적 치료비 지원
사회공헌 문화주도 및 종합정보 제공	• 사회공헌센터: 사회공헌 연계 협력, 사회공헌 리더십 역량 강화, 사회적 가치성과 확산 등
보건복지부장관이 위탁하는 사회복지에 관한 업무 등	

출처: 한국사회복지협의회 (2022). pp. 15-45 재구성.

2. 지역사회보장협의체

1) 정의

(1) 정의

지역사회보장협의체는 지방분권의 흐름과 지역사회 특성에 맞는 사회보장체계의 요청 속에서 중앙정부 차원의 획일적 접근을 벗어나 지역사회 중심의 사회보장계획 수립과 운영을 위한 실질적인 지역사회 내 네트워크 구축, 적극적인 자원 발굴을 위해 추진되었다.

이에 따라 사회보장급여의 이용 · 제공 및 수급권자 발굴에 관한 법률(사회보장급여법) 제41조에 의거하여 지역사회보장협의체가 설립되었다. 지역사회보장협의체는 지역의 사회보장을 증진하고, 사회보장과 관련된 서비스를 제공하는 관계 기관 · 법인 · 단체 · 시설과 연계 · 협력을 강화하기 위해 시 · 군 · 구 단위로 설치하는 민 · 관 협력기구이다(보건복지부, 2021).

(2) 목적

지역사회보장협의체의 목적은 크게 네 가지로 구분할 수 있다.

첫째, 민 · 관 협력의 구심점으로서 지역사회보호체계 구축 · 운영이다. 지역사회보장계획 수립 · 집행 · 평가 등 지역사회보장 증진을 위한 과정에 민간의 참여 · 협력 기반을 마련한다. 특히 사회보장급여가 필요한 지원 대상자에게 필요한 급여 및 서비스를 제공하는 기관 · 법인 · 단체 · 시설의 대표 또는 실무자와 읍 · 면 · 동 지역주민의 참여를 통하여 찾아가는 보건 · 복지서비스를 통합적으로 제공하는 지역사회보호체계를 구축 · 운영한다.

둘째, 수요자 중심의 통합적 사회보장급여 제공 기반을 마련한다. 사회복지와 보건의료 위주의 서비스 제공을 넘어 고용 · 주거 · 교육 · 문화 · 환경 관련 서비스 제공자 간 연계망(network)을 구성하여 수요자의 다양하고 복합적 욕구에 대응한 서비스를 Any-stop, One-Stop으로 제공한다. 지역 내 사회보장서비스 제공 관련 기관 · 법인 · 시설 · 단체 간 연계 · 협력 강화를 통하여 지역사회보장협의체가 시 · 군 · 구의 희망복지지원단 또는 읍 · 면 · 동의 통합사례관리 기능을 효율적으로 지원한다.

셋째, 지역사회 내 사회보장급여 제공기관 · 법인 · 단체 · 시설 간 연계 · 협력으로 지역 복지 자원의 효율적 활용 체계를 조성한다. 지역사회의 잠재된 다양한 복지 자원을 발굴 · 확충하고, 서비스 제공기관 간 연계 · 협력을 통해 지역사회 복지 자원 및 지원 대상자에 대한 정보 등을 공유함으로써 서비스 제공의 중복 · 편중 · 누락을 방지한다.

넷째, 민 · 관 협력을 통해 사각지대 발굴 및 지원 강화를 위해 읍 · 면 · 동 단위에 주민 네트워크를 조직한다. 읍 · 면 · 동 지역사회보장협의체를 중심으로 하는 읍 · 면 · 동 단위 지역사회 인적 자원망을 통해 마을 또는 생활권역 내 취약계층 발굴을 위한 역할을 수행하면서 생계곤란 가구 동향 파악 및 필요한 지원을 연계한다.

(3) 특성

지역사회보장협의체는 다음과 같은 특성을 갖는다(보건복지부, 2021).

① 지역성

지역주민의 복지 욕구, 복지 자원 총량 등을 고려하여 사회보장급여가 필요한 지원 대상자에 대한 현장밀착형 서비스 제공 기반을 마련한다.

② 참여성

법적 제도나 규제에 앞서 복지 문제 해결을 위한 지역주민의 자발적 참여가 일차적인 추동력으로 작용해야 한다. 특히, 공공과 민간의 적극적이고 자발적인 참여를 필요로 한다.

③ 협력성

네트워크형 조직 구조를 통해 당면한 지역사회복지 문제 등의 현안을 해결하는 민 · 관 협력기구이므로 지역사회보장계획의 수립 · 시행 · 평가를 위한 협의적 의사결정, 상생적 조직 관계, 지역사회 공동체, 사회적 자본 등을 주요 개념으로 두고, 네트워크를 바탕으로 민주적이고 합리적인 방법으로 운영한다.

④ 통합성

지역사회 내 복지 자원 발굴 및 유기적인 연계와 협력을 통하여 수요자의 다양하고 복잡한 욕구에 부응하는 서비스를 통합적으로 제공해야 한다. 지역주민의 삶의 터전인 지역사회를 중심으로 주민의 다양한 복지서비스 욕구를 충족시키기 위해서는 삶의 각 영역을 포괄하는 다양한 서비스(보건, 복지, 문화, 고용, 주거, 교육 등)가 지역사회에서 제공되어야 한다.

⑤ 연대성

자체적으로 해결이 곤란한 복지 문제는 지역주민 간 연대를 형성하거나 인근 지역과 연계 · 협력을 통하여 복지 자원을 공유함으로써 해결한다.

⑥ 예방성

지역주민의 복합적인 복지 문제를 조기에 발견하여 예방할 수 있도록 노력해야 한다.

2) 역사

취약계층에 대한 복지 · 보건서비스 체계 확립을 위해 시행한 보건복지사무소 시범사업(1995~1999)이 확대되지 못하고 종료된 이후 2000년에 한국보건사회연구원의 보건복지기능 연계모형 연구를 통해 보건 · 복지기능 연계 도모를 위한 지역사회복지협의체 구성의 필요성이 제기되었다(조추용 외, 2009).

더구나 지방분권으로 국가-지방자치단체 또는 지방자치단체-지방자치단체 사이의 새로운 역할 및 합리적 분담의 변화에 따라 복지 분야에서는 공공-민간-시민사회의 참여를 통한 지역 중심의 사회복지전달체계 구축의 필요성이 강하게 대두되었다. 이에 따라 2003년 사회복지사업법을 개정하여 시 · 군 · 구 지역사회복지협의체 설치 · 운영 및 지역사회복지계획 수립을 의무화하였다.

2015년 사회보장급여의 이용 · 제공 및 수급권자 발굴에 관한 법률(이하 '사회보장급여법')을 시행하여 중앙부처와 유기적 연계를 통한 지역 단위의 종합적 사회보장, 지역 간 사회보장의 균형발전을 위한 지원체계를 정비하였고, 사회보장급여법 제정 이전 사회보장기본법 개정(2012년 1월)으로 '사회복지서비스와 관련 복지제도'를 복지, 보건의료, 교육, 고용, 주거, 문화, 환경 등을 포함하는 '사회서비스'로 확장하였다(보건복지부, 2021).

〈표 10-2〉 지역사회보장협의체 성격 및 기능 변화 추이

구분	2005.7.31. 이전	2005.7.31.~2015.6.30.	2025.7.1. 이후
명칭	사회복지위원회	지역사회복지협의체	지역사회보장협의체
법적 근거	사회복지사업법 제7조	사회복지사업법 제7조의2	사회보장급여법 제41조
목적	• 사회복지사업에 관한 중요사항을 심의 또는 건의	• 관할 지역의 사회복지사업에 관한 중요사항과 지역사회복지계획 심의/건의 • 사회복지서비스 및 보건의료서비스 연계 · 협력 강화	• 지역사회보장계획, 지역사회보장조사 및 지표, 사회보장급여, 사회보장 추진사항 등 심의 · 자문 • 지역의 사회보장 증진 • 사회보장 관련 기관 등과 연계 · 협력 강화
기타	시 · 도 및 시 · 군 · 구에 설치 · 운영	공공과 민간의 네트워크 강화를 통한 지역복지 거버넌스의 구조와 기능 확대	사회복지에서 사회보장으로 범주 확대

출처: 보건복지부 (2021). p. 4.

3) 기능과 역할

지역사회보장협의체는 협치(governance), 연계(network), 통합(integrate) 기능을 수행한다(보건복지부, 2022).

협치는 지역사회보장계획의 수립 · 과정 · 평가 등 지역사회보장의 주요 사항에 대하여 민간과 공공이 협력하여 정책적 심의 · 자문을 수행하는 것을 말한다.

연계는 사회보장과 관련된 서비스를 제공하는 관계 기관 · 법인 · 단체 · 시설과 연계 · 협력 강화를 위한 계획 수립 및 실행을 말한다.

통합은 협의체 내 각 분과 간 통합 및 조정역할을 수행하고 지역주민의 욕구를 반영한 통합적 서비스 제공체계 지원 및 기본 사업을 수행하는 것으로 통합서비스 제공을 위해 기존의 보건복지뿐만 아니라 고용 · 주거 · 교육 · 문화 · 환경 등 다양한 영역과 연계하는 것을 말한다.

시역사회보장협의체는 내표협의체, 실무협의체, 실무분과, 읍 · 면 · 동협의체의 수평적 네트워크를 통해 지역사회보장 증진을 위한 단위별 역할을 수행해야 한다.

- **대표협의체**: 지역사회보장 증진, 서비스 제공기관과 법인, 단체, 시설과 연계협력 강화, 심의와 자문
- **실무협의체**: 공동사업 개발 및 건의, 서비스 제공 및 연계 협력에 대한 협의, 대표협의체 심의안건 사전검토
- **실무분과**: 지역사회보장 관련 기관 간 연계와 협력 강화, 분야별 사례회의, 서비스 제공 및 연계
- **읍면동 단위 지역사회보장협의체**: 대상자 및 자원 발굴, 서비스 연계 지원, 지역사회보호체계 구축 및 운영

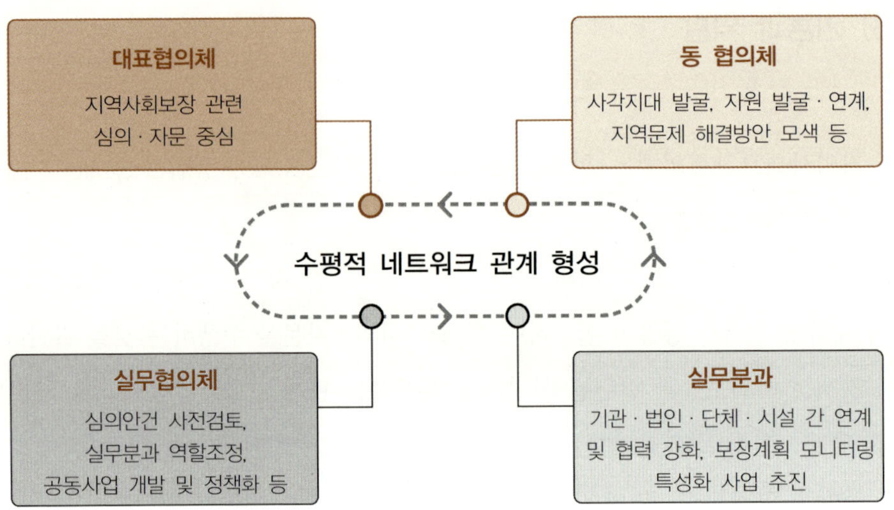

〈그림 10-1〉 지역사회보장협의체 구조

4) 지역사회보장계획

지역사회보장협의체는 지역주민의 사회보장욕구와 지역 내 복지 자원 등을 고려하여 지자체 실정에 부합하도록 수립하는 지역사회보장에 관한 (4년 단위) 지역사회보장계획을 수립해야 한다.

지역사회보장계획의 원형은 로스만(Rothman)의 사회계획모형이다. 과거 지방자치단체의 사회복지 업무는 중앙정부의 사업을 대행하는 역할에 치중하였고, 이 과정에서 주민의 참여는 제한적이었다. 그러나 저출산 · 고령화에 따른 사회복지서비스 수요의 증대와 지방분권의 확대는 지역 특성에 맞는 복지 정책 수립의 필요성을 인식하게 만들었고, 이에 따라 정부는 사회복지사업법 개정을 통해 지역사회보장계획을 법제화하였다.

지역사회보장계획의 도입은 크게 세 가지에서 의의를 살펴볼 수 있다.

첫째, 지역사회복지의 합리화와 체계화이다. 민 · 관 협력으로 4년 단위의 지역사회보장계획을 세움으로써 자의적이고 즉흥적이며 파편화된 전달체계의 문제를 해결하는 데 기여할 수 있다. 둘째, 지역사회의 복지 자원 극대화이다. 지역사회보장계획은 지역의 복지 증대라는 장기적인 목표를 달성하기 위해 지역 내부의 복지 자원을 개발 · 동원하는 데 총력을 기울이기 때문이다. 셋째, 지역사회의 역량을 강화할 수 있다. 지역사회보장계획을 수립하고 실천하는 과정에서 지역사회의 다양한 영역과 주체가 참여한다(김종일, 2012).

지역사회보장계획의 종류로는 시 · 도 단위 지역사회보장계획과 시 · 군 · 구 단위의 지역사회보장계획으로 구분한다. 그 내용을 살펴보면 다음과 같다.

(1) 시 · 군 · 구 지역사회보장계획

- 지역사회보장 수요 측정, 목표 및 추진전략
- 지역사회보장 지표 설정 및 목표
- 지역사회보장의 분야별 추진전략, 중점 추진사업 및 연계 협력방안
- 지역사회보장 전달체계의 조직과 운영
- 사회보장급여의 사각지대 발굴 및 지원방안
- 지역사회보장에 필요한 재원 규모와 조달방안
- 지역사회보장에 관한 통계 수집 및 관리방안
- 지역 내 부정수급 발생 현황 및 방지대책
- 그 외 대통령령령으로 정하는 사항

(2) 시 · 도 지역사회보장계획

- 시 · 군 · 구의 사회보장이 균형적이고 효과적으로 추진될 수 있도록 지원하기 위한 시 · 도 차원의 목표 및 전략

- 지역사회보장 지표의 설정 및 목표
- 시 · 군 · 구에서 사회보장급여가 효과적으로 이용 및 제공될 수 있는 기반 구축 방안
- 시 · 군 · 구 사회보장급여 담당 인력의 양성 및 전문성 제고방안
- 지역사회보장에 관한 통계자료 수집 및 관리방안
- 시 · 군 · 구의 부정수급 방지대책을 지원하기 위한 방안
- 그밖에 지역사회보장 추진에 필요한 사항

5) 지역사회보장계획 수립 과정

지역사회보장계획은 계획 준비, 지역 분석, 계획 작성, 의견수렴, 계획 확정, 제출, 권고 · 조정 반영 과정을 거친다(보건복지부, 2022).

① 계획 준비

지역사회보장계획의 첫 단계는 계획 준비 단계이다. 이 단계는 계획 수립을 위한 기획 단계를 말한다. 지역사회보장계획 수립을 위한 기획, 예산 확보, 활용 계획 등을 총괄하면서 계획 수립을 준비한다.

② 지역 분석

지역 분석 단계로서 지역사회보장조사를 실시한다. 지역사회보장조사는 전문성이 요구되는 단계이기 때문에 지역의 전문연구기관이나 내 · 외부 전문가가 주도적인 역할을 하며, 시 · 도 및 시 · 군 · 구는 이에 필요한 사항을 지원한다.

③ 계획 작성

지역사회보장계획(안)을 마련하는 단계이다. 계획수립은 TF팀을 중심으로 진행하며 지역사회보장계획의 목표와 추진전략 결정, 추진전략, 우선순위, 복지 자원(예산), 복지 욕구와의 적절한 비교분석을 통해서 집중해야 할 중점추진 사업 선정, 세부사업의 선정과 세부사업의 중기 및 연차별 계획 수립, 행정 · 재정계획을 수립한다.

④ 의견수렴

이 단계는 지역주민의 의견을 수렴한다. 주민 의견 수렴은 법률에서 정하고 있는 공고절차뿐만 아니라 공청회, 간담회, 공모 등 다양한 방식으로 해야 한다. 특히, 주민 의견수렴을 통해 계획의 실행단계에서 지역주민의 참여를 활성화시키는 데 기여할 수 있도록 해야 한다.

⑤ 계획 확정

지역사회보장계획을 확정하는 단계이다. (시 · 도)사회보장위원회, (시 · 군 · 구)지역사회보장협의체에서 지역사회보장계획을 심의하고 계획안을 확정하게 된다.

⑥ 제출

심의한 계획(안)을 제출하는 단계이다. 심의를 거쳐 확정된 지역사회보장계획을 지방의회에 보고하여 향후 계획의 내용과 예산 편성의 연계성을 고려하게 된다. 최종 확정된 시 · 군 · 구 지역사회보장계획은 시 · 군 · 구청장에게 보고 후, 시 · 도지사에게 제출한다. 최종 확정된 시 · 도 지역사회보장계획은 시 · 도지사에게 보고 후 보건복지부장관에게 제출한다.

⑦ 권고 · 조정 반영

최종 단계로서 권고 · 조정 사항을 반영한다. 보건복지부장관 또는 시 · 도지사가 제시한 권고 · 조정 사항이 있는 경우, 이를 논의하여 지역사회보장계획에 반영하고 계획안을 수정하여 이를 확정한다.

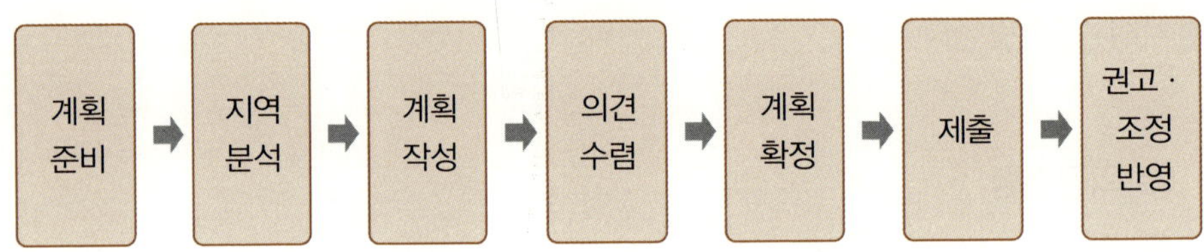

〈그림 10-2〉 지역사회보장계획 수립 과정

6) 지역사회보장 균형발전

시 · 도 및 시 · 군 · 구 간 사회보장 수준의 차이가 매우 크므로 보건복지부는 사회보장 수준 차이를 최소화하기 위해 다양한 조치를 취해야 한다. 이를 위해 지역사회보장 균형발전지원센터를 설치 및 운영하면서, 시 · 도 및 시 · 군 · 구의 사회보장 추진현황을 분석하고 지역사회보장계획을 평가하며 지역 간 사회보장의 균형적 발전을 지원하도록 하고 있다.

3. 희망복지지원단

1) 정의

희망복지지원단은 기초지방자치단체를 중심으로 통합사례관리를 위해 설치한 공공영역 조직이다(엄태영, 2021). 희망복지지원단의 설치에는 몇 가지 지역사회복지 환경의 변화를 살펴볼 필요가 있다.

첫째, 새로운 복지 수요의 등장이다. 고령화, 핵가족화 등 인구 구조가 변화되면서 사회적 · 경제적 상황 또한 변화되었다. 또한 신빈곤층 등장, 가족해체 및 위기가정 증가로 인하여 새로운 복지 수요가 나타났다.

둘째, 복지전달체계의 변화이다. 사회복지 기능이 중앙에서 지방으로 이양되면서 지방자치단체의 자율성과 책임성이 강화되었고, 지역사회 중심의 복지 전달체계 확립에 대한 욕구가 커졌다.

셋째, 업무 효율성의 저하이다. 행정기관 및 관련 기관 간 수평적 연계 · 조정은 기존 전달체계만으로는 충분하지 못했고, 이에 따라 중복 · 누락 · 비효율이 발생하게 되었다.

넷째, 전문 서비스 제공의 한계이다. 업무의 전문화가 이루어지지 않은 상태에서 사회복지전담공무원의 업무는 가중되었다. 그러다 보니 행정업무에 급급하고 취약계층 발굴, 상담 및 찾아가는 서비스 등 전문 서비스 제공은 어려운 실정이었다.

정부는 이러한 문제를 해결하기 위해 주민생활지원서비스 전달체계를 개편하였지만 실효성은 여전히 떨어졌다. 이에 따라 보건복지부는 복지를 중심으로 한 주민밀착형 서비스가 가능하도록 공공기관과 민간기관의 협업구조를 마련하여 복지체감도를 높이는 전달체계방식으로 개선하였다. 그리고 2012년 전국 시 · 군 · 구에 희망복지지원단을 설치하게 되었다(오정숙 · 류진석, 2018).

희망복지지원단은 복합적 욕구를 가진 대상자에게 통합사례관리를 제공하고, 지역 내 자원 및 방문형 서비스 사업 등을 총괄 · 관리하여 지역 단위 통합서비스 제공의 중추적 역할을 수행하는 전담조직을 말한다.

희망복지지원단의 목표는 민 · 관 협력을 통한 지역 단위의 통합적 서비스 제공체계를 구축 · 운영하여 찾아가는 보건 · 복지서비스를 제공하고 지역주민의 복지체감도를 향상시키는 것이다. 또한 기초수급자 및 차상위계층 등 저소득층의 탈빈곤 · 빈곤 예방을 주요 목표로 하되, 전체 지역주민의 다양한 복지수요에도 능동적으로 대응하는 데 있다(보건복지부, 2022).

2) 역사

보건복지부는 희망복지지원단 추진에 앞서 우선 복지인프라를 강화하는 데 초점을 두고 인력 확충과 이들의 처우 개선에 노력하였다. 이에 따라 복지공무원을 1차(2011~2014년) 7천 명, 2차(2014~2017년) 6천 명 확충하였다. 또한 장기재직 공무원에 대한 가산금과 5급 이하 복지교육 연간 4시간 의무화 등 복지업무 담당자의 처우 개선을 위해 노력하였다.

보건복지부는 복지공무원 1차 확충과 함께 희망복지지원단 시범 사업을 실시하였다. 2014~2015년 읍 · 면 · 동 15개소에 복지기능 강화 시범사업을 실시하고 사업을 통한 복지 체감도 향상 성과를 확인하였다.

2016년부터 희망복지지원단 사업을 본격적으로 추진하였다. 2016년 제12차

사회보장위원회는 읍 · 면 · 동의 전달체계 개편을 전국으로 확산하기 위한 읍 · 면 · 동 복지 허브화 추진계획을 의결하였다. 2017년 찾아가는 보건 · 복지서비스 국정과제를 확정하고 사회복지공무원 확충과 일자리정책 5년 로드맵을 반영하였다. 그리고 2018년 찾아가는 보건 · 복지서비스를 전국 읍 · 면 · 동에서 추진하였다.

3) 운영체계

희망복지지원단의 조직은 각 시 · 군 · 구 특성에 맞게 설치하도록 하고 있다. 인력은 경력 있는 사회복지직 공무원을 통합사례관리 담당으로 배치하고 통합사례관리의 업무를 전담하는 통합사례관리사를 두도록 하였다.

희망복지지원단의 추진체계는 보건복지부, 시 · 도, 시 · 군 · 구, 읍 · 면 · 동으로 이어지며 한국사회보장정보원이 지원하는 구조를 취하고 있다.

보건복지부는 사업 운영을 총괄하고 한국사회보장정보원은 사업운영 지원과 홍보 등을 통해 지원하고 있다. 시 · 도는 기초자치단체의 희망복지지원단 운영 지원과 지도 · 감독을 담당하고 있다.

시 · 군 · 구는 지역 내 통합사례관리 추진체계를 구축하고 희망복지지원단 구성 및 사업을 운영한다. 타 사업부서와의 연계 · 협력 체계를 구성하고 읍 · 면 · 동 찾아가는 보건 · 복지서비스를 지원 · 관리 · 감독한다.

읍 · 면 · 동은 초기 상담, 통합사례관리, 민 · 관 협력, 자원관리, 사후관리 등 찾아가는 보건 · 복지서비스를 수행하고 민간서비스 제공기관, 사례관리 및 서비스 제공기관과의 연계 · 협력 체계를 구성하고 있다.

4) 주요 사업 내용

희망복지지원단은 통합사례관리사업, 자원관리, 읍 · 면 · 동 복지사업 지원 · 관리, 지역보호체계 운영 사업을 제공한다(보건복지부, 2022).

(1) 통합사례관리사업

통합사례관리는 지역 내 공공 · 민간자원에 대한 체계적인 관리 · 지원체계를 토대로 복합적이고 다양한 욕구를 가진 대상자에게 복지 · 보건 · 고용 · 주거 · 교육 · 신용 · 법률 등 필요한 서비스를 통합적으로 연계 · 제공하고, 이를 지속적으로 상담 · 모니터링 해나가는 사업을 말한다. 일반적으로 지역주민을 대상으로 하지만, 복지 욕구 및 경제적 여건을 고려하여 고용–복지 연계에 중점을 두어 저소득층의 탈빈곤 · 빈곤 예방에 중점을 둔다.

■ 통합사례관리의 중점 대상 

- 통합사례관리를 통해 탈빈곤 · 자활 지원 가능 가구(기초생활수급자 중 특히 신규수급자, 기초수급 탈락자 등)
- 차상위 빈곤가구. 특히, 긴급지원 대상 가구 및 국민기초생활수급자자격 탈락 가구 중 통합사례관리를 통해 빈곤 예방 지원 가능 가구
- 지자체 복지사각지대 조사를 통해 발굴된 위기가구* 중 통합사례관리가 필요한 가구

* 청중장년 1인 가구, 돌봄위기가구, 저소득 한부모 및 청소년 한부모 가구, 휴 · 폐업자, 실직자, 자살 고위험군 등

통합사례관리는 대상자 발굴, 초기상담, 대상자 접수, 욕구 및 위기도 조사, 사례회의, 대상자 구분 · 선정, 서비스 제공 계획 수립, 서비스 제공 및 점검,

종결, 사후관리의 총 10단계 절차를 밟고 있다.

희망복지지원단은 읍·면·동에서 초기상담 후 의뢰된 사례관리 가구에 대해 대상자 접수부터 종결까지의 사례관리를 수행하여야 한다. 단, 대상자 접수일로부터 30일 이내에는 서비스 제공 계획이 수립되어야 한다.

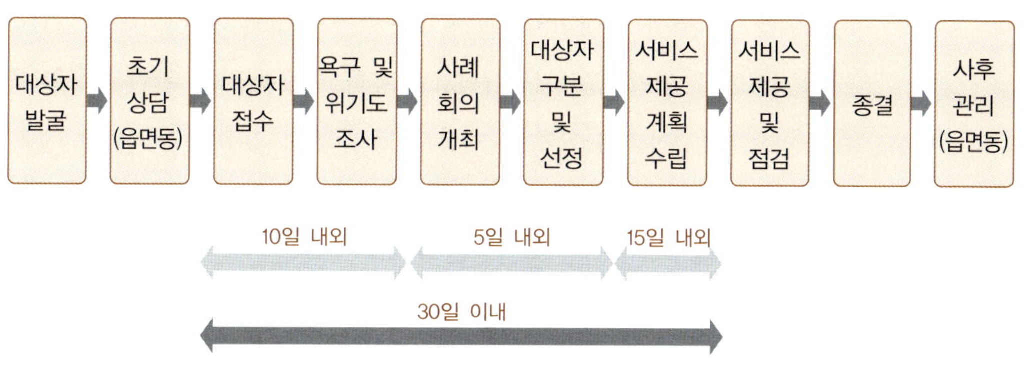

〈그림 10-3〉 통합시례관리 절차

(2) 자원관리

자원관리는 복지대상자 등 위기가구의 복합적 욕구에 능동적으로 대응하기 위해서 공공 자원(예산, 프로그램 등) 및 지역사회 민간 자원을 적극 개발하고 체계적으로 관리하기 위한 사업이다. 특히, 통합사례관리 사업 대상 가구가 필요로 하는 각종 정보 및 상담·건강·교육·일자리·주거 등의 자원을 전략적으로 발굴·관리하여 지역 단위의 찾아가는 보건·복지서비스 제공체계를 적극 지원하는 데 있다.

- **자원 조사**: 희망복지지원단이 총괄하고 있다. 시·군·구 관련 사업팀 및 읍·면·동 등 관련 기관의 협력을 통해 지역사회 자원 총량, 읍·면·동

별 욕구-자원 매칭 현황, 읍 · 면 · 동 간 자원 불균형에 대한 정밀한 조사를 수행한다.

- **자원 개발**: 자원조사 결과 및 지역사회에서 필요한 자원(영역, 규모) 등을 기초로 중장기 자원 총량을 예측하고, 시 · 도, 시 · 군 · 구, 읍 · 면 · 동 단위의 구체적인 자원 발굴에 대한 목표 및 방법 등을 기획한다.
- **자원 점검 및 사후관리**: 통합사례관리 과정을 통해서 복지대상자에게 필요한 자원(서비스)을 확인하고, 지역사회가 보유하고 있는 자원 관련 정보를 최신 내용으로 수시로 갱신한다. 이를 지역 자원의 현행화라고 한다.

(3) 읍 · 면 · 동 복지사업 지원 · 관리

희망복지지원단은 읍 · 면 · 동 찾아가는 보건 · 복지서비스에 따른 찾아가는 보건복지팀의 업무를 적극적으로 지원 · 관리함으로써 읍 · 면 · 동이 지역주민을 위한 공공 복지서비스 수행기관으로 정착 · 기능할 수 있도록 노력한다. 읍 · 면 · 동 복지사업 지원 · 관리 내용으로는 초기상담 및 종합정보 안내, 모니터링, 컨설팅, 워크숍, 교육, 홍보 등을 포함한다.

〈표 10-3〉 읍 · 면 · 동 복지사업 지원 · 관리 내용

사업	주요 내용
초기상담 및 종합정보 안내	• 초기상담: 읍 · 면 · 동의 초기상담에 대한 주기적 점검과 피드백을 제공하고 교육을 실시한다. • 종합정보 안내: 읍 · 면 · 동에서 제공 가능한 지역사회의 각종 복지정보 안내서 등을 제작 보급하고 읍 · 면 · 동의 정보안내 상황을 주기적으로 점검한다.
모니터링	• 읍 · 면 · 동 찾아가는 보건 · 복지서비스 업무 실태를 파악하고 사업 목적에 따라 사업이 적절하게 운영되고 있는지를 점검한다.

컨설팅	• 컨설팅 팀(한국사회보장정보원 사례관리 정책지원센터, 시 · 도 슈퍼바이저 인력 풀, 지역 전문가 등으로 구성)을 통해 지역별 맞춤형 컨설팅을 실시한다.
워크숍	• 통합사례관리에 대한 이해와 민관 이해관계자들의 소통과 교류 증진을 통한 민 · 관 협력 활성화를 도모한다.
교육	• 읍 · 면 · 동 및 시 · 군 · 구 업무담당자들의 상호협력 기회를 제공하고 실무자의 업무수행 역량강화를 위해 필요한 지식과 실천기술을 교육한다.
홍보	• 희망복지지원단 성과, 미담 사례 등 통합사례관리 수행 관련 내용을 홍보한다.

출처: 보건복지부 (2022). pp. 95-109 재구성.

(4) 지역보호체계 운영

지역보호체계는 지역 내 보호가 필요한 대상자에 대해 민 · 관 협력을 기초로 지역 단위 보호망을 구축 및 운영하는 것을 의미한다.

- 지역 내 공공부문 사례관리 사업 간 연계 · 협력 체계 마련: 읍 · 면 · 동 찾아가는 보건복지팀과 시 · 군 · 구 희망복지지원단에서 이루어지는 '통합사례관리', '노인맞춤돌봄서비스', '드림스타트', '아동보호전담요원', '방문건강관리서비스'(장애인은 지역사회중심재활사업), '의료급여사례관리', '자활 사례관리', '중독사례관리', '정신건강사례관리' 사업 간 연계 · 협력 체계 구축
- 지역 단위 방문형 서비스 사업 간 현황 공유 및 연계 · 협력 체계 마련: 공공(시 · 군 · 구)에서 방문형 서비스를 직접 수행하고 있는 읍 · 면 · 동 주민센터(복지담당공무원)와 보건소(방문건강간호사) 간 협력 체계 구축
- 지역복지 활성화 방안 마련 등 지역복지 컨트롤타워로서의 역할 강화: 지역 특성에 따른 복지 문제에 대응하기 위한 지역 차원의 활성화 방안을 모색하고, 중 · 장기적인 지역복지 추진전략 수립 등

- 통 · 이장을 복지업무에 활용하는 복지통(이)장제 시행 및 읍 · 면 · 동 지역사회보장협의체를 구성 · 운영하여 읍 · 면 · 동 단위 인적 안전망 강화
- '좋은 이웃들' 사업과의 효과적인 연계를 통한 지역 내 복지소외계층 상시 발굴 체계 구축 및 운영
- 주민의 자발적 참여를 통한 인적 안전망 '명예 사회복지공무원' 구성 · 운영
- 위기가구 발굴 대책 반영
- 차상위계층 지원 사업 통합지원
- 고독사 예방 대책 지원
- 자살예방 국가 행동계획 지원

4. 드림스타트

1) 정의

드림스타트는 위스타트(We Start)의 연계 선상에서 중앙정부가 추진하는 아동보건복지통합서비스이다. 보건복지부에서 총괄하고 지방자치단체가 드림스타트센터 설립 및 운영의 주체가 된다. 기존의 아동복지서비스가 민간기관에게 위탁 운영하는 형태라면 드림스타트는 공공에 의해 이루어지는 공적 서비스 형태에 해당한다.

드림스타트는 아동복지법 제37조, 아동복지법 시행령 제37조에 의거하고 있

다. 취약계층 아동에게 맞춤형 통합서비스를 제공하여 아동의 건강한 성장과 발달을 도모하고 공평한 출발 기회를 보장함으로써 건강하고 행복한 사회구성원으로 성장할 수 있도록 지원하는 사업이다. 지역사회의 자원 연계를 통해 비교적 장기적으로 통합서비스를 제공하는 예방적 서비스라는 데 드림스타트의 특징을 볼 수 있다(홍순혜 외, 2019).

2) 역사

드림스타트는 2007년 '희망스타트' 시범사업으로 16개 시 · 군 · 구에서 처음 시작되었다. 2008년 '드림스타트'로 사업명을 변경하여 정규사업으로 추진되었고 사업지역을 2배 확장하였다. 또한 국정핵심과제로 선정하여 2012년까지 전국 확대실시라는 목표를 설정하였다. 2009년에는 드림스타트 사업운영 평가체계가 마련되었으며 2010년에는 위기도 검사도구를 도입하였고, 기본 · 필수 · 선택 등 서비스 분류, 지역 유형별 운영모형의 차별화를 추진했다.

드림스타트가 법적 근거를 마련한 것은 2011년이다. 2011년 아동복지법 제37조에 취약계층에 대한 통합서비스 지원을 신설함으로써 드림스타트 법적 근거를 마련하였다. 2012년에는 지역사회서비스 투자사업과 연계하였고, 아동복지기관협의체를 구성하여 지역 내 아동복지기관 간 정보 공유 및 서비스 연계 · 조정을 시작하였다. 2013년에는 운영지역을 211개로 확대하였고, 기존의 위기도 검사 도구를 양육환경 및 아동발달 사정도구로 개정 · 적용하여 문제중심 관점으로부터 탈피를 시도하였다. 또한 실시연수 2년 이상 지역부터 서비스 대상지역을 관할 읍 · 면 · 동 전체로 확대적용하기 시작했다.

2014년에는 효율적인 대상자 발굴과 사례관리정보의 효과적 공유를 위해 사회보장 정보시스템(행복e음)과 기존의 드림스타트 통합정보시스템(e-dream start)을 통합하였다. 2015년 229개 지역으로 확대 실시되면서, 도입 초기 설정했던 시 · 군 · 구 전국 확대라는 정책목표를 달성하였다. 2016년에는 드림스타트 핵심사업 기능인 통합사례관리의 질적 제고를 위해 지역별 맞춤형 컨설팅을 운영하였다.

3) 대상

드림스타트 서비스 대상은 만 12세 이하(초등학생 이하) 취약계층 아동 및 가족, 임산부이며 기본대상과 특화대상으로 구분한다(보건복지부, 2021).

기본대상은 아동복지법 제37조 제1항 제1호, 국민기초생활보장법에 따른 수급자 또는 차상위계층, 한부모가족지원법 제5조 제1항에 따른 한부모가정 등으로 하고 있으며 특화대상은 사회적으로 취약한 법정 한부모 외 한부모가정, 다문화, 조손가정으로 농산어촌 기초단체(82개 시 · 군 · 구)만 적용하도록 하고 있다. 대상을 결정할 때에는 반드시 사례회의를 거쳐 대상을 결정하도록 하고 있다.

■ 추가 사업 대상

- 만 13세 이상의 초등학교 재학 아동
- 연령도래 종결시점(만 12세 이후)의 위기, 집중사례관리 아동 중 지속 사례관리 필요 아동(사례회의 후 지방자치단체장의 승인하에 최대 만 15세까지 연장 가능)
- 보호대상아동은 원칙적으로 제외하며, 발굴된 보호대상아동은 시 · 군 · 구 아동보호팀(아동보호전담요원, 아동학대전담공무원 등)으로 의뢰

※ 해당 시 · 군 · 구 내 적절한 전달체계(사례관리, 타 기관 등)가 없는 경우 드림스타트 대상자로 선정 가능

4) 주요 사업 내용

드림스타트의 주요 사업은 취약계층 아동 및 가족 중 사업 대상 아동 발굴 및 문제 · 욕구 파악, 지역자원 연계를 통해 건강 · 영양 · 교육 · 문화 · 복지 등의 맞춤형 통합서비스 제공을 들 수 있다(보건복지부, 2021).

(1) 지원기구 구성 및 운영

드림스타트 지원기구로는 운영위원회, 아동복지기관협의체, 슈퍼비전이 해당한다. 운영위원회는 드림스타트 사업운영 전반 관련 자문을 연 1회 이상 실시한다. 아동복지기관협의체는 아동복지기관 간 정보 공유 및 서비스 연계 · 조정을 통해 지역 내 아동복지서비스 통합 조정 역할을 분기별 1회 이상 수행한다. 또한 실무자의 사례관리 및 업무능력 향상을 위한 슈퍼비전(자문 및 지원)을 내부 · 외부로 수시로 제공한다.

(2) 아동통합사례관리

① 주요 업무

- 드림스타트의 아동통합사례관리는 다음 업무를 수행한다.
- 가정방문 상담을 통한 사례관리 대상아동(위기아동 등) 발굴
- 취약계층 아동(가구)에 대한 문제 및 욕구 파악을 통한 계획 수립
- 아동별 맞춤형 통합 서비스 제공(서비스 연계) 및 점검
- 사례관리 기초기록 관리 및 아동별 데이터베이스 구축

② 맞춤형 통합서비스

맞춤형 통합서비스는 대상자의 욕구에 따른 서비스를 통합적으로 지원하기 위해 지역사회 내 다양한 자원과 연계하여 지원하는 것을 말한다. 그러나 지역사회 내 자원 분포 현황 등을 고려하여 드림스타트 예산만으로 서비스를 제공하는 직접 방식으로도 지원이 가능하다. 서비스 유형으로는 기본 서비스, 필수 서비스, 맞춤 서비스로 구분할 수 있다.

〈표 10-4〉 맞춤형 서비스 유형별 주요 내용

서비스	주요 내용
기본 서비스	아동통합사례관리의 기초로 모든 드림스타트 사례관리대상에게 직접 제공 – 가정방문을 통한 대상아동 발굴 및 현황조사를 위한 주기적 면담 – 드림스타트 초기상담 및 사례관리 아동 모두 가정방문 대상 – 사례관리대상자는 가정방문 이력을 모두 사회보장정보시스템에 입력 ※ 사례등급별로 최소 가정방문 횟수는 위기 개입일 경우는 월 1회 이상, 집중사례관리와 일반사례관리의 경우 격월 1회 이상
필수 서비스	아동의 전인적 발달을 지원하기 위한 아동발달 영역별(신체/건강, 인지/언어, 정서/행동, 부모/가족) 필수적인 핵심 프로그램 • 제공기준: 사례관리 대상에게 제공주기에 따라 필수 비스를 각 1회 이상 제공 • 제공방법 – 유치원, 어린이집, 초등학교 등 유관기관 활용 가능 – 유관기관을 활용하여 필수 서비스 개입이 어려운 경우, 관련 서비스 기관에 연계하여 프로그램을 실시하거나 서비스 기관의 강사를 드림스타트 또는 특정 장소(가정, 어린이집 등)에 파견하여 실시 – 지역자원 연계방식이 원칙이나 연계방식이 어려울 경우 직접 방식 활용 가능 – 온라인을 이용한 동영상 강의 등의 비대면 교육 활용 가능 서비스 – 매년 1회 이상 교육 제공 – 사례관리 대상의 발달 단계(임산부, 영아, 유아, 초등학교 저학년 · 고학년)에 따라 검진 및 접종 서비스 제공

맞춤 서비스	사정 결과에 따라 대상자별로 지원하는 맞춤형 서비스. 기본 서비스 및 필수 서비스 외에 제공되는 서비스 • 제공기준: 지역자원 및 대상 아동의 사정결과(문제 및 욕구)를 고려하여 대상 아동 및 가족에 대한 맞춤 지원 • 서비스: 신체 건강, 인지언어, 정서행동, 가족 지원

출처: 보건복지부 (2021). pp. 63-67 재구성.

③ 아동통합사례관리 과정

아동통합사례관리 과정은 접수, 사정, 계획, 실행, 점검, 종결 과정을 거친다(보건복지부, 2021).

- **접수 단계**: 가정방문을 통해 대상자 관련 정보 및 주변사항 정보를 수집하는 단계로서 대상자 발굴, 초기상담, 인적정보 관리로 구성한다. 드림스타트 자체 발굴 아동, 행복e음 내 취약계층 아동, 타 기관 의뢰 아동 등을 대상으로 한다. 아동의 성장 · 발달과 무관한 가구구성원의 위기가 관찰되어 사례관리가 필요한 경우에는 초기상담 단계에서 희망복지지원단으로 사례의뢰가 가능하며, 사례관리가 필요하지는 않으나 지역사회 내 공공 · 민간자원 등 복지서비스 연계가 필요한 경우 '서비스 연계' 대상자로 선정(다만, 드림스타트 사업예산 투입 불가)
- **사정 단계**: 대상자 및 가족의 전반적인 상황에 대한 욕구 및 문제를 종합적으로 분석하는 단계로서 총 10개 영역에 대한 욕구조사와 양육환경 및 아동발달 사정을 실시한다.
- **계획 단계**: 접수 및 사정을 통해 파악한 대상자 정보를 근거로 하여 사례회의를 실시한다. 대상자의 사례관리 목표를 설정하고 서비스 계획(전략)을 수립하는 단계이다. 사례회의, 대상자 선정, 서비스 제공계획을 포함한다.
- **실행 단계**: 지역사회 내 다양한 자원과 연계하여 통합 서비스를 연계 · 제공하

는 단계이다. 기본 서비스, 필수 서비스, 맞춤 서비스로 구분하여 제공한다.

- **점검 단계**: 사정주기 내에 제공된 모든 서비스에 대한 종합적인 점검을 실시하는 단계로 서비스 점검 및 평가, 양육환경 및 아동발달 재사정으로 구성한다.
- **종결 단계**: 사례관리 종결 여부 및 유형을 결정하는 단계로 종결심사, 사후관리로 구성한다.

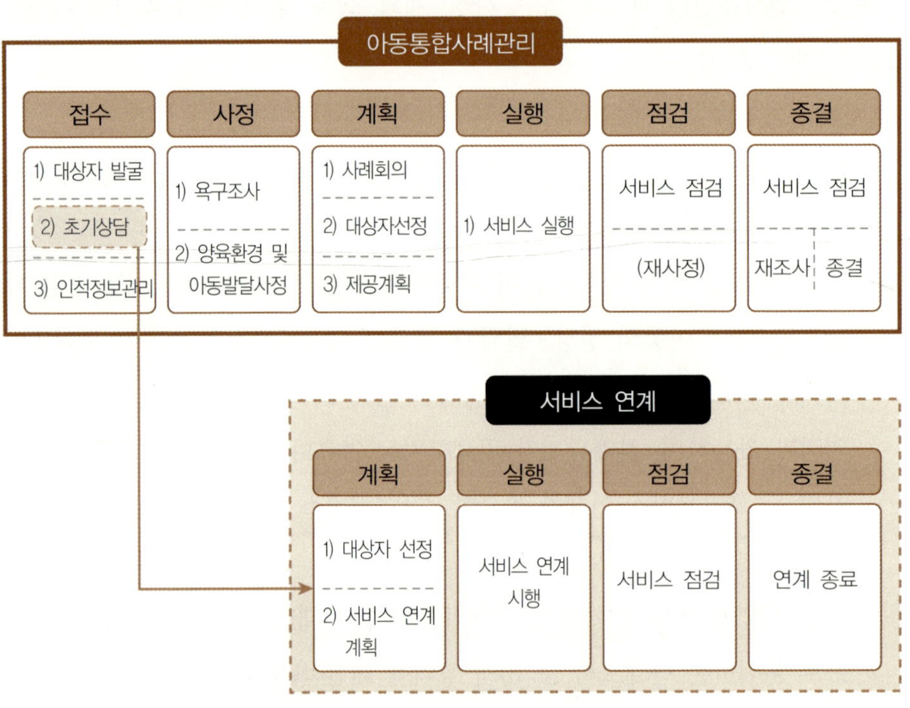

〈그림 10-4〉 아동통합사례관리 과정

(3) 자원관리

대상자에게 필요한 서비스 제공을 위해 주기적 자원 현황 파악 및 신규 자원을 발굴하고 사회보장정보시스템(행복e음) 내 등록된 자원을 총괄 관리한다.

(4) 아동복지서비스 통합 및 조정

타 사업 간(지역아동센터, 아동보호전문기관, 희망복지지원단, 찾아가는 보건복지 전담팀, 공공 사례관리 사업 등) 사례관리 협력체계 구축을 통한 서비스를 통합 및 조정한다. 단편적인 욕구가 있어 단기간 개입 및 서비스 연계 등으로 상황 호전이 가능한 경우 아동통합사례관리가 아닌 '서비스 연계'를 실시한다.

5) 추진 체계

드림스타트 사업은 보건복지부, 시 · 도, 시 · 군 · 구로 이어지고 아동권리보장원이 지원하는 전달체계를 취하고 있다.

보건복지부는 드림스타트 사업 전체를 총괄한다. 기본계획을 수립하고 사업 운영 지침을 마련하고 국고보조금 확보 및 지원을 한다. 사업 운영을 위한 수행인력 교육을 총괄하고 사업 운영에 대한 지도 및 평가를 실시한다.

시 · 도는 시 · 군 · 구 관리 및 운영을 지원하는 역할을 수행한다. 사업을 수행하는 시 · 군 · 구에 인력을 배치하고 조례를 개정한다. 국고보조금 및 지방비를 배분하고 권역별 교육 및 워크숍 등을 통해 운영 지원을 총괄한다.

시 · 군 · 구(드림스타트)는 실제 사업을 추진하는 역할을 수행한다. 사업 예산을 확보하고 운영위원회, 드림스타트 중심의 지역사회 내 아동복지기관협의체, 그리고 슈퍼비전을 구성하여 운영한다.

아동권리보장원은 협력체계 지원 등 사업의 운영을 지원하는 역할을 수행한다. 연구 개발 및 교육 운영, 사업운영 평가 실행, 사업홍보 자료 개발, 후원개발 등 사업에 필요한 연구 및 자원 개발을 통해 드림스타트 사업을 지원한다.

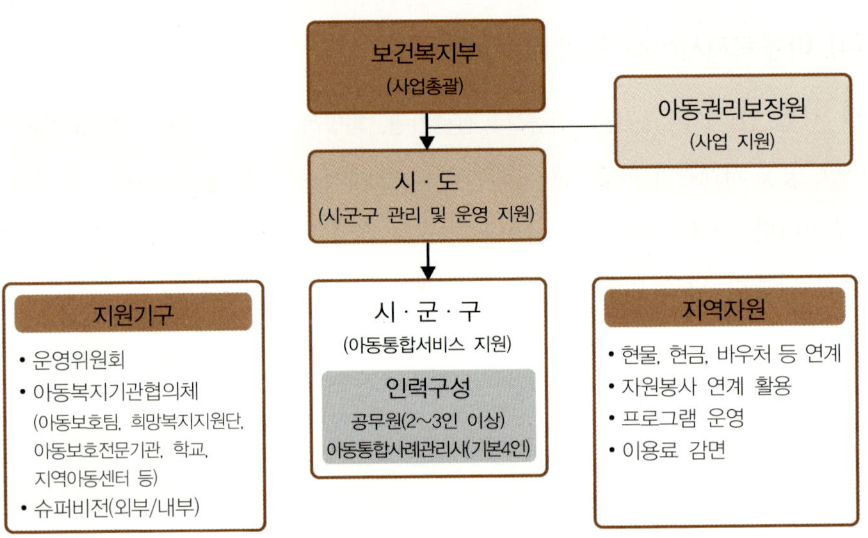

〈그림 10-5〉 드림스타트 추진체계

〈표 10-5〉 드림스타트 추진체계별 주요 업무

보건복지부 (아동권리과)	• 사업 기본계획 수립, 지침 마련 • 국고보조금 확보 및 지원 • 사업 홍보 및 수행인력 교육 총괄 • 사업운영 지도 · 평가 등 총괄 • 사업추진을 위한 법령 · 제도개선, 추진협의회 운영 등
시 · 도 [아동 업무 담당 부서]	• 사업지역 시군구 인력 배치 · 정원 조정, 조례 개정 등 지원 • 사업계획의 검토 · 조정 및 국고보조금 및 지방비 배분 총괄 • 사업 전반(예산, 실적 등)에 대한 점검, 지도 • 권역별 교육 및 워크숍 등 운영 지원 총괄 • 아동권리보장원 현장 지원 관련 업무 및 운영 지원

시·군·구 [시·군·구 드림스타트]	• 드림스타트 설치·운영(사업의 운영 및 관리) • 드림스타트 예산 확보 및 사업 추진 • 지역주민에 대한 사업 홍보 • 드림스타트 운영위원회, 슈퍼비전 구성·운영 • 드림스타트 중심의 지역사회 내 아동복지기관협의체 구성·운영
아동권리보장원 [아동권리본부 지역아동복지부]	• 사업 운영 지원(협력체계 지원, 모니터링 등) • 연구 개발 및 교육 운영 • 사업운영 평가 실행, 사업 효과성 검증 • 사업홍보 자료 개발 등 사업홍보 실시 • 중앙 후원기관 발굴, 후원 개발 및 연계 등

출처: 보건복지부 (2021). p. 4.

5. 사회복지공동모금회

1) 정의

공동모금은 개인 또는 조직 단독으로 모금을 하는 행위가 아니라 여러 개인 또는 조직이 함께 모금하는 행위를 말한다. 즉, 민간의 기부금을 필요로 하는 복지단체나 시설들이 개별 모금활동을 하는 대신에 공동모금회라는 일원화된 모금창구를 통하여 기부금품을 모금하고 배분하는 것을 말한다(천정웅 외, 2016).

공동모금이 갖는 의의는 지역사회의 다양한 구성원들을 지역사회복지 증진에 참여하도록 유도하면서 민간사회복지의 지지 기반을 확대할 수 있다는 것이다. 또한 주민의 다양한 복지 욕구를 충족시키기 위해 제공되는 사회복지서비스 개발과 질적 제공 그리고 서비스 전달의 효율성 확대 등을 가져올 수 있는 매개체 역할을 할 수 있다(박태영 · 채현탁, 2017).

공동모금의 시작은 19세기 후반 영국과 미국의 자선조직협회에서 시작되었다는 것이 일반적인 견해이다(최일섭, 1990). 특히 미국의 공동모금은 지역별로 사회복지기관들의 공동모금, 사회복지협의회의 공동모금, 기부자들 주도의 공동모금제도로 구성되었는데 이들의 모금 및 배분 방법은 매우 효율적인 것으로 인정을 받아 현대 공동모금 모형의 바탕이 되었다(김범수 · 신원우, 2006).

사회복지사업이나 그 밖의 사회복지활동 지원에 필요한 재원을 조성하기 위하여 사회복지공동모금회법에 따라 기부금품을 모집하는 것을 사회복지공동모금이라고 하며(사회복지공동모금회법 제2조2), 사회복지공동모금회법 제4조에 의거한 사회복지공동모금 조직이 사회복지법인 사회복지공동모금회이다.

2) 역사

우리나라 사회복지공동모금은 한국전쟁을 배경으로 시작한다. 전쟁 이후 자선기금 마련을 위한 모금 행위가 산발적으로 이루어지자 정부는 1951년 기부금품모집금지법을 제정하고 민간인들의 자선기금모금을 통제하였다.

사회복지공동모금이 법률로서 보장을 받기 시작한 것은 1970년대이다. 1970년 사회복지사업법이 제정되었는데 이때 사회복지공동모금회 설립이 법 조항에 포함되었다. 그리고 1971년 사회복지사업법을 근거로 한 한국사회복지공동모금회를 설립하게 된다. 한국사회복지공동모금회는 사회복지공동모금 1차 캠페인을 시도하였으며, 이와 별도로 외국 원조 사회복지 관련 기관을 중심으로 한 민간

주도의 백만인 걷기운동이 이루어졌다. 그러나 미비한 성과로 지속되지 못하였고 1983년 사회복지사업법 개정에서 공동모금 관련 조항은 삭제되었다.

한편 관 주도의 모금운동은 전개되었다. 보건복지부는 1975년 불우이웃돕기 모금을 매년 연말 전개하였고 이는 1980년대에도 이어졌다. 1980년 사회복지사업기금법을 제정하고 1981년부터 매년 관 주도의 불우이웃돕기 모금을 하면서 조성된 모금액을 사회복지기금에 적립하였다. 이렇게 적립된 기금은 사회복지시설 피복비, 월동비 등 지원금으로 사용되었다.

민간 주도의 사회복지공동모금이 발달하게 된 것은 1990년대 사회복지공동모금회법 제정 이후부터이다. 1980년대 후반부터 한국사회복지협의회는 여러 차례의 모임과 모금행사 등 민간 주도의 사회복지공동모금의 필요성을 다시 제기하였고 그에 따라 1997년 사회복지공동모금법이 제정되었다. 이후 1999년 중앙의 사회복지공동모금회와 시 · 도별 사회복지공동모금을 관장하는 지회 형태로 운영되는 사회복지공동모금회법이 개정되었다(김범수 · 신원우, 2006; 오정수 · 류진석, 2018).

3) 조직

한국사회복지공동모금회는 명예회장, 이사회, 회장, 사무총장, 그리고 8개 사업 부서(본부 6개, 나눔문화연구소, 윤리감사실)로 구성되어 있다.

위원회는 인선위원회, 분과실행위원회, 운영위원회가 구성되었다. 인선위원회는 이사(사무총장 제외) 및 분과실행위원회의 위원을 추천하며 분과실행위원회는 모금회의 기획 · 홍보 · 모금 · 배분 업무에 관한 사항을 심의하기 위하여 배치되어 있다. 분과실행위원회는 기획분과실행위원회, 홍보분과실행위원회,

모금분과실행위원회, 배분분과실행위원회 4개 위원회로 구성하고 있다.

또한 지역 단위의 사회복지공동모금사업을 관장하기 위하여 특별시 · 광역시 · 특별자치시 · 도 · 특별자치도 단위의 지회를 두고 있다(사회복지공동모금회법).

4) 모금

공동모금의 모금 방법은 모금대상, 모금시기에 따라 나눌 수 있다.

(1) 모금 방법

① 개별형

개별형은 개인이나 가정의 기부금을 통해 모금하는 형태를 말한다. 모든 주민들을 사회복지사업에 관심을 갖고 참여를 높일 수 있는 장점이 있으나 캠페인이 번거롭고 많은 금액을 단시간에 모으는 데 다소 어려움이 있다.

② 기업 중심형

기업 중심형은 회사, 공장, 사업체 등과 그 근로자를 대상으로 모금하는 형태를 말한다. 적은 노력과 시간을 통해 일시에 많은 금액을 모을 수 있다는 장점이 있다. 특히 급여공제와 같은 근로자를 대상으로 할 경우 매우 간편하게 모금을 할 수 있다. 그러나 자발적 참여라는 공동모금 정신에는 다소 강제성이 있다.

③ 단체형

단체형은 재단, 협회 등 단체가 줄 대상이 되는 경우를 말한다. 단체형은 기업 중심형과 같이 재력이 있는 재단이나 협회로부터 보조금을 받는 것으로 손쉽게 많은 금액을 모금할 수 있는 장점이 있다. 다만 많은 주민이 참여할 수 없는 단점이 있다.

④ 특별사업형

특별사업형은 자선바자회, 자선골프대회 등과 같은 특별한 프로그램이나 사업 등을 말한다. 특별사업형은 기부자에게 흥미, 오락성, 반대적인 급부 등을 제공한다는 점에서 호응도가 높은 장점을 갖는다. 또한 여론의 형성과 분위기 조성 등 최대의 홍보효과를 가져올 수 있다. 그러나 모금의 안정성을 확보하기 힘들고, 사치성과 낭비성에 대한 비판을 면하기 어렵다. 또한 주민들의 관심을 끌기 위한 프로그램개발이 어렵다(최일섭, 1990).

(2) 모금시기

① 연중모금형

연중모금은 연중 누구나 기부에 참여할 수 있도록 다양한 모금 프로그램 및 캠페인을 기획하여 시민들의 기부 접근성을 높이려는 모금 형태이다.

② 연말집중형(희망나눔캠페인)

연말집중모금은 연말 12월부터 익년 1월까지 2개월 동안 전 국민이 참여할 수 있는 캠페인을 벌여 모금하는 것을 말한다.

5) 배분

(1) 배분 형태

사회복지공동모금회의 궁극적인 사명은 사회복지사업을 수행하는 사업주체들에 대한 지원에 있다. 따라서 배분사업의 공정성, 합리성 그리고 효율성은 사회복지공동모금회의 정당성을 확보하는 데 매우 중요한 요소라고 볼 수 있다(박태영, 2004).

사회복지공동모금회가 공동모금을 통해 조성된 모금액을 배분하는 형태는 신청사업, 기획사업, 지정기탁사업, 긴급지원 사업, 복권기금사업으로 분류된다(사회복지공동모금회, chest.or.kr; 이양훈 외, 2014).

① 신청사업

신청사업은 자유주제 공모 형태로 복지사업을 신청받아 배분하는 사업이다. 지역사회의 개별 사회복지기관이나 시설에서 공동모금회의 공고에 따라 프로그램 사업과 기능보강 사업으로 나누어 공모 형태로 신청한다. 프로그램 사업은 지역사회 변화와 주민의 삶의 질 향상을 위해 계획된 서비스 및 활동 사업을 말하며 기능보강 사업은 서비스 제공 및 활동을 위해 필요한 기관 및 시설의 개·보수, 장비구입 등(차량 제외)의 사업을 말한다. 연 1회 신청하며 신청기관이 있는 지역의 지회에만 신청이 가능하다.

② 기획사업

기획사업은 모금회가 그 주제를 정하여 배분하는 사업 또는 배분 대상자로부터 제안받은 내용 중에서 선정하여 배분하는 시범적이고 전문적인 사업을 말한다. 전체 사회복지계 또는 지역사회복지계의 발전을 위해 가장 절실한 사업이라고 판단하거나, 시범적 성격이면서 향후 파급효과가 기대되는 사업, 최근 사회복지계의 커다란 이슈로 떠올라 중점적인 지원이 요구되는 사업이 해당된다. 공동모금회가 주도적으로 지원 사업 주제를 정한 상태에서 필요에 따라 사업 실행기관을 공모하여 심사 후 결정하거나 사업 실행기관을 직접 지정하고 기획의도에 맞게 수행방법을 정하여 중점적으로 지원하는 사업을 말한다.

③ 지정기탁사업

지정기탁사업은 기부자의 기부 의도에 따라 사업 영역이나 사업의 기관, 시설을 지정하는 사업이다. 공동모금회가 기부자를 대신하여 기부금을 전달하거나 그 사용 여부를 투명하게 관리하는 사업을 말한다.

④ 긴급지원 사업

긴급지원 사업은 재난재해지원, 개인 긴급히 지원해야 할 필요가 있을 때 배분하는 사업을 말한다. 여기서 재난재해지원은 재난재해로 인해 피해를 입은 개인 및 단체에 대해 의 · 식 · 주, 의료 지원 등 긴급구호 및 복지활동 · 서비스 지원을 말하며 개인긴급지원은 긴급한 의료 및 생활 지원 등 복지서비스가 필요한 개인 지원을 말한다.

⑤ 복권기금사업

복권기금사업은 복금기금으로 빈곤가정의 생계비 및 의료비 지원 등의 사업을 수행하는 것을 말한다.

6. 자원봉사센터

1) 정의

자원봉사는 지역사회주민이 지역사회복지에서 가장 주체적인 역할을 수행할 수 있는 가장 보편적인 방법이다. 지역사회주민은 자원봉사활동을 통해서 지역사회의 문제 해결과 시민으로서의 의무 이행에 참여할 수 있기 때문이다(박태영, 2004). 자원봉사에 대한 관심은 점점 높아지고 있으며 지역사회주민들이 참여할 수 있는 자원봉사 영역은 점점 확대되고 있다. 국가와 지방자치단체 또한 이를 주시하면서 이를 극대화할 수 있는 법률 제정과 추진체계를 개발하였다. 자원봉사센터는 이를 실현하는 중심 역할로서 설립된 조직이다. 즉, 자원봉사센터는 '지역사회 문제를 능동적으로 예방하고 해결하기 위하여 자원봉사자의 모집, 교육, 배치, 관리, 프로그램개발, 운영 등의 역할을 수행하는 단체 및 기관'을 말한다(이준우 외, 2011).

2) 역사

우리나라에서 자원봉사활동의 기원은 두레, 품앗이에서 찾을 수 있다. 비록 오늘날의 자원봉사활동으로 보기에는 어려움이 있으나 상부상조의 전통은 자원봉사 정신으로 계승 · 발전된 것으로 본다(천정웅 외, 2016).

현대적 의미의 자원봉사활동으로 보는 시기는 1900년대 초이다. 이 시기는 뜻 있는 개인, 민간단체, 외원단체들에 의해 자원봉사활동이 이루어졌다. 기독교사상과 개화사상을 받은 YMCA, YWCA, 적십자 활동, 일부 지식층과 학생들을 중심으로 한 농촌계몽운동, 한국전쟁 뒤 외원기관이 펼친 자원봉사활동 등 다양한 형태의 자원봉사활동이 민간에 의해 이루어졌다(김범수 · 신원우, 2006).

자원봉사활동에 대한 국가의 관심은 1900년대 중반 이후 이루어졌다. 먼저, 한국사회복지협의회는 1978년 사회봉사센터를 부설로 설립하여 우리나라 최초로 자원봉사원을 모집하여 교육 · 훈련하여 배치하였다. 그러나 국민에게 자원봉사라는 용어를 인식시킨 것은 1986년 서울 아시안게임과 1988년 서울 올림픽이었다. 정부는 아시안게임과 올림픽에 자원봉사원을 활용하였고 이는 국민에게 자원봉사를 크게 인식시키는 계기가 되었다. 여성개발원은 여성 유휴인력에 관심을 갖고 이들을 활용하면서 여성들의 사회참여를 확대할 수 있는 방법을 모색하여 1994년 자원활동 인력은행을 구성하였다.

한국사회복지협의회는 1991년부터 부설로 설치되어 있던 사회봉사센터를 1994년 자원봉사정보안내센터로 이름을 변경하고 16개 시 · 도에 운영하였다. 정부 또한 1995년 내무부 사회진흥부서에서 자원봉사활동 업무를 총괄 관리하도록 하였고 1996년 '자원봉사센터'를 전국에 설치 및 운영하였다(김범수 · 신원우, 2006; 천정웅 외, 2016).

2005년 자원봉사활동 기본법 제정과 함께 국가와 지방자치단체는 국민들의 자원봉사활동 진흥을 위해 적극적으로 책임과 의무를 할 수 있게 되었으며, 자원봉사활동 도중 발생할 수 있는 안전사고에 대비하여 보험 등에 가입토록 하는 등 자원봉사활동 진흥을 위한 토대를 마련하였다(이양훈 외, 2014).

3) 자원봉사센터 현황

우리나라에서 법적 근거를 바탕으로 자원봉사 프로그램을 운영하는 자원봉사센터는 행정안전부의 자원봉사센터, 보건복지부의 한국사회복지협의회 사회복지정보센터, 여성가족부의 청소년활동진흥원 청소년자원봉사 DOVOL을 들 수 있다.

(1) 자원봉사센터

① 정의

자원봉사센터는 자원봉사활동 기본법 제19조에 의거한 기관으로 '자원봉사활동의 개발 · 장려 · 연계 · 협력 등의 사업을 수행하기 위하여 법령과 조례 등에 따라 설치된 기관 · 법인 · 단체'이다. 자원봉사활동 기본법을 근거로 각 지방자치단체는 조례 제정을 통해 자원봉사센터 설치 및 운영에 관하여 규정하고 있다(행정안전부, 2019).

즉, 자원봉사센터는 지역사회 문제를 능동적으로 예방 · 해결하기 위하여 자원봉사자의 모집, 교육, 배치, 관리, 프로그램개발, 운영 등의 다양한 역할을 수행하는 단체 및 기관을 말한다(표갑수, 2012).

자원봉사센터는 다음의 기본 방침을 준수하며 운영하여야 하다.

- 자원봉사센터는 민 · 관 협력의 기본정신에 입각하여 법인으로 운영하거나 비영리법인에게 위탁하여 운영하는 것을 원칙으로 한다.
- 자원봉사센터 장의 임용과 자원봉사센터 조직을 운영할 경우에는 관련 법령 및 지침을 준수한다.

- 지방자치단체는 자원봉사센터의 활성화를 위해 센터 운영과 근무자 처우 개선 등에 필요한 경비를 지원한다.
- 자원봉사센터는 민 · 관 협력의 바탕 위에서 주민의 자원봉사활동을 개발 · 장려하는 거점 역할을 수행하고 지속적으로 관련 단체, 유관기관 등과 연계 · 협력을 강화한다.

② 조직체계와 역할

자원봉사센터는 행정안전부가 한국중앙자원봉사센터를 설치 · 운영하고, 시 · 도 및 시 · 군 · 구에서 조례에 따라 시 · 도 자원봉사센터 및 시 · 군 · 구 자원봉사센터가 설치 · 운영되고 있다. 그리고 한국중앙자원봉사센터, 시 · 도 자원봉사센터, 시 · 군 · 구 자원봉사센터 간의 역할을 정립하여 업무의 체계성을 확보하도록 하고 있다.

한국중앙자원봉사센터는 자원봉사 정책 개발, 중앙 단위 자원봉사기관 · 단체, 기업과의 연계, 지역 자원봉사센터 지원, 국제교류 및 협력, 1365자원봉사포털 위탁 운영, 자원봉사 행정업무 정보화 지원 등을 수행한다.

시 · 도 자원봉사센터는 한국중앙자원봉사센터와 시 · 군 · 구 자원봉사센터와의 협력체계 구축, 광역 단위 자원봉사기관 · 단체, 기업과의 협력, 시 · 군 · 구 자원봉사 관리자 및 지도자 대상 교육, 1365자원봉사포털 서비스 이용 및 회원 정보 관리 · 운영, 자원봉사 프로그램개발 · 운영 등을 수행한다.

시 · 군 · 구 자원봉사센터는 기초 단위 단체들과 협력체계 구축, 읍 · 면 · 동 자원봉사자 모집 및 교육 홍보, 자원봉사활동 수요처에 자원봉사 배치, 자원봉사 프로그램 운영, 1365자원봉사포털 서비스 이용 및 회원 정보 관리 · 운영, 현장자원봉사센터 설치 및 운영 등을 수행한다(행정안전부, 2023).

〈표 10-10〉 자원봉사센터 역할

중앙자원봉사센터	시 · 도 자원봉사센터	시 · 군 · 구 자원봉사센터
• 자원봉사 정책 개발 및 연구 • 중앙단위 자원봉사기관 · 단체, 기업과 협력체계 구축 • 지역 자원봉사센터 지원 및 협력 • 자원봉사 아카이브 운영 • 자원봉사 국제교류 및 협력 • 1365자원봉사포럼 위탁 운영 • 자원봉사센터 행정업무 정보화 지원 • 재난 대응 및 지원체계 구축(현장자원봉사센터 설치 및 운영 지원 등) • 자원봉사 확산을 위한 홍보 및 문화행사 • 그밖에 자원봉사 진흥에 기여할 수 있는 사업 추진	• 중앙센터 및 시 · 군 · 구 센터와 협력체계 구축 • 광역단위 기관 · 단체, 기업과의 협력 • 시 · 군 · 구 자원봉사 관리자 및 지도자 대상 교육 • 자원봉사 프로그램개발 · 보급 • 지역 자원봉사 활성화를 위한 조사 · 연구 • 시 · 군 · 군 센터 간 정보교류 및 사업 조정 · 지원 • 1365자원봉사포털 서비스 이용 및 회원 정보 관리 · 운영 • 재난 대응 및 지원체계 구축(시 · 군 · 구 현장자원봉사센터 설치 및 운영 지원 등) • 그밖에 특별시 · 광역시 · 도 지역의 자원봉사 진흥에 기여할 수 있는 사업	• 기초단위 기관 · 단체들과의 협력체계 구축 • 읍 · 면 · 동 자원봉사자 모집 및 교육 · 홍보 • 자원봉사활동 수요처에 자원봉사자 배치 • 자원봉사 프로그램 운영 • 지역자원봉사 및 공동체 활성화의 거점 역할 수행 • 자원봉사 관련 정보의 수집 및 제공 • 1365자원봉사포털 서비스 이용 및 회원 정보 관리 · 운영 • 현장자원봉사센터 설치 및 운영 • 그밖에 시 · 군 · 구 지역의 자원봉사 진흥에 기여할 수 있는 사업

출처: 행정안전부 (2023). p. 6.

③ 주요 기능

자원봉사센터는 자원봉사자의 유치와 연계, 지역사회 문제 발굴, 컨설팅과 교육훈련, 인정과 보상, 자료 및 정보제공 등 다양한 기능을 수행한다(표갑수, 2012).

첫째, 유치와 연계의 기능이다. 자원봉사활동을 희망하는 사람과 자원봉사를 필요로 하는 지역사회, 기관 또는 개인을 체계적으로 유치 관리하여 적절하게 연계하는 기능을 말한다. 여기에는 자원봉사자를 관리하는 것뿐만 아니라 자원활용 수요기관을 대상으로 하는 관리 기능도 포함한다.

둘째, 지역사회 문제의 발굴 기능이다. 지역사회 내 심각한 사회 문제 또는 현안 문제를 발견하고 이를 위한 프로그램을 개발하는 기능을 말한다.

셋째, 컨설팅과 교육훈련 기능이다. 지역사회 내 모든 민간단체 및 공익기관 등에 컨설팅, 교육과 훈련, 기술 지원을 제공할 수 있도록 하여 이들 기관이 창의적이고 효율적인 프로그램을 운영할 수 있도록 한다. 또한 자원봉사원들이 자유롭게 이용할 수 있는 시설과 기구자료 그리고 자원봉사원실을 확보한다.

넷째, 인정과 보상기능이다. 자원봉사활동이 일회성에 그치지 않고 지속될 수 있도록 하여 자원봉사 수요처에게 지속적으로 도움을 줄 수 있도록 해야 하며 이를 위한 심리사회적 보상 프로그램을 제공하는 것을 말한다.

다섯째, 자료 및 정보제공 기능이다. 지역사회 내 자원봉사 수요처에 대한 정보 제공뿐만 아니라 지역 내 자원봉사 관련 각 센터를 조직화하여 유기적인 정보자료 공유 및 상호 교류를 활성화할 수 있는 협력체계를 구축 운영하는 것을 말한다.

④ 주요 사업

자원봉사센터의 주요 사업을 각 영역별로 살펴보면 〈표 10-11〉과 같다.

〈표 10-11〉 자원봉사센터의 주요 사업

주요 사업	목적	사업 유형
자원봉사 전략사업	• 지역사회 문제 해결 예방을 위한 전략적 자원봉사활동 프로그램 기획 운영 • 지역 특성 및 주민 욕구에 적합한 자원 확보 및 봉사활동 기회 제공을 통한 주민 주도 공동체 형성 등	• 이슈별 프로그램개발, 지역사회 단위 사업 • 대규모 지역행사 지원 지역특화 서비스(세탁차량/급식차량 운영 등

조직 육성 및 거점 형성	• 생애주기별 시민 자원봉사 참여 촉진 • 봉사팀 활동 역량 증진 및 지원 · 육성 • 자원봉사 참여 기반 확장을 위한 지역사회 거점 설치 · 운영	• 참여주체별 조직화 지원 • 전문봉사팀 조직화 지원 • 거점육성 및 지원
홍보 · 진흥	• 다양한 매체 활용과 이벤트 등을 기반으로 한 홍보를 통해 자원봉사 브랜드 이미지의 혁신 · 전파	• 홍보콘텐츠 및 브랜드 개발 • 매체 홍보 • 홍보이벤트
연계 · 협력	• 일상적인 협력 기반 조성을 통해 정부–기업–시민사회의 자원봉사 파트너로서 역할 수행	• 봉사자 연결 배치 • 일상적 협력 체계 구축
교육 훈련	• 자원봉사자 및 시민을 대상으로 한 교육과 실천, 학습을 통해 시민성 강화 · 함양	• 봉사자 및 리더 교육 • 수요처 및 관리자 교육 • 교육 및 학습 지원
정책 개발	• 지역 및 현장의 욕구와 자원 현황 파악, 정보 공유 • 사업 운영의 방향 수립 위한 연구 및 정책 개발	• 조사 · 연구 및 정책 개발 • 공론 형성 및 정보 공유 • 아카이브 운영
봉사자 등록 · 관리	• 자원봉사 참여 희망자(단체)와 수요처의 활동을 지원 • 일감 등록과 활동 후속 관리(시간인증, 활동인증 등) 지원	• 1365시스템 운영 • 자원봉사자(단체) 등록 및 관리 • 자원봉사 수요처 등록 및 관리
재난대응체계 구축	• 재난 예방과 대응, 지역사회 회복력 증진을 위해 자원봉사단 조직화 및 관리 체계 형성	• 재난대응봉사단 조직 · 훈련 • 재난현장 자원봉사센터 운영 • 통합자원봉사지원단 운영 • 재난지역 자원봉사 파견 및 지원
자원봉사 인정	• 자원봉사자(단체)의 활동에 대한 격려와 인정, 동기부여	• 자원봉사 포상 • 자원봉사 인정 프로그램 운영
안전 보장	• 안전한 자원봉사활동 환경 조성 및 기타 참여 지원	• 자원봉사 보험 • 인권친화적 환경 조성 등

출처: 행정안전부 (2023). p. 45 재구성.

(2) 한국사회복지협의회 사회복지정보센터

① 정의

사회복지정보센터는 사회복지사업법 제9조 및 동법 시행령 제25조 제3항, 사회복지 자원봉사 관리규정(보건복지부), 자원봉사활동 기본법 제3조 및 제4조에 의거하여 보건복지부가 설치 · 운영하고 있는 한국사회복지협의회 부설 자원봉사센터이다.

사회복지정보센터의 운영 목적은 사회복지 자원봉사 활성화, 사회복지 자원봉사 인증센터 및 인증요원 지원 강화, 사회복지 자원봉사 촉진을 위한 정보제공 강화, 사회복지 자원봉사활동 거점기능 수행을 위한 지원 강화에 있다(보건복지부, 2008).

② 추진체계

사회복지정보센터 추진은 보건복지부와 지방자치단체가 총괄 운영하며 한국사회복지협의회와 시 · 도사회복지협의회가 주관한다. 사업수행은 사회복지봉사활동 인증센터(시설, 법인, 단체 등)에서 맡고 있다.

③ 주요 사업

주요 사업으로는 사회복지봉사활동 인증관리사업(VMS), 자원봉사자 상해보험제도 운영, 사회복지 자원봉사 통계연보 발행 등 등록자원봉사자 조사 · 분석사업 추진, 사회복지 자원봉사 동기부여 서비스 제공 프로그램개발, 자원봉사자카드 발급 사업 추진, 전국사회복지 자원봉사 대회 개최, 자원봉사인증관리시스템(VMS) 전산 입력된 자료는 “보건복지부소관업무 전산처리에 따른 개인정보 보호관리 지침”에 따른 정보의 보호관리를 수행한다.

(3) 청소년활동진흥원

청소년활동진흥원은 청소년활동진흥법 제6조에 근거하여 설립된 기관이다. 청소년화동진흥원의 주요 사업 중 자원봉사활동과 관련된 사업은 '청소년자원봉사 DOVOL'이다.

청소년자원봉사 DOVOL은 "Do Volunteer"(자원봉사하다)의 약자로 청소년들이 쉽고 편리하게 봉사활동 정보 검색, 신청, 실적 확인, 확인서 출력까지 원스톱으로 진행할 수 있는 청소년 특화 봉사활동서비스이다.

사업 대상은 초, 중, 고, 대, 일반인 개인 및 동아리 봉사활동을 하고자 하는 모든 사람으로 하고 있다.

이 사업은 나이스(NEIS, 교육부) 전송과 봉사활동확인서 및 이력확인서를 발급할 수 있도록 하고 있으며 1365자원봉사포털과 연계되어 있다.

이 외에도 청소년자원봉사자 상해보험 지원서비스 운영, 병무청 군 모집병 1차 서류심사 시 사회봉사 가산점 인정, 우수활동 청소년 및 동아리 시상 등이 있다(한국청소년활동진흥원 홈페이지).

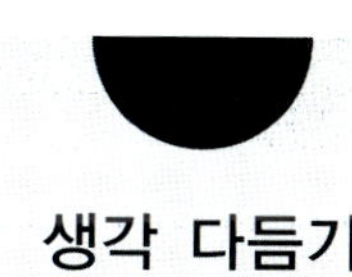

생각 다듬기

1. 협의회, 협의체, 협회의 차이점에 대해 알아봅시다.

2. 사회복지공동모금회와 자원봉사센터의 차이점에 대해 생각해 봅시다.

3. 희망복지지원단의 통합사례관리와 민간영역의 사례관리의 차이점을 비교해 봅시다.

4. 드림스타트 사업이 다른 아동복지사업의 사업 내용에 비교하였을 때 차이점은 무엇인지 알아봅시다.

CHAPTER 11

지역사회복지실천과 지역사회복지운동

COMMUNITY WELFARE

11

CHAPTER 11

지역사회복지실천과 지역사회복지운동

나평화 사회복지사(가명)는 ○○○지역복지운동단체에서 지역사회활동가로 근무하고 있다.

오전에는 정신장애인 관련 기관 및 시설, 학계, 시민사회단체, 종교단체 등과 함께 하는 토론회에 참석하여 우리나라 정신장애인의 자립 상태, 정신장애인 복지기술 관련 상황과 국내·외 정책에 대해 토론하고 향후 정책 개발을 위해 함께할 행동들을 논의하였다.

오후에는 시청 앞에서 정신장애인의 자립 지원을 위한 정책 개발을 촉구하는 1인 피케팅 활동과 정신장애인 가족들의 모임에 참여하여 조직화와 임파워먼트 향상을 위한 교육을 수행하였다. 사무실에 복귀해서는 시민들에게 정신장애인 자립에 관심을 촉구하는 원고와 해시태그를 기관 홈페이지 및 다양한 사회관계망 서비스(SNS)에 올렸다.

1. 지역사회복지운동

우리나라 사회복지현장에서 운동은 제한적으로 이루어졌거나 사회복지에 관심을 갖고 있는 시민사회단체에서 전개해 왔다. 이는 운동에 대한 관심 부족, 이념과 연결되면서 갖는 거부감, 사회로부터의 부정적 평가에 대한 민감함 등 여러 요인이 작용한 것으로 볼 수 있으며, 이러한 현상은 1990년 초까지 이어졌다. 특히 정부보조금 비중이 높은 사회복지현장에서 운동은 사회복지와 무관한 영역으로 다루어져 왔다.

그러나 지역 내 주민의식이 성장하고 지속가능한 사회복지를 실현하기 위한 지역사회복지운동이 시작되면서 사회복지 영역을 중심으로 하는 지역사회복지운동을 위한 단체활동이 형성되어 전개되고 있다(유동철 · 홍재봉, 2021).

1) 정의

지역사회복지운동은 지역사회복지에 운동을 조합한 것으로 지역사회복지 발전을 목표로 하는 사회운동을 말한다. 즉, 지역사회복지를 발전시키기 위해 사회운동을 조합하는 것을 말한다(유동철 · 홍재봉, 2021).

지역사회복지운동은 집단활동을 통해 지역사회 환경 변화를 추구하는 거시 실천으로, 전문가들에 의한 것이 아닌 지역주민들의 집단적 의사결정을 통해 사회적 약자를 위한 정책 결정을 하는 것이다. 전문가들은 참여 조사와 옹호 활동에 기반한 전문가로서의 활동이 요구된다(이인재, 2002).

따라서 지역사회복지운동은 지역사회 문제들을 해결하기 위해 지역사회의 변화 또는 지역사회의 역량강화를 통해 지역사회주민의 욕구 충족과 사회연대 의식의 고취, 지역공동체 형성이라는 목표로 전개되는 조직적인 운동을 말한다.

2) 역사

지역복지운동은 1970년 이후 대도시의 대규모 재개발사업을 위한 강제 철거에 맞선 철거민들의 주거복지운동에 뿌리를 두고 있다. 도시 철거민운동은 이후 IMF 이후 자활운동과 실업극복운동에 적극적으로 참여하면서 더욱 다양한 형태로 이어지게 되었다.

1990년대 지역자조운동, IMF 이후 지역실업극복운동, 그리고 1990년대 중반 이후 도시빈민지역을 중심으로 한 주민자조형 지역복지운동(관악주민연대, 노원 나눔의 집 등)으로 확대되었다.

1990년대 후반부터 생활영역의 중요성과 지방자치제도의 발전에 따른 지역운동 문제의식 변화 속에서 지역사회복지운동단체들의 활동은 더욱 활발해졌다. 이들은 지역복지 정책 과정에 지역주민들의 참여 조직화를 궁극적 목표로 설정하고 서비스 제공, 옹호 활동, 당사자 동원, 조직화의 네 가지 차원에서 활동이 이루어졌다.

지역복지운동 형태도 시민운동, 노동운동, 주민운동, 도시빈민운동뿐만 아니라 사회복지종사자 운동, 복지당사자(장애인, 노인, 아동, 여성 등)운동을 포괄하여 이루어졌다. 현재에는 지역주민들에게 직접서비스나 교육훈련 서비스 활동, 지역단체들과의 연대활동, 지방자치단체 및 지방의회와의 관계 및 조례 재개정 사업 등의 옹호 활동을 주로 전개하고 있다(백종만 외, 2015).

3) 주요 활동 내용

지역사회복지운동의 주체는 당연히 지역사회주민에 초점을 두어야 하지만 실제 운동을 주도하는 관점에서 보면 지역사회활동가, 사회복지전문가, 사회복지실무자, 지역사회복지 이용자, 일반 지역사회주민 등이 될 수 있다.

- **지역사회활동가**: 실천현장의 경험에 기초하여 실질적으로 지역사회복지운동을 주도하는 일차적 역할을 수행하는 경우가 많다.
- **사회복지전문가**: 일차적 주체가 될 수는 없지만 실천활동의 전문성 측면에서 보완하거나 촉진하는 역할을 수행하거나 지역사회활동가와 함께 지역사회복지운동을 주도할 수 있다.
- **사회복지 실무자**: 사회복지를 이해하고 실천하는 것을 과업으로 삼는다. 조직 환경의 요인이 큰 제약 요인으로 작용하여 지역사회복지운동에 적극적으로 동참하기 어려운 경우가 많다.
- **지역사회주민과 지역사회복지 이용자**: 지역사회복지운동의 주체가 되어야 하지만 지역사회복지에 대한 관심이 부족하여 주체적 참여가 어렵다. 주민의 역량을 강화시키고 지역사회복지실천에 중요한 역할을 수행할 수 있도록 이끌어야 한다(이인재, 2002).

지역사회복지운동의 주요 활동은 다음과 같다(유동철 · 홍재봉, 2021).

- **지역사회복지예산 감시 · 참여운동**: 지방자치단체의 사회복지 예산 분석 및 예산 모니터링, 지역사회복지법인, 시설, 기관에 대해 지원하는 예산 편성과 쓰임에 대한 감시를 말한다.
- **지역사회복지행정 감시운동**: 지역사회복지 정책의 투명성과 민주성을 확보하

는 운동을 말한다. 사회복지시설 민간위탁 및 재위탁 조례 제정, 사회복지 관련 위원회의 주민참여 확대와 의사결정권 강화, 사회복지시설 생활인의 인권 강화 등이 해당한다.

- **지역사회보장협의체 운영 개선 방향 제시**: 시민단체와 주민 대표자 등의 참여를 보장하고 지역사회보장협의체 위원 위촉의 기준 마련과 공개 모집 그리고 지역사회보장계획 수립체제 개선 방향을 제시한다.
- **사회복지법인 및 시설의 공공성 운동**: 지역사회 특정 복지재단이 민간위탁방식을 통하거나 변칙 회계와 로비를 통해 여러 개의 사회복지시설을 운영하는 데 있어 나타나는 문제점 개선 운동을 말한다.
- **사회복지연대운동**: 복지 분권화 정책이 지역의 복지 불평등으로 이어지지 않고 올바른 지역복지를 실현할 수 있도록 지속적인 감시와 비판을 위한 네트워크를 구성한다.
- **교육 · 훈련사업**: 주민에게 제공되는 사회복지서비스의 질을 향상시키기 위해 사회복지 관련 실무자에게 교육 프로그램을 실시하거나 지역주민들에게 사회복지나 자원봉사 관련 교육 프로그램을 실시하는 것을 말한다.
- **직접서비스 제공사업**: 저소득계층, 독거노인, 실업자, 아동 및 청소년 등 소외계층에게 현금 지원 서비스, 의료 · 보육 · 교육 등 무형의 자원을 직접 제공하는 서비스를 말한다.

2. 지역사회복지운동단체

1) 정의

지역사회복지운동단체는 지역사회주민운동에 뿌리를 두고 있으며 정부에 독립성을 갖는 민간의 자주적 조직으로서 저소득층에 대한 직접서비스 기능뿐만 아니라 지역사회복지 정책의 개발, 사회행동 등의 다양한 복지 기능을 수행하는 지역사회복지운동조직이다. 따라서 기존의 지역 단위를 중심으로 직접서비스 전달에 목표를 두고 있는 지역사회복지관 등과는 성격이 다르다.

또한 지역사회복지운동단체는 지역 차원에서 복지 이슈를 제기하고 다루는 조직적 활동을 전개하는 단체를 말한다. 이를 위해 지역사회복지운동단체는 지역주민들의 정책 과정에 대한 관심 제고, 토착 지도력 개발, 지역주민 교육, 주민자치조직 건설 등의 과제를 수행해야 한다(이인재, 2002).

2) 활동

지역사회복지운동단체는 정부에 대해 상당한 정도의 '재정 독립성'을 갖고 있으며, 사회복지전문성을 확보한 집행력을 갖추고 있다. 또한 지역사회복지의 원활한 추진을 위해 일정 정도의 사회복지 관련 조직체계를 갖춘 독립적인 임의단체로 활동하고 있다. 지역사회복지운동단체가 목적을 이루기 위해 사용하는 전략은 사안, 대상 그리고 상황에 따라 운동적 영향력 행사, 보충적 서비스,

협력적 영향력 행사, 네트워크 등 다양한 전략을 사용한다(오정수 · 류진석, 2018).

지역사회복지운동단체의 활동은 다음의 네 가지 차원에서 평가할 수 있다(이인재, 2004).

(1) 서비스 제공 활동

지역사회 문제 해결을 위한 가장 전통적인 방법은 사회서비스를 제공하는 것이다. 사회적 약자들에게 직접서비스를 제공하거나 각종 교육훈련 프로그램을 제공하는 것을 말한다. 개인이 필요로 하는 것을 제공받을 수 있다는 점에서 의의를 갖는다. 그러나 서비스 제공 활동만으로는 문제의 원인이 되는 상황에 맞서거나 변화시키지 못하는 것이 일반적이다.

(2) 옹호 활동

옹호 활동은 부당한 현실, 정책에 의해 고통받는 사람들을 대신해서 현실이나 정책의 변화를 추구하는 것이다. 지역사회단체와의 연대활동, 지방자치단체/지방의회와의 관계 및 조례 제정/개정 운동이 여기에 해당한다. 옹호를 통해 인간의 삶을 실제적으로 향상시킬 수 있고 기관이나 제도의 운영방식을 변화시킬 수 있으며 사회 내 권력관계를 바꿀 수는 있다. 그러나 당사자 스스로 행동하도록 동기부여하지는 못한다.

(3) 동원 활동

당사자 동원은 사람들이 자신의 문제를 스스로 해결하려는 과정에서 시작된다. 대학생 모임, 사회복지학과 학생 모임, 여성 모임 등이 여기에 해당한다.

사람들은 동원을 통해 자신의 힘에 대한 감각을 얻게 되며 조직으로 나가는 하나의 단계가 될 수 있다. 그러나 성과가 일시적이며 제한적이다.

(4) 조직화 활동

조직화는 사람들의 문제를 해결할 수 있는 조직을 구성하는 것이다. 조직에는 지속성이 있으며 이슈에 따라 경험을 쌓은 구성원과 지도자가 있다. 그리고 조직 만들기 과정을 통해 개인적, 집단적으로 역량을 강화해 나간다.

3) 사업 및 성과

지역사회복지운동단체는 다양한 전략을 사용하면서 조직의 목적을 실현하기 위해 노력하였다. 때로는 성과가 나타나기도 하지만 이슈와 반대되는 조직 결성 등 장애물의 발생으로 성과가 나타나지 못하는 경우도 있다.

〈표 11-1〉 지역사회복지운동단체 주요 사업 및 성과

단체명	창립연도	주요 사업 및 성과
우리복지시민연합	1994	• 주요 사업 – 연대활동: 지하철 편의시설 개선, 지방선거 개입, 사회복지시설 비리 해결, 국민기초생활보장법의 올바른 정착, 국민 건강권 확보와 의료개혁 등 • 성과: 사회복지시설의 비리문제 접근

복지세상을 열어가는 시민모임	1998	• 주요 사업 – 서비스: 저소득가정 아동 방과후 교실, 밑반찬 나눔 – 지역복지교육 실시 – 다양한 영역의 연대활동 • 성과: 사회복지 인큐베이터를 통한 당사자 위주의 주민조직화, 살고 싶은 복지도시 천안 네트워크 결성과 복지 아젠다 공론화
경기복지 시민연대	1999	• 주요 사업 – 사회복지학교 운영 – 청소년 자원활동가 모임 운영 – 지역 사회복지시설 재단비리 해결 과정 참여 • 성과: 경기도 사회복지 정책 모니터 및 정책 개발 활동
관악사회복지	2001	• 주요 사업 – 모임 활성화: 청소년, 여성, 직장인, 대학생 모임 – 이웃사랑방: 환경매장, 푸드뱅크 나눔공간, 의료 및 복지 상담활동 • 성과: 주민조직화를 통한 주민들의 주체 역량과 공동체 모임 활성화
위례시민연대	2002	• 주요 사업 – 송파구 비닐하우스촌 주소 찾기 운동: 무허가 비닐하우스촌의 주소지 갖기(주민등록)를 통해 주거권 보장. 실태조사 발표, 피케팅, 구청 앞 노숙점거, 퍼포먼스, 연대활동, 소송 • 성과: 비닐하우스촌의 주소지 갖기 실현, 우편수취함 설치
서울복지시민연대	2007	• 주요 사업 – 정책사업: 서울복지시민기준선 제안 및 참여지역 모니터링, 서울시정 모니터링단 운영 및 예산 평가단 활동, 서울시정 관련 비판적 입장 견지 활동 – 교육사업: '복지사랑방' 개최 – 연대활동: 국민기초생활보장 지키기 연석회의, 기초노령연금 지키기 공동행동, 무상보육 이행 등 주요 이슈 관련 연대활동

출처: 백종만 외 (2015). pp. 257–260; 이인재 (2002). pp. 217–227; 최영선 (2002). pp. 59–107 재구성.

생각 다듬기

1. 지역사회복지운동과 다른 사회복지기관과의 차이점을 알아봅시다.

2. 지역사회복지운동에서 적용하고 있는 지역사회복지실천기술은 무엇인지 알아봅시다.

3. 학습자가 생활하고 있는 지역 내 지역사회복지운동단체의 주요 사업 내용은 무엇인지 알아봅시다.

CHAPTER 12

지역사회복지실천과 사회적 경제

COMMUNITY WELFARE

12

CHAPTER 12

지역사회복지실천과 사회적 경제

박초롱 사회복지사(가명)는 발달장애인 사회적협동조합 ○○○에서 간사로 일하고 있다. 발달장애인 회원 8명이 본 기관에서 근무하고 있다.

오전에는 발달장애인 회원들의 작업량을 확인하고 이들의 출근 여부를 확인한다. 발장장애인 회원들에게 작업을 자세히 설명하고 작업 상황을 관찰한다. 작업 수행이 어려운 회원에게는 곁에서 작업 코치와 보조를 한다.

오후에는 작업한 물건을 판매 업체에 전달하고 작업 물건 상황을 재확인한다. 이미 전달했던 물건의 판매량과 매출액을 클라우드에 올려 있는 스프래드 자료에서 확인한 뒤 추후 작업량을 판매 업체와 회의한다.

1. 사회적 경제

최근 사회적기업, 협동조합, 마을기업 등 사회적 경제 영역의 발달이 매우 활발하게 이루어지고 있다. 특히 정부의 관심과 지원 속에 사회적 경제 영역의 양적 성장은 매우 빠르게 이루어지고 있는 실정이다.

사회적 경제는 그동안 지역사회복지실천과정에서 혁신적 대처로 지역사회 기반의 다양한 사회서비스를 제공하며 사회복지 효율성을 증진시켜왔다. 또한 지역의 일자리와 소득을 증대시켜 지역순환의 경제체계를 만들었으며, 다중이해관계자들의 협동과 호혜를 통해 주민들이 가장 필요로 하는 사회서비스를 제공하는 역할을 수행해왔다. 이에 따라 사회적 경제 영역이 지역사회복지실천과정에서 수행하는 역할 비중이 점점 높아지게 되었고 사회복지 영역에서도 사회복지 교과목 지침에 사회적 경제 영역을 포함하는 등 변화가 나타나고 있다(안윤숙 · 김홍주, 2019).

1) 정의

19세기 프랑스 학자 샤를 뒤누아(Charles Dunoyer), 샤를 지드(Charles Gide)에 의해 처음 제시된 사회적 경제 개념은 현재까지도 정의가 명확하게 합의되지 않고 있다(김성기 외, 2014). 다만 협동조합, 사회적기업, 공제조합, 비영리협회 등의 조직을 아우르는 개념으로 정의되고 있을 뿐이다(이재정 · 조영복, 2019).

사회적 경제 조직은 때로는 비영리조직, 때로는 기업과 유사한 조직으로 인식되어 왔다. 일부 기능에서 이들 조직과 유사한 점을 발견할 수 있지만 차이점 또한 발견할 수 있다.

가장 먼저 살펴볼 수 있는 차이점은 이들 조직이 표방하는 목적이다. 가장 확연한 차이점을 갖는 조직은 기업이다. 사회적 경제 영역, 정부, 비영리조직 모두 사회적 목적(공익)을 추구하는 데 반해 기업은 영리를 추구한다.

둘째, 조직 성격을 살펴보면 정부를 제외한 다른 조직은 모두 민간조직에 해당한다. 사회적 경제 영역 또한 민간조직에 해당한다.

셋째, 재원 조성 방법이다. 정부의 경우 조세라는 명확한 조성 방법을 갖고 있고 기업은 경제활동을 통해 영리를 추구한다. 반면 비영리조직은 회비, 후원금, 정부보조금 등 외부 지원에 의존하는 성격이 강하다. 사회적 경제 영역은 기업과 같이 경제활동을 통해 재원을 조성한다. 기업이 기업 존립과 성장을 위해 재원을 사용하는 것에 반해 사회적 경제 영역은 조직구성원과 공익을 위해 재투자를 한다는 점에서 차이가 있다.

이와 같이 사회적 경제 영역은 공익을 경영의 목표에 두고 이를 실현하기 위해 필요한 재원을 생산품 개발과 판매, 영업 등 경제활동을 통해 조성하지만 다시 이를 공익을 위해 재투자하는 민간조직이라고 할 수 있다.

〈표 12-1〉 사회적 경제 조직과 다른 조직 간의 비교

	사회적 경제 조직	정부	기업	비영리조직
목표	사회적 목적 추구	사회적 목적 추구	사익 추구	사회적 목적 추구
성격	민간조직	공공조직	민간조직	민간조직
재원 조성	경제활동	조세	경제활동	후원금, 회비, 지원금 등

출처: 엄태영 (2021). p. 308 재구성

2) 역사

사회적 경제 영역의 출현과 발달은 유럽에서 시작되었지만 각 나라마다 시기적 차이가 있고 조직 유형에서도 출현 및 발달 과정이 다르다. 그러나 대체로 18세기 초부터 20세기 전반에 이르기까지 공제조합, 협동조합, 민간 차원 시민단체들의 출현과 확산은 계속되었다. 이것은 시민들이 갖고 있던 삶에 대한 불확실성 속에서 이와 함께 발생하는 욕구와 문제를 해결하려는 조직적 해결 과정이었다(김성기 외, 2014).

가장 먼저 시작된 사회적 경제 조직은 영국의 협동조합이다. 산업혁명 시기 아동 · 청소년 · 노동자들의 처참한 삶을 개선하려던 오웬(Owen)의 뉴라나크 방적공장 실험은 실패에도 불구하고 이후 협동조합의 중요한 원칙으로 이어졌다. 이후 가난한 노동자들의 생필품 공급을 위한 로치데일 소비협동조합이 탄생하였고, 이어 신용협동조합, 농입협동소합, 축산업협동조합, 수산업협동조합, 주택협동조합으로 확산되었다.

마을기업의 전신인 커뮤니티 비즈니스(community business)는 1975년대 영국 스트래스클라이드(Strathclyde)에서 시작하였다. 당시 신자유주의를 바탕으로 중앙정부 주도의 경제정책과 지역개발정책을 펼쳤던 대처 정부와 달리 지방행정관은 지역의 실업 문제를 해결하기 위해 커뮤니티 중심의 지역경제를 개발하였다.

사회적기업은 1980년대 이탈리아의 자원봉사원들이 사회적 · 경제적 약자를 위한 경제활동과 사회서비스를 제공하려는 혁신적인 조직을 지칭하면서 처음 사용하게 되었다. 유럽 다른 나라에서도 비슷한 시기에 이러한 기업들이 나타나기 시작하면서 사회적기업은 다양한 형태로 발달하게 되었다(이재정 · 조영복, 2019).

이처럼 사회적 경제 영역은 18세기 말부터 19세기 초의 영국을 중심으로 유럽의 자본주의 성장 과정에서 나타난 빈곤, 질병, 실업 등의 사회적 위험과 자본가 중심의 시장구조 및 독과점 등에서 오는 사회 문제 속에서 어려움에 처해 있는 노동자 등 경제적 약자들의 자조적 대응 형태(협동조합, 공제조합, 협회 등)에 뿌리를 두고 있다(장종익, 2019).

사회적 경제 개념은 1970년대 말 프랑스에서 다시 활성화되기 시작하였다. 프랑스의 민간 조직들은 자신들의 사회적 영향력과 대정부 협상력을 높이기 위해 연대기구를 결성하고 자신들의 정체성을 표현할 개념어로 '사회적 경제'라는 옛 용어를 채택하였다. 이후 사회적 경제는 벨기에, 스페인, 이탈리아, 독일 등 유럽 여러 나라로 전파되었고 우리나라, 일본, 캐나다, 아르헨티나 등 비유럽 국가로 전파되었다(김성기 외, 2014; 이재정 · 조영복, 2019).

우리나라의 경우 사회적 경제는 두레, 계 등에서 발견할 수 있으나 현대적 형태의 사회적 경제는 사회적기업육성법(2006) 제정에서 보는 견해가 많다. 정부 주도 아래 사회적기업법, 협동조합법 등 법이 제정되고 지원을 하게 되면서 사회적 경제가 발달하였다.

3) 기본 원칙

사회적 경제 조직은 이들이 공유하는 조직의 목적, 운영방침, 의사결정 과정, 수익의 배부와 관련하여 다음과 같은 기본적 원칙을 갖고 있다(이재정 · 조영복, 2019).

- 경제적 성과보다 지역사회와 사회적 · 경제적 약자를 위한 봉사

• 독립적 운영
• 민주적 의사결정 과정
• 수익의 배분에서 자본보다 사람과 노동을 우선

4) 주요 조직

사회적 경제 영역은 정의에 따라 다양한 조직이 나타난다. 여기에서는 사회적기업, 협동조합, 마을기업을 소개하고자 한다.

(1) 사회적기업

① 정의

사회적기업은 사회적 목적을 추구하지만 재화나 서비스를 생산 및 판매하는 기업 형태를 동시에 가짐으로써 영리기업과 비영리기업의 중간 형태라고 볼 수 있다(엄태영, 2021).

우리나라 법률에서는 사회적기업을 "취약계층에게 사회서비스 또는 일자리를 제공하거나 지역사회에 공헌함으로써 지역주민의 삶의 질을 높이는 등의 사회적 목적을 추구하면서 재화 및 서비스의 생산·판매 등 영업활동을 하는 기업으로서 인증을 받은 기업"으로 정의하고 있다(사회적기업법 제2조1).

② 유형

사회적기업 형태는 사업 형태, 영리 추구 형태에 따라 구분하여 살펴볼 수 있다.

첫째, 사업 형태이다. 우리나라에서 사회적기업은 크게 5가지로 제시하고 있다. 일자리 제공형은 취약계층에게 일자리를 제공하는 유형으로 여기서 취약계층은 저소득자, 고령자, 장애인, 청년, 경력단절여성, 장기실업자, 북한이탈주민, 성매매 피해자, 가정폭력 피해자, 한부모 자녀, 결혼이민자, 갱생보호 대상자, 범죄구조 피해자 등을 말한다. 사회서비스 제공형은 취약계층에게 사회서비스(공익서비스)를 제공하는 것을 말한다. 여기서 사회서비스란 개인 또는 사회 전체의 복지증진 및 삶의 질을 높이기 위해 사회적으로 제공되는 서비스를 의미한다. 혼합형은 일자리 제공과 사회서비스 제공형을 혼합한 형태를 말한다. 지역사회 공헌형은 지역의 인적 · 물적 자원을 활용하여 지역주민의 소득과 일자리를 늘림으로써 지역사회에 공헌하는 유형, 지역의 빈곤, 소외, 범죄 등 사회 문제를 해결하는 유형, 지역의 사회적 목적을 추구하는 조직을 지원하는 유형으로 구분한다. 기타(창의 · 혁신)형은 사회적 목적 실현 여부를 계량화하기 어려운 경우를 말하는데, 사회적기업을 폭넓게 육성하기 위한 목적에서 구성하였다(한국사회적기업진흥원, 2015).

둘째, 영리 추구 형태이다. 영리 사회적기업은 사회 문제를 해결함과 동시에 이윤을 발생시키는 기업을 말한다. 주식회사형 사회적기업, B corporation, 유한책임회사형 사회적기업, L3L Company 등을 들 수 있다. 비영리 사회적기업은 기부금, 정부 보조금을 통해 사업을 운영하는 기업으로 정부의 인증을 얻어 비영리법인으로 운영되는 기업을 말한다(이재정 · 조영복, 2019).

③ 현황

최근 3년 간 우리나라 인증 사회적기업을 살펴보면, 일자리 제공형이 다른 유형에 비해 가장 많은 것으로 나타났고 인증 수 또한 꾸준히 증가하고 있다. 그다음으로 지역사회공헌형이 일정 부분에서 조금씩 증가하고 있음을 볼 수 있다. 이는 우리나라에서 사회적기업에 대한 인식이 어떻게 형성되어 있는지를 이해하는 단초가 될 수 있다.

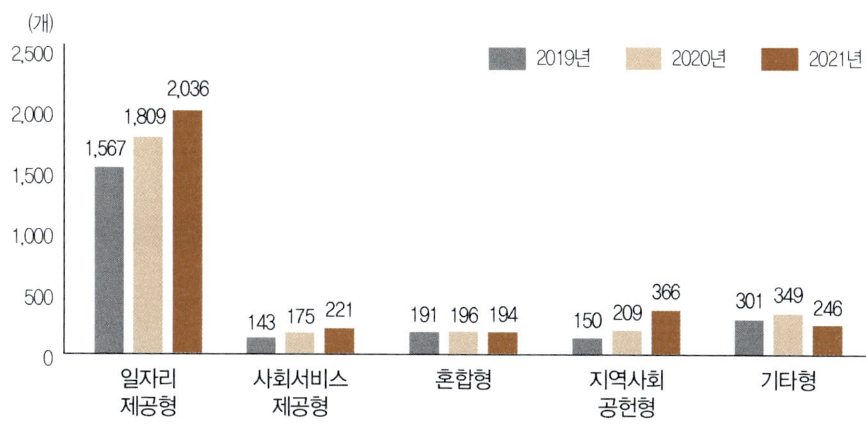

〈그림 12-1〉 연도별 인증 사회적기업 수

출처: 윤기성 외 (2022). p. 15 재구성.

(2) 협동조합

① 정의

협동조합은 공동으로 소유되고 민주적으로 운영되는 사업체를 통하여 공동의 경제적 · 사회적 · 문화적 필요와 욕구를 충족시키고자 하는 사람들이 자발적으로 결성한 자율적인 조직을 말한다(이재정 · 조영복, 2019).

우리나라 법률에서는 "재화 또는 용역의 구매 · 생산 · 판매 · 제공 등을 협동으로 영위함으로써 조합원의 권익을 향상하고 지역 사회에 공헌하고자 하는 사업조직"으로 정의하고 있다(협동조합기본법 제2조1).

사회적 협동조합은 "협동조합 중 지역주민들의 권익 · 복리 증진과 관련된 사업을 수행하거나 취약계층에게 사회서비스 또는 일자리를 제공하는 등 영리를 목적으로 하지 아니하는 협동조합"으로 정의하고 있다(협동조합기본법 제2조3).

② (일반)협동조합과 사회적 협동조합의 특성

(일반)협동조합과 사회적 협동조합은 동일한 사회적 경제조직으로 인식하는 경우가 있다. 두 협동조합의 특성을 비교하면 〈표 12-2〉와 같다.

〈표 12-2〉 협동조합과 사회적 협동조합 비교

구분	(일반)협동조합	사회적 협동조합
법인격	(영리)법인	비영리법인
설립	시 · 도지사 신고	기획재정부(관계부처) 인가
사업	금융 및 보험업을 제외한 모든 사업 수행 가능	금융 및 보험업을 제외한 모든 사업 수행 가능 협동조합 기본법 제39조에 따른 주사업 40% 이상 수행 의무
경영공시	의무사항 아님 (출자금 납입총액의 3배에 이를 때까지)	잉여금의 30/100 이상 (출자금 납입총액의 3배에 이를 때까지)
배당	배당 가능	배당 금지
청산	정관에 따라 잔여재산 처리	비영리법인 · 국고 등 귀속
감독	직권 또는 신고에 따른 조사. 시정명령	필요시, 기획재정부장관(관계부처) 업무상황, 장부, 서류 등 검사 인가요건 위반시 인가 취소

출처: 한국사회적기업진흥원 (2022). p. 27.

우선 (일반)협동조합은 (영리)법인으로 금융 및 보험업을 제외한 모든 영리사업을 수행할 수 있고 영업을 통해 발생한 수익을 조합원들에게 배당할 수 있다. 반면 사회적 협동조합은 비영리법인이어서 (일반)협동조합과 같이 금융 및 보험업을 제외한 모든 영리사업을 수행할 수는 있지만 잉여금에 따른 배당을 할 수 없다.

설립은 (일반)협동조합의 경우 시 · 도지사에게 신고해야 하지만, 사회적 협동조합은 기획재정부(관계부처)의 인가를 받아야 한다. 조직을 청산할 때 (일반) 협동조합은 정관에 따라 잔여재산 처리가 가능하지만, 사회적 협동조합은 다른 비영리법인이나 국고에 귀속해야 한다.

(3) 마을기업

① 정의

마을기업은 마을주민이 주도적으로 지역의 각종 자원을 활용한 수익사업을 추진하여 지역공동체를 활성화하고 지역주민에게 소득과 일자리를 제공함으로써 지역주민의 삶의 질을 향상하는 것으로 목적으로 하는 마을 단위의 기업을 말한다(협동조합 업무지침, 2022).

여기서 마을은 지리적으로 타 지역과 구분되는 경계를 가지면서 지역 내부에 상호 이해관계나 정서적 공감대가 형성되어 있는 곳을 밀한다. 주도적이라는 것은 마을주민 출자가 총 사업비의 10% 이상이며 출자한 주민이 참여하는 의사결정 구조를 이루는 것을 의미한다. 지역의 각종 자원이란 지역의 특성화된 자연자원, 인적 자원, 가공제품, 축제 등 유무형의 자원을 뜻한다(이재정 · 조영복, 2019).

② 배경

마을기업은 영국의 커뮤니티 비즈니스(community business)에서 유래된 용어이다. 1980년대 대처 정부 하에 추진되었던 신자유주의적 시장개방정책에 대한 대안으로 나타난 진보 성향의 지역경제개발방법이었다. 지역의 커뮤니티가 주체(설립, 운영, 소유)가 되어 지역주민의 고용과 지역 발전에 초점을 두고 운영하는 마을 단위의 기업을 말한다.

우리나라에서 마을기업은 2010년대에 시작되었다. IMF 이후 계속된 고용 없는 성장의 구조화, 재정건전화 기초 속에서 새로운 대안 및 블루오션의 전략적 발굴 · 육성을 위하여 전략적으로 마을기업 사업을 추진하였다(이재정 · 조영복, 2019).

(4) 사회적기업, 사회적 협동조합, 마을기업의 현황 및 상호 관계

① 현황

우리나라 사회적기업, 사회적 협동조합, 마을기업 수를 살펴보면, 2017년부터 세 조직 모두 꾸준히 증가하고 있음을 볼 수 있다. 이 중 협동조합 수가 가장 많은 것을 볼 수 있다. 다만 (일반)협동조합과 사회적 협동조합에 대한 구분 없이 모두 포함되어 있다. 그다음으로 사회적기업, 마을기업 순으로 나타났다.

〈표 12-3〉 우리나라 사회적 경제 설립 수 (단위: 개)

구분	2017	2018	2019	2020	2021
사회적기업	1,877	2,122	2,435	2,777	3,215
협동조합	12,039	14,158	16,589	19,429	22,132
마을기업	1,442	1,514	1,556	1,652	1,697
계	15,358	17,794	20,580	23,858	27,044

출처: 한국사회적기업진흥원 홈페이지.

② 상호 관계

사회적기업, 사회적 협동조합, 마을기업의 상호 관계를 살펴보면, 근거 및 주무부처가 서로 다르다는 것을 알 수 있다. 반면, 이들의 사업활동에서는 '일자리 창출'과 '지역사회 공헌'이라는 공통점을 확인할 수 있다. 즉, 우리나라 사회적 경제 영역은 주로 일자리 창출과 지역사회 공헌이라는 공통된 목적을 갖고 있음을 알 수 있다.

〈표 12-4〉 사회적기업, 사회적 협동조합, 마을기업 등과의 관계

사업	근거	주무부처	사업 내용
사회적 협동조합	협동조합 기본법	기획재정부	• 지역사회에 기여하는 사업 • 취약계층에게 사회서비스 및 일자리 제공 • 위탁사업 • 기타 공익증진에 기여하는 사업
사회적기업	사회적기업 육성법	고용노동부	• 취약계층에게 일자리 · 사회서비스 제공 • 지역사회 공헌
마을기업	마을기업 육성사업 지침	행정안전부	• 도농 소득 · 일자리 창출 • 지역사회 발전

출처: 한국사회적기업진흥원 (2022). p. 24.

2. 지역사회서비스 투자사업

1) 정의

(1) 정의

사회서비스는 영국의 사회정책을 제도로 말할 때 쓰던 용어로 영국 연방권에서 많이 사용되었다(이준우 외, 2011). 사회서비스는 크게 협의의 개념과 공의의 개념으로 살펴볼 수 있다. 협의의 개념은 사회복지사업으로 한정하는 경우

이며, 광의의 개념은 교육서비스사업, 공공행정, 국방 및 사회보장행정까지 포괄하는 경우이다(방하남 외, 2008).

외국의 경우를 살펴보면 영국이 소득보장, 보건, 고용 등을 포괄하여 사용하였고, 미국은 소득보장, 교육, 의료서비스 등을 제외한 휴먼서비스 관련 부분으로 규정하고 있다. 북유럽에서는 사회서비스와 사회복지서비스를 동일시하여 사용하고 있다(정무성 외, 2011). 이처럼 각 나라마다 사회서비스 용어는 일치하지 않는 모습을 볼 수 있다.

우리나라 법률에서는 사회서비스를 "국가 · 지방자치단체 및 민간부문의 도움이 필요한 모든 국민에게 복지, 보건의료, 교육, 고용, 주거, 문화, 환경 등의 분야에서 인간다운 생활을 보장하고 상담, 재활, 돌봄, 정보의 제공, 관련 시설의 이용, 역량 개발, 사회참여 지원 등을 통하여 국민의 삶의 질이 향상되도록 지원하는 제도(사회보장기본법 제3조 제4호)로 정의하고 있다. 사회적기업 육성법에서도 사회서비스를 교육, 보건, 사회복지, 환경 및 문화 분야의 서비스, 그 밖에 이에 준하는 서비스로서 대통령령으로 정하는 분야의 서비스로 규정하고 있다(사회적기업 육성법 제2조3). 우리나라의 사회서비스 정의도 외국의 정의와 차이가 있음을 알 수 있다.

(2) 배경

우리나라 사회서비스는 역사적 발달 과정에서 사회서비스 공급체계들이 이전 공급체계들을 대체하는 것이 아니라 누적되면서 '혼재적(mixed)' 특성을 갖는다. 즉, 가장 먼저 시작된 사회서비스 공급체계는 생활시설로 독거노인, 부랑인 등 절대빈곤층을 위한 외원단체들의 생활시설 서비스 형태였다. 생활시설 서비스는 특정 공간에 서비스 대상들을 거주시키면서 주어진 규칙 속에 일방적인 서비스를 제공하였다. 그다음 공급체계는 사회복지관을 비롯한 이용시설로서, 사회복지법인을 중심으로 저소득층을 위한 지역사회서비스 형태로 이어졌다. 비록 대상 및 접근 형태는 차이가 있지만 경제적 · 사회적 소외계층을 대상으로 공급자 중심의 서비스 형태와 정부 지원에 대한 높은 의존도 및 통제 형태는 크게 달라지지 않고 공존해 온 실정이다(김영종, 2012).

그러나 급격한 저출산 · 고령사회화, 가족구조의 변화, 여성의 사회 진출 증가 등 인구구조의 변화가 일어났고, 이는 돌봄, 교육, 보건의료, 일자리 등 다양한 영역에서 새로운 욕구와 사회 문제를 발생시켰다. 더구나 다양한 계층에서 발생한 욕구와 사회 문제를 해결할 수 있는 공급체계는 매우 부족한 실정이었다. 이에 따라 기존 복지서비스 공급방식에 대한 전면적인 검토를 통하여 최적의 공급체계를 구성하는 것이 매우 필요하다는 인식이 발달하였다(정무성 외, 2011).

이에 정부는 복지－고용－성장의 선순환을 바탕으로 하는 사회서비스의 필요성을 제시하였다(보건복지부, 2021).

첫째, 복지 영역으로는 사회서비스 확충을 통한 사회안전망 강화 및 사회통합이다. 노후불안, 주거불안, 청년실업, 출산보육, 근로빈곤 등 신사회적 위험이 증가하고 노인의 기대수명은 증가한 반면, 가족기능은 약화되면서 사회서비스에 대한 다양한 욕구와 수요가 확대되었고, 이에 따라 '사회적 돌봄'과 같은 사회적 대응 · 지원 필요성이 증가한 것이다. 또한 1인 가구 증가, 베이비부머의 은퇴, 4차 산업혁명 등으로 사회관계, 사회참여 등에 대한 사회서비스 수요 증가가 예상되면서 청년, 신중년 및 문화 · 여가서비스 등 종전에는 상대적으로 미흡했던 대상과 분야에 대한 사회서비스 보장 확대가 필요해졌다. 따라서 소득보장 중심의 사회보장으로는 해결하기 어려운 보육, 신체 · 정신건강, 직업능력개발 등을 사회서비스를 통해 보장하고 사회로부터 서비스 · 일자리를 제공받음에 따른 사회적 신뢰 형성, 삶의 질에 대한 격차가 완화되면서 사회통합에 기여할 것이다.

둘째, 고용 영역으로 사회서비스 보장 강화를 위한 서비스 인력 확충이다. 소득보장에 비해 사회서비스 보장은 서비스 제공을 위한 인력 필요, 서비스 수요 · 공급 증가에 따른 '자연스러운 일자리 창출'이 가능하다. 특히 사회서비스는 공공성, 사회적 가치 지향성이 요구되는 분야이므로 양질의 공공부문 일자리 확충 여지 및 필요성이 상대적으로 높다.

셋째, 성장 영역으로 인적 자본 축적과 고용 확대를 통한 성장의 기여이다. 사회서비스를 통한 아동의 건강한 성장, 청년 사회 진출, 신중년 재충전 등 촉진으로 인적 자본 투자 확대, 잠재적 성장동력을 확보할 수 있다. 즉, 사회서비스 일자리를 통한 근로소득 증대 및 이를 통한 소득주도 성장에 기여할 수 있다.

2) 역사

정부는 2006년 보건복지가족부 등 관계부처 합동으로 실시된 사회서비스 일자리 창출보고회를 통해 사회서비스를 시작하였다. 이 보고회에서 정부는 수요자 중심의 사회서비스 확충, 사회서비스 시장 형성 촉진 그리고 품질제고의 3대 기본 방침을 보고하였다. 이어 2007년 지역사회 수요에 기반한 서비스 확충(공모방식), 수요자 중심의 시장 형성(바우처 제공), 투명하고 효율적인 시장관리(e-바우처)를 통하여 사회서비스 확충 실행전략을 펼친다. 그리고 바우처 지불정산 전담기관으로 사회서비스관리센터를 설립하여 지불, 결제 주관 금융기관 선정 및 정보시스템 구축을 통해 구체적인 사업 실행에 들어갔다.

2007~2009년 초까지는 노인돌봄종합서비스 및 장애인활동보조, 지역사회서비스 투자사업, 산모신생아도우미, 가사간병도우미, 장애아동재활치료 등 5대 전자바우처 사회서비스 사업을 시행하였다.

2009년에는 사회서비스 관련 청년 사업단을 통하여 청년들의 일자리 창출을 모색하면서 사업 범위를 넓혔으며, 2010년에는 그동안 진행되어 온 각종 사업의 정비와 전문성 및 제대로 된 인프라 확충을 위하여 보건복지부를 비롯한 학계와 현장의 지속적인 협의와 논의를 거쳐 사업 강화를 하였다(정무성 외, 2011).

3) 지역사회서비스 투자사업

(1) 목적

지역사회서비스 투자사업은 지역별 · 가구별로 다양한 특성과 수요에 부합하는 차별적인 서비스(mass customized services)를 지자체가 주도적으로 발굴 · 집행하여 지역주민이 체감하고 만족하는 사회서비스를 제공하고 서비스 시장 형성 가능성이 높은 분야를 발굴, 수요자의 구매력을 보전함으로써, 지속가능한 사회서비스 시장 형성 및 일자리 창출을 도모하는 데 있다. 즉, 중앙정부가 전국을 대상으로 일괄 실시하는 국가 주도형 서비스 제공방식을 탈피하고 지자체가 지역 특성 및 주민 수요에 맞는 사회서비스를 발굴 · 기획하는 것이다(보건복지부, 2021).

(2) 추진체계

지역사회서비스 투자사업은 보건복지부가 총괄한다. 지역사회서비스 투자사업 기본계획을 세우고 지침을 작성하며 사업 평가를 실시한다. 또한 전자바우처시스템을 구축 및 관리하는 역할을 맡고 있다. 사회보장정보원은 사업을 모니터링하고 사업의 품질을 평가하며 바우처 비용을 지급 및 정산하면서 사업을 지원한다.

시 · 도는 시 · 도 지역사회서비스 투자사업을 총괄하면서 시 · 도 서비스의 기획, 발굴, 성과관리를 실시한다. 또한 시 · 도 내 서비스 제공기관을 현장점검하고 시 · 군 · 구 서비스 심사, 승인, 감독 그리고 평가를 실시한다. 지역사회서비스 중앙지원단은 지역사회서비스지원단을 총괄하면서 사회서비스 관련 교육, 전문인재 양성, 컨설팅 지원 그리고 지역 간 사회서비스사업 연계 · 협력체계를 구축한다.

시 · 군 · 구는 지역사회서비스를 관리 및 시행한다. 서비스 이용자를 선정하고 관리하며 지역사회서비스 제공기관을 등록 · 관리한다. 또한 서비스 제공기관을 지도 및 감독한다.

〈표 12-5〉 지역사회서비스 투자사업 추진체계

추진주체	기 능
보건복지부	• 사업 기본계획 수립, 지침 작성 총괄 • 시 · 도 성과평가 추진 총괄 • 시 · 도 서비스 심사 및 승인 · 감독 · 평가 • 전자바우처시스템 구축 및 관리
사회보장정보원	• 시 · 군 · 구 예탁금 관리 • 바우처 비용지급 및 정산 • 사업 모니터링 실시 및 통계 관리 • 지역사회서비스 투자사업 품질평가
시·도	• 지역사회서비스 투자사업 시 · 도 총괄 관리 • 서비스 내역별 예산조정 및 집행관리 • 시 · 도 서비스 기획 및 발굴 • 시 · 군 · 구 서비스 심사 및 승인 · 감독 · 평가 • 시 · 도 사회서비스 심의위원회 운영 • 시 · 도 성과관리 • 시 · 군 · 구 자체평가체계 구축 및 실시 • 시 · 도 내 서비스 제공기관 현장점검 총괄

지역사회서비스 중앙지원단 (한국보건복지인력개 발원)	• 지역사회서비스지원단 총괄 · 지원 • 사회서비스 관련 교육 및 전문인재 양성 • 사회서비스 컨설팅 지원 • 사회서비스 발전을 위한 조사 · 연구 · 개발 • 지역 간 사회서비스 사업 연계 · 협력체계 구축 • 사회서비스 인식개선 홍보
지역사회서비스 지원단	• 지역사회서비스 제공인력 교육 및 관리 • 사회서비스 제공기관 컨설팅 • 지역사회서비스 발굴 · 기획 지원 • 민 · 관 네트워크 구축 • 제공기관 현장점검 지원 • 지역사회서비스 정보 제공 및 홍보 지원
시·군·구	• 시 · 군 · 구 지역사회서비스 관리 및 시행 • 지역사회서비스 예산집행 분석 및 예탁금 집행 • 서비스 이용자 선정 및 관리(중도포기자, 미이용자, 대기자 관리, 본인부담금 장기미납자 관리 등) • 지역사회서비스 제공기관 등록 · 관리 • 지역개발 서비스 홍보 • 서비스 이용자 선정 • 서비스 제공기관 지도 · 감독

출처: 보건복지부 (2021). p. 12.

(3) 기본 구조

지역사회서비스 투자사업에서 이용자는 지역의 예산 현황 및 수요에 적합하게 우선순위를 정하여 선정하도록 하고 있다. 중앙정부는 이용 대상자의 소득기준 상한만 결정하고, 지방자치단체가 예산 집행 현황 및 지역개발서비스 특성을 고려하여 서비스별 이용 대상자 선정 기준을 자율적으로 결정하도록 하고 있다.

둘째, 서비스는 지역에서 자율적으로 기획 및 발굴토록 하고 있다. 지방자치단체 보조사업과 다른 것은 시 · 도 또는 시 · 군 · 구에서 지역의 수요와 공급

현황을 파악하여 지역개발 사회서비스를 스스로 기획 · 발굴 · 집행 · 평가하는 데 있다.

셋째, 서비스 제공방식은 사회서비스 전자바우처를 활용하는 것이다. 이용자가 서비스 제공에 대한 대가를 전자바우처를 통해 지불하는 방식을 활용한다.

넷째, 서비스 제공자는 제공기관에 등록이 된 제공기관을 말한다. 기존 시설 위주의 공급자 지원 방식이 아니라 수요자 지원 방식으로 사회서비스 등록기준에 적합한 제공자는 제공기관 등록을 통해 자유롭게 서비스를 제공할 수 있으며, 다수의 제공기관을 이용자가 선정하여 시장을 활용하는 구조를 취하고 있다.

다섯째, 서비스 가격은 이용자 본인부담금 방식으로 이용자의 서비스 비용을 전액 정부에서 지원하는 것이 아니라, 서비스 이용에 따른 본인부담금이 존재하여 사회서비스 시장화를 유도하고 있다.

여섯째, 지원조직은 지역사회서비스 지원단이다. 시 · 도별로 지역사회서비스 지원단을 선정하여 사회서비스 종사자 교육과 훈련, 제공기관 컨설팅, 지역 맞춤형 사회서비스 기획 · 발굴, 지역사회서비스 홍보, 제공기관 현장점검 등을 지원하도록 하고 있다.

(4) 대상과 주요 사업

지역사회서비스 투자사업의 대상은 전국 가구 기준 중위소득 140% 이하 가구를 원칙으로 하지만 사업별로 다르다. 단, 아동 · 청소년 심리지원서비스는 기준 중위소득 160% 이하이며, 보완대체의사소통기기 활용 중재서비스는 기준 중위소득 170% 이하로 하고 있다. 장애인 보조기기 렌탈 서비스 및 비만아동 건강관리 서비스는 소득기준이 없다.

지역사회서비스 투자사업은 지역사회서비스 투자사업 표준모델 및 기타 지자체에서 발굴한 서비스로 구성한다. 여기서는 표준모델을 간략하게 소개한다.

다만, 표준모델의 경우 지역별 사업계획과 다를 수 있다.

- **영유아발달지원서비스**: 기준 중위소득 140% 이하 가정 만 0~6세 아동을 대상으로 발달 문제가 우려되는 영유아에 대한 중재서비스를 제공하여 영유아의 정상적인 발달을 지원하는 데 있다. 지연 영역의 발달을 촉진할 수 있는 운동, 언어, 인지, 정서, 사회성 발달중재 서비스를 제공한다.
- **아동 · 청소년정서발달지원서비스**: 기준 중위소득 140% 이하 가정 만 7~18세 아동 · 청소년을 대상으로 교육환경, 가족 해체 증가로 인한 아동 · 청소년의 정서 · 행동적 문제를 해결하는 데 있다. 음악 교육 이론 및 실기와 정서순화 프로그램을 제공한다.
- **아동 · 청소년심리지원서비스**: 기준 중위소득 160% 이하 가정의 만 18세 이하 아동 · 청소년으로 저소득 가구 아동을 우선순위에 둔다. 또한 고등학교 재학 중인 만 18세 이상 청소년의 경우에는 서비스 적용 대상으로 인정한다. 심리 · 행동 문제의 조기 발견 및 개입을 통해 아동 · 청소년의 건강한 성장을 지원하는 데 있다. 아동 · 청소년에게 필요한 기본 서비스(언어 프로그램 등)를 주 1회 제공하고 여건에 따라 부가 서비스(사회성 향상 프로그램, 부모교육)를 제공한다.
- **노인 맞춤형 운동 서비스**: 기준 중위소득 140% 이하 가정의 만 65세 이상 노인(장기요양등급 외 판정자)을 대상으로 고령자 등 건강취약계층의 신체활동 지원을 통해 의료비 절감 및 건강 증진을 도모하려는 데 있다. 건강상태를 점검하고 운동 프로그램을 구성하여 실시한다.
- **장애인 · 노인을 위한 돌봄여행 서비스**: 기준 중위소득 140% 이하 가정의 신체활동이 가능한 장애 등록자, 국가유공자 예우에 관한 법률에 의해 상이등급판정을 받은 자 및 만 65세 이상 노인을 대상으로 한다. 관광에 대한 높은 욕구가 있지만 신체적 특성으로 인해 활동제약 및 관광인프라 부족으로

양질의 서비스를 받지 못하는 장애인 · 노인을 위한 특화된 전문 돌봄여행 서비스를 제공한다.

- **장애인 보조기기 렌탈서비스**: 만 24세 이하 장애 아동 · 청소년으로 소득기준은 없다(단, 지자체에서 우선순위 설정 가능). 지체 및 뇌병변, 척수장애아동 등에게 맞춤형 보조기기를 대여하고 이를 지속 관리하여 기기 구입에 따른 경제적 부담을 덜고 정상적인 신체발달을 지원한다.
- **시각장애인 안마 서비스**: 기준 중위소득 140% 이하 또는 기초연금수급자로서 근골격계 · 신경계 · 순환계 질환이 있는 만 60세 이상인 자, 지체 및 뇌병변 등록 장애인, 국가유공자 예우에 관한 법률에 의해 상이등급 판정을 받은 자 중 근골격계 · 신경계 · 순환계 질환이 있는 자를 대상으로 한다. 노인성 질환자의 건강을 증진하고, 일반 사업장 등에 취업이 곤란한 시각장애인에게 일자리(안마 서비스)를 제공하는 데 있다.
- **정신건강 토탈케어 서비스**: 기준 중위소득 140% 이하이면서 정신장애인 또는 정신과 치료가 필요하다는 정신과 의사의 소견서 및 진단서 발급이 가능한 자로서 정신질환자의 조기 발견과 개입(생활관리)을 통하여 입원을 예방하고 지역사회에서 적응하여 취업 및 자립생활을 할 수 있도록 지원한다.
- **자살 위험군 예방서비스**: 기준중위소득 140% 이하 또는 기초연금수급자로서 자살위험검사에 의한 자살위험군에 해당하는 사람을 대상으로 한다. 자살위험군에 대한 조기 선별검사와 사례관리서비스 제공을 통해 자살예방 및 사회적 부담을 경감하는 데 있다.
- **아동 · 청소년 비전형성 지원 서비스**: 기준 중위소득 140% 이하 만 7~15세를 대상으로 아동 · 청소년 시기의 체계적인 사회 · 문화 활동 및 자기주도력 향상 프로그램을 통해 자기에 대한 긍정적 인식과 미래 비전을 형성하고, 책임감 있는 사회구성원으로 성장하도록 지원하는 데 있다.
- **장애인 · 산모 등 건강취약계층 운동 서비스**: 기준 중위소득 140% 범위 내에

있는 장애인, 산모(임신 3개월 이상) 등 건강취약계층에게 운동처방 서비스 등 신체활동지원을 통해 의료비 절감과 건강 증진을 도모한다.

- 비만 아동 건강관리 서비스: 소득기준 없이 만 5~12세의 경도 이상 비만과 부모에게 건강교육, 운동처방 및 운동지도 등을 통해 체질 개선, 질병 예방 등 건강한 성장을 지원한다.
- 성인 심리지원서비스: 기준 중위소득 140% 이하의 만 35세 이상 범위 내(지역 여건에 따라 변경 가능)에서 심리정서 지원, 건강성 회복을 통해 삶의 질 향상과 심리적 문제 예방을 통해 건강한 사회구성원으로서의 역할을 촉진하는 데 있다.
- 보완대체의사소통기기 활용 중재서비스 표준모델: 기준 중위소득 170% 이하 가구 만 24세 미만 지적, 뇌병변, 자폐성 장애인을 대상으로 장애인의 의사소통 문제를 발견하여 이를 보완하거나 대체 할 수 있도록 보완대체 의사소통(Augmentative and Alternative Communication: ACC) 기기를 활용하여 의사소동 능력의 증진 및 사회활동의 참여를 지원하는 서비스를 제공한다.
- 청년마음건강지원 사업: 소득기준 없이 만 19세 이상~34세 이하 청년의 심리정서 지원, 건강성 회복을 통한 삶의 질 향상과 심리적 문제 예방을 통한 건강한 사회구성원으로서 역할을 촉진하는 데 있다. 다만, 자립준비 청년 및 아동권리보장원에서 연계 의뢰한 보호연장아동은 1순위가 되며 정신건강복지센터에서 연계 의뢰한 청년은 2순위가 된다.

(5) 바우처 시스템

바우처(사회서비스 이용권)은 사회서비스 이용 및 이용권 관리에 관한 법률 제2조에 의거하여 그 명칭 또는 형태와 상관없이 이용자가 제공자에게 제시하여 일정한 사회서비스를 받을 수 있도록 그 사회서비스의 수량 또는 그에 상응하는 금액이 기재된 증표를 말한다. 전자바우처(e-바우처)는 사회서비스 이용권을 전자적 또는 자기적 방법으로 신용카드, 체크카드, 실물카드 등에 기록한 이용권을 말한다.

바우처 생성은 시 · 군 · 구청장으로부터 서비스 대상자로 결정 · 통보받은 후, 서비스 대상자가 실질적으로 서비스를 이용하고 결제할 수 있도록 바우처카드에 정부지원금을 충전해 바우처를 사용할 수 있도록 권한을 부여하는 것을 말한다. 바우처 생성 확인은 전자바우처시스템(nevs.socialservice.or.kr)을 통해 확인이 가능하다. 따라서 서비스 제공기관(제공인력)은 서비스 제공 전에 서비스 대상자별 바우처 생성 여부 및 바우처 잔량을 확인하고 서비스를 제공해야 한다.

전자바우처 사업의 운영 기본 방식은 다음과 같다.

(이용자 선정) 서비스 이용을 원하는 국민	▶	읍 · 면 · 동에 신청 → 시 · 군 · 구에서 소득 및 욕구조사 후 이용자 선정 → 국민행복카드 발급(금융기관 등)
(제공기관 등록) 일정 요건을 갖춘 제공기관	▶	시 · 군 · 구에 등록 → 서비스 제공
(서비스 이용) 이용자	▶	제공기관을 선택하여 계약 체결 → 제공기관 서비스 제공 → 이용자 바우처 결제

생각 다듬기

1. 학습자가 알고 있는 사회적 경제 영역에서 주로 수행하고 있는 사업은 무엇인지 알아봅시다.

2. 지역사회 문제를 해결하기 위해 필요한 사회적 경제 영역은 무엇인지 알아봅시다.

CHAPTER 13

지역사회복지실천과 복지기술

COMMUNITY WELFARE

13

CHAPTER 13

지역사회복지실천과 복지기술

한쾌활 사회복지사(가명)는 장애인 관련 시민사회단체에서 사회복지사로 근무하고 있다. 최근 새로운 사업 기획을 위해 여러 자료와 정보를 수집하고 계획서를 작성하는 데 온 힘을 쏟고 있다.

오전에는 정부의 공공데이터를 통해 사업 기획에 필요한 빅데이터를 검색과 수집을 하고 있다. 검색이 어려울 때에는 AI 웹을 통해 필요한 정보를 찾는다.

오후에는 외부 전문가와 zoom을 통한 비대면회의를 계획하고 있다. 주제는 지체장애인을 위한 복지기술 적용이다. 회의 뒤에는 논의한 내용을 문자 변환 AI 프로그램으로 변환하여 보고서로 작성한 뒤 이를 클라우드 문서함에 올린다. 업무 특성상 외근이 많아 이동 중에도 휴대전화와 태블릿 PC를 사용하여 클라우드 문서함에 있는 보고서 파일을 검토할 예정이다.

1. 복지기술의 개념과 역할

1) 정의

정보통신기술(Information Community Technology: ICT), 사물인터넷(Internet of Things: IoT), 인공지능(Artificial Intelligence: AI), 빅데이터(Big Data), 런닝머신(Learning Mechine) 등 첨단 기술이 융합된 4차 산업이 경제, 산업, 군사, 문화, 교육, 보건 등 광범위한 영역에서 혁신적 발달을 이루고 있다. 우리나라도 직장에서 컴퓨터(77.0%)와 생성형 AI(15.6%)를 정기적으로 사용하는 비율이 덴마크를 비롯한 10개국에서 가장 높을 정도로(정세영 · 신영규, 2024)[1] 성장 속도가 매우 빠르게 진행되고 있다. 사회복지 영역에서도 법, 행정, 서비스 분야에서 과학기술을 연계한 복지기술(welfare technology)의 유용성에 대한 긍정적 인식이 발달하며 정부, 지자체, 학교, 기업에서 연구와 서비스 개발이 활발히 이루어지고 있다.

복지기술은 과거 사회복지에서 혁신적으로 활용해 왔다. 대표적 국가 중 하나인 영국은 구빈법 제정을 통해 빈곤 구제에 대한 국가의 책임을 명문화하였고 제2차 세계대전 이후에는 베버리지 보고서를 통해 사회보험과 사회보장정책을 적용하며 복지국가의 기초를 마련하였다. 또한 신위험[2]을 극복하기 위해 근로를 전제로 한 복지급여를 제공하여 복지의 효율화를 도모하였다(김희연 외,

1) 주요 10개국: 덴마크, 노르웨이, 핀란드, 영국, 스웨덴, 폴란드, 미국, 이탈리아, 독일, 한국
2) 고용불안, 장기실업, 근로빈곤, 한부모 증가, 일 · 가정 양립 곤란 등으로 보놀리(Bonoli)에 의해 정리된 개념

2013). 우리나라도 복지기술을 적용하여 새로운 사회 문제를 해결하려는 노력을 시도하였다. IMF 이후 발생한 신빈곤 문제를 해결하기 위해 국민기초생활보장제도를 실시하였고 사회보험제도를 통해 전 국민의 삶의 질 향상을 모색하였다. 또한 바우처, 서비스 구매계약, 사회복지통합관리망은 대상자 선정과 복지전달의 비효율을 개선하려는 해결책으로서 모색되었다(김희연 외, 2013). 이와 같이 복지기술은 사회 문제 해결과 사회 발전을 위한 목적을 이루기 위한 혁신적 수단으로 적용해 왔다.

현대 사회에서 복지기술은 과학기술과의 연계를 통한 새로운 해결책으로 주목받고 있다. 가장 먼저 시도한 국가는 덴마크이다. 덴마크 기술위원회(2007)는 헬스케어나 돌봄 영역에 IT 기술을 활용하여 일상생활을 돕거나 지원하는 과학기술 연계 복지기술을 처음으로 적용하였다. 주로 노인을 대상으로 하여 노년기술학(Gerontechnology: GT) 또는 엘더테크(ElderTech)라고 하였다. 최근에는 스마트 기술을 활용하여 복지 이슈를 해결하는 '스마트 복지' 전략으로도 제시되고 있다(김희연 외, 2013). 스웨덴은 저출산 · 고령화에 따른 사회 변화에 대한 대응으로 간호와 돌봄 서비스에 더 많은 복지기술 사용을 권장하고 있으며, 핀란드는 공적자금지원가조직 'TEKES(the Finnish Funding Agency for Technology and Innovation)'을 통해 자금을 지원하고 있으며 인터넷 플랫폼 '혁신마을(Innokylä, Innovation Village)' 프로젝트를 실시하고 있다. 이 프로젝트는 전국 단위의 사용자들이 보건복지 관련 정보를 공유하고 참여하는 것으로 보건복지 서비스를 지속적으로 개선하는 데 기여하고 있다(김태은, 2017).

복지기술의 개념은 아직 정립되지 않고 있지만 여러 정의 속에서 복지기술을 정의할 수 있다.

- 복지사회가 제공하는 서비스를 향상시키고 더욱 효율적으로 사용하기 위한 기술(Nordic Centre for Welfare and Social Issues, 2010)

- 복지의 목적을 달성하기 위해 과학기술이라는 수단매체를 적극적으로 활용하는 것(유근춘 외, 2014)
- 고령화 및 저출산 등의 사회적 변화로 급증하는 복지 수요를 충족시키기 위해 일상생활 영역에 ICT 기술을 접목시켜 생활 편의를 돕는 복지서비스의 혁신(강창욱 외, 2022)

위 정의들을 종합하면, 복지기술은 복지의 목적을 위해 과학기술을 접목시켜 활용하는 기술이라고 할 수 있다.

복지기술은 서비스 이용자에게 서비스에 접근할 수 있는 접근성을 보다 용이하게 하고 서비스 제공에 소요되는 시간이나 노력 등의 자원들에 대한 효율성과 편의성을 증진시킬 수 있어 유용성이 높다고 할 수 있다. 행정적인 측면에서는 과도한 행정업무들을 감소시켜 주고 보다 효과적인 서비스 제공에 집중할 수 있는 환경을 조성해 주는 것으로 나타났다(박동진 외, 2021).

2) 역할

복지기술이 등장하게 된 배경에는 인구구조의 변화를 가장 중요한 요인으로 꼽을 수 있다. 북유럽 국가는 고령인구의 증가에 따라 복지서비스 수요와 공급 간의 불균형을 경험하게 되었다. 고령인구들의 복지 수요와 서비스의 질 향상 요구는 증가하는 데에 반해 경제활동 인구는 감소하면서 이에 대응할 수 있는 인적 · 물적 자원이 부족해지게 된 것이다. 또한 노인과 장애인이 자신의 집에서 독립된 생활을 영위하기를 원하는 수요가 지속적으로 증가하면서 일상생활 지원, 건강 서비스 제공 등 안전하고 건강한 환경에서 자립생활을 지원할 수 있는 효과적인 지원 기술을 모색하게 되었다. 결국 이를 해결하기 위한 대안으로 복지기술의 역할이 강조되었다(김태은, 2017).

손더가드(Sondergaard, 2014)는 복지기술의 역할을 다음과 같이 제시하고 있다.

① **경제적 역할**: 경제적 역할은 인구구조 변화가 경제에 미치는 부정적 영향을 감소시키고, 지방자치단체에 가해지는 직접적 재정적 압력을 완화하며, 동일한 질의 서비스를 더 저렴하게 공급하는 것이다.
② **혁신적 역할**: 혁신적 역할은 공공서비스의 혁신을 말한다. 공공서비스를 최신 수준에 맞추어 새롭게 하고 공공서비스 영역에서의 가능성을 증가시키며 정치적 신호가 되는 것을 말한다.
③ **개인 삶의 질 관련 역할**: 체감되는 공공서비스의 향상된 질, 독립성과 자유의 증진을 통한 역량 향상 그리고 상실된 능력의 복구 등을 말한다.
④ **작업 환경 관련 역할**: 단조로운 작업, 작업의 노고, 상해 등을 감소시키고 작업의 만족과 자존심의 향상을 말한다.

이 중 개인 삶의 질 관련 역할은 주로 취약계층을 염두에 두는 전통적인 소극적 의미의 보건복지 방향에 해당하며 나머지 역할은 적극적 가치를 창출하려는 보건복지의 방향이라고 볼 수 있다(유근춘 외, 2014).

더 나아가 복지기술은 돌봄의 대상인 노인과 장애인뿐만 아니라 다양한 욕구를 가진 사람들에게 보다 효과적인 서비스를 제공할 수 있다. 예전에는 다른 사람의 도움이 필요했던 일을 스스로 할 수 있게 하고, 인력에 의한 수작업과 신체에 무리가 되는 과중한 작업은 복지기술을 통해 대체되어 인적 자원을 효율적으로 활용할 수 있다(김태은, 2017).

복지기술은 통신 지원, 보조기술, 일상생활 지원, 질병 모니터링 원격진료, 재활기술, 오락, 사회적 · 감정적 지원의 목적과 기능에 따라 〈표 13-1〉과 같이 분류할 수 있다.

〈표 13-1〉 목적과 기능에 따른 복지기술 분류

기술/목적	내용
통신 지원	• 실시간 시청각 접촉 • 고령자에 대한 육체활동 모니터링 • 도난 방지 보호: 접근을 허용받은 모든 사람에 대한 ID카드 • 번역 서비스 • 시청각 기술, 원격현실을 활용한 사회적 네트워크 • 웹 기반 환자 정보 제공
보조기술	• 안전 시스템, 안전 경보기, 쓰러짐 감지기 • 경보 시스템 • 이동기술, 보행기, 휠체어 • 감각기관(시각, 청각)의 문제를 보조할 수 있는 기술 • 활동을 피하거나 촉진할 수 있는 인체공학 디자인 • GPS 등 위치 정보 활용 기술 • 물건과 사람에 대한 추적 시스템 • 치매기 있는 사람들에 대한 행동 또는 이동/접근 제한 • 인지훈련
일상생활 지원	• 집안일 도우미 • 자동 약 지급기 • 자동 세탁 • 영양, 음식 자동장치 • 운동 • 쇼핑 지원
질병 모니터링 원격진료	• 고령자의 육체활동에 대한 모니터링 • 질병 변화에 대한 모니터링 • 가정에서의 치료와 돌봄 모니터링, 로봇기술, 생체신호 및 경고음, 정보통신기술(증강가상현실)을 이용한 심리치료 서비스
재활기술	• 운동지도 • 이동 지원(뇌졸중 뒤 걷기 능력 회복을 위한 전자기계적 훈련)
오락	• 여가와 즐거움
사회적 · 감정적 지원	• 동반자(로봇 동물, 도우미, 대화 파트너) • 자극

출처: 유근춘 외 (2014). p. 56.

박소영 외(2017)는 복지 요구를 자립 · 자조, 의사소통, 사회적 네트워크, 건강관리 서비스 접근, 기타 융합으로 분류하고 이에 적합한 ICT 기술을 제시하고 있다. 첫 번째 자립 · 자조의 경우 신변처리, 이동성, 안전, 여가로 구분하였고 두 번째 의사소통은 구어적 의사소통, 문어적 정보접근, 정서적 상호작용으로 구분하였다. 세 번째 사회적 네트워크는 경제활동, 지역사회 시설 이용, 공동체 활동으로 구분하였고, 네 번째 건강관리 서비스 접근은 헬스케어 서비스, 재활 서비스로 구분하였다. 다섯 번째 기타 융합은 하위 기능 요소를 따로 분류하지 않았다. 그리고 정보통신기술진흥센터의 관계 법령 및 규정에 따른 하드웨어 및 소프트웨어 기술 성격에 따라 ICT 기술을 범주화하여 제시하였다.

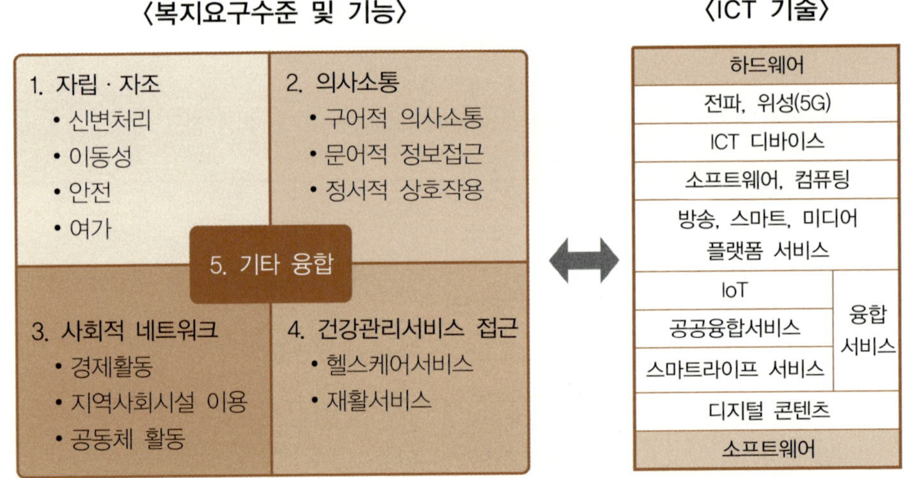

〈그림 13-1〉 복지기술 분류틀

출처: 박소영 외 (2017).

2. 지역사회복지실천에서 복지기술 활용

복지기술은 장애인 및 노인의 건강과 독립생활을 지원하기 위한 목적으로 시작되었지만 아동 · 청소년, 정신보건, 이주민, 사회적 고립에 놓여 있는 1인가구 등 대상의 폭은 점점 확대되고 있다. 공공기관, 기업, 대학에서는 대상별 복지기술에 대한 연구와 서비스 개발이 활발하게 이루어지고 있으며 상용화를 위해 노력하고 있다. 지역사회조직 또한 조직의 특성에 맞는 유용한 복지기술을 탐색하고 이를 적용하려는 노력이 필요하다. 이러한 측면에서 대상별로 지역사회복지실천에 유용한 복지기술을 알아보고자 한다.

1) 아동 · 청소년을 위한 지역사회복지실천에서 복지기술 활용

'발달'은 아동 · 청소년에게 매우 중요한 과업에 해당한다. 발달은 유전과 환경의 상호작용에 의해 이루어지는 인간의 총체적인 양적 · 질적 변화(조흥식 외, 2010)를 말한다. 아동은 부모 등 주양육자들과의 상호작용을 통해 심리사회적 틀을 형성하고 언어, 숫자, 글을 익히며 복잡한 문제를 점점 이해할 수 있게 된다. 또한 또래, 교사 등 주변 사람들과 어울리는 방법을 터득하게 된다. 청소년은 사춘기로서 역동적인 생리 · 심리적 변화를 경험하면서 자기정체감과 진로 그리고 미래에 대한 탐색을 시작하게 되며 이성에 대한 관심을 갖게 된다(신선인 · 박영준, 2014). 이처럼 아동 · 청소년들은 발달 과정에서 주어진 발달과업을 성공적으로 해결하며 사회구성원으로서 기능하기 위한 기초를 다지게 된다.

이에 따라 이들의 발달 지원을 위한 복지기술이 광범위하게 연구 및 개발되고 있다.

복지기술이 요구되는 아동 · 청소년의 범위는 장애, 다문화, 탈북, 소년원 등 사회경제적 취약계층의 아동 · 청소년을 포함할 수 있으나 '발달' 측면에서 볼 때 복지기술의 범위는 국내외 모든 아동과 청소년을 포함할 수 있다. 이들을 위한 복지기술은 생애주기의 발달 특성을 고려하여 잠재적 성장 가능성을 최대화하여 균형 있고 건강한 발달을 지원하는 역할을 수행해야 한다. 즉, 이들의 전인적 성장과 발달을 위한 지원이 함께 고려되어야 한다(강창욱 외, 2022).

지역사회조직은 아동 · 청소년의 균형 있고 건강한 발달과 전인적 성장을 위해 상담, 교육, 건강관리, 폭력 예방 등 다양한 영역에서 복지기술을 적용할 수 있다. 더구나 아동 · 청소년은 디지털 원주민으로 불리는 세대로 다른 세대에 비해 디지털에 친화되어 있다. 이미 우리나라 청소년의 67.9%가 생성형 AI를 사용한 적이 있음을 보고할 정도로(한국청소년정책연구원, 2024) 이들에게 복지기술은 매우 친숙한 기술이 될 것이다. 따라서 지역사회복지실천에서 적절한 복지기술의 적용은 아동 · 청소년의 발달에 중요한 환경체계가 될 수 있다(강창욱 외, 2022).

(1) 아동을 위한 복지기술 활용

유아들을 위한 복지기술은 언어 발달, 상호작용, 놀이와 학습 지원을 위한 목적에 두고 보급되고 있다. 주로 센서나 RFID시스템(무선주파수인식 시스템)을 장착한 디지털 토이, 인터랙티브 토이, 전자 토이, 로봇, 전자책 등 영유아용 완구, 네트워크를 통해 디바이스와 연동시키는 장난감, 놀이 학습용 어플리케이션, 인공지능 스피커 등에서 유아 발달을 위한 다양한 연구와 제품이 보급되고 있다(김연수 외, 2019; 박원정 · 임동선, 2021; 홍정림 · 최보름, 2020).

아동을 위한 복지기술은 상담, 학습, 건강관리, 보호 측면에서 접근하고 있다. 상담에서는 심리분석과 심리검사, 상담 등에서 연구와 서비스가 이루어지고 있다. 먼저 AI를 활용한 아동 심리분석 도구가 연구되고 있다(김정아 외, 2025; 김현정 외, 2025). 이들 연구들은 AI와 전문가의 협업을 통해 아동의 그림 분석을 수치화하고 시각화하여 아동의 심리 관련 정보전달의 효율성을 높이거나 아동학대와 관련된 위험 요인을 선별화하여 조기 개입 및 예방을 위한 도구 개발에 초점을 두고 있다. 관악구에서는 'AI 아동 그림 심리검사 서비스'를 실시하여 AI를 통해 아동학대 이상징후 발견과 전문가의 피드백을 통한 지원 사업을 실시하고 있다. 2023년부터 빅데이터를 활용한 AI 시스템을 도입해 미취학 아동의 그림을 분석하여 아동학대 이상징후를 모니터링하고, 전문가의 피드백과 아동발달센터 연계를 통한 무료상담을 실시하며, 부모양육 스트레스 검사를 통해 부모양육태도를 점검하였다(관악구 홈페이지).

학습 영역에서는 아동의 기초학습을 위해 복지기술을 적용할 수 있다. 기초학력이 약한 아동에게 ICT 기술을 활용하여 읽기, 쓰기, 수학 등 기초학력 증진에 도움을 줄 수 있다. 한국학습장애학회는 기초학습에서 활용할 수 있는 ICT 기술을 〈표 13-2〉와 같이 제시하였다.

아동보호를 위한 AI 기술 연구 및 제품 개발이 정부, 기업 등 전방위적으로 이루어지고 있다. 보건복지부는 학대아동 · 청소년에 대한 대응체계로 "e아동행복지원시스템"을 운영하고 있다. 이 사업은 예측모형을 통해 발굴한 고위험 아동을 방문조사하고 이들의 아동복지서비스 욕구 및 아동양육 환경을 점검하며 조사 결과에 따라 아동학대 위험징후 및 조기발견, 통합사례관리 등 자원 연계사업을 실시하고 있다(한은희 외, 2022).

〈표 13-2〉 기초학습에서 활용할 수 있는 ICT 활용기술의 예

활동	기초기술	첨단기술
읽기	• 글자 크기 변화 • 글자 간격 변화 • 읽어주는 펜	• 광학문자인식시스템 / 음성합성기 • 전자책 • 화면 읽기 프로그램
쓰기	• 대체키보드 • 음성 지원이 있는 전자 철자 점검기	• 단어 예견 소프트웨어 • 음성인식 소프트웨어 • 말하는 워드프로세서 • 생각을 표현하기 위한 멀티미디어 소프트웨어
수학	• 계산기 • 말하기 시계	• 수학계산 소프트웨어 • 전자 수학 워크시트 • 휴대용 말하는 계산기
학습/조직	• 알림을 위한 부저 • 도식 조직을 위한 워크시트	• 생각을 조직하기 위한 소프트웨어 • 전자조직자

출처: 강창욱 외 (2022). p. 245.

또한 과학기술정보통신부가 여성가족부(현 성평등가족부), 기업과의 컨소시엄을 통해 개발한 'AI 기반 아동 · 청소년 온라인 성착취 선제적 대응 시스템'(송윤경. 2025), 실종학대아동방지센터 및 기업에서 개발하고 있는 미아 방지 프로그램(박유환, 2019), 민간기업의 미아 방지 및 실종아동 찾기 AI 프로그램 및 제품 개발이 이루어지고 있다.

보건기관은 아동의 건강관리를 위해 AI를 활용하고 있다. 지역 보건소에서 아동의 신체검사와 AI 기반 성장 예측 자료를 제공하고 저성장 및 비만아동을 위한 맞춤형 운동과 식단 등 처방 서비스를 시도하고 있다(곽인규, 2025; 정윤덕 2025).

(2) 청소년을 위한 복지기술 활용

청소년 분야에서는 상담, 교육, 문화활동 등 다양한 영역에서 AI를 활용한

연구와 프로그램들이 활발하게 이루어지고 있다.

먼저 상담에서는 AI 기반 챗봇상담 프로그램개발 연구가 이루어지고 있다. 이 프로그램은 청소년 내담자의 호소 문제와 심각 정도, 구체적인 상황과 호소 문제가 생긴 시점, 문제로 인해 수반된 감정과 심각 정도를 알아본다. 그리고 내담자에게 대처 행동과 도움을 받고 싶은 내용은 무엇인지를 질문하며 내담자의 호소 문제에 맞는 정보를 제공하고 공공기관 상담센터 전화번호를 안내한다. 청소년에게 AI 기반 상담이 중요한 이유는 저렴한 비용, 24시간 가능한 상담, 안전한 상담 환경 등 AI 기반 상담이 갖는 강점이 청소년들에게 긍정적 인식으로 작용할 수 있기 때문이다(Ding & Barbic, 2025).

청소년 활동에서는 청소년의 정서, 창의성, 민주시민, 사이버 폭력을 위한 대응 등을 주제로 AI 기반 활동 프로그램개발이 시도되고 있다(김세광 · 석종욱, 2024; 박인환 · 김윤나, 2025; 이경상, 2021, 제수현 · 우호성, 2024). 또한 청소년 대상 AI 리터러시 교육에 대한 연구도 활발하게 진행되고 있다(이문형 · 김재웅, 2020).

이처럼 아동 · 청소년의 발달과 보호를 위한 AI 연구와 서비스들이 활발하게 이루어지고 있어 아동 · 청소년 관련 지역사회복지를 실천하는 데 적절한 복지기술 활용은 이들을 위한 지원에 유용할 것이다.

2) 장애인을 위한 지역사회복지실천에서 복지기술 활용

장애인복지는 비장애인과 장애인의 삶의 질 격차를 줄이는 데 목적이 있다(윤상용 외, 2025). 비장애인에 비해 소득, 교육, 직업 등 다양한 영역에서 어려움을 경험하고 있고, 이에 대한 비용 부담이 높은 상황에서 삶의 질은 낮을 수밖에 없다. 그래서 장애인을 위한 지역사회복지실천은 장애인과 비장애인 간 격차를 줄임으로써 장애인들이 사회구성원으로서 자립하고 완전한 사회통합을 실현할 수 있도록 노력해야 한다(이준우, 2007). 이에 따라 장애인을 위한 복지기술이 진단, 학습, 치료, 사회적 상호작용, 이동성, 일상생활 보조 등 다양한 영역에서 제공되고 있다.

(1) 발달장애인을 위한 복지기술 활용

발달장애의 가장 큰 특징은 언어와 사회성 발달에서 어려움을 경험한다는 것이다. 또한 이들의 도전적 행동은 타인과의 관계, 학교생활 및 일상생활에서 적응의 어려움을 초래하기도 한다. 복지기술은 이러한 문제를 해결하는 데 도움을 줄 수 있다.

발달장애아동을 위한 복지기술로서 로봇을 활용한 상호작용 프로그램 연구가 시도되었다. 사람과의 상호작용 과정에서 느끼는 불안, 해석 및 이해의 부담을 갖는 발달장애아동은 기계와 상호작용을 하면서 해석 및 이해의 부담이 적고 규칙이 단순하며 비교적 예측이 가능한데다 상호작용 과정에서 느끼는 불안이 적게 표출되기 때문이다(김연수 외, 2025).

서울시는 발달장애인(아동)을 위한 신체 능력 증진을 위해 AI 기술을 적용하고 있다. 스마트발달트레이닝센터 사업은 발달장애인(아동)을 대상으로 신체, 운동 능력 증진을 위한 심리운동 및 형제 지원 프로그램 등의 서비스에 디지털 기술을 접목한 사업으로 맞춤형 서비스를 병행하여 제공하고 있다. 디지털 공간을 구성하여 증강현실(AR), 혼합현실(MR) 등의 기술을 통해 장애인의 신체 활동을 돕고 길 찾기를 지원하는 모션인식 콘텐츠, 야외활동이 힘든 사용자들을 위한 실내 걷기 운동 등 디지털 콘텐츠를 제공하고 있다(한국장애인재단, 2023).

발달장애인과 함께 생활을 하는 가정, 학교, 지역사회조직이 갖는 부담 중

하나는 발달장애인이 보여주는 예측 불가능한 도전적 행동이다. 이들의 도전적 행동은 일부 지역사회재활시설에서 발달장애인 입소를 결정하는 판단 기준 중의 하나로 포함할 정도로 지역사회조직에게 상당한 부담으로 작용한다. 이에 따라 발달장애인의 도전적 행동을 실시간으로 인식·분석하는 AI 기반 행동 분석 솔루션 'CareVia(케어비아)'가 개발되었다. 케어비아는 돌봄센터에 설치된 AI 카메라가 도전적 행동 횟수와 양상을 분석하고 행동치료전문가는 이 통계 데이터와 행동의 전후 영상 기록을 확인한다. 그리고 발달장애인을 불편하게 한 원인을 찾고 적합한 계획 아래 교육을 진행하여 도전적 행동을 개선하도록 유도한다(SK텔레콤, 2025).

(2) 장애인을 위한 복지기술 활용

장애인은 장애와 불완전한 사회구조 속에서 치료, 교육, 일상생활에서 많은 어려움을 경험하게 된다. 이러한 어려움을 해결하기 위한 수단으로 보조(지원)기술(assistive technology)이 활용되어 왔다. 보조(지원)기술은 장애인들이 필요로 하는 치료, 교육, 그리고 일상생활과 관련된 모든 부분에서 이들이 필요로 하는 서비스나 장치를 제공하고 적절한 훈련을 통해 최대한의 기능을 발휘할 수 있도록 도와주는 기술을 말한다. 단순히 장애를 보완하고 대체하는 개념에서 장애인들의 삶의 질 향상을 위하여 활용할 수 있는 모든 공학적 수단을 포함한다(이준우, 2007). 시각장애인을 위한 음성합성 소프트웨어, 청각장애인을 위한 보청기, 지체장애인을 위한 전동휠체어 등이 여기에 해당한다.

장애인을 위한 복지기술은 장애인의 사회통합과 삶을 더욱 향상시키는 데 도움을 줄 수 있다. 시각장애인을 위한 음성합성 소프트웨어는 윈도우 화면의 아이콘이나 문자 등을 마우스로 가리키거나 선택하면 이를 음성으로 합성, 변환하여 출력해 준다. 복지기술은 더 나아가 스마트안경과 안경 내 카메라를 이용해 물건의 종류와 가격을 음성 시스템으로 알려준다. 이는 시각장애인의 생활공간을 실내에서 실외로 확대하는 데 도움을 줄 수 있다. 청각장애인의 경우 보청기는 소리의 강도를 증폭시켜 주지만 인공와우는 소리에너지를 전기 에너지로 변환시키고 달팽이관에 삽입된 전극을 통해 청신경을 직접 자극하여 소리를 들 수 있게 한다(권정민 · 이영선, 2020; 이준우, 2007). 척수 마비의 경우 장애인의 척수신경과 로봇을 연결하여 척수장애인 스스로 자리에서 일어나 걸을 수 있도록 하는 연구가 진행되고 있다.

이와 같이 장애 유형별 복지기술 연구와 서비스 제품이 활발하게 개발되고 있다. 장애인 관련 지역사회 조직은 장애인을 지원할 수 있는 복지기술에 대한 이해를 통해 장애인의 일상생활 지원 등 사회통합과 지역사회복지실천에 도움을 얻을 수 있다.

장애 유형별 보조(지원)기술과 국립재활원에서 개발한 장애 유형별 스마트홈 구축을 위한 가이드라인을 비교하면 〈표 13-3〉과 같다(권정민 · 이영선, 2020; 이준우, 2007).

〈표 13-3〉 장애 유형별 복지기술

장애	보조공학기구	복지기술
시각장애인	• 스크린 리더 • 음성합성기 • 독서기 • 데크톡 • 광학 문자재인식장치 • 파워브레일 • 점자 프린터 • 점자노트북 • 노매드(NOMAD) • BMD21(워드 프로세서)	• 인식보조: 카메라를 이용하여 물체, 사람, 문자, 화폐, 사진 등 인식 • 실외 및 실내 이동성 보조 • 쇼핑보조: 물건 찾기, 인식 등 • 학습보조: 브레일 학습, 원격교육 보조 • 기타 생활 보조: 스마트 부엌, 개인 비서, 챗봇

청각장애인	• 보청기 • 언어 습득기 • 문자삽입 화상기 • 청각보조장치 • 골도전화기, 전화증폭기	• 캡셔닝: 음성 언어를 텍스트 언어로 변환 • 청각 보조: 안경, AI 보청기 등 스마트 디바이스 • 수화 통역: 행동 언어를 텍스트 언어로 변환 혹은 번역
지체장애인	• 센서 스위치 • 헤드마스터 • 트랙볼 • 전광펜 • 보드메이커 • 전동휠체어	• 음성 인식: 음성 언어로 명령 • 자율화/자동화: 자율주행차, 홈오토메이션 • 조작보조: 게임컨트롤러, 마우스 조작 등 • 보완대체의사소통: 음성언어 출력장치

출처: 권정민 외 (2020). pp. 189-195; 이준우 (2007). pp. 396-406 재구성.

오늘날 장애 개념은 신체 · 정신에서 손상을 경험하는 개인에게 책임을 부여하는 개념(의료모델)에서 장애인 당사자와 가족의 자기결정권, 정상화, 사회통합을 강조하는 개념(사회모델)으로 변화되고 있다. 장애라는 이유로 일상생활에 제한을 갖는 존재가 아니라 지역에서 지역사회주민과 동등한 삶을 영위할 수 있는 사회구성원으로서 바라보는 것을 말한다. 하지만 현재 우리나라는 여전히 의료모델에 기반을 두는 경우가 많다. 복지기술은 변화되어 가는 장애 개념을 실현할 수 있어야 할 것이다. 기존 단순 편의성 증진 및 재활 차원에서의 활용뿐만 아니라 데이터 기반의 복지기술 활용으로의 전환이 필요한 시점이다(한국장애인재단, 2023).

3) 노인을 위한 지역사회복지실천에서 복지기술 활용

우리나라의 고령화는 매우 빠르게 진행되고 있다. 고령노인의 비율은 점점 증가하고 있으며 독거노인 인구 수도 전체 노인 인구 중 2000년 16.0%에서

2024년 22.1%로 점점 증가하고 있다. 노인 건강 관련 지수는 연령이 증가할수록 우울증은 증가하나 운동은 부족한 상반된 양상을 보인다. 이는 노인부양비의 증가를 발생시키는데, 증가하는 노인부양비에 비해 돌봄을 제공할 수 있는 생산연령인구는 감소하고 있어 노인 돌봄의 문제가 심각해지는 실정이다(국가데이터처 홈페이지).

이러한 현상은 우리나라뿐만 아니라 많은 선진국에서도 나타나고 있다. 이에 따라 노인을 위한 복지기술은 노인의 건강, 일상생활, 안전, 이동, 여가 등 다양한 영역에서 발달하고 있다. 노인의 말벗 상대로서의 로봇을 활용하거나 IoT를 활용하여 노인의 이동을 파악하고 노인의 건강을 돌보는 복지기술의 연구 개발이 매우 활발하게 이루어지고 있다. 노인의 삶의 영역별 AI는 〈표 13-4〉와 같다.

〈표 13-4〉 삶의 영역별 AI

구분	삶의 영역				
개입의 목적	건강, 자존감	주거, 일상생활	이동, 교통수단	의사소통, 거버넌스	일, 여가
향상과 만족	텔레메디슨 인터넷	무선전화기	GPS 네비게이션	휴대폰 인터넷	디지털카메라 인터넷
예방과 참여	건강관리식단 홈트레이너	스마트 공기청정기	지능 자동차	비디오 링크	포커스리프팅
보완과 지원	수동식 팔 (passive arms)	스마트 도구적 일상생활능력	보행기 전동휠체어	보청기	전동기구 로봇애완동물
돌봄지지와 조직화	스마트 약복용 알리미(PDA)	전기 열쇠	파워 리프팅	돌봄 네트워크 비디오 링크	로봇

출처: 강창욱 외 (2002). p. 171.

이에 따라 정부는 노인의 안전을 위해 AI를 활용하는 사업을 실시하고 있다. 보건복지부에서는 응급안전안심서비스를 실시하고 있고, 서울시는 솔루션 사업과 인공지능 돌봄사업을 실시하고 있다.

보건복지부의 응급안전안심서비스는 독거노인을 위한 가장 대표적인 돌봄사업에 해당한다. 이 서비스는 독거노인, 노인 2인 가구, 조손가구, 장애인가구를 대상으로 화재, 질병 등 응급상황이 발생하였을 때 이를 인지할 수 있도록 집안에 게이트웨이(GW), 활동량감지기, 화재감지기, 출입문감지기, 응급호출기 등을 설치한다. 그리고 119 신고 등 응급상황에 대한 상시 대응과 안전을 확인하고 있다. 응급관리요원은 대상자 및 응급상황을 관리하고 장비 모니터링을 하며 119 연계를 수행한다(보건복지부, 2025).

서울시가 단독으로 운영하고 있는 '독거어르신 건강안전관리 솔루션(IoT)' 사업(이하 솔루션사업)은 2017년부터 IoT를 활용하여 취약 독거노인의 가정에 움직임, 온도, 조도, 습도, 화재 · 가스 안전을 감지하는 일체형 센서를 설치하여 대상자의 안전 여부를 모니터링하는 사업이다. 일정시간 동안 움직임이 없는 등 이상징후가 의심될 경우 담당 생활관리사는 전화 · 방문을 통해 대상자의 안전 여부를 확인하고, 119 연계 등 긴급조치를 수행한다(박선미 · 김수범, 2019).

인공지능 돌봄사업은 AI 스피커를 활용한 독거노인 돌봄서비스이다. 사회경제연대 지방정부협의회 회원 중 8개 지자체(서울시 성동구 · 영등포구 · 양천구 · 중구 · 강남구 · 서대문구, 경기 화성시, 대전 서구)의 독거노인에게 SK텔레콤 AI 스피커 '누구(NUGU)'를 보급하였다. AI 스피커는 독거노인과 대화를 나누며 음악, 날씨, 뉴스 등 정보를 제공하고, 스마트 스위치, 문열림 감지센서 등과 연계한다(박선미 · 김수범, 2019).

〈표 13-5〉 복지기술 기반 서비스의 주요 내용

구분	응급안전 안심서비스	응급안전 안심서비스 차세대 모델	솔루션 사업	인공지능 돌봄사업
목적	독거노인 · 장애인 대상 응급 상황 대처	독거노인 · 장애인 대상 응급 상황 대처	독거노인 대상 IoT를 활용한 촘촘한 안전망 강화	취약계층의 자립 생활 지원
이용기술	IoT센서	IoT센서, ICT	IoT센서	인공지능(AI 스피커), ICT
제공 서비스	응급상황 모니터링, 안전확인 등	응급상황 모니터링, 안전확인 등	상시 모니터링을 통한 건강/안전 돌봄	기기 관리, 이용 안내, 말벗 케어
재정 방식	중앙 · 지자체 매칭	중앙 · 지자체 매칭	지자체(서울시) 부담	기업사회공헌 · 사회적기업 · 지자체 부담
발전 경로	정부주도형 (중앙정부) 하향식 경로	정부주도형 (중앙정부) 하향식 경로	정부주도형 (중앙정부) 하향식 경로	민 · 관 협력형 · 사회적기업제공형 상향식 경로

출처: 임정원 외 (2021). p. 7.

치매노인을 위한 복지기술도 발달하고 있다. 길 안내, 치매노인의 경로추적, 안면 인식 기능을 장착한 스마트안경과 신발에 장착하는 GPS 칩 등이 있으며, 컴퓨터를 활용한 인지기능 게임, 노인 건강 모니터링 시스템이 개발되고 있다.

4) 정신건강을 위한 지역사회복지실천에서 복지기술 활용

정신건강은 현대사회에서 중요한 영역에 해당한다. 이미 1950년대부터 정신건강을 지원하기 위한 AI 모델 개발이 선진국에서 시도되었다. AI 초기 연구에서는 인지모델링을 주로 다루었으나 점점 음성, 텍스트, 얼굴 표정 또는 전자

건강 기록을 분석하는 등 정신건강을 진단하고 관리하는 방식으로 변화되고 있다. 또한 예측 모델의 도움으로 조기 개입을 강화하고 치료 계획의 개별화와 함께 전반적인 정신건강을 개선하는 데 도움을 주고 있다(Olawade et al., 2024). 주로 챗봇을 활용한 진단과 치료, 정신건강 웹, 스마트 정신건강 도구들이 개발되어 있으며 진단, 약물 복용 모니터링, 질병 관리 등에서 연구 개발되고 있다.

먼저 건강상태를 모니터링하는 기술 개발이다. 한국과학기술원(KAIST) 이성주 교수 연구팀은 스마트폰 사용자의 음성만으로 우울증을 비롯한 정신건강 상태를 모니터링하는 AI 기술을 개발하였다. 사용자가 직접 작성한 문자 메시지 등의 키보드 입력 내용과 스마트폰 위 마이크에서 실시간으로 수집되는 사용자의 음성 데이터를 기반으로 개인 정보의 유출 없이 인공지능모델을 학습해 사생활 침해 없이 스마트폰으로 정신건강 진단을 자동으로 분석할 수 있다(한상형, 2023).

둘째, 정신장애인의 복약행동 모니터링에 복지기술을 적용할 수 있다. 정신의약물의 발견과 사용 확대는 정신장애인의 탈시설화와 지역사회 정신건강 접근법 도입에 많은 영향을 미쳤다. 정신장애인들은 정신의약물을 복용하고 지역사회에서 다양한 재활 프로그램에 참여할 수 있게 되었으며, 이를 통해 불안 감소와 통합적 과정에 참여할 수 있게 되었다(문인숙 · 양옥경, 1999). 이와 함께 정신장애인과 가족은 복약행동의 책임을 부여받게 되었으나, 실제 복약 비순응 문제 발생으로 정신장애인의 복약행동에 대한 모니터링이 정신건강 영역에서 주요 과제의 하나가 되었다. 그래서 정신보건 영역에서는 AI 스마트 워치를 활용하여 복약행동을 모니터링할 수 있는 방법을 연구하였으며, 실제 복약행동의 순응도가 개선되는 것으로 나타나 AI를 활용한 정신장애인의 복약 비순응 문제의 해결 가능성을 제시하고 있다(박병선 외, 2021).

셋째, 정신장애인의 질병관리를 위한 모바일 웹이 개발되고 있다. 하남시 정신건강복지센터는 시민들의 정신건강 증진을 위해 ChatGPT 기반의 AI 정신건강관리 어플리케이션 '하남이네 힐링펫'을 개발하여 운영하고 있다. 익명성 보장을 원칙으로 시간과 장소에 구애받지 않고 스마트폰 앱을 통해 누구나 무료로 이용이 가능하도록 하여 심리적 어려움을 겪는 시민들이 편안하게 정서적 위로와 실질적인 도움을 얻을 수 있도록 하고 있다(하남시 보건소 홈페이지).

강남 세브란스병원 김재진 교수 연구팀은 공황장애를 관리할 수 있는 인지행동치료 모바일 웹인 AI 챗봇 '토닥이'를 개발했다. 토닥이는 공황장애를 경험하고 있는 이들이 극심한 불안감과 공포감이 갑작스럽게 엄습하는 것에 대한 두려움을 극복할 수 있도록 프로그램화되어 있다(정현정, 2020).

이처럼 정신건강 영역은 AI를 활용한 진단, 치료, 관리 등 다양한 형태로 개발되고 있어 앞으로 정신건강 영역에서 유용한 복지기술의 발전이 기대된다. 하지만, 정신장애인을 위한 복지기술 적용에는 신중한 접근이 필요하다는 견해도 존재한다. 민감한 개인 사생활 정보와 데이터 보안 조치 등 윤리적이고 고품질의 정신건강 관리 서비스 제공, AI의 사용에 대한 명확하고 포괄적인 규제체계 부재 등 의료기관과 정부의 책임성을 위한 협업 체계의 필요성이 제시되고 있다(Olawade et al., 2024).

5) 이주민을 위한 지역사회복지실천에서 복지기술 활용

우리나라에 거주하고 있는 외국인 수는 2024년 기준 2,650,783명으로 전체 인구 대비 약 5.2%에 이르고 있으며, 그 비율은 점점 증가하고 있는 것으로 나타났다. 거주 형태는 유학, 취업, 결혼이민 등 다양하지만 모든 형태가 증가세를 보이는 공통점을 갖는다. 이들은 한국생활에 대한 만족도는 매우 높지만 한국생활의 어려움 1순위로 '언어(43.4%)'를 꼽아 언어장벽에서 오는 생활의 불편

함을 제시하였다(법무부, 2024).

이주민을 위한 지역사회조직에서 긴급히 요구되는 복지기술은 이주민의 한국어 능력을 증진시키고 이들과의 원활한 의사소통을 꽤하는 것이라고 할 수 있다. 이는 한국 사회의 구성원이 되는 데 가장 큰 문제가 되는 것으로(법무부, 2022) 이를 지원하는 통 · 번역 서비스가 매우 필요하다는 것을 의미한다. 한국건강가정진흥원은 '다누리' 포털을 운영하며 한국생활 적응에 필요한 정보와 다문화 관련 정보를 13개국 아시아 언어로 제공하고 있다. 또한 네이버 등 포털 사이트, 실시간 화상채팅 줌(zoom), 삼성 인공지능 스마트폰, SK텔레콤 통신사의 '에이닷' AI 서비스에서 통 · 번역 언어를 지원하고 있다. 그러나 AI 통 · 번역 서비스는 통역 오류, 문법 오류 등 다양한 문제들이 존재하고(정길화, 2024) 현재 공공기관 및 기업에서는 모든 언어가 제공되지 않고 있다(김현진, 2024).

우리나라에 영주하고 있는 외국인들이 경험하는 공정성 문제도 주목해야 할 영역이다. 이들은 '언론 또는 대중매체의 내용', '법의 집행'에서 한국사회의 공정성이 낮고 정부의 관심도 높지 않은 것으로 응답하였는데(법무부, 2022), 이는 외국인들이 우리 사회의 구성원들로서의 사회적 분위기가 녹녹하지 않음을 의미한다. 법률 AI 챗봇 서비스가 개발되어 운영하고 있으나 변호사법 위반 등 법률 서비스에 대한 우려도 나타나고 있어 이에 대한 가이드라인 등 방안 마련이 필요하다(김현진, 2024).

6) 사회적 고립 계층을 위한 지역사회복지실천에서 복지기술 활용

우리나라 인구 변동 현상 중 하나는 1인 가구의 비율이 높아지는 것이다. 이미 2016년에 전체 가구의 27.9%를 차지할 정도로 1인 가구의 비율이 매우 높게 나타나 4인 가구 비율(24.5%)을 추월하였다. 더 나아가 4인 가구의 경우는 2016년 24.5%에서 2023년 16.8%로 꾸준히 감소하고 있는 것에 반해, 1인 가구의 경우 2016년 27.9%에서 2023년 35.5%로 꾸준히 증가하고 있는 것으로 나타났다(통계청, 2024). 이러한 현상은 단순히 증가만이 아니라 우울, 불안, 취약한 사회적 관계, 고독사 등 다양한 사회적 위험에 노출될 가능성을 포함하고 있어 이들에 대한 지원의 필요성이 강조된다고 할 수 있다.

이에 따라 사각지대와 사회적 고립을 경험하고 있는 1인 가구(독거노인, 은둔형 외톨이, 1인 가구 청년세대 등)에 대한 관심이 증가하고 있다. 특히 2014년 '송파 세 모녀' 사건은 국민기초생활보장법 및 긴급복지지원법의 개정과 사회보장법의 신설을 가져왔으며, 지역사회에서는 위기가구 발굴과 지원에 대한 노력에 박차를 가하게 되었다. 또한 교육부의 학생맞춤통합지원법 신설, 각 지자체의 사회적 고립 가구 지원을 위한 조례 신설, 지역사회보장협의체 및 사회복지기관의 사례관리 등 다양한 노력이 이루어지고 있다.

그러나 여전히 위기가구 발굴에 대한 어려움은 존재한다. 개인정보보호법에 따라 사회적 고립과 관련된 유관기관의 이용자 정보를 제공받기가 어렵고, 지역사회에서 이들을 발굴하기 위한 장치가 마련되지 않아 대상자 파악이 매우 어렵기 때문이다(이준우 · 정준구, 2024). 이러한 측면에서 복지기술의 활용은 지역사회에서 이들의 발굴과 맞춤형 서비스 지원을 하는 데 유용할 것이다.

대표적으로 한국전력공사에서 실시하고 있는 1인 가구 안부살핌 서비스를 살펴볼 수 있다. 1인 가구 안부살핌 서비스는 한국전력공사가 전력 빅데이터와 통신데이터(KT, SKT, LGU+)를 분석하여 1인 가구의 안부 이상 여부를 확인하고, 이를 사회복지공무원 등에게 SMS로 알려주어 고독사를 예방하도록 하는 인공지능 서비스이다. 전기 사용 패턴을 학습하여 응급상황 여부를 판단하는 인공지능 알고리즘을 개인별로 생성하기 때문에 대상자별 맞춤형 서비스가 가능하다. 또한 이미 설치된 전력 및 통신 인프라를 활용하기 때문에 서비스 이용료가 저렴하고 별도의 센서 설치가 필요하지 않다. 게다가 대상자의 사생활 침해 또는 심리적 거부감을 최소화할 수 있다. 2025년 현재 한국전력공사는 독거노인, 중장년층 고독사 위험군 등 취약계층 1인 가구를 주요 대상으로 1인 가구 안부살핌 서비스를 실시하고 있다(한국전력공사 홈페이지).

경기도는 1인 가구를 위한 365 안부 확인 AI 케어 서비스를 실시하고 있다. 연령과 소득에 상관없이 돌봄 부재 등 다양한 어려움으로 사회적 교류가 단절되어 가는 가구, 정기적인 안부 확인이 필요한 1인 가구 등 사회적 고립 위험가구 및 안부 확인이 필요한 1인 가구를 주요 대상으로 한다. 주민센터 담당자에게 신청을 하고 경기똑D 어플리케이션에 가입하면 데이터(전력 · 통신데이터, 스마트폰 활동정보 등) 분석, 수시로 모니터링(위기 감지 시 AI콜, 모니터링팀 유선 미응답시 시 출동)을 한 뒤 대상자, 가족, 담당공무원에게 경기똑D 웹을 통해 알림 서비스를 제공한다. 또한 주 1회 AI 케어콜을 통해 건강, 식사, 수면 등 안부 살핌 서비스도 실시하고 있다(경기도 홈페이지).

AI 돌봄 로봇 '다솜이'는 인근 지역 내 사용자 간 친구 찾기 기능을 통해 말동무를 찾기 어려운 이웃끼리 서로 연결해 주어 고립된 1인 가구가 밖에 나가지 않아도 사용자 간 화상 대화를 주고받을 수 있는 AI 돌봄 로봇이다(김현진, 2024). 이를 활용하여 노인의 안전과 건강 프로그램을 운영하는 지방자치단체들이 나타나고 있다. 구리시는 '다솜이'를 활용하여 취약계층 1인 가구 노인을 대상으로 개인별 식사와 복약 알림, 오늘 건강 프로그램 등 맞춤형 건강관리 프로그램을 실시하고 있다(오영근, 2025). 속초시는 독거노인의 우울감 완화와 고독사 예방을 위해 '다솜이'를 활용하고 있다(속초시 홈페이지).

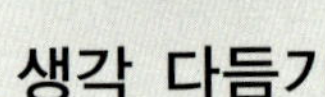

생각 다듬기

1. 학습자가 소속된 지역사회복지조직에서 적용할 수 있는 복지기술은 무엇인지 알아봅시다.

2. 복지기술을 적용할 때 발생할 수 있는 윤리적 문제는 무엇인지 토론해 봅시다.

에필로그

저자 세 사람이 이 책을 집필하면서 끊임없이 고민했던 두 가지 화두가 있었다.

첫째, 지역사회복지에서 어떻게 지역주민을 향한 인권적인 실천 관점과 개입 활동을 녹여낼 수 있는가였다. 인권이란 말을 하지 않으면서도 자연스러운 일상과 같이 우리 세 사람이 정리하는 모든 지역사회복지에서 인간의 권리를 강조할 수 있는가를 고심했다. 이는 인권 관점으로 지역사회에서 일하는 사회복지사를 키워내고자 하는 선생으로서 우리가 결코 놓칠 수 없었던 사명이기도 했다. 지역사회복지실천은 소외되고 취약한 계층에 대한 개입과 접근으로 출발했고, 지금도 사회복지 분야에서 가장 큰 비중을 차지한다. 당연히 지역을 현장으로 하는 사회복지사가 인권에 대한 민감성을 갖고 있어야 함은 두말할 필요도 없다. 더욱이 AI 시대로 상징되는 엄청난 사회적 격변기 속에서 그에 부응하는 효과적이며 효율적인 지역사회복지를 가능하게 하는 '지역사회복지실천'을 성공적으로 수행하기 위해서는 뚜렷한 관점과 원칙, 기준이 있어야 했다. 그래야만 지역사회복지의 정체성이 흔들리거나 변질되지 않고 지속적인 인간 중심의 실천 개입이 이루어질 수 있기 때문이다. 우리는 그 토대가 인간에 대한 존중 의식과 그에 따른 인권적 민감성에 있다고 보았다.

그와 같은 인권 의식을 투철하게 갖고 있어야만 사회복지사는 서비스 이용자와 관련 체계에 속한 가족과 시민 또는 지역주민들의 권리적인 삶을 왜곡시키거나 침해하는 정치적, 경제적, 사회적 기류에 휘둘리지 않게 된다. 특히 특정 정치집단의 야심이 반영된 사회적 허상의 영속화에 악용되거나 오용되지 않을 수 있다. 국가 제도적 차원에서 기능하는 사회제도로써 사회복지가 운영되는 현실적 상황 속에 있다고 해서, 아울러 상당 부분 정부보조금 지원에 전적으로 의존된, '관'이 주도하고 '민'이 대리하는 '민-관' 협력 형태의 사회복지서비스 체제에 속한다고 해도, 서비스 이용자와 지역주민 모두의 권리에 기초한 실천 개입을 구현해야 하는 지역사회복지의 본질과 사명을 놓쳐서는 안 된다. 지역사회복지는 사회 취약계층의 인간다운 삶을 향한 원조와 사회적 보장을 위한 걸음으로부터 출발했음을 결코 잊어선 안 된다.

그러므로 지역사회복지실천의 가장 중요한 기능은 강력한 정치, 경제, 사회적 제도들에 대한 종속에서 벗어나 오롯이 사회복지서비스 이용자와 지역주민의 입장에서 행동하는 것이고, 그런 제도들이 강제로 부과하는 이데올로기를 과감히 벗어던지는 것이다. 동시에 사회복지제도를 서비스 이용자 중심의 인권적 관점에서 전문적으로 운영해 나가는 체계적인 활동으로 형성해야 한다. 그래서 사회복지사의 구체적인 실천 행위를 통해 지역사회복지는 여타의 사회제도들과 확연히 구별된 독특한 사회정책이자 사회제도가 되어야 하는 것이다. 진정한 지역사회복지실천이 효과적으로 수행되면, 그 결과로 서비스 이용자와 지역주민이 주체로 세워지고, 그들 모두가 사회 속에서 건강한 구성원으로 자리 잡아갈 것으로 우리 세 사람은 기대한다.

둘째, AI 기술 혁신과 디지털 기술 응용에 대한 심도 있는 이해이다. 이는 과학기술 문명의 발달에 따른 사회경제 구조의 급격한 변화에 부응하는 사회복지사가 필요하다는 우리의 소신에 있었다. 그러면서도 막상 AI 기술을 지역사회복지에 적용하려니 적잖이 힘든 점이 많았다. 눈부시게 발달하는 AI 기술을 어떻게 이해해야 하는지부터 난관이었다. 하룻밤이 지나는 순간 이미 변화하는

AI 네트워크, 모바일 응용, 음성 및 시각 기반 인터페이스의 눈부신 발전과 더불어 가상세계의 광대한 확장 등이 보편화되고 일상생활에 녹아들고 있다. 로봇은 과학기술 문명의 힘을 보여주는 하나의 사례에 불과하다. AI, 사물인터넷과 함께 디지털 혁신은 변화의 속도가 점점 빨라지고 있으며 새롭고 기발한 제품을 속속 내놓는다. 인간의 개입 없이도 센서가 독자적으로 기계적 대상과 연결되고 있다. 컴퓨터는 인간의 지시가 없어도 특정 행동을 실행하고 자기학습 알고리즘을 통해 상황을 평가하여 결정을 내린다. 자율적으로 행동하고 다른 기계가 이전에 내렸던 결정이나 경험을 통해 스스로 학습한다.

편리하기도 하지만 불안한 마음이 들기도 한다. 놀랍도록 빨리 개발되고 활용되는 AI 기술은 지역사회복지에 어떤 영향을 미칠지, 발전된 AI 신기술 활용이 일자리와 사회복지 정책과 제도 그리고 국가 운영에 어떤 영향을 끼칠지, 사회적 취약계층이나 사회복지서비스 이용자들은 앞으로 어떻게 살아가야 할지 등 여러 가지 고민거리들이 밀려든다. 지금도 급격하게 진행되고 있는 앞으로의 변화가 학교교육, 직업교육, 일상생활과 그로 인해 덩달아 변화될 공공정책과 사회복지 정책에 미칠 영향에 대해 생각하고 또 생각할 수밖에 없었다. 더욱이 진화하는 디지털 경제는 기업 활동과 사람들의 생계유지, 삶의 방식을 변화시키고 있다. 로봇과 자동화된 도구의 역할이 확대되고, 식당, 공장, 물류센터의 운영 방식이 바뀌면서 관리자들이 회사를 경영하는 방식도 달라지고 있다. 여가 및 일상생활의 모습도 변모하고 있다. 의사소통 속도가 빨라지고, 변화는 가속화되며 소매점이나 오프라인 시설은 문을 닫고 있다. AI 기술 덕분에 컴퓨터 프로그래밍은 더 정교해지면서 프로그램 자체가 높은 수준에 이른다. 컴퓨터 작동을 위해 사람이 직접 행동할 필요가 없어지고 있다. 원격조정장치가 자동으로 물의 청결 상태를 감시하고, 문제가 발생하면 사람에게 위험신호를 보낸다. 차에 장착된 감시 장치는 주행 중 옆 차선에서 달리는 차량이 있을 경우 충돌 방지 조치를 취한다. 이런 유형의 자율성은 컴퓨터 사용을 반응적(reactive) 형태에서 자기주도적(proactive) 형태로 바꾸고 로봇에게 독립적으로 행동할 수 있는 힘을 더욱 강력하게 부여한다.

바로 이런 세상에서 발생하는 새로운 사회 문제와 그 문제 속에서 곤경에 처한 사회 취약계층을 대상으로 지역사회복지실천 개입 활동을 수행해야 할 전문가가 사회복지사다. 엄청난 수준과 범위에서 급속하게 일어나는 기술 혁신과 그에 따른 여파를 마주하는 사회복지사에게는 사회복지 정책과 제도, 전달체계, 실제적인 '사회복지 및 사회' 서비스 등을 효과적이면서도 효율적으로 운영하며 지역 현장에 적용하는 AI 기술 응용의 이행 과정을 능히 감당하는 상상력과 창의력, 관용이 요구된다. 우리 세 사람은 이 지점에 주목하고 이 책을 통해 독자들이 이를 최대한 계발할 수 있도록 내용 구성에 심혈을 기울였다.

책의 모든 내용을 마무리하면서 신달자 시인의 시, "참된 친구"가 바로 지역주민들이 인정하고 고백하는 사람, 지역에서 열심히 일하는 '사회복지사'라는 생각을 한다.

… 중략 …

"'참된 친구' 이것이 너의 이름이다. //
이건 내가 지은 이름이지만 / 내가 지은 이름만은 아니다. / 너를 처음 볼 때 / 이 이름의 주인이 너라는 것을 / 나는 알았다.

… 중략 …

세상에 좋은 일만 있으라. / 너의 활짝 핀 웃음을 보게 / 세상엔 아름다운 일만 있으라. //
'참된 친구' 이것이 너의 이름이다. //
넘어지는 일이 있어도 / 울고 싶은 일이 일어나도 / 마음처럼 말을 못하는 / 바보 마음을 알아주는 / 참된 친구가 있으니 / 내 옆은 이제 허전하지 않으리 //
너의 깨끗한 손을 다오 / 너의 손에도 / 참된 친구라고 쓰고 싶다. …"

지역주민들이 인정하는 참된 친구가 되는 사회복지사들이 이 책을 통해 늘어났으면 참 좋겠다. 그리고 AI 시대에서 한국 사회의 가장 취약한 사람들과 함께 헌신과 희생으로 전문가적 가치와 인권 중심적인 지역사회복지실천을 감당하는 사회복지사들에게 이 책을 바친다.

그러면서 선배로서, 선생으로서 격려하고 싶다. 가장 밑바닥부터 시작해서 사회 전반에 이르기까지 지역사회가 연대와 상호 존중의 공동체성을 유지, 발전, 계승해 가도록 뒷받침하는 사회복지사들이기에 직업적 정체성을 분명하게 가지고 당당하게 일하라고 말이다. 사회복지사라고 하는 것에 자부심을 가지길 바란다. 대한민국은 사회복지사들 때문에 위대한 나라가 될 수 있다고 생각한다.

그럼에도 지역사회복지실천을 수행하는 데에 따르는 사회적 인정과 보상은 여전히 미흡하기에 안쓰럽다. 나태주 시인의 시, "멀리서 빈다."를 사회복지사들에게 전하면서 우리 세 사람의 마음을 표현한다.

> "어딘가 내가 모르는 곳에 / 보이지 않는 꽃처럼 웃고 있는 / 너 한 사람으로 하여 세상은 / 다시 한 번 눈부신 아침이 되고 //
> 어딘가 네가 모르는 곳에 / 보이지 않는 풀잎처럼 숨 쉬고 있는 / 나 한 사람으로 하여 세상은 / 다시 한 번 고요한 저녁이 온다 //
> 가을이다, 부디 아프지 마라."

끝으로 저자인 우리 세 사람이 최선을 다했으나 여전히 미흡한 부분이 계속 발견된다. 향후 성실하면서도 지속적인 개정 작업을 통해 책의 품질을 높여갈 것을 약속 드린다. 지역사회복지실천현장에서 사회복지사로서 일해서 지역사회에 대한 애정과 관심이 있고, 지역사회복지를 연구할 수 있어서 감사한 마음이 크다. 더욱이 부족한 사람들인데도 박사 학위를 취득할 수 있어 대학에서 선생의 사명을 감당하고 있는 일은 형언할 수 없는 축복이며 특권이라고 본다. 그 마음을 담아 이 책을 통해 세상에 우리의 수고를 공유한다. 이 모든 일을 행하신 하나님(하느님)께 감사드린다.

독자 제위께

2025년 12월 27일

이준우 · 정준구 · 이세형 올림

참고문헌

국내 문헌

SK텔레콤 (2025.08.29). **AI가 함께하는 발달장애인 돌봄, 케어비아(CareVia)가 만든 변화들**. SK텔레콤 뉴스룸.

감정기, 백종만, 김찬우 (2005). **지역사회복지론**. 나남.

강창욱, 강현우, 김수완, 김은하, 김호연, 김혜성, 박소영, 박화옥, 배성근, 안정호, 임정원, 이영석, 이재욱, 최권택, 최승숙, 최희철 (2022). **복지와 테크놀로지**(2판). 양서원.

강철희, 정무성 (2006). **지역사회복지론**. 나남.

곽인규 (2025.09.23). **AI 빅데이터 활용 아동 건강 관리 프로그램 운영**. 경북매일.

관악구(아동청소년과) (2024.12.02). **관악구, '인공지능(AI) 아동 그림 심리검사서비스'로 아동학대 예방 총력!** (2024.11.13.).

권정민, 이영선 (2020). 장애인을 위한 인공지능 활용 동향. **한국초등교육, 31**(특별), 187-202.

기획재정부 (2022). **협동조합 업무지침**.

김경우, 박영국, 배은영, 이규태 (2009). **지역사회복지론**. 나눔의 집.

김경희, 신혜령 (1981). 우리나라 사회복지관의 현황 및 문제점에 관한 고찰. -서울 소재 사회복지관을 중심으로. **한국사회복지학, 2**, 65-94.

김두환 (2018). 로봇시대의 불평등: 일의 미래, 사회의 미래. **사회사상과 문화, 21**(4), 173-209.

김범수, 신원우 (2006). **지역사회복지론**. 공동체.

김성기, 김정원, 변재관, 신명호, 이건직, 이문국, 이성수, 이인재, 장원봉, 장종익 (2014). **사회적경제의 이해와 전망**. 아르케.

김세광, 석종옥 (2024). AI를 활용한 지역사회 청소년활동 적용사례. **한국청소년활동연구, 10**(2), 95-114.

김소영 (2024). 돌봄의 시대, 지역사회와 사회복지의 역할: AI와의 연계를 중심으로. **한국사회복지학회 학술대회 자료집 2024**(10), 82-85.

김연수, 송하나, 정윤경 (2019). 4차 산업혁명 시대의 스마트 테크놀로지와 아동발달. **한국심리학회지: 일반, 38**(4), 487-517.

김영종 (2012). 한국 사회서비스 공급체계의 역사적 경로와 쟁점, 개선 방향. **보건사회연구, 32**(2), 41-76.

김영종 (2017). **사회복지행정**. 학지사.

김정아, 이성옥, 김영아, 김유원, 김병철 (2025). 전문가와 AI 협업 아동그림분석에서 SMC 채점체계 활용 방법 연구. **디지털정책학회지, 4**(3), 53-63.

김종일 (2012). **지역사회복지론**. 청목출판사.

김지민, 장여옥 (2025). 내담자 문제 이해와 작업동맹을 적용한 생성형 AI 기반 청소년용 챗봇 초기상담 프로그램개발 및 성과. **청소년상담연구, 33**(1), 33–59.

김태은 (2017). 북유럽 국가의 복지기술 활용과 시사점. 국제보건복지 정책 동향. **보건복지포럼, 246**, 77–87.

김현정, 곽현주, 심교린 (2025). AI 학습용 아동 상담 데이터 구축 및 위기아동 선별을 위한 도구 개발. **국제교류와 융합교육, 5**(1), 295–315.

김현진 (2024). **AI와 사회복지**. 커뮤니케이션북스.

김희연, 김군수, 고재경, 서상목 (2013). **복지와 기술의 만남: 복지혁신의 신전략(이슈와 진단, 93)**, 경기개발연구원.

남기민 (2011). **현대사회복지학**. 양서원.

남성희, 박재현 (2023). 장애인을 위한 AI. **한국사회복지학회, 학술대회 자료집**. 804–815.

남진열 (2003). 지역사회복지관 사업의 쟁점과 과제. **법과 정책, 9**, 161–179.

문인숙 (1977). 이화사회복지관의 역사적 배경과 역할. **사회복지관논집, 1**, 5–13.

미국사회복지관연합회 (1980). 사회복지관의 기준. 이화여자대학교 사회복지관, **사회복지관논집, 3**, 5–23.

민소영 (2013). 문화예술을 활용한 마을만들기의 경험: 광주시 시화문화마을 사례를 중심으로. **비판사회정책, 40**, 32-73.

박도현 (2025). **AI 위험과 인간의 대응**. 커뮤니케이션북스.

박동진, 김혜성, 최희철, 최권택 (2021). 사회복지사의 복지테크놀로지 개념 인식과 적용 사례. **디지털융복합연구, 19**(3), 387-399.

박병선, 채영은, 이휘원 (2021). AI 스마트워치를 활용한 정신장애인 복약행동 모니터링 서비스 효과에 관한 탐색적 연구. **한국정신건강사회복지학회, 2021년 춘계학술대회**. 343-345.

박선미, 김수범 (2019). **초고령사회 대응을 위한 ICT 활용 사례연구** (스마트시티 정책 · 거버넌스 연구), 서울디지털재단. www.saif.or.kr

박소영, 이영석, 강창욱, 박화옥, 배성근, 이재욱, 최승숙 (2017). 노인과 장애인을 위한 국내 복지기술 동향 분석. **한국융합학회논문지, 8**(10), 295-304.

박옥희 (2008). **사회복지개론**. 학지사.

박원정, 임동선 (2021). AI 스피커의 상호작용 유지 전략 사용 여부가 아동 발화 및 이야기 이해 수행에 미치는 영향: 표현 언어발달 수준에 따른 차이 비교 연구. **언어치료연구, 30**(2), 1-8.

박유환 (2019.09.07). **AI, 실종 아동을 찾는 핵심 기술이 되다**. AI 타임스.

박인환, 김윤나 (2025). 비인가 대안학교 청소년의 대인관계능력 향상을 위한 생성형 작곡 인공지능(AI)을 활용한 노래 만들기 프로그램개발. **청소년시설환경, 23**(3), 01-13.

박재간, 김동배, 김태현, 모선희, 박태환, 서병숙, 서혜경, 성규탁, 성민선, 유성호, 윤가현, 윤진, 이가옥, 이연숙, 이영진, 조유향, 최성재, 최정혜, 한창영, 황진수 (1995). **고령화 사회의 위기와 도전**. 나남.

박태영 (2004). **지역사회복지론**. 현학사.

박태영 (2015). **지역사회복지론**. 공동체.

방하남, 한국보건사회연구원, 한국교육개발원, 한국노동연구원, 산업연구원, 한국조세연구원 (2008). **사회투자와 고용: 사회지출이 경제성장에 미치는 효과에 관한 연구**(1차년도) (협동연구 2008-02-4). 한국보건사회연구원.

배정희, 이선우, 이승미 (2023). 사회복지현장의 디지털 기술 활용에 관한 사회복지 종사자 인식 연구. **한국지역사회복지학, 87**, 29-66.

백종만, 감정기, 김찬우 (2015). **지역사회복지론**. 나남.

법무부 (2022). **이민자 체류 실태 및 고용조사**.

보건복지부 (2008). 사회복지 자원봉사센터 운영 안내.

보건복지부 (2019). 2019년 노인보건복지 사업안내.

보건복지부 (2021a). 드림스타트 사업안내.

보건복지부 (2021b). 지역사회서비스 투자사업 안내.

보건복지부 (2021c). 지역사회보장협의체 운영안내.

보건복지부 (2022a). 사회복지관 운영관련 업무처리 안내.

보건복지부 (2022b). 자활사업안내.

보건복지부 (2022c). 장애인복지시설 사업안내.

보건복지부 (2022e). 희망복지지원단 업무 안내.

보건복지부 (2025). 독거노인 · 장애인 응급안전안심서비스 사업안내.

서상목, 김수완, 박영란, 황원규 (2025). **지속가능한 복지국가 전략: 스마트 복지**. 이담북스.

성윤희 (2022). 인공지능(AI)과 사회복지법제에 대한 소고. **사회복지법제연구, 13**(2), 119-148.

속초시(경로장애인과) (2023.10.16.) 속초시, 홀로어르신 AI 돌봄 로봇 '다솜이' 확대 배치 – 4개월 시범운영 결과 대상 홀로어르신 우울감 호전 효과.

송윤경 (2025.07.23). 아동 · 청소년 성착취물, AI로 탐지한다. 경향신문. www.khan.co.kr

송정부 (1995). 지역사회복지운동과 사회복지협의회의 역할. **한국지역사회복지학, 1**, 46-62.

신선인, 박영준 (2014). **아동복지론**. 신정.

안윤숙, 김흥주 (2019) 지역사회복지 활성화를 위한 사회적경제의 역할과 과제. **지역사회연구, 27**(4), 177-198.

엄태영 (2020). **지역사회복지론**(2판). 신정.

엄태영 (2021). **지역사회복지론**(3판). 신정.

염일열, 김용민, 손경화 (2012). **지역사회복지론**. 광문각.

오영근 (2025.04.07). 구리시, AI 돌봄 로봇 '다솜이' 활용 어르신 건강 관리 강화. 데일리안.

오정수, 류진석 (2016). **지역사회복지론**. 학지사.

오정수, 류진석 (2018). **지역사회복지론**. 학지사.

유근춘, 서지영, 김정일, 김태은, 최요한, 정지원, 김선희, 이동우, 이재성, 조규진 (2014). **복지와 기술융합(W-Tech) 체계 구축 연구** (협동연구 2014-2). 한국보건사회연구원. www.kihasa.re.kr

유동철, 홍재봉 (2021). **지역사회복지론**. 양서원.

윤기성, 송민주, 이선웅 (2022). **2021 사회적기업 성과분석**. 한국사회적기업진흥원. www.socialenterprise.or.kr

이경건 (2024). **AI와 과학 교육**. 커뮤니케이션북스.

이경상 (2021). 빅데이터 · AI를 활용한 청소년 사이버폭력 예방 및 지원방안. **소년보호연구, 34**(1), 259-282.

이기완 (2021). 인공지능과 미래의 불평등, 그리고 민주주의. **세계지역연구논총, 39**(4), 1-23.

이문형, 김재웅 (2020). AI시대의 청소년 디지털 리터러시 교육 연구: Berkman Klein Center 교육을 중심으로. **만화애니메이션연구, 59**, 533-555.

이봉주, 김기덕, 신원우 (2019). **사회복지 프로그램개발과 평가**. 신정.

이상우 (2020). 지역자활센터의 사회적 가치 창출에 관한 연구. 동의대학교 지방자치연구소 **공공정책연구, 37**(1), 55-86.

이양훈, 김준환, 김혜정, 김백수, 오호진 (2010). **지역사회복지론**. 창지사.

이영철 (2007). **지역사회복지론**. 양서원.

이용교 (2017). **디지털 사회복지개론**(4판). 인간과복지.

이용복, 권효정 (2007). 장애인복지관 기능정립 연구: 서울시 소재 장애인복지관을 중심으로(서울복지재단 2007-연구-8). 서울시복지재단.

이윤로 (2008). **최신 사회복지실천론**. 학지사.

이인구 (2025). **장애인을 만난 AI**. 커뮤니케이션북스.

이인재 (2002). 지역복지운동의 의의와 지역복지운동단체의 역할. **사회이론, 22**, 207-234.

이인재 (2004). 지역복지운동의 성과와 과제. 비판과 대안을 위한 사회복지학회 학술대회 발표논문집. 89-105.

이인재 (2004). **한국지역사회복지실천론**. 나눔의 집.

이재정, 조영복 (2019). **사회적기업의 이론과 실제**. 이프레스.

이정우, 이창곤, 신광영, 김윤태, 고세훈, 이태수, 정운찬, 김상조, 김낙년, 김유선, 최장집, 이병훈, 장지연, 신명호, 김창엽, 조명래, 김형기, 김윤상, 전강수, …, 박상훈 (2015). **불평등 한국, 복지국가를 꿈꾸다**. 후마니타스.

이정호 (1975). 외국의 인보운동과 교훈. **대한지방행정공제회 도시문제, 10**(1), 38-49.

이종복, 전남련, 김덕일 (2006). **사회복지실천론**. 학현사.

이종복, 전남련, 이재선, 박정란, 이유선, 홍성휘 (2011). **사회복지개론**. 오래.

이준우 (2007). **장애인복지실천론**. 인간과복지.

이준우 (2013). **사회복지실천기술론**. 파란마음.

이준우 (2015). **복지경영 입문**. 파란마음.

이준우 (2021). **통합과 융합의 사회복지실천**. 인간과복지.

이준우 (2025). **교육과 실천의 사회복지 학자 김만두 평전**. 코람데오.

이준우, 김광선 (2024). **사회복지역사**. 신정.

이준우, 원지영, 이현아 (2022). **사회복지학 개론**. 신정.

이준우, 정준구 (2024). 은둔형 외톨이의 은둔생활 경험에 관한 연구. **상담심리교육복지, 11**(2), 323-340.

이준우, 최희철 (2020). **사례관리론**(2판). 신정.

이준우, 홍유미, 김연신, 신빛나, 이현아, 임수정 (2011). **사회복지용어사전**. 서현사.

이호은 (2024). **AI와 기술 영상**. 커뮤니케이션북스.

장인협 (1999). **사회복지실천론**(중). 서울대학교출판부.

장인협, 오정수 (2014). **지역사회복지론**. 서울대학교출판문화원.

장종익 (2019). 사회적 경제 개념에 관한 고찰: 비영리섹터 개념과의 비교를 중심으로. **사회적기업연구, 12**(3), 35-61.

정길화 (2024). AI 자동 기계번역과 세계 문학 등에서의 번역상의 문제점에 관한 연구. **동서비교문학저널, 68**, 103-135.

정무성 (2015). **사회복지프로그램개발과 평가**. 정민사.

정무성, 황정은, 김수영, 현종철, 서정민 (2011). **사회적기업과 사회서비스**. 공동체.

정세정, 신영규 (2024). 디지털전환과 인공지능(AI) 기술에 관한 인식과 태도에 대한 10개국 비교. **보건복지포럼, 335**, 185-36.

정윤덕 (2025.03.24). 당진 어린이 성장, AI가 관리…신체상태 분석해 맞춤형 처방. 연합뉴스.

정현정 (2020.09.23). 강남세브란스병원 개발 챗봇 '토닥이', 공황장애 인지행동 치료 효과 확인. 전자신문.

제수현, 우호성 (2024). AI를 활용한 청소년 참여형 민주시민교육 연구. **에듀테크학회**, 81-87.

조규환 (2012). **볼런티어에서 프런티어로**. 인간과복지.

조추용, 김양이, 송미영, 전영록, 신재명 (2009). **지역사회복지론**. 창지사.

조흥식, 김혜래, 신은주, 우국희, 오승환, 성정현, 이지수 (2010). **인간행동과 사회환경**. 학지사.

지은구 (2010). **지역사회복지론**. 학지사.

천정웅, 박선희, 박주현 (2016). **지역사회복지론**. 신정.

최상미, 홍송이 (2018). 현장의 시각으로부터 구조화된 자활 개념 탐색 연구: 자활사업 실무자의 이해를 중심으로. **사회복지연구, 49**(3), 5-33.

최상미 (2018). 이용자중심적 관점으로부터의 자활에 대한 재개념화: 지역자활센터 사업 참여자의 시각을 중심으로. **사회과학연구, 25**(1), 98-124.

최성균, 이준우 (2017). **한국 사회복지실천과 복지경영**. 파란마음.

최영선 (2002). 주민자치운동단체의 지역복지 실천사례 연구: 강동송파시민단체협의회(現위례시민연대)의 송파구 비닐하우스촌 주소지찾기 운동을 중심으로. 석사학위논문, 한신대학교. RISS.

최일섭 (1985). **지역사회복지론**. 서울대학교출판부.

통계청 (2025). 2024 한국의 사회지표.

표갑수 (2012). **지역사회복지론**. 나남.

하남시(보건소) (n.d.). "하남이네 힐링펫": 당신의 마음을 토닥이는 작은 친구.

한국복지연구회 (1985). **사회복지의 역사**. 홍익재.

한국사회과학연구소 사회복지연구실 편 (2000). **한국사회복지의 현황과 쟁점**. 인간과복지.

한국사회복지협의회 (2022). 2021 한국사회복지협의회 연간보고서.

한국사회적기업진흥원 (2015). 사회적기업 가이드북.

한국사회적기업진흥원 (2022). 협동조합 업무지침.

한국장애인재단 (2023). 장애인 사회서비스 영역 복지기술 도입을 위한 정책 개선 방안 연구.

한상윤, 윤나비, 허아름, 이선우 (2022). 협력적 지역사회복지 거버넌스 구축 방안 연구: 지역사회보장협의체와 지역사회복지협의회를 중심으로. **한국지역사회복지학, 81**, 1–42.

한상형 (2023.12.21). 카이스트 이성주 교수팀, '당신 우울한가요?' 스마트폰으로 진단하다. 한국강사신문. www.lecturernews.com

한은희, 박규범, 최보근, 안유정, 김솔 (2022). e아동행복지원시스템 중장기 발전방안 마련을 위한 기반연구 (연구보고서 22–02). 한국사회보장연구원.

함세남, 이원숙, 김덕환, 김범수, 윤찬중, 서화자, 구종회 (1996). **선진국 사회복지발달사**. 홍익재.

행정안전부 (2023). 자원봉사센터 운영지침. www.mois.go.kr

현명이, 최정은 (2020). 마을지향복지관 성과평가 연구 (연구보고서 2020–04). 서울시복지재단.

홍선미 (2016). 읍면동 단위에서의 지역사회보장협의체와 지역사회복지협의회의 기능과 과제. **한국지역사회복지학회 학술대회, 2016**(05), 75–96.

홍순혜, 정소연, 유영림, 김정인, 한정은 (2019). 드림스타트 사업의 성과, 성공 요인 및 한계. –경기도 G시 사례에 대한 초점집단인터뷰 활용 질적연구. **한국아동복지학, 65**, 89–122.

홍정림, 최보름 (2020). 인공지능 스피커와 아동들의 상호작용:유형별 성공/실패 사례 도출을 위한 현장연구. **한국콘텐츠학회논문지, 20**(7), 19–29.

홍현미라 (2013). 지역사회복지 정체성 담론형성을 위한 시론연구: CO전략을 중심으로. **한국사회복지행정학, 15**(3), 263-283.

홍현미라 (2016). 아동중심의 지역사회개발 실천연구: '포괄적 지역사회 계획(CCIs)' 관점 적용. **한국사회복지학, 68**(4), 5-32.

홍현미라, 김가율, 민소영, 이은정, 심선경, 이민영, 윤민화 (2010). **지역사회복지론**. 학지사.

황성철, 정무성, 강철희, 최재성 (2020). **사회복지행정론**. 정민사.

번역서

Gutierrez, R. J., & Parsons, C. (2006). **사회복지실천과 역량강화** (김혜란, 좌현숙, 차유림, 문영주, 김보미 역). 나눔의집. (원전 발행연도 1998)

Hepworth, D. H., Rooney, R. H., & Larsen, J. A. (2004). **사회복지실천이론과 기술** (허남순, 한인영, 김기환, 김용석 역). 나눔의집. (원전 발행연도 1982)

Kahn, S. (2002). **지역복지 실천전략** (이문국, 이인재 역). 나눔의집. (원전 발행연도 1981)

Malcolm Payne (2001). **현대사회복지실천이론** (서진환, 이선혜, 정수경 역). 나남출판. (원전 발행연도 1991).

Robert Adams (2007). **임파워먼트와 사회복지실천** (최명민 역). 나남출판. (원전 발행연도 1990).

Roberta, R. G. (2004). **사회복지와 탄력성** (양옥경, 최소연, 송인식, 권지성, 양추영, 염태산 역). 나눔의집. (원전 발행연도 2001)

Rothman, J. C. (2008). **장애인과 함께 하는 사회복지실천** (이준우 역). 파란마음. (원전 발행연도 2002).

국외문헌

Cournoyer, B. R. (2000). **The social work skills workbook**(3rd ed.). Wadsworth Publishers.

Ding, X., & Barbic, S. (2025). Perception of AI Use in Youth Mental Health Services: Qualitative Study. **Journal of Participatory Medicine, 17**, 논문 e69449. https://doi.org/10.2196/69449

Dolgoff, R., & Feldstein, D. (2009). **Understanding social welfare: a search for social justice.** Pearson/Allyn and Bacon.

Dominelli, L. (2004). **Social work: theory and practice for a changing profession.** Polity Press.

Fawcett, S. B., Francisco, V. T., Hyra, D., Paine-Andrews, A., & Schultz, J. A. (2001). Building capacity for participatory evaluation within community initiatives. Rootman, I. et al. (Eds.), **Evaluation in health promotion: Principles and practice** (pp. 355-376). WHO Regional Publications.

Fellin, P. (2001). **The Community and the Social Worker** (3rd ed.). F. E. Peacock.

Flood, M., & Lawrence, A. Eds. (1987). **The Community action book.** NCOSS.

Flynn, R., & Nitsch, K. (1980). **Normalization, social integration, and community services.** University Park Press.

Germain, C. B., & Gitterman, A. (1995). **Ecological perspective, encyclopedia of social work.** NASW Press.

Greve, B. (2025). AI AND WELFARE STATES Curse, solutions or both? Larsson, A., & Hatzigeorgio (Eds.), **A. Future of Labour How AI, Technological Disruption and Practice Will Change the Way We Work**(82-97). Routledge http://dx.doi.org/10.4324/9781003391333-7

Hepworth, D. H., Rooney, R. H., & Rooney, G. D., Strom-Gottfried, K., & Larsen, J. (2010). **Direct social work practice: theory and skills.** Brooks/Cole.

Hillery, G. (1955). Definitions of community: areas of agreement. **Rural Sociology, 20.** 111-123.

Himmelfarb, G.(2001), "Victorian philanthropy. The case of Toynbee Hall", **American Scholar,** 373-384.

Ife, J., & Fiske, L. (2006). Human rights and community work: complementary theories and practices, **International Social Work, 49**(3), 297-308.

Johnson, L. C., & Yanca, S. J. (2010). **Social work practice: a generalist approach**(10th ed.). Allyn & Bacon.

Kettner, P. M., Daley, J. M., & Nichols, A. W. (1985). **Initiating change in organizations and communities: A macro practice model.** Brooks/Cole Publishing Company.

Kettner, P. M., Moroney, R. M., & Martin, L. L. (2017). **Designing and managing programs: An effectiveness-based approach** (5th ed.). Sage Publications.

Kirst-Ashman K. K., & Hull, G. H. (2009). **Understanding generalist practice.** Brooks/Cole Publishing Co.

Kubisch, A. C. (2005). Comprehensive community initiatives: Lessons for practice and evaluation. **In New approaches to evaluating community initiatives** (Vol. 1, pp. 1-30). Aspen Institute.

Lammert, M., & Black, J. (2001). Research and information gathering. Hardcastle, M., Powers, P., & Wenocur, S. (Eds.), **Community practice: Theories and skills for social workers** (pp. 165-185). Oxford University Press.

Meacham, S. (1987). Toynbee Hall and social reform, 1880-1914. **The search for community. New haven and London.** Yale University Press.

Meyer, C. H., & Palluja, J. (1995). **Social work practice with individuals.** NASW press.

Miley, K. K., O' Melia, M., & Dubois, B. (2001). **Generalist social work practice: an empowering approach**(3rd ed.). Allyn and Bacon.

Miley, K. K., O'Melia, M., & Dubois, B. (2007). **Generalist social work practice: an empowering approach**(4th ed.). Pearson/Allyn and Bacon.

Milofsky, C., & Hunter, A. (1993). "The force of tradition at Toynbee Hall culture and deep structure in organizational life", Presented at the **Voluntary Action History Society**, London.

Olawade, D. B., Wada, O. Z., Odetayo, A., David-Olawade, A. C., Asaolu, F., & Eberhardt, J. (2024). Enhancing mental health with Artificial Intelligence: Current trends and future prospects. **Journal of Medicine, Surgery, and Public Health, 3,** 논문 100099. https://doi.org/10.1016/j.glmedi.2024.100099

Reinders, R. C. (1982). "Toynbee hall and the American settlement movement". **Social Service Review**, March, 39-52.

Rothman, J. (2001). Approaches to Community Intervention. Rothman, J., Erlich, J., & Tropman, J. (Eds.), **Strategies of Community Intervention: Macro practice**(27-64) (6th ed.). F. E. Peacock Publishers, Inc.

Sheafor, B., & Horejsi, G. (2003). **Techniques and guidelines for social work practice**(6th ed.). Allyn & Bacon.

Sustainable Seattle. (1998). Indicators of sustainable community.

Trevithick, P. (2000). **Social work skills: a practice handbook**. England.

W. K. Kellogg Foundation. (2004). Logic model development guide.

Warren, R. L. (1983). The Good Community-What Would It Be? In R. Warren and Larry Lyon, (eds.), **New Perspectives on the American Community**. Homewood, Ill.: Dorsey.

Weil, M., & Gamble, D. N. (1995). Community practice model. Edwards, R. L. (Eds.). **Encyclopedia of social work** (577-694) (19th ed.). NASW.

Wilson, J. Q., & Kelling, G. L. (1982). Broken windows: The police and neighborhood safety. **The Atlantic Monthly**, **249**(3), 29-38.

Wolfensberger, W. (2000). A brief overview of Social Role Valorization. **Mental Retardation**, **38**(2), 105-123. https://doi.org/10.1352/0047-6765(2000)038

Zastrow, C. H. (2004). **Introduction to social work and social welfare: empowering people**. Tomson Brooks/Cole.

Zastrow, C. H. (2005). **Social work with groups**. Books/Cole Publishing Co.

누리집

경기도	www.gg.go.kr
관악구	www.gwanak.go.kr
기획재정부	www.moef.go.kr
법제처 국가법령정보센터	www.law.go.kr
보건복지부	www.mohw.go.kr
복지넷	www.bokji.net
사회서비스전자바우처	www.socialservice.or.kr

서울시복지재단	www.welfare.seoul.kr
세상을 바꾸는 사회복지사	www.sebasa.org
속초시	www.sokcho.go.kr
아동권리보장원	www.dreamstart.go.kr
청소년자원봉사 DOVOL	www.youth.go.kr
하남시	www.hanam.go.kr/health
한국노인종합복지관협회	www.kaswcs.or.kr
한국사회보장연구원	www.ssis.or.kr
한국사회복지사협회	kasw.or.kr
한국사회복지협의회	www.bokji.net
한국사회적기업진흥원	www.socialenterprise.or.kr
한국사회적기업진흥원	www.socialenterprise.or.kr
한국장애인재단	www.kfpd.org
한국전력공사	www.onepersoncare.kepco.co.kr
한국지역자활센터협회	www.jahwal.or.kr

저자소개

이준우(李峻宇)

숭실대학교 대학원 사회복지학 석사 · 박사(MA, Ph.D)
미국 사우스웨스턴침례신학대학원 목회학 박사(D.Min)
강남대학교 사회복지학부 교수
강남대학교 산학협력단 부설 복지공감연구소 소장
사단법인 한국자원복지재단 대표이사

정준구(鄭俊九)

숭실대학교 대학원 사회복지학 석사(MA)
강남대학교 대학원 사회복지학 박사(DSW)
동원대학교 사회복지상담과 겸임교수
사단법인 한국디지털치료레크리에이션협회 부회장
한국치료레크리에이션사회복지학회 회장

이세형(李世炯)

성균관대학교 사회복지학과 졸업
서울시립대학교 대학원 사회복지학과 석사(MA)
서울시립대학교 대학원 사회복지학과 박사(Ph.D)
신구대학교 사회복지학과 교수
신구대학교 평생교육원 원장 및 교육품질관리센터 센터장

AI 시대의 **지역사회복지론**

1판발행 2026년 3월 5일 **1판 1쇄 인쇄** | 2026년 3월 10일 **1판 1쇄 발행**

지은이 이준우 정준구 이세형
펴낸이 최용구 | **펴낸곳 도서출판 신정**
주소 (04316) 서울시 용산구 원효로 89길 19 (원효로1가)
전화 02)3211-4782, 0266(영업부), 3211-4783(편집부), 3211-4784(팩스)
이메일 sjbook2002@naver.com | **홈페이지** www.sjbook.co.kr
등록 2001년 5월 11일 제13-702호
기획마케팅 최용구 장만동 최충구 송대용 | **책임편집** 석기은 황가연

ISBN 978-89-5912-983-6 93330
정가 27,000원